中国近现代史纲要实践教程

主　编　姚群民　余守萍　甘培强
副主编　潘小宇　蒋超群

南京大学出版社

图书在版编目(CIP)数据

中国近现代史纲要实践教程 / 姚群民,余守萍,甘
培强主编. — 南京:南京大学出版社,2017.8
ISBN 978 - 7 - 305 - 18958 - 6

Ⅰ. ①中… Ⅱ. ①姚… ②余… ③甘… Ⅲ. ①中国历
史－近代史－高等学校－教材 ②中国历史－现代史－高等
学校－教材 Ⅳ.①K25

中国版本图书馆 CIP 数据核字(2017)第 162551 号

出版发行　南京大学出版社
社　　址　南京市汉口路 22 号　　　　邮编　210093
出 版 人　金鑫荣

书　　名　中国近现代史纲要实践教程
主　　编　姚群民　余守萍　甘培强
副 主 编　潘小宇　蒋超群
责任编辑　肖自强　单　宁　吴　汀　编辑热线 025 - 83597087

照　　排　南京理工大学资产经营有限公司
印　　刷　宜兴市盛世文化印刷有限公司
开　　本　787×1092　1/16　印张 22.50　字数 511 千
版　　次　2017 年 8 月第 1 版　　2017 年 8 月第 1 次印刷
ISBN　978 - 7 - 305 - 18958 - 6
定　　价　56.50 元

网　　址:http://www.njupco.com
官方微博:http://weibo.com/njupco
官方微信号:njuyuexue
销售咨询热线:(025)83594756

目　录

上编综述　风云变幻的八十年

一、内容梳理，同步练习

内容梳理

【教学目标】使学生从总体上了解近代中国半殖民地半封建社会的形成及主要特点，明确近代中国的阶级状况，基本矛盾和面临的主要任务，从而对本编要学习的内容有一个总体的把握。

【教学重点】近代中国社会的基本矛盾和主要任务

【教学难点】鸦片战争是中国近代史的起点

【教学时间】2 学时

【授课形式】理论教学

【主要内容】

1　鸦片战争前的中国与世界

   1.1　灿烂的中国古代文明

   1.2　中国封建社会由昌盛到衰落

   1.3　世界资本主义的发展与殖民扩张

2　外国资本主义入侵与近代中国社会的半殖民地半封建性质

   2.1　鸦片战争：中国近代史的起点

   2.2　中国社会的半殖民地半封建性质

   2.3　社会阶级关系的变动

3　近代中国的主要矛盾和历史任务

   3.1　两对主要矛盾及其关系

   3.2　两大历史任务及其关系

同步练习

（一）单项选择题

1. 中国封建社会产生过诸多"盛世"，出现在清代的是（　　　）

  A. 文景之治　　　　B. 贞观之治　　　　C. 开元之治　　　　D. 康乾盛世

2. 中国近代史的起点是(　　　)
   A. 第一次鸦片战争　　　　　　　B. 第二次鸦片战争
   C. 中日甲午战争　　　　　　　　D. 八国联军侵华战争

3. 19世纪初,大肆向中国走私鸦片的国家是(　　　)
   A. 美国　　　　　B. 俄国　　　　　C. 英国　　　　　D. 日本

4. 中国近代史上第一个不平等条约是(　　　)
   A. 中法《黄埔条约》　　　　　　B. 中美《望厦条约》
   C. 中英《虎门条约》　　　　　　D. 中英《南京条约》

5. 近代中国错综复杂的社会矛盾中,最主要的矛盾是(　　　)
   A. 封建主义和人民大众的矛盾　　B. 无产阶级和资产阶级的矛盾
   C. 帝国主义和中华民族的矛盾　　D. 农民阶段和地主阶级的矛盾

6. 近代中国社会的性质是(　　　)
   A. 前期是封建社会后期是半殖民地　　B. 殖民地社会
   C. 半殖民地半封建社会　　　　　　　D. 资本主义社会

7. 中国近现代史的主题是(　　　)
   A. 实现中华民族的伟大复兴　　　　　B. 实践改革开放和社会主义现代化
   C. 了解社会主义初级阶段的基本国情　D. 建立社会主义市场经济体制

8. 标志着世界开始进入资本主义时代的是(　　　)
   A. 英国资产阶级革命　　　　　　B. 美国资产阶级革命
   C. 法国资产阶级革命　　　　　　D. 俄国资产阶级革命

9. 鸦片战争前,中国社会占主要地位的经济形式是(　　　)
   A. 自然经济　　　　　　　　　　B. 计划经济
   C. 商品经济　　　　　　　　　　D. 半殖民地经济

10. 中国半殖民地半封建社会完全形成的标志是(　　　)
    A. 鸦片战争及《南京条约》的签订
    B. 第二次鸦片战争和《天津条约》、《北京条约》的签订
    C. 中日甲午战争及《马关条约》的签订
    D. 八国联军侵华战争和《辛丑条约》的签订

11. 认识中国近代一切社会问题和革命问题最基本的依据是认识(　　　)
    A. 中国近代社会半殖民地半封建的性质
    B. 中国近代社会近代化的历史过程
    C. 中国近代民族民主革命的性质
    D. 中国近代社会经济结构的变化过程

12. 近代中国是一个半殖民地半封建社会,对此社会性质认识不正确的是(　　　)
    A. 政治上是半殖民地的,经济上是半封建的
    B. 形式上独立自主,实际上由资本主义国家间接统治
    C. 半殖民地是指完全丧失国家独立自主主权
    D. 半封建是指既保存了封建主义又发展了资本主义

13. 毛泽东分析近代中国社会时指出,在半殖民地半封建的中国社会、经济生活中占主导地位的是(　　)

　　A. 封建剥削制度与买办资本、高利贷资本的结合

　　B. 民族资本主义经济

　　C. 封建剥削制度与民族资本、买办资本的结合

　　D. 官僚买办资本

14. 近代中国民族资本主义未能充分发展的根本原因是(　　)

　　A. 没有形成统一的国内市场　　　　B. 民族资产阶级具有两面性

　　C. 民族资产阶级的政治地位低　　　D. 受到近代中国社会性质的制约

参考答案:

1. D　2. A　3. C　4. D　5. C　6. C　7. A　8. A　9. A　10. D　11. A　12. C　13. A　14. D

(二) 多项选择题

1. 中国半殖民地半封建社会的特点有(　　)

　　A. 帝国主义操纵中国财政和经济命脉

　　B. 封建地主土地所有制依然保持着

　　C. 中国社会政治、经济发展不平衡

　　D. 民族资本主义经济成为主要的经济形式

2. 第一次鸦片战争后,中国社会发生的两个根本性变化是(　　)

　　A. 独立的中国逐步变成半殖民地的中国

　　B. 独立的中国逐步变成殖民地的中国

　　C. 封建的中国逐步变成半封建的中国

　　D. 封建的中国逐步变成资本主义的中国

3. 在近代中国错综复杂的社会矛盾中,占支配地位的主要矛盾是(　　)

　　A. 无产阶级和资产阶级的矛盾

　　B. 封建主义和人民大众的矛盾

　　C. 帝国主义和中华民族的矛盾

　　D. 农民阶级和资产阶级的矛盾

4. 在资本主义原始积累时期,殖民主义者从美洲、非洲、亚洲、大洋洲的许多国家和地区攫取巨额财富的方式主要是(　　)

　　A. 奴隶贩卖　　　　　　　　　　　B. 欺诈性贸易

　　C. 海盗式掠夺土地、财物　　　　　D. 资本输出

5. 近代中国革命的对象是(　　)

　　A. 封建主义　　　B. 帝国主义　　　C. 官僚资本主义　　D. 资产阶级

6. 1840年后,近代中国面临的两大历史任务是(　　)

　　A. 反对帝国主义　　　　　　　　　B. 反对封建主义

　　C. 争得民族独立和人民解放　　　　D. 实现国家富强和人民富裕

7. 随着近代中国从独立的封建社会逐步演变为半殖民地半封建社会,新产生的阶级是( )

　　A. 工人阶级　　　　B. 地主阶级　　　　C. 资产阶级　　　　D. 农民阶级

8. 鸦片战争成为中国近代史的起点,这是因为随着西方列强的入侵( )

　　A. 中国逐步成为半殖民地半封建国家

　　B. 中国社会主要矛盾的变化

　　C. 中国逐渐开启了反帝反封建的资产阶级民主革命

　　D. 中国革命属于世界无产阶级革命的组成部分

参考答案:

1. ABC　2. AC　3. BC　4. ABC　5. ABC　6. CD　7. AC　8. ABC

(三) 简述题

1. 为什么说鸦片战争是中国近代史的起点?

答案要点:

(1) 鸦片战争后,中国由一个领土完整、主权独立的封建国家逐渐演变为领土、领海、关税、司法等主权遭到破坏、受到外国侵略者干涉和控制的国家,开始成为丧失政治上的独立地位的半殖民地国家;

(2) 鸦片战争后,中国由一个经济上自给自足的封建国家逐渐演变为自然经济解体、开始沦为资本主义世界商品市场和原料供给地的半封建国家;

(3) 鸦片战争后,中国社会的主要矛盾开始演变为帝国主义与中华民族的矛盾、封建主义与人民大众的矛盾,帝国主义与中华民族的矛盾逐步发展成为最主要的社会矛盾;

(4) 鸦片战争后,中国人民开始担负起对外反对侵略的民族革命和对内反对地主阶级的民主革命的双重历史任务。

2. 怎样认识近代中国社会的主要矛盾、社会性质及基本特征?

答案要点:

(1) 在近代中国错综复杂的社会矛盾中,占支配地位的主要矛盾是封建主义和人民大众的矛盾、帝国主义和中华民族的矛盾。其中占支配地位的是帝国主义和中华民族的矛盾;

(2) 近代中国社会性质以第一次鸦片战争及《南京条约》的签订为标志,开始沦为半殖民地半封建社会,至八国联军侵华战争及《辛丑条约》签订,标志着近代中国半殖民地半封建社会彻底形成;

(3) 中国半殖民地半封建社会基本特征是:第一,资本—帝国主义逐步操纵中国财政经济命脉和政治,成为支配中国的决定性力量;第二,中国的封建势力日益衰败并同外国侵略势力相勾结,成为资本—帝国主义奴役中国的社会基础和统治支柱;第三,中国自然经济的基础遭到破坏,但封建地主土地所有制依然保持着;第四,新兴民族资本主义经济已经产生,但发展缓慢;第五,中国社会政治、经济发展不平衡;第六,人民日益贫困化以至大批破产。

3. 如何理解近代中国的两大历史任务及其相互关系？

答案要点：

（1）一是推翻帝国主义的统治、实现民族独立，推翻封建主义的统治、实现人民解放；二是发展生产力，实现国家繁荣富强和人民共同富裕。

（2）前一个任务为后一个任务扫清障碍、创造必要的前提。由于腐朽的社会制度束缚着生产力的发展，阻碍着经济技术的进步，必须首先改变这种社会制度，争得民族独立和人民解放，为实现国家富强和人民富裕创造前提，开辟道路。

二、精选案例，巩固深化

精选案例 1

不列颠在印度统治的未来结果（节选）
——马克思 1853 年 7 月 22 日星期五于伦敦

英国在印度的统治是怎样建立起来的呢？ 大莫卧儿的无限权力被他的总督们打倒，总督们的权力被马拉提人打倒，马拉提人的权力被阿富汗人打倒；而在大家这样混战的时候，不列颠人闯了进来，把所有的人都征服了。 既然在一个国家里，不仅存在着穆斯林和印度教徒的对立，而且存在着部落与部落、种姓与种姓的对立；既然一个社会完全建立在它的所有成员普遍的互相排斥和与生俱来的互相隔离所造成的均势上面——这样的一个国家，这样的一个社会，难道不是注定要做侵略者的战利品吗？ 即使我们对印度斯坦过去的历史一点都不知道，难道这样的一个巨大的不容争辩的事实，即英国甚至现在仍然用印度出钱豢养的印度人军队来奴役印度这个事实，还不够说明问题吗？ 所以，印度本来就逃不掉被征服的命运，而且它的全部历史，如果要算做它的历史的话，就是一次又一次被征服的历史。印度社会根本没有历史，至少是没有为人所知的历史。我们通常所说的它的历史，不过是一个接着一个的征服者的历史，这些征服者就在这个一无抵抗、二无变化的社会的消极基础上建立了他们的帝国。因此，问题并不在于英国是否有权利来征服印度，而在于印度被不列颠人征服是否要比被土耳其人、波斯人或俄国人征服好些。

英国在印度要完成双重的使命：一个是破坏性的使命，即消灭旧的亚洲式的社会；另一个是建设性的使命，即在亚洲为西方式的社会奠定物质基础。

相继征服过印度的阿拉伯人、土耳其人、鞑靼人和莫卧儿人，不久就被当地居民同化了。野蛮的征服者总是被那些他们所征服的民族的较高文明所征服，这是一条永恒的历史规律。不列颠人是第一批发展程度高于印度的征服者，因此印度的文明就影响不了他们。他们破坏了本地的公社，摧毁了本地的工业，夷平了本地社会中伟大和突出的一切，从而消灭了印度的文明。英国人在印度进行统治的历史，除破坏以外恐怕就没有别的什么内容了。他们的建设性的工作在这大堆大堆的废墟里使人很难看得出来。不过，这种建设性的工作总算已经开始做了。

……

大不列颠的各个统治阶级一向只是偶尔地、暂时地和例外地对印度的发展问题表示一点兴趣。贵族只是想降服它,财阀只是想掠夺它,工业巨头只是想用低廉商品压倒它。但是现在情势改变了。工业巨头们发现,使印度变成一个生产国对他们有很大的好处。为了达到这个目的,首先就要供给印度水利设备和内地的交通工具。现在他们正打算在印度布下一个铁路网。他们会这样做起来,而这样做的后果是无法估量的。

　　……

英国资产阶级看来将被迫在印度实行的一切,既不会给人民群众带来自由,也不会根本改善他们的社会状况,因为这两者都不仅仅取决于生产力的发展,而且还取决于生产力是否归人民所有。但是,为这两个任务创造物质前提则是英国资产阶级一定要做的事情。难道资产阶级做过更多的事情吗?难道它不使个人和整个民族遭受流血与污秽、穷困与屈辱就达到过什么进步吗?

在大不列颠本国现在的统治阶级还没有被工业无产阶级推翻以前,或者在印度人自己还没有强大到能够完全摆脱英国的枷锁以前,印度人民是不会收到不列颠资产阶级在他们中间播下的新的社会因素所结的果实的。但是,无论如何我们都可以满怀信心地期待,在遥远的未来,这个巨大而诱人的国家将复兴起来。这个国家里的人民文雅,用萨尔梯柯夫公爵的话来说,甚至最低阶级里的人民"都比意大利人更精细更灵巧";这个国家里的人民的沉静的高贵品格甚至抵消了他们所表现的驯服性;他们看来好像天生疲沓,但他们的勇敢却使英国的军官们大为吃惊;他们的国家是我们的语言、我们的宗教的发源地,从他们的札提身上我们可以看到古代日耳曼人的原型,从他们的婆罗门身上我们可以看到古代希腊人的原型。

当我们把自己的目光从资产阶级文明的故乡转向殖民地的时候,资产阶级文明的极端伪善和它的野蛮本性就赤裸裸地呈现在我们面前,因为它在故乡还装出一副很有体面的样子,而一到殖民地它就丝毫不加掩饰了。资产阶级自命为财产的捍卫者,但是难道曾经有什么革命党发动过孟加拉、马德拉斯和孟买那样的土地革命吗?当资产阶级在印度单纯用贪污不能满足自己的掠夺欲望的时候,难道不是都像大强盗克莱夫勋爵本人所说的那样,采取凶恶的勒索手段吗?当他们在欧洲大谈国家公债神圣不可侵犯的时候,难道不是同时就在印度没收了那些把私人积蓄投给东印度公司作股本的拉札所应得的股息吗?当他们以保护"我们的神圣宗教"为口实反对法国革命的时候,难道不是同时就在印度禁止宣传基督教吗?他们为了从朝拜奥里萨和孟加拉的神庙的香客身上榨取钱财,难道不是把札格纳特庙里的惨杀和卖淫变成了一种职业吗?这就是维护"财产、秩序、家庭和宗教"的人的面目!

印度是一个大小和欧洲相仿、幅员 1.5 亿英亩的国家,对于这样的一个国家,英国工业的毁灭性作用是显而易见的,而且是令人吃惊的。但是我们不应当忘记:这种作用只是全部现存的生产制度所产生的有机的结果。这个生产是建立在资本的万能统治上面的。资本的集中是资本作为独立力量而存在所十分必需的。这种集中对于世界市场的破坏性影响,不过是在大范围内显示目前正在每个文明城市起着作用的政治经济学本身的内在规律罢了。历史中的资产阶级时期负有为新世界创造物质基础的使命:一方面要造成以全人类互相依赖为基础的世界交往,以及进行这种交往的工具,另一方面要发展人的生产力,把物质生产变成在科学的帮助下对自然力的统治。资产阶级的工业和商业正为新世界创造这些物质条件,正像地质变革为地球创造了表层一样。只有在伟大的社会革命支配了资产阶级时代的成果,支配了世界市场和现代生产力,并且使这一切都服从于最先进的民族的共同监督的时候,人类的进步才会不再像可怕的异教神像那样,只有用人头做酒杯才能喝下甜美的酒浆。

——摘自《马克思恩格斯选集》(第一卷)人民出版社 1995 年版.

【讨论理解】

1. 如何理解"印度社会根本没有历史,至少是没有为人所知的历史"?
2. 英国在印度要完成的双重使命是什么?
3. 怎样才能实现"人类的进步才会不再像可怕的异教神像那样,只有用人头做酒杯才能喝下甜美的酒浆"?

【案例点评】

印度的历史就是一次又一次被征服的历史,缘于生产力,也缘于文明的发展程度。尽管说英国在印度要完成的双重使命:一个是破坏性的使命,即消灭旧的亚洲式的社会;另一个是建设性的使命,即在亚洲为西方式的社会奠定物质基础。但对于建设性使命的深入剖析,就会让资产阶级文明的极端伪善和它的野蛮本性赤裸裸地呈现在我们面前。当英国发现使印度变成一个生产国对他们有很大的好处时,他们会对印度的建设和发展表现出兴趣。但是英国资产阶级在印度实行的一切,既不会给人民群众带来自由,也不会根本改善他们的社会状况,因为这两者都不仅仅决定于生产力的发展,而且还决定于生产力是否归人民所有。所以正如马克思所言,只有在伟大的社会革命支配了资产阶级时代的成果,支配了世界市场和现代生产力,并且使这一切都服从于最先进民族的共同监督的时候,人类的进步才会不再像可怕的异教神像那样,只有用人头做酒杯才能喝下甜美的酒浆。

【教学建议】

此案例可以放在上篇综述第一部分"鸦片战争前的中国与世界",在介绍完世界资本主义的发展与殖民扩张之后予以介绍,帮助同学理解资本主义经济发展过程中对外殖民扩展的必然性及可能产生的对近代中国社会的影响。

精选案例 2

中西方文明冲突的序幕
——马戛尔尼访华

1793 年(乾隆五十八年),大英帝国向中国派出了由马戛尔尼勋爵率领的庞大使团,分别乘五艘船只,经过 10 个月的航行,于 7 月底到达天津大沽口外,9 月 14 日在承德避暑山庄觐见了乾隆皇帝。马戛尔尼是英国著名的外交官,曾先后任驻俄国公使、英国印度殖民地马德拉斯的总督。

马戛尔尼来中国的名义是庆贺乾隆皇帝 80 寿辰。而实际上,是希望绕过保守的广东地方官,直接与中国皇帝谈判,要求开放通商口岸,扩大中英贸易。他带来了英国国王给大清国皇帝的正式外交信件。

中国当时对世界还是茫然地一无所知,自以为是地认为英国人跨洋远道而来,只是为了观光上国,向大清表示臣服,因而视马戛尔尼们为"四夷"之外的"英夷",居高临下地以对待藩国之礼来接待。乾隆断然拒绝了马戛尔尼的全部要求,理由据说是因为"红毛外夷"不肯行双膝下跪叩头大礼。乾隆皇帝的"圣眷隆恩",只是特别地施惠于马戛尔尼使团中年龄最小的一个成员,当年只有 12 岁的托马斯·斯当东。当乾隆听到这个小小的英国人居然会说汉语时,不禁十分惊奇。他大感兴趣地把这个生着一头金黄卷发、高鼻梁蓝眼珠的西洋小师哥叫过来,让他靠在"龙膝"上抚摸,不免心中大感惊异,世界上居然有这样的"人"。小斯当东虽然天资聪颖,但是他对能够靠在"龙膝"旁的"皇恩浩荡"毫无兴趣。48 年后,斯当东成为下院议员,在英国议会讨论有关与中国开战的议案时,他毫不犹豫地投了赞成票。他的理由是:中国听不懂自由贸易的语言,只听得懂炮舰的语言。

英国人在严密的监视下离开北京前往天津,从那里登上舰船前往杭州。马戛尔尼离开北京时,心中异常气愤:"我们像要饭的一样进入北京,像囚犯一样被监禁在那里,而离开时简直像是盗贼。"而乾隆皇帝这时才松了一口气,但随即派出专使日夜兼程去各地传达他的命令:不准任何中国人接触英夷,违者严惩。当马戛尔尼到达广州时,他们见到了一支"欢送"的军队。这支军队按照皇帝的命令向英国人展示了他们雄壮的军威,枪戟林立、刀利弓强。英国人作为回应,也做了分列式行进。双方都怀有戒心地互相打量。马戛尔尼认定这支手持大刀长矛,身背强弓硬弩的军队不堪一击。而中国人在向乾隆提交的奏折中说,英夷走路步履僵硬,膝盖不易弯曲,"一旦仆地,极难起身"。

马戛尔尼失望地走了。在这次旅行中,对中国人从满腔的热情转到极端的蔑视。回到英国以后,他同斯当东爵士(就是小斯当东的爸爸,马戛尔尼出使中国的副使)一起,用充分的时间来冷静地考虑他的《纪实》。这本纪实直至 1908 年才发表,而且还是部分内容。马戛尔尼对中国做出了评价和预言,他毫不留情地戳穿了"盛世"的神话,看出"盛世"背面的败亡之兆。

他说,"他们恒久不变的体制并不能证明他们的优越","中华帝国是一个神权专制的帝国……它翻来覆去只是一座雄伟的废墟"。"任何进步在那里都无法实现",人们"生活在最为卑鄙的暴政之下,生活在怕挨竹板的恐惧之中","他们给妇女裹脚,残杀婴儿","他们胆怯,肮脏而且残酷",所以无可避免地"最终将重新堕落到野蛮和贫困的状态"。"中华帝国只是一艘破败不堪的旧船,只是幸运地有了几位谨慎的船长才使它在近 150 年期间没有沉没,它那巨大的躯壳使周围的邻国见了害怕。假如来了个无能之辈掌舵,那船上的纪律与安全就都完了。"但是这艘破败不堪的旧船"将不会立刻沉没,它将像一个残骸那样到处漂流,然后在海岸上撞得粉碎",而且"它将永远不能修复"。从而,亚洲及世界各地的贸易将受到"扰乱……各国的冒险家都将来到中国",企图利用中国人的衰败来建立自己的威望。而"在他们之间将展开无情的斗争"。在这种对抗中,富的愈富,穷的愈穷。"英国靠着它的创业精神已成为世界上航海、贸易和政治的第一强国;从这样的急剧变革中,它将获得最大的利益,并将加强它的霸权地位。"

——摘自《马戛尔尼眼中的"康乾盛世"》,载《历史教学》,2004 年第 2 期.

【讨论理解】

1. 马戛尔尼使团访华为什么会失败?
2. 马戛尔尼使团访华的真实目的是什么?
3. 这场中西方文明冲突的开启将给近代中国的发展带来什么影响?
4. 结合案例谈谈近代东西方历史发展的巨大反差是如何形成的。

【案例点评】

马戛尔尼访华成为东西方文明冲突的序幕,也被成为"礼仪冲突"、"狮子与龙的较量",这种冲突及其结果充分体现了近代资本主义文明与古老中国的封建主义文明在世界观、外交观及经济贸易观上的巨大差异性。当时的清政府及部分官员过于沉溺于天朝上国的美梦,认为"天朝物产丰盈,无所不有,原不籍外夷货物以通有无",因此为"三叩九拜"之礼与马戛尔尼而较劲。这其中是"华夏中心论"和"夷夏大防"文化价值观作祟,阻碍了自身与外部世界的沟通、交流,阻碍了中国社会的发展。而与此同时,英国已经发展为西方国家中的头号强国,在对声明远播的大清帝国不了解的情况下,英国审时度势,想以外交途径解决两国之间的贸易问题。从结果来看,尽管马戛尔尼使团的这一使命并没有完成,但却事实上深入洞察了大清国的破败不堪,掌握了了解中国的第一手资料,有助于对中国的进一步了解及后来发动的对华战争。因此,马戛尔尼访华的失败预示着近代中国失去与西方正常交流文化科技、吸收其先进的生产技术、发展中国经济的有利时机,从而导致了中西方经济发展的差距越来越大,使中国在鸦片战争后长期处于落后挨打的被动而屈辱的地位。

【教学建议】

此案例可以放在上篇综述第一部分"鸦片战争前的中国与世界",在介绍完中国灿烂的古代文明和世界资本主义的发展与殖民扩张之后作为双方冲突的序幕予以介绍,帮助同学理解鸦片战争打响的历史背景。

三、课内实践,注重提升

实践项目一:情景剧表演——阿美士德与拿破仑的会面

【背景资料链接】

关于中国,阿美士德和拿破仑的看法有什么不同?

1793 年(清乾隆五十八年),英国国王派遣马戛尔尼带着使团访问中国,急欲打开中国的贸易门户。但是他们的通商要求遭到中国乾隆皇帝的拒绝。1816 年(清嘉庆十一年)2 月 8 日,英国国王再次派阿美士德率使团来华商谈贸易问题。使团团长阿美士德是英国著名的外交家,他曾担任印度总督,所带的使团成员不仅汉语水平挺高,而且大多是东印度公司的成员。1816 年 7 月 28 日,阿美士德一行抵达天津口外。此时嘉庆皇帝对英使访华的意图有所了解,他直截了当地要求地方官员"勿事铺张""如要求开通商口岸,严辞驳斥,筵宴遣回,不使其入京"。1817 年,不受欢迎的阿美士德踏上归路。他准备回国后向议会和英王上书,用武力敲开中国对外通商的大门。

就在阿美士德访问中国前后,欧洲大陆发生了重大事件。不可一世的法国皇帝拿破仑一世在 1814 年被欧洲反法联军击败后,东山再起,于 1815 年组织 30 万大军向欧洲反法联军发动进攻,结果在滑铁卢遭到惨败。6 月 22 日,拿破仑被迫退位,不久被英国军队押送到遥远的大西洋的圣赫勒拿岛监禁起来。在他被监禁的第三个年头,阿美士德垂头丧气地从中国返回。在回国途中,他正好经过圣赫勒拿岛。当阿美士德听说这里正关押着名震世界的拿破仑一世时,很想见一见他,听听这位传奇人物对中国问题的看法。

在征得小岛总督同意后,阿美士德见到了这位昔日的皇帝。阿美士德讲了自己在中国的经历,认为只有通过战争敲开中国的大门,才能使中国专制统治者明白打开国门对双方都有好处的道理。当时,拿破仑对英国的做法充满了蔑视,他对于英国用战争解决问题的提法发表评论说:"要同这个幅员广大、物产丰富的帝国作战是世上最大的蠢事。"他接着说:"开始你们可能会成功,你们会夺取他们的船只,破坏他们的军事和商业设施,但你们也会让他们明白他们自己的力量。他们会思考;他们会建造船只,用火炮把自己装备起来。他们会把炮手从法国、美国甚至伦敦请来,建造一支舰队,把你们打败。"

阿美士德反驳说:"中国在表面强大的背后是泥足巨人,很软弱。"但拿破仑认为,中国并不软弱,它只不过是一只睡眠中的狮子。"以今天看来,狮子睡着了连苍蝇都敢落到它的脸上叫几声。"拿破仑接着说:"中国一旦被惊醒,世界会为之震动。"这句话出自拿破仑之口后,产生了极强的轰动效应,"一只睡着的狮子——中国"迅速传遍了欧洲和世界。

——资料来源:https://zhidao.baidu.com/question/142410121.html

【目标要求】

通过情景剧表演,理解阿美士德与拿破仑对中国的不同认识,加深对近代东西方文明冲突及鸦片战争发生背景的理解,增强学生的爱国主义情感,对"中国威胁论"等能够准确有力地予以回应。

【活动方案】

1. 活动时间:课前 10 分钟
2. 活动地点:教室
3. 组织方式:
(1) 以"阿美士德与拿破仑的会面"为背景,阐释阿美士德与拿破仑对中国的不同认识,并以评论员的身份分别进行评判。

（2）采用小组合作的方式完成,5 人为一组,并由小组选定一至两名成员进行现场模拟表演。

4. 表演要求:观点明确,并就阿美士德与拿破仑关于中国的认识分歧展开观点交锋。

【活动评价】

序号	评价项目	满分	得分
1	小组合作及分工情况	10	
2	搜集资料情况	30	
3	现场表演情况	30	
4	观点交锋情况	30	

实践项目二:阅史有感——观看影片《鸦片战争》

【目标要求】

通过观看电影,加深对近代列强侵略中国和中国人民进行奋起抗战历程的认识,增强学生的爱国主义情感,理解鸦片战争是中国近代史的起点。

【活动方案】

1. 活动时间:课前 10 分钟
2. 活动地点:教室
3. 组织方式:同学利用课余时间观看电影《鸦片战争》,在课前邀请几位同学谈观影感受。
4. 演讲要求:表达清楚简洁,理解深刻,有自己的看法和见解。

【活动评价】

序号	评价项目	满分	得分
1	观看影片情况	20	
2	背景资料掌握情况	20	
3	课堂交流表达情况	30	
4	有无自己的看法和见解	30	

第一章　反对外国侵略的斗争

一、内容梳理，同步练习

内容梳理

【教学目标】通过本章讲述，使学生认识到，帝国主义的侵略造成了中国近现代的落后，从而能够正确认识帝国主义侵略中国的本质；同时使学生认识，正是中国各阶层民众的不屈不挠的反抗斗争和爱国主义的传统，才使帝国主义不能灭亡中国。

【教学重点】资本—帝国主义对中国的侵略；抵御外国武装侵略、争取民族独立的斗争。

【教学难点】反侵略战争的失败与民主意识的觉醒

【教学时间】2 学时

【授课形式】理论教学

【主要内容】

1　资本—帝国主义对中国的侵略

    1.1　军事侵略

    1.2　政治控制

    1.3　经济掠夺

    1.4　文化渗透

2　抵御外国武装侵略　争取民族独立的斗争

    2.1　反抗外来侵略的斗争历程

    2.2　粉碎瓜分中国的图谋

3　反侵略战争的失败与民族意识的觉醒

    3.1　反侵略战争的失败及其原因

    3.2　民族意识的觉醒

同步练习

（一）单项选择题

1. 19 世纪末资本主义进入帝国主义阶段后，（　　　　）成为殖民主义剥削的重要形式，并出现瓜分世界的狂潮。

    A. 商品输出　　　　B. 资本输出　　　　C. 贩卖奴隶　　　　D. 掠夺土地

2. 鸦片战争以清政府的失败而告终,1842 年 8 月 29 日,清政府与英国签订了中国近代史上的第一个不平等条约是(　　)

    A. 中英《南京条约》　　　　　　　　B. 中英《虎门条约》

    C. 中美《望厦条约》　　　　　　　　D. 中法《黄埔条约》

3. 资本—帝国主义列强对中国的侵略,首先和主要的是进行(　　)

    A. 文化渗透　　　B. 经济掠夺　　　C. 军事侵略　　　D. 政治控制

4. 造成近代中国贫穷落后的根本原因是(　　)

    A. 中国落后的经济制度　　　　　　B. 中国落后的政治制度

    C. 资本—帝国主义的侵略　　　　　D. 统治集团的腐败

5. 帝国主义列强对中国进行文化渗透的目的是(　　)

    A. 传播西方文化和科学

    B. 进行传教活动

    C. 宣扬殖民主义奴化思想,麻痹中国人民的精神,摧毁中国人民的民族自尊心和自信心

    D. 干涉中国内政

6. 利用第二次鸦片战争掠夺中国领土最多的国家是(　　)

    A. 美国　　　　　B. 英国　　　　　C. 俄国　　　　　D. 法国

7. 日本迫使清政府签订的割让台湾的不平等条约是(　　)

    A.《南京条约》　　B.《北京条约》　　C.《马关条约》　　D.《瑷珲条约》

8. 第二次鸦片战争时,洗劫和烧毁圆明园的是(　　)

    A. 日本侵略军　　B. 俄国侵略军　　C. 英法联军　　　D. 八国联军

9. 外国侵略者控制中国政治的重要手段之一是(　　)

    A. 赔款　　　　　B. 把持中国海关　　C. 制造舆论　　　D. 进行宗教宣传

10. 中国近代史上,人民群众第一次大规模的反侵略武装斗争是(　　)

    A. 三元里人民的抗英斗争　　　　　B. 太平天国的抗击洋枪队斗争

    C. 台湾高山族人民的抗美斗争　　　D. 义和团的抗击八国联军斗争

11. 指挥清军在中越边境取得镇南关大捷的是(　　)

    A. 冯子材　　　　B. 邓廷桢　　　　C. 林则徐　　　　D. 李鸿章

12. 在近代,帝国主义列强不能灭亡和瓜分中国的最根本原因是(　　)

    A. 帝国主义列强之间的矛盾和妥协

    B. 洋务派开展的"自强"、"求富"运动

    C. 民族资产阶级发动的民主革命

    D. 中华民族进行的不屈不挠的反侵略斗争

13. 从 1840 年至 1919 年,中国在历次反侵略战争中失败的根本原因是(　　)

    A. 社会制度的腐朽　　　　　　　　B. 军事技术的落后

    C. 西方列强的强大　　　　　　　　D. 经济力量的薄弱

14. 被称为近代中国睁眼看世界第一人的是（　　　）
    A. 林则徐　　　　B. 魏源　　　　C. 龚自珍　　　　D. 郑观应

15. 1839 年组织编写成《四洲志》，向中国人介绍西方情况的是（　　　）
    A. 林则徐　　　　B. 魏源　　　　C. 马建忠　　　　D. 郑观应

16. 魏源在《海国图志》中提出的重要思想是（　　　）
    A. 师夷长技以制夷　　　　　　　　B. 中学为体、西学为用
    C. 救亡图存和振兴中华　　　　　　D. 物竞天择、适者生存

17. 在甲午战争后，宣传"物竞天择"、"适者生存"社会进化论思想的是（　　　）
    A. 严复翻译的《天演论》　　　　　B. 郑观应撰写的《盛世危言》
    C. 冯桂芬撰写的《校颁庐抗议》　　D. 魏源编撰的《海国图志》

18. 在1894年发出"振兴中华"这一时代最强音的是（　　　）
    A. 梁启超　　　　B. 孙中山　　　　C. 康有为　　　　D. 郑观应

参考答案：
1. B　2. A　3. C　4. C　5. C　6. C　7. C　8. C　9. B　10. A　11. A　12. D
13. A　14. A　15. A　16. A　17. A　18. B

（二）多项选择题

1. 英国对中国发动侵略战争是（　　　）
   A. 英国资本主义扩张发展的客观要求
   B. 英国政府蓄谋已久的政策
   C. 由中国人民的禁烟斗争引起的
   D. 根本目的是打开中国大门，使中国成为英国资本主义发展的商品市场和原料产地

2. 为了统治中国，资本—帝国主义列强在政治上采取的主要方式是（　　　）
   A. 控制中国的内政、外交　　　　B. 发动侵略战争，划分势力范围
   C. 镇压中国人民的反抗　　　　　D. 扶植、收买代理人

3. 近代中国人民的反侵略战争（　　　）
   A. 沉重地打击了资本—帝国主义列强的侵华野心
   B. 使我们的国家和民族历尽劫难、屡遭侵略而不亡
   C. 表现出来的爱国主义精神，铸成了中华民族的民族魂
   D. 反侵略战争的失败，从反面教育了中国人民，极大地促进了中国人的思考、探索和奋起，反侵略战争的过程，是中华民族逐渐觉醒的过程。

4. 英国和法国在第二次鸦片战争期间迫使清政府签订的不平等条约有（　　　）
   A.《天津条约》　　B.《北京条约》　　C.《瑷珲条约》　　D.《辛丑条约》

5. 资本—帝国主义列强对近代中国进行经济侵略的方式包括（　　　）
   A. 强迫中国支付巨额的战争赔款　　B. 控制中国的通商口岸
   C. 剥夺中国的关税自主权　　　　　D. 实行商品倾销和资本输出

6. 资本—帝国主义列强对中国进行文化渗透的目的是（　　　）

A. 宣扬殖民主义奴化思想　　　　B. 麻醉中国人民的精神

C. 摧毁中国人的民族自尊心和自信心　　D. 传播西方文明

7. 在第一次鸦片战争期间,为抗击英国的侵略而以身殉国的爱国将领包括(　　)

A. 关天培　　　　B. 陈化成　　　　C. 海龄　　　　D. 邓世昌

8. 八国联军统帅瓦德西所发出的"故瓜分一事,实为下策"表明(　　)

A. 帝国主义列强瓜分中国的计划破产

B. 帝国主义列强无奈地放弃了灭亡中国的计划

C. 帝国主义列强不得不调整侵华政策

D. 帝国主义列强认识到了中国人民具有不屈不挠的斗志

9. 在《海国图志》中,魏源提出了(　　)

A. "师夷长技以制夷"的思想

B. 学习外国先进的军事和科学技术的主张

C. "中学为体、西学为用"的思想

D. 同西方国家进行"商战"的主张

10. 19 世纪 70 年代以后,主张学习西方科学技术和吸纳西方政治、经济学说的有(　　)

A. 王韬　　　　B. 薛福成　　　　C. 马建忠　　　　D. 郑观应

参考答案:

1. ABD　2. ACD　3. ABCD　4. AB　5. ABCD　6. ABC　7. ABC　8. ABCD　9. AB　10. ABCD

(三) 简述题

1. 资本—帝国主义的入侵给中国带来了什么?

答案要点:

(1) 西方资本—帝国主义的入侵,造成中国近代的贫穷与落后。近代资本—帝国主义列强对中国发动一系列侵略战争,迫使中国政府签订不平等条约,勒索大量战争赔款,直接割占中国大片领土,严重破坏了中国领土完整和主权。迫使中国开放通商口岸,使中国逐步沦为外国侵略者的商品销售市场和原料掠夺地,并操纵了中国的主要经济命脉。对中国进行文化渗透,宣扬"种族优劣论","黄祸论"为帝国主义侵略制造舆论。所以,资本—帝国主义的侵略和本国封建势力对人民的压迫,是中国落后、贫困的根本原因。

(2) 西方资本—帝国主义的入侵,阻滞了中国近代化的进程。虽然,列强在侵华的时候也充当了历史的不自觉的工具,把西方的资本主义及其技术带入中国,刺激了中国资本主义的发生。但是,其主观上并不希望中国成为独立自主富强的近代化国家。因此,总是千方百计的压制中国民族资本主义的发展,阻挠和破坏中国社会的进步。历史证明,只有推翻帝国主义和封建主义在中国的统治,中国才有可能走上独立富强的道路。

2. 近代中国进行的反侵略战争具有什么意义？

答案要点：

（1）近代中国人民进行的反侵略战争，沉重打击了帝国主义侵华的野心，粉碎了他们瓜分中国和把中国完全变成殖民地的图谋。正是中国人民的英勇斗争，表现了中国人民不屈不挠的爱国主义精神，也给外国侵略者以沉重打击和深刻教训，使他们越来越清楚地认识到，中国是一个很难征服的国家。

（2）近代中国人民进行的反侵略战争，教育了中国人民，振奋了中华民族的民族精神，鼓舞了人民反帝反封建的斗志，大大提高了中国人民的民族觉醒意识。正是这种亡国灭种的危机感，增强了中华民族休戚与共的民族认同感和凝聚力，成为中华民族自立自强并永远立于世界民族之林的根本所在。

3. 中国近代历次反侵略战争失败的根本原因和教训是什么？

答案要点：

（1）近代中国社会制度的腐朽是反侵略战争失败的根本原因。

（2）近代中国经济技术的落后是反侵略战争失败的另一个重要原因。

（3）中国近代历次反侵略战争失败的教训：中国人民必须把反对帝国主义的民族斗争和反对封建主义的阶级斗争统一起来，才能完成近代中国革命的任务。

二、精选案例，巩固深化

精选案例 1

英人在华的残暴行动

——1857 年 4 月 10 日《纽约每日论坛报》第 4984 号

几年以前，当在印度施行的可怕的刑罚制度在议会中被揭露的时候，极可尊敬的东印度公司的董事之一詹姆斯·霍格爵士曾厚颜无耻地硬说这种说法是没有根据的。可是后来的调查证明，这种说法有事实作根据，而且这些事实对东印度公司的董事们来说应当是十分清楚的。因此，詹姆斯爵士对于东印度公司被指控的那些可怕的事情，只有或者承认是"有意不闻"，或者承认是"明知故纵"。看来，英国现任首相帕麦斯顿勋爵和外交大臣克拉伦登伯爵现在也处于同样的窘境。首相在市长不久前举行的宴会上的演说中，企图为施于中国人的残暴行为进行辩护，他说："如果政府在这件事情上赞同采取无理的行动，毫无疑问，它走的就是一条应受议会和全国谴责的道路。但是相反地，我们深信这些行动是必需的和至关重要的。我们认为，我国受到了严重的欺凌。我们认为，我国同胞在地球的遥远地方遭到了种种侮辱、迫害和暴虐，对此我们不能默不作声。我们认为，我国根据条约应享有的权利已遭到破坏，而在当地负责保护我国在世界那个地区利益的人员，不仅有理由而且有义务尽量利用他们所能采取的手段来表示对这些暴行的义愤。我们认为，如果我们不赞同采取那些在我们看来是正确的、而且我们设身处地也会认为自己有责任采取的行动,那我们就是辜负了我国同胞对我们所寄予的信任。"

但是,无论英国人民和全世界怎样为这些讲得头头是道的解释所欺骗,勋爵大人自己肯定不会相信这些解释的真实性,要是他认为这些都是真的,那就暴露出他是有意不去了解真实情况,同"明知故纵"几乎同样是不可原谅的。自从英国人在中国采取军事行动的第一个消息传来以后,英国政府报纸和一部分美国报刊就连篇累牍地对中国人进行了大量的斥责,它们大肆攻击中国人违背条约的义务、侮辱英国的国旗、羞辱旅居中国的外国人,如此等等。可是,除了"亚罗号"划艇事件以外,它们举不出一个明确的罪名,举不出一件事实来证实这些指责。而且就连这个事件的实情也被议会中的花言巧语歪曲得面目全非,以致使那些真正想弄清这个问题真相的人深受其误。

"亚罗号"划艇是一只中国小船,船员都是中国人,但是为几个英国人所雇用。这只船曾经取得暂时悬挂英国国旗航行的执照,可是在所谓的"侮辱事件"发生以前,这张执照就已经满期了。据说,这只船曾被用来偷运私盐,船上有几名歹徒——中国的海盗和走私贩子,当局早就因为他们是惯犯而在设法缉捕。当这只船不挂任何旗帜下帆停泊在广州城外时,缉私水师得知这些罪犯就在船上,便逮捕了他们。要是我们的港口警察知道附近某一只本国船或外国船上隐匿水贼和走私贩子,也一定会这样做的。可是因为这次逮捕妨碍了货主的商务,船长就向英国领事控告。这位领事是个就职不久的年轻人,据我们了解是一个性情暴躁的人。他亲自跑到船上,同只是履行自己职责的缉私水师大吵大闹,结果一无所得。随后他急忙返回领事馆,用命令式的口吻向两广总督提出书面要求:放回被捕者并道歉,同时致书香港的约翰·包令爵士和海军将军西马縻各厘,说什么他和英国国旗遭到了不可容忍的侮辱,并且相当明显地暗示说,期待已久的向广州来一次示威的良机到来了。

叶总督有礼貌地、心平气和地答复了激动的年轻英国领事的蛮横要求。他说明捕人的理由,并对因此而引起的误会表示遗憾。同时他断然否认有丝毫侮辱英国国旗的意图,而且送回了水手,因为尽管这些人是依法逮捕的,但他不愿为拘留他们而招致这样严重的误会。然而这一切并没有使巴夏礼领事先生感到满意,他坚持要求正式道歉和以隆重礼节送回被捕者,否则叶总督必须承担一切后果。接着西马縻各厘将军率领英国舰队抵达,旋即开始了另一轮公函往来:海军将军态度蛮横,大肆恫吓,中国总督则心平气和、冷静沉着、彬彬有礼。西马縻各厘将军要求在广州城内当面会商。叶总督说,这违反先例,而且乔治·文翰爵士曾答应不提这种要求。如果有必要,他愿意按照常例在城外会晤,或者采取其他不违反中国习惯与相沿已久的礼节的方式来满足海军将军的愿望。但是这一切都未能使这位英国强权在东方的好战的代表称心如意。

这场极端不义的战争就是根据上面简单叙述的理由而进行的——现在向英国人民提出的官方报告完全证实了这种叙述。广州城的无辜居民和安居乐业的商人惨遭屠杀,他们的住宅被炮火夷为平地,人权横遭侵犯,这一切都是在"中国人的挑衅行为危及英国人的生命和财产"这种站不住脚的借口下发生的!英国政府和英国人民——至少那些愿意弄清这个问题的人们——都知道这些非难是多么虚伪和空洞。有人企图转移对主要问题的追究,给公众造成一个印象:似乎在"亚罗号"划艇事件以前就有大量的伤害行为足以构成宣战的理由。可是这些不分青红皂白的说法是毫无根据的。英国人控告中国人一桩,中国人至少可以控告英国人九十九桩。

英国报纸对于旅居中国的外国人在英国庇护下每天所干的破坏条约的可恶行为真是讳莫如深！非法的鸦片贸易年年靠摧残人命和败坏道德来填满英国国库的事情，我们一点也听不到。外国人经常贿赂下级官吏而使中国政府失去在商品进出口方面的合法收入的事情，我们一点也听不到。对那些被卖到秘鲁沿岸去当不如牛马的奴隶、被卖到古巴去当契约奴隶的受骗契约华工横施暴行"以至杀害"的情形，我们一点也听不到。外国人常常欺凌性情柔弱的中国人的情形以及这些外国人带到各通商口岸去的伤风败俗的弊病，我们一点也听不到。我们所以听不到这一切以及更多得多的情况，首先是因为在中国以外的大多数人很少关心这个国家的社会和道德状况；其次是因为按照精明和谨慎的原则不宜讨论那些不能带来钱财的问题。因此，坐在家里而眼光不超出自己买茶叶的杂货店的英国人，完全可以把政府和报纸塞给公众的一切胡说吞咽下去。

与此同时在中国，压抑着的、鸦片战争时燃起的仇英火种，爆发成了任何和平和友好的表示都未必能扑灭的愤怒烈火。

——摘自《马克思恩格斯全集》（第12卷）北京：人民出版社1956年版，第175-178页.

【讨论理解】

1. "亚罗号"事件的真正目的是什么？
2. 英国是如何对华进行残暴的殖民侵略。
3. 鸦片战争与近代中国半殖民地半封建社会的性质之间的关系。

【案例点评】

马克思写这篇文章的时候，英国正在全世界开拓领土。1856年英国为了扩大在华特权，借口"亚罗号"事件挑起了第二次鸦片战争。英国政府和英国媒体竭力掩盖事实真相，为英国发动侵略战争寻找合法的理由。马克思站在国际主义的立场，深刻地揭露了英国政府对外侵略的罪恶行径，对内欺骗人民的反动本质。文章分为三个部分，第一部分，马克思直接引用英国首相帕麦斯顿勋爵的演讲，痛斥首相为英国政府侵略中国进行辩护，直陈英国政府正在重施东印度公司的伎俩，用谎言掩盖英国军队对中国人的残暴行动。第二部分，马克思叙述了所谓"亚罗号"事件的经过，指出了"亚罗号"乃至"一只中国小船"，"船员都是中国人"，所谓的"侮辱事件"是捏造的。继而马克思一针见血地揭露"亚罗号"事件实际是英方蓄意挑起的事件，其目的在于寻找向中国发起战争的理由。正是在这个理由下，英国军队屠杀无辜的中国人民，犯下了侵犯人权、破坏中国人民财产的暴行。第三部分，马克思揭露了英国媒体的虚伪，指出英国媒体对于外国人在中国所犯下的种种罪行只字不提，而是错误的报道误导英国民众。马克思认为英国人在中国的暴行必将激起中国人民的强烈反抗，继而表达了对英国政府所作所为的深恶痛绝，揭露了英国掌权者侵华的丑恶嘴脸。

【教学建议】

此案例可运用于第一章"反对外国侵略的战争"中第一节"资本—帝国主义对中国的侵略"的教学,尤其可以为资本—帝国主义对中国的侵略四个方面的第一方面"军事侵略"提供证据。

精选案例 2

镇南关大捷

1885年2月23日,法军攻占中越边境上的重镇——镇南关(今广西友谊关),战火烧到中国境内。广西龙州乃清军全军后路,商民惊徙,游勇肆掠,逃军难民蔽江而下,广西全省大震,形势十分严重。新任两广总督张之洞为挽回不利形势,除任命潘鼎新总统广西关外军事外,还起用了退职老将冯子材帮办广西关外军务。冯子材虽年近七旬,但因久任广西提督,三次出关,威惠素著,颇得桂、越人心,被新任广西巡抚李秉衡等前敌将领推为前敌主帅。冯子材在中越人民高昂斗志的鼓舞下,团结各军将士,大力整顿溃军,迅速稳定后方,广泛联络边民,加紧修筑工事,积极准备反击侵略军,收复镇南关。法国侵略军慑于中国军民的强大声势,在炸毁镇南关后退出关外30里地的文渊城,伺机反扑。

法军退出镇南关后,冯子材移驻关内8里处关前隘。他和各军将领到前线反复勘察,选定形势险要的关前隘附近的有利地形构筑防御阵地,作为同法军进行决战的地点。关前隘在镇南关内约8华里处,东西两面高山夹峙,中间为宽约2华里的隘口。东面的大青山高800余米,向南倾斜与小青山相连,再南为马鞍山,一直延伸到镇南关的东面。西面的凤尾山高600余米,同样向南倾斜,直至龙门关,然后经一座大石山延伸到镇南关的西面。关前隘南面的谷地宽2华里多,谷地南端有几座小石山,往南直至镇南关都是起伏不平的山丘,统称横坡岭。冯子材命令部队在关前隘两旁的东西岭上赶修炮台多座,在隘口前抢筑了一条横跨东、西岭的土石长墙。墙外挖掘4尺宽的深堑,以利坚守。从而构成一套较完整的山地防御阵地体系。

冯子材周密布防后,便先发制人,于二月初六主动出击法军占据的文渊城,打乱法军侵略部署,提高了将士的战斗情绪。初七,尼格里为争取主动,率法军第二旅2 000余人分三路发起攻击,进入镇南关,企图占领关前隘清军阵地。冯子材指挥苏元春、王孝祺等部迎击,战斗甚为激烈。当地壮、瑶、白、彝、汉等族人民也前来助战。越南人民闻讯,亦建立忠义军五个大团共2万余人在关外配合作战。经过一场激烈的白刃战,终于将法军逼离长墙,压下山谷。初八,法军分三路再次发起冲击。其主力猛扑关前,冯子材身先士卒,率部英勇杀敌。接着,发起声势浩大的反攻,以排山倒海之势向法军勇猛冲杀过去,进行围攻。经过两天的激战,中国军队取得大胜,法军全线崩溃,狼狈逃出镇南关,退到文渊城。前线中国将士群情振奋,乘胜追击逃敌,于二月初十攻克文渊。十二日攻克驱驴,重伤法军总司令尼格里。十三日收复谅山。十五日收复屯梅、观音桥。十七日收复谷松。法军犹惊弓之鸟,一口气逃到郎甲、船头一带。

镇南关、谅山一役,法军伤亡近千人,冯子材领导中国军队取得了巨大的胜利,法国茹费理内阁也为此倒台。中国的胜利扭转了整个战局，冯子材决定于二月底三月初亲率东线全军进攻北宁、河内。但就在此刻，清廷下诏停战撤兵，彻底破坏了前线军民乘胜进军的作战计划。

——摘编自丁名楠等：《帝国主义侵华史》第1卷，北京：人民出版社1961年版.

【讨论理解】

1. 中法战争是如何引起的？
2. 中国军队取得镇南关大捷的根本原因是什么？
3. 为什么说中法战争是中国"不败而败"，法国"不胜而胜"之战？

【案例点评】

镇南关大捷是中法战争期间，清军在广西镇南关（今友谊关）大败法国侵略军的著名战役，年近七旬的老将军冯子材带领清军重创来犯的法国侵略者，取得了战役的全面胜利。在中国近代反侵略战争史上书写的辉煌战绩，依然值得广大炎黄子孙为之骄傲。

中法战争中，双方都投入了大量的兵力。法军总数最多时约2万人，武器装备先进，特别是海军舰艇居于明显优势。清军前后参战兵力达10余万人，主要是武器装备远逊于敌的陆军部队，其所以能取得军事上的最后胜利，是诸多因素相互作用和发展变化的结果。其中，战争双方在战略运用方面的优劣得失，对整个战争的进程起着十分重要的作用。随着军事技术的发展和战争经验的不断积累，清政府在正式宣战后采取东南沿海防御、北圻陆路反攻的方针，与以往相比，战略指导上注入了新的活力。老将冯子材制订了详细的作战计划，依托地形修筑了坚固的防御工具，更身先士卒，显示出一名主将高超的用兵艺术。当时，北圻法军近2万人分驻于数十个据点，兵力相当分散。中国军队不但数量居于优势，而且比较适应越北地区的恶劣自然条件；同时，背靠滇粤，人力物力易于补充，无后顾之忧。战争实践表明，清军执行这一方针的结果，虽然迭经挫折，但最终效果还是相当可观的。这说明战略方针正确与否，固然是胜败攸关的重大问题，而方针一经确定，前敌将领是否得力，能否正确贯彻既定方针，便成为影响全局的决定性因素了。

清军武器装备的改善、技术战术水平的提高，也是中国能在军事上取得最后胜利的重要原因。19世纪70年代中期以后，清政府在加强海防建设的同时，还大力加强陆军建设，主要是发展武器装备更新较快、训练要求较高的"练军"。而洋务运动的继续开展和近代军事工业的发展，为中国军事技术的发展和武器的更新提供了一定的条件。中法战争时期，清军在武器装备特别是海军舰艇方面虽然仍比西方列强差得很多，但和两次鸦片战争时期相比，这种差距毕竟明显地缩小了。

镇南关大捷沉重打击了法国侵略者的嚣张气焰，并迫使发动此次战争的茹费理内阁于1885年3月31日垮台。法国政界也面临着一次全面洗牌。虽然，野心勃勃的法兰西人并未放弃通过战争获得巨大利益的打算，然而镇南关战役的失利，还是让他们感受到了不屈不挠的中国人的厉害。当年六月，在英国的调停下，中法双方在天津举行会谈，并于6月9日签订了《中法天津条约》，条约重新确认了1884年中法与越南之间签订的《第二次顺化条约》。从此越南脱离了中国，成为法国属地，中国对越南的宗主权就此失去。由此可见,镇南关大捷结果虽然是中方取得胜利,然而此一战并不足以改变近代中国软弱的外交形势及政治上难以崛起的现实,何况在此战役后,清军已精疲力尽,刘永福部下损失殆尽,且清政府的财政状况也难以支持更大规模的战斗,因此,镇南关大捷的结果,实际上并未改变清政府签订丧权辱国的不平等条约的宿命,更没能改变近代中国令人堪忧的国运。

【教学建议】

本案例详细介绍了镇南关大捷的历史经过,适用于第一章"反对外国侵略的斗争"第二节"抵御外国武装侵略,争取民族独立的斗争"部分的辅助教学,帮助同学们更好的理解在抵御外国武装侵略斗争的过程中,中国的广大的爱国官兵和人民不屈不挠的爱国情怀。

精选案例 3

魏源与《海国图志》

魏源(1794—1857年)名远达,字良图,号默深。湖南邵阳人,是我国著名学者和近代启蒙思想家。1794年(乾隆五十九年)出生于地主官僚家庭,10岁时家乡遭灾,家庭从此没落。由于家境贫寒,魏源读不起书,只好到私塾里借书,在母亲的织布机旁苦读了"四书"、"五经"。由于他刻苦勤奋,15岁便考中秀才,29岁时考中举人。他热心研究中国现实问题,喜欢议论时政,成为鸦片战争时期著名的思想家。

1840年9月的一天,占领定海的英军,为了筹划进攻中国内地的作战计划,派出人员刺探军情,一名叫安突德的炮兵军官偷偷到定海附近测绘地图,被当地的百姓抓获,送交给宁波知府衙门。魏源听到这个消息,立即赶到宁波,亲自审讯安突德。安突德向魏源交代了英国的历史、地理、经济、政治等自然情况,同时也详谈了英军的作战意图和武器情况。事后,魏源根据安突德的交代材料,写成了《英吉利小记》,向中国人介绍了英国的历史、地理等基本情况,供人参考。

1841年8月的一天黄昏,魏源在镇江遇见了即将发配伊犁的林则徐。两位忧国忧民、力主抗英的爱国志士相见,不由百感交集,慨叹不已。在魏源的住处,林则徐小心翼翼地打开一个布包,指着布包内的一大捆书报说:"这是我在广东时组织译员从香港、澳门的书籍和报纸上翻译的材料。如今我发配伊犁,路途遥远,不知何年何月才能返回。我想把这些东西交给你,希望你能在这些材料的基础上,编写一种介绍海外各国情况的书,改变国人对世界的无知状态。"魏源从林则徐手里接过沉甸甸的布包,会意地点了点头,他决心在林则徐已有的基础上,搜集天下有关世界各国的地理、历史资料,编写一部集大成的世界史地著作。他在林则徐《四洲志》的基础上,又根据历代史书记载及新搜集的外国图文资料,夜以继日地奋笔疾书。到1843年初魏源终于写完了《海国图志》。它是鸦片战争失败后中国先进分子了解和认识西方的第一部百科全书式的宝贵典籍。

《海国图志》先后征引了历代史志14种,中外古今各家著述70多种,还有各种奏折10多件和魏源的一些亲身经历。《海国图志》全书分6个部分,每一部分侧重各有不同。如《世界地图及各国分地图》篇向人们提供了近百幅全新的世界各国地图;在《世界各国史地》篇中,魏源通过征引《地球图说》、《外国史略》和《瀛环志略》等书中的材料,详细地介绍了美国的民主政治,涉及美国的联邦制度、选举制度、议会制度等。可以说,《海国图志》涵盖了当时西方国家的政治、经济、军事、历史、地理、文化等方方面面的内容。

魏源这部关于世界各国地理、历史概况和社会现状的巨著,开阔了中国人的视野,迈出了向西方学习的第一步,对后来的洋务运动和戊戌变法都产生了巨大影响。魏源的改革思想中,虽然有发展资本主义经济的微弱呼声,有称赞资产阶级政体的某些词句,但脚步却始终没有跨出封建主义的门槛。他幻想清王朝能改弦更张,通过学习西方某些富国强兵之道,以重振国威。正是这个政治立场,驱使魏源在1853年任江苏高邮知州时,组织地主团练武装,以对抗太平天国农民起义。

——摘编自陈其泰、刘兰肖:《魏源评传》,南京大学出版社2005年版.

【讨论理解】

1. 魏源为什么要编撰《海国图志》?
2. 《海国图志》的主要内容是什么?
3. 依据本案例,结合时代背景,评述林则徐、魏源的主张。

【案例点评】

鸦片战争前夕,清王朝的封建统治面临严重危机。在那个"万马齐喑究可哀"的时代,也有不少爱国志士苦苦寻求革故鼎新、富国强兵的道路。魏源就是其中的代表人物之一。他通过对资本主义列强的认真研究,破天荒地提出了"师夷之长技以制夷"的战略思想,并对如何加强军队建设和实行战略防御,提出了许多真知灼见。他不仅是著名的爱国主义者,而且是对近代中国军事的发展变化具有重大影响的军事思想家和战略家。魏源的著述很多,主要有《书古微》、《诗古微》、《默觚》、《老子本义》、《圣武记》、《元史新编》和《海国图志》等。《海国图志》是其中有较大影响的一部,也是他作为思想家的代表作。

《海国图志》有多种版本。魏源以林则徐主持编译的《四洲志》为基础,于道光二十二年(1842年)编成50卷本,道光二十七年(1847年)扩充为60卷本,次年徐继畬的《瀛环志略》问世,魏源吸取该书和其他资料,于咸丰二年(1852年)增补为100卷本。《海国图志》内容丰富,记述了世界各国的地理、历史、经济、政治、军事和科学技术,乃至宗教、文化等情况,并附有世界地图、各大洲地图和各国地图等。此书旨在唤起国人学习外国的长技,兴利除弊,增强国力,抵抗外来侵略。林则徐的《四洲志》为此书编写的重要依据。书中较系统地介绍了世界各国,特别是西方世界的历史和地理概况,并分析了鸦片战争的经验教训,探求富国强兵反对侵略之道,提出"师夷长技以制夷"的思想,对近代中国思想界和日本思想界均有很大影响。

《海国图志》的划时代意义,还在于给闭塞已久的中国人以全新的近代世界概念。鸦片战争爆发前,妄自尊大的清廷皇帝和显官达贵,竟不知英国在何方?《海国图志》的刊出,打破了这种孤陋寡闻的状况,它向人们提供了80幅全新的世界各国地图,又以66卷篇幅,详叙各国史地。这样,使当时的中国人通过《海国图志》这一望远镜开眼看世界。既看到了西洋的"坚船利炮",又看到了欧洲国家的商业、铁路交通、学校等情况,使中国人跨出了"国界",认识了近代世界的新鲜事物。

【教学建议】

本案例介绍了魏源编撰《海国图志》的经过及该书的主要内容,适用于第一章"反对外国侵略的斗争"第三节"反侵略战争的失败与民族意识的觉醒"部分的辅助教学,对早期民族意识的觉醒有更深刻的认识。

三、课内实践,注重提升

实践项目一:辩论赛——鸦片战争给中国带来了什么

【目标要求】

以"鸦片战争一声炮响,给中国带来的是什么?"为题,展开辩论:中国由此走上现代化/中国由此灾难深重。

【活动方案】

1. 活动时间:30 分钟
2. 活动地点:教室
3. 组织方式:
(1) 选定 1 名总负责人,拟定活动方案,包括活动时间、地点、评选方法和程序、评委组成、奖励方法等。
(2) 抽签决定正、反方,双方收集资料,组员之间分工明确。
(3) 辩论赛结束,请学生进行点评,任课教师进行总结。
4. 辩论要求:语言简明,条理清晰,论据充分。

【活动评价】

序号	评价项目	满分	得分
1	小组合作及分工情况	10	
2	搜集资料情况	30	
3	现场辩论情况	30	
4	论据充分情况	30	

实践项目二:主题演讲——谈谈近代中国的民族英雄

【目标要求】

引导学生通过上网、看书、查阅资料等方式,了解中国人民在近代反侵略斗争中的光辉事迹,寻找我们心目中的民族英雄,并让学生们在互相交流中感受中华民族不屈不挠的民族精神。

【活动方案】

1. 活动时间:50 分钟
2. 活动地点:教室
3. 组织方式:
(1) 教师拟定若干选题。
(2) 学生分成若干小组,抽签决定本小组的选题。
(3) 每小组全体成员分工协作,完成资料的收集和整理工作、制作 PPT 等。选派 1 名小组成员进行汇报。
(4) 抽签决定汇报的顺序。
(5) 每个小组都可以对其他小组的表现进行点评。
(6) 任课教师对活动作总结报告。
4. 论述要求:语言简明,条理清晰,重点突出,观点新颖。

【活动评价】

序号	评价项目	满分	得分
1	小组合作及分工情况	10	
2	搜集资料情况	30	
3	现场论述情况	30	
4	资料充分情况	30	

四、社会实践,学以致用

实践项目一:南京晓庄学院的历史调查

【目标要求】

南京晓庄学院的历史为学生了解中国近现代史提供了一个视角,通过对南京晓庄学院近九十年的发展变迁过程的调查,不仅可以为学生了解中国近现代社会发展提供一个"窗口",帮助学生更好地理解中国近现代历史的发展变迁,而且有助于加强学生对学校的了解,提升学校主人翁意识和责任感。

【活动方案】

1. 活动时间:实践周
2. 活动地点:校园、图书馆等地

3. 本课题的调研涵盖三个方面的视角:晓庄学院的发展变迁、学生群体的发展变迁、教学群体的发展变迁。

4. 学生以小组为单位,通过校友走访、在校学生的问卷调查等形式选择其中一个视角开展调研,制定调查方案。

5. 教师对学生的调查方案进行评阅,并提出修改意见及时反馈给学生。

6. 学生调查小组严格按照选题和调查方案开展社会调查并形成社会调查报告。

【实践成果】

以调查报告的形式呈现实践成果。

1. 字数不少于 3 000 字,符合论文写作规范要求。

2. 必须附相关图片,图文并茂,图片中必须出现小组调查的过程图片。

3. 必须附原始调查资料(如调查问卷、访谈记录等)及分析结果。

4. 必须附小组成员的调查心得体会。

5. 杜绝抄袭,建议及提出的解决方案等要有新视角和建设性意见。

【活动评价】

序号	评价项目	满分	得分
1	是否符合字数要求及论文写作规范	20	
2	是否完整、如实反映出晓庄学院的发展历史	30	
3	是否有照片等图片材料和调查问卷、访谈记录等过程材料	30	
4	是否有小组成员心得体会	20	

【优秀成果选编一】

展望历史,规划未来
——关于南京晓庄学院历史发展变迁的调查报告

摘 要:身为一名晓庄"陶子",通过对晓庄学院的变迁和学院内部的教学等方面发展变化的调查,了解晓庄学院内外历史发展变迁史是有必要的。通过此次调查,意在让更多的人了解晓庄学院的历史和文化传统,有利于清楚地定位自己;同时也有利于晓庄学院更好地规划未来。

关键词:创办时间;合并;搬迁校区;小学教育;新建图书馆

调查方法:1. 网上查询有关晓庄学院发展变迁的相关资料;

2. 在晓庄学院四个年级及已毕业的学生中抽取部分进行问卷调查,并对问卷进行数据分析;

3. 针对一些学长和老师开展人物访谈。

调查时间:2013 年 5 月 10 日—2013 年 5 月 23 日

调查实践人员:略

一、问卷情况

见附件一,此次调查发放问卷共 70 份,回收有效问卷 60 份。

二、数据统计和分析

具体问卷数据统计表详见附件二。

(一)南京晓庄学院学校的变迁

南京晓庄学院的历史变迁主要从两方面来看。一是外部变迁,即晓庄学院经历的历程,二是内部变迁,即晓庄学院专业、学术的发展。首先,我们来谈谈晓庄的外部变迁。1927 年 3 月 15 日,伟大的人民教师陶行知先生创办了"晓庄试验乡村师范学校",之后,晓庄师范经历了一段曲折的发展历程。1930 年 4 月,国民党政府封闭了晓庄师范,许多学生遭到逮捕杀戮,陶行知也被通缉,逃亡海外。后来,南京的部分学生在陶行知鼓励下,晓庄小学学生自发组织"晓庄儿童自动学校"。1937—1945 年,抗日战争爆发期间,学校被迫停办。直到 1951 年,在周总理的支持下,晓庄师范被批准复办。2000 年 3 月,经教育部批准,由原南京师范专科学校、南京教育学院、南京市晓庄师范学校合并组建成为全日制公办本科院校。由此,晓庄学院正式成立。现在,晓庄学院的规模逐步扩大为"两区一园三附校",即方山、莫愁两个校区、一个省级文保单位"行知园"和附属南京实验国际学校、附属小学以及附属南京小红叶幼儿园。

针对晓庄学院这部分历史,我们小组设计了几个问题对现在的"陶子"们进行了一个调查。从问卷中我们可以发现,各位"陶子"们对晓庄学院的创办时间和创办人还是很熟悉的,知晓率高达 100%,但对于晓庄学院的前身,知道的人就少了许多,只有 63.3%。而从对晓庄学院的闭校和复办时间的调查来看,各有 58.33% 和 46.67% 的人知道。完全知道晓庄学院由那几所院校合并而来的人也只有 50.00%。如果说,这些历史离我们比较远,那么对于现在晓庄的发展状况又有多少人知道呢? 从调查中可以知晓,只有 25.00% 的人知晓现在晓庄学院的规模,晓庄的两个校区为许多人知晓,但其附校却鲜为人知。通过访谈,我们了解到因为在校很少提及或接触附校,自己也没有去主动了解,所以知道的人很少。通过这些问题,我们了解到现在的晓庄学子只是知晓一些晓庄的基本历史,对于晓庄在挫折中的发展与变迁以及目前的发展状况熟悉程度并不可观。

从晓庄学院的外部变迁来看,晓庄学院是在曲折中发展。虽然遭受了残酷的摧残,但是在晓庄精神的领导下,在一代代晓庄人的努力坚持下,晓庄不断克服来自强权的打压,一步步的发展,成为现在"南京中小学教师的摇篮"。作为当代的晓庄人,我们要继承前辈们传承下来的优秀成果,积极主动地扛起建设晓庄的重任。

(二)南京晓庄学院专业建设和内部资源的发展变化

第 8 题:南京晓庄学院于 2008 年建设第一个国家级特色专业是什么? 3.33% 的人选择了学前教育专业,96.67% 的人选择了小学教育专业。由此可见,大家对晓庄学院的第一个国家级特色专业是比较熟悉的。小学教育专业的目标是培养具有德、智、体、美全面素质,掌握小学教育专业基础知识、基本理论和基本技能,具有良好的教育理论素养和一定的教育教学实践能力,能够在小学从事教学与教学研究的教师和教育管理人员。在晓庄学院的历史发展过程中,为了让学生的学习和未来就业更加有针对性,专业素养更高,小学教育专业被逐渐分成了文科、理科还有英语三个方向,并在原来的基础上增加了课程与教学论、戏剧表演、诗歌朗诵等与实际教学相关的,更加注重实践的课程。

第9题:南京晓庄学院在2012年将教师教育学院与教育科学学院合并为一个学院,该学院的名称是什么? 大部分人都知道该学院的名称是教师教育学院。

第11题:南京晓庄学院是在什么时候从专科类院校提升为本科类院校的? 5％选择了1999年,23.33％选择了2000年,43.33％选择了2001年,28.34％的人选择了2002年。这说明大家对晓庄升成本科院校的时间还是有点模糊的,但是也情有可原,毕竟到现在已有十多年的时间。晓庄学院在2000年成为本科类院校,无疑是其历史发展的一个新篇章,晓庄学院又踏上了一个新的征程。全院师生将秉承"与时俱进看晓庄、艰苦奋斗办晓庄、真抓实干兴晓庄"的精神,沿着高质量、有特色、现代化的发展道路,为"晓庄"谱写新的篇章!

小学教育专业作为晓庄学院第一个目前也是唯一个升为国家级特色专业的专业,对晓庄的整个发展进程有着功不可没的作用。在2008年,南京晓庄学院小学教育专业被教育部、财政部批准为"全国第三批高等学校特色专业建设点",并获得20万元的项目资助经费。10年来,南京晓庄学院在全国本科小学教育专业的建设与发展中一直处于"领跑"位置。该院提出的本科小学教育专业发展理念和构建的大学四年分阶段、有重点、统合安排的本科小学教育专业教育实践模式,被誉为"晓庄模式"。而这"晓庄模式"对晓庄现在的发展,招生报考的人数,以及每年毕业时的就业率有着非常大的帮助。

小学教育专业的目标是培养具有德、智、体、美全面发展的学生。在晓庄学院的历史发展过程中,为了让学生的学习和未来就业更加有针对性,专业素养更高,小学教育专业在课程的设置上更加注重专业素质的提高,在每一位学生经过系统的训练和培养之后,个人的素质都能得到很大的提高,有利于学生以后在教师岗位上的长远发展。这样在总结前人经验的基础上,在师资力量不断壮大的情况下,在理论与实践的结合下,小教专业的发展蒸蒸日上,每年的就业率都很高,这也造就了今天小教专业非常好的生源。

当然除了小教专业,还有诸如学前教育,应用心理学等其他特色专业,作为以师范专业为主的院校,其综合实力也在不断增强。近几年,我们学校还在不断接受新疆教师来我校进行双语培训,促进了不同民族的文化交流。

2012年6月,新的图书馆落成开馆,图书资源相比以前更加丰富,校园学习氛围更好。

三、调查总结:展望历史,规划未来

下面是一幅有关南京晓庄学院发展沿革图:

南京晓庄师范学校 ➡️

1927年3月，创建晓庄试验乡村师范
1927年8月，改名为晓庄学校
1930年4月，学校遭国民党封闭
1951年2月，南京晓庄学校复建
1952年，改名南京晓庄师范学校
1955年10月，更名江苏省晓庄师范学校
1971年，定名南京市晓庄师范学校

南京教育学校 ➡️

1952年10月，创建南京市教师进修学校
1953年8月，更名为南京市教师进修学校
1956年4月，学院一部分改名为江苏教师进修学院，南京市另设南京市教师进修学院
1969年，学校停办
1972年5月，复办南京市教师进修学院
1975年，更名南京市教师进修学院

南京市师范专科学校 ➡️

1958年7月，创办南京市师范专科学校
1962年7月，学校停办
1984年11月，复办南京市师范专科学校

南京师专·教院 ⬆️

1991年6月1日，经国家教委批准，南京市师范专科学校与南京教育学院合并

南京晓庄学校 ⬆️

2000年3月22日，经国家教委批准，南京市师范专科学校、南京教育学院和南京市晓庄师范学校合并，升格为本科院校

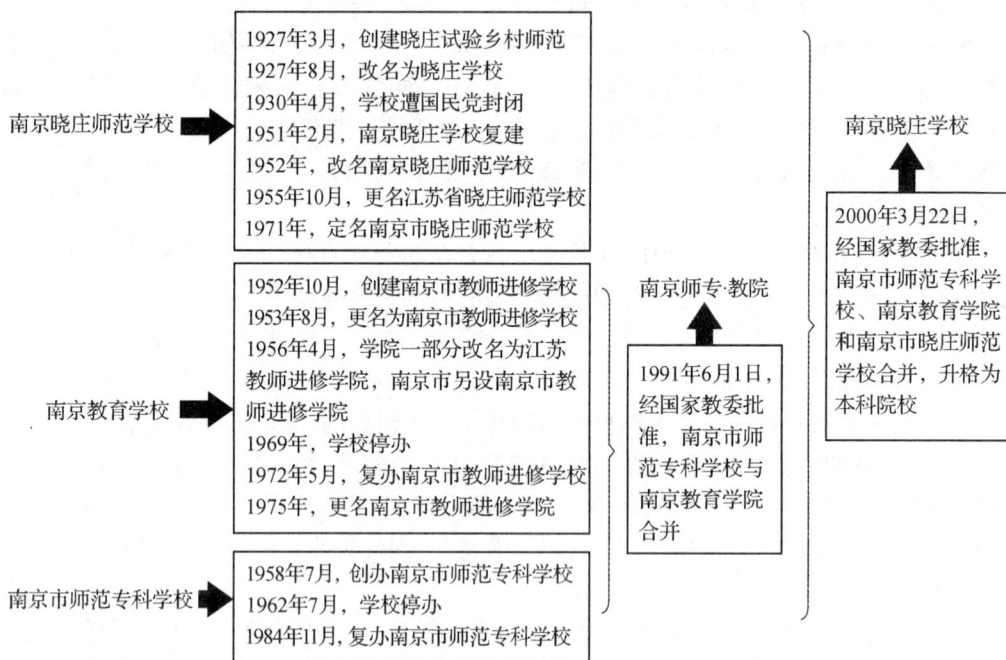

　　1927年3月，伟大的人民教育家陶行知先生擎"师范教育彻底改革"的旗帜，布衣下乡，在扬子江畔崂山脚下的晓庄，创办了中国近代史上最早的试验乡村师范——晓庄学院试验乡村师范学校。著名的"生活教育"理论和乡村教育运动由此发轫。

　　学校创办伊始，陶行知先生即以"教学做合一"指导学校实践。1930年4月，国民党政府封闭了晓庄师范，许多学生遭到逮捕杀戮，陶行知也被通缉，逃亡海外。后来，在南京的部分学生在陶行知鼓励下，晓庄小学学生自发组织"晓庄儿童自动学校"。1937—1945年，抗日战争爆发，被迫停办。1951年1月，宣布复校，选址南京晓庄，它恪守"教学做合一"的教育思想，成为全国中等师范学校的一个典范。1952年、1958年南京教育学院、南京市师范专科学校先后建校，"教学做合一"的思想也成为学校办学的重要教学观念。2000年，南京晓庄学院成立，不仅实现了陶行知先生的生前愿望，更为学校继承、弘扬、践行陶行知思想提供了新的契机。2002年，经全校范围讨论，确立了"教学做合一"的校训和"教人求真"、"学做真人"的教风与学风。

　　纵观晓庄学院的历史，一代代的晓庄人始终坚持陶行知的教育思想，秉承"教学做合一"思想，逐步突出晓庄学院师范类院校的特点。通过不断的努力，晓庄学院发生了由外到内的巨大变化。外在方面主要体现在建校的历程上、学校规模上，1927年"晓庄试验乡村师范"创办后，行知先生即以"教学做合一"指导学校实践，但在1930年曾被政府关闭，经过不断的努力，终于在1951年被周恩来批准复办，2000年，南京晓庄学院从专科类院校提升为本科类院校，不仅实现了陶行知先生的生前愿望，更为学校继承、弘扬、践行陶行知思想提供了新的契机。南京晓庄学院是2003年由南京教育学院、南京晓庄师范学院和南京师范专科学校合并而来的。晓庄学院就是在这样的基础上一步一步逐渐发展起来的，现在，规模已经扩大到两区三附校。这些外在的成就都是值得我们骄傲的。除此之外,晓庄学院的内在方面也发生了巨大的变化,主要体现在教学资源、院系发展和学生群体等方面。自新图书馆开放以来,网络教学资源更加丰富,为学生的学习发展提供了巨大的便利。2008 年,小学教育成为第一个国家级特色专业,2012 年,教师教育学院与教育科学学院合并为教师教育学院,更好地突出了晓庄学院师范专业的特色。自校创办以来,学生群体在不断地扩大,现在开始面向全国招生,四面八方的学生共同聚集在晓庄这个大家庭里快乐地学习。

这些由外到内的辉煌成就让我们有理由相信在坎坷中一步步成长起来的晓庄的明天会更加美好。

陶行知先生说过:"晓庄是一部永远不会完稿的诗集。"面对新世纪的召唤,南京晓庄学院又踏上了一个新的征程。全校师生将始终秉持"与时俱进看晓庄,艰苦奋斗办晓庄、真抓实干兴晓庄"的精神,秉承行知先生"教学做合一"的精神,沿着高质量、有特色、现代化的发展道路,为"晓庄"这部永远不会完稿的诗集谱写新的篇章! 面向未来,晓庄学院正在努力创建以研究、实践陶行知教育思想和教师教育为特色的在国内具有一定影响的多科性、开放性、教学型品牌大学,继续发展自己的国家级特色专业——小学教育专业,努力提高师范专业生的技能,继续保持"南京市中小学教师的摇篮"的美称,为南京建设"教育名城"、为江苏建设"教育强省"的战略目标做出更大的贡献。

附件一

关于南京晓庄学院历史发展变迁的问卷调查

1. 请问你所在的年级(　　)
   A. 大一　　　　　　B. 大二　　　　　　C. 大三　　　　　　D. 大四
2. 晓庄学院是在什么时间创办的(　　)
   A. 1937　　　　　　B. 1927　　　　　　C. 1949　　　　　　D. 1951
3. 晓庄学院的创始人是(　　)
   A. 陶行知　　　　　B. 蔡元培　　　　　C. 陈鹤琴
4. 晓庄学院原名是什么(　　)
   A. 晓庄师范　　　　　　　　　　　B. 晓庄学校
   C. 晓庄乡村师范学校　　　　　　　D. 晓庄试验乡村师范学校
5. 晓庄学院曾在哪一年被政府关闭(　　)
   A. 1935　　　　　　B. 1941　　　　　　C. 1930　　　　　　D. 1932
6. 晓庄学院是在哪一年由周恩来总理批准复办的(　　)
   A. 1949　　　　　　B. 1935　　　　　　C. 1945　　　　　　D. 1951
7. 南京晓庄学院是 2003 年由哪几所学校合并而来的(多选)(　　)
   A. 南京教育学院　　　B. 南京晓庄师范学
   C. 南京师范专科学校　D. 南京晓庄学院　E. 江苏师范学院
8. 南京晓庄学院于 2008 年建设第一个国家级特色专业(　　)
   A. 学前教育　　　　B. 小学教育　　　　C. 心理学专业

9. 南京晓庄学院在 2012 年将教师教育学院与教育科学学院合并为一个学院,该学院的名称是(　　)

　　A. 教育科学学院　　B. 教师教育学院　　C. 教育学院　　　　D. 应用心理学院

10. 晓庄学院现在的规模是(校区和附属学校)(　　)

　　A. 两区三附校　　B. 两区两附校　　C. 一区两附校

11. 南京晓庄学院是在什么时候从专科类院校提升为本科类院校的(　　)

　　A. 1999　　　　B. 2000　　　　C. 2001　　　　D. 2002

12. 你对南京晓庄学院的发展历程有哪些看法和感悟

附件二

南京晓庄学院历史实践调查照片

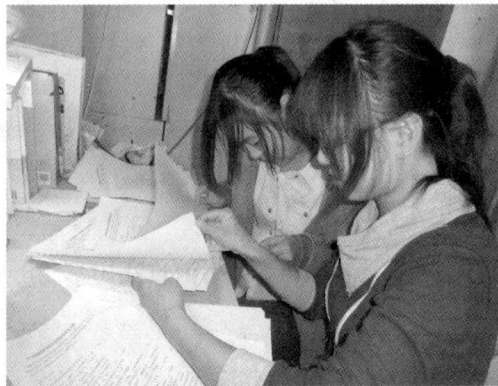

【优秀成果选编二】

人事有代谢,往来成古今

——关于晓庄学院教师群体变迁的调查报告

一、前言

　　作为在我校学习、生活的大学生,我们每天都会与在晓庄学院任职的教师群体进行大量的接触。传道、授业、解惑,是每一位老师的职责,他们授我们以知识,教我们以品德,无论是在我们的学习还是生活中都与我们密不可分。随着晓庄学院的蓬勃发展,作为晓庄学院中流砥柱的教师群体也在不断的变化发展。针对这一现象,我和我的组员们展开了一次题为"关于晓庄学院教师群体发展变迁"的实践调查报告。旨在通过这次调查增强对晓庄教师群体的了解和交流,并从中窥见晓庄学院的发展变化。

二、调查对象与方法

（一）调查对象

2014 年 5 月 12、13、14 日，六名成员组成的调查小组，在我校校园内对晓庄学院的教师群体进行了调查。

（二）调查方法

本次调查以调查问卷为载体，并且通过对一些教师采取一对一访谈的方式开展。访谈尽量选择晓庄学院毕业并在晓庄学院任职的老师，对其他的老师则采取随机调查的方法，以较客观的方式收集到一定数量的真实可靠的原始数据。

（三）任务分工

本次社会实践小组成员共有 6 人，由成员吴玫瑶和龚娜娜制作并发放问卷，章芸和徐沁雪统计数据、制作表格，余娅和陆晓兰撰写实践报告，并由小组全体成员进行修改订正，得出最后成果。

三、调查结果与分析

本次调查共发放了 50 份问卷，收回有效问卷 50 份。在填写问卷的教师中男性占 19 人，女性占 31 人。视频与访谈采访了 4 名教师，其中有 3 名毕业于我校。现将调查结果归纳如下：

（一）教师群体的高学历化（问卷中第二题、第三题、第九题）

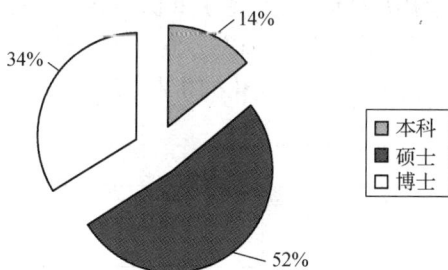

图 1　教师学历情况

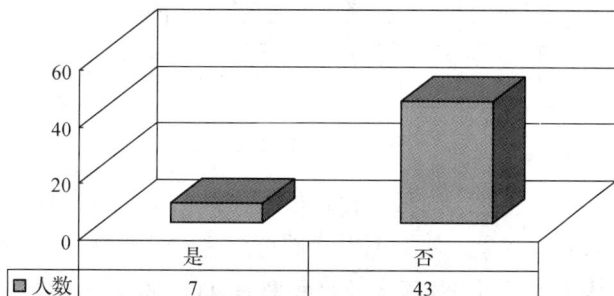

图 2　教师是否就读于南京晓庄学院

根据图 1 和图 2 我们可以发现，在晓庄教师群体中，硕士和博士分别占了 52%、34%，而拥有本科学历的仅仅占了 14%，而在这 14% 的本科学历教师中又有极大一部分是早年毕业于我校选择留校任教的教师。所以，高学历的教师占了我校教师群体中的大多数。

促成我校教师高学历的原因是多方面的。首先，信息化时代，社会经济发展较快，人们的知识水平和学历不断提高，因此社会对人们的学历要求也越来越高，就业的门槛一再提高，这迫使人们不得不提高自己的学历。其次，相对于其他职业，教师这一职业对自身知识文化修养、专业知识要求更高。提高自己的知识修养和学历水平，有利于教师为今后工作的开展做好准备。还有一点不得不提，高校排名压力导致学校在招聘教师时对教师的学历水平更为看重，而不是教学经验的丰富程度以及个人能力的培养。在对教师的访谈中，我们也发现，我们晓庄学院对教师的学历要求是比较高的。比如访谈中某位老师说："我们学校现在对做行政工作的老师要求是硕士以上的学历，而任课的老师学历则是博士以上。"

对于高学历的要求有利有弊。好的一方面是：拥有高学历的老师意味着他们对于某一方面的知识研究的更加深刻与透彻，思想境界的提升使他们能够从容应对并解决学生在学习过程中产生的疑问。而且对教师学历的高要求也使学校教师的整体水平提高，师资力量更加雄厚，教师的职称也随之提高，晓庄在各大高校的竞争中也有了一定优势。而值得我们进一步思考的一方面则是：拥有高学历并不代表可以成为一个好老师，有的老师知识储备很丰富，但是却不会教导学生，这样也是枉然。我们绝不能单纯地以学历来评判教师是否合格，而应该在必要的知识储备基础上，看其是否具备成为教师的素质，比如表达能力、师德等。高校教育质量的确取决于教师素质，但教师素质却未必以文凭论高低。因此对教师来说，在追求高学历的同时，更要注重积累教学经验，提升自身综合素质。更关键的是，学校更需要创造适合高学历教师充分发挥才干的教学环境。否则，即便真招来一批硕士、博士"千里马"，也未必不会被僵化的机制"窝死"。

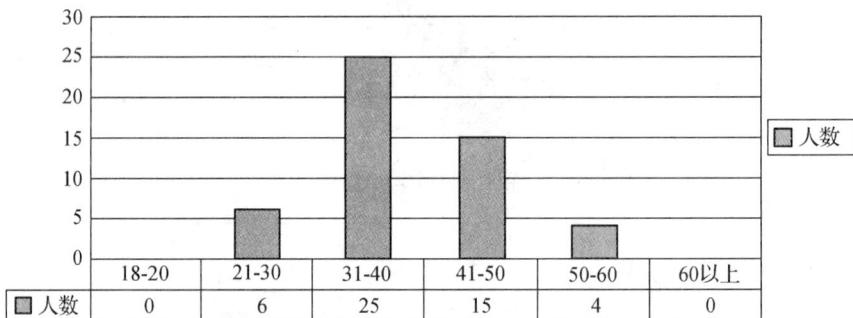

	18-20	21-30	31-40	41-50	50-60	60以上
人数	0	6	25	15	4	0

图3　教师年龄分布

我校对于教师高学历的要求同样也在其他方面产生了影响，其中表现最为明显的则是教师在年龄段上的分层现象。从上图中我们可以看到处于 31～40 岁年龄段中的中年教师占我校教师群体很大的比重，其次便是年龄在 41～50 之间的教师。其他的教师们中，年龄在 21～30 的和 50～60 的都比较少。而出现中年教师比重大这一现象的主要原因与相关教师入职年龄相较以往有所增大有关。联系图一，我校具有硕士与博士学位的教师占总教师的比重较大，而这类教师往往进入工作岗位时年龄都偏大。

但不可否认,相对于之前师专生任教以及老教授返聘任教等教师年龄的两极化,现在我校的31—40年龄段的教师所占比重较大这一情况更有利于教学的稳定化——既保持了教师队伍的生机与活力,也不失沉稳踏实。

(二)男女分布不平衡(问卷中第一题、第八题)

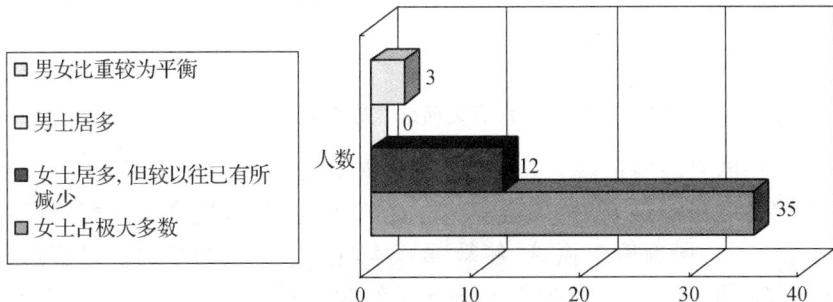

图4　对于教师性别比例的看法

在调查研究中我们发现,本校教师性别比例极不平衡。有70%的老师认为本校女性教师比例较多。但也有一个值得注意的情况是有24%的老师认为女士居多,但较以往已有所减少。这说明,在之前的教学活动中本校女教师人数较多,而随着时间的推移进入我校的男教师人数也在不断上升。这其实与本校的招聘政策有相当关系。我校从单一的师范专业发展成为文理科院系并存的师范类院校,相应地会引进一些理工专业的教师。此外,在调查中我们发现,在各个院系之间,男女分布也呈现不均衡的趋势。文科类的院系女教师较多,理工科的院系男教师偏多。如教师教育学院女教师占极大一部分,而数学与信息技术学院女教师极少。

我们认为,造成这种现象的原因是多方面的。首先,虽然我们学校开设了一些理科专业,但在整体教学上还是以文科专业居多,而学文科的女生较多,因此我校在招聘教师时会录用相当数量的女教师。这是造成我校女教师所占比例较大的原因之一。其次,社会上女生选择教师这个职业的比较多,而男生在就业方面有更多选择。最后,女教师相对于男教师而言更有耐心,更细心,更适合教师这个职业。但是男教师们在教学活动中也越来越发挥出他们不可替代的作用,因此,建议学校在招聘教师时能够注重男女比例,使我校教师队伍更加和谐。

(三)教师群体的年轻化(问卷中第五题、第七题)

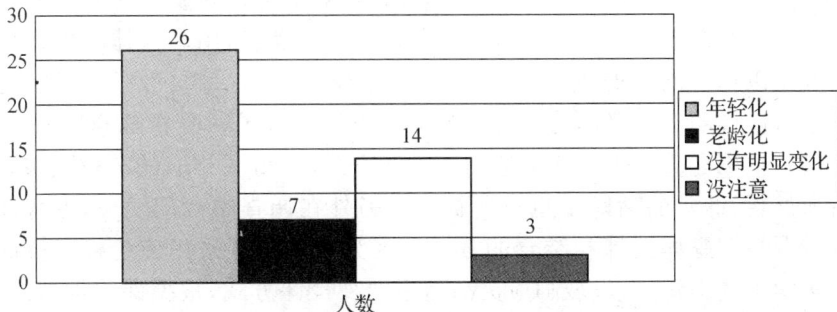

图5　对于教师年龄变化的看法

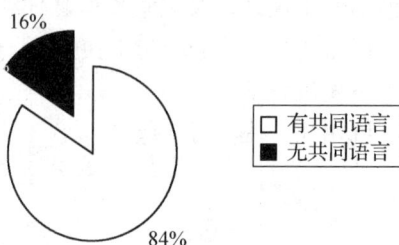

图 6　教师之间是否有共同语言

许多被采访的老教师都说:"这些年,我们周围的同事越来越年轻了,学校每年都会招许多年轻的教师。"这表明,随着一大批老教师的退休,更多的年轻教师被吸收进来,为晓庄注入了一股新鲜的血液,使教师群体焕发了生机与活力。尽管这些年轻教师需要一定的时间去摸索教学方法、积累教学经验,但假以时日,一定会成为晓庄新一代的顶梁柱。

教师群体年轻化,意味着教师们有更大的精力和更多的热情投入工作,从而有利于培养教师之间的学术氛围。通过新与旧的"碰撞",年轻的教师可以向老教师讨教教学经验,老教师也可以向年轻教师学习"新"的知识,双方都可以在互相学习中不断地完善和发展自身。与此同时,教师群体年轻化对于我们学生来讲,也是有很多益处的。我们和老师的年龄差距缩小,便于与老师沟通,产生相同的兴趣和话题,也便于老师更好地了解我们的想法,从而研究出更易使我们接受的上课方式。这种现象对学校的发展和学生的发展都是非常有利的。

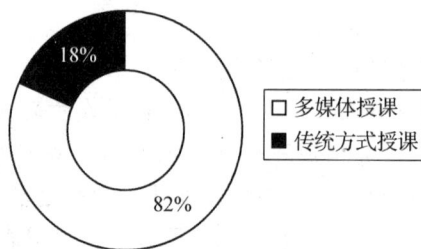

图 7　教师教学采取的授课方式

由以上结论可以得知,本校教师趋于年轻化,而这种年轻化在一定程度上也影响了他们教学方式上的转变。从图 7 我们可以看出,相对于传统的板书教学方式,现在教师更多的是采用多媒体授课。在采访中,受访老师也坦言,运用多媒体教学授课在一定程度上改变了以往沉闷的课堂气氛,大大提高了学生学习兴趣,教学效率也有了很大提升。这也可以说明教师群体的年轻化为课堂教学注入了一股新鲜的活力。同时,在年轻老师的带动下老教师也改变了他们的授课方式,获得了相应的有效成果,比如,上课气氛有所好转,课堂的活跃度也有所提高。另外在调查中我们发现,也有部分教师采用传统授课与多媒体授课相结合的方式。因为有些课程采用传统板书授课反而能更好的促进学生的理解,所以教师应灵活运用两种授课方式,根据课程类型的不同,采用不同的方式。

（四）科研意识的提高（问卷中第十一、第十三题）

综合问卷中老师们的意见，可以发现：因为我们学校的老师趋于年轻化，使得科研意识不断提高。这是因为年轻教师接受能力较强，工作热情极高，创新能力较强，也更加注重自身的知识修养。这一现象的出现一方面有助于教师在其专业领域精益求精，取得更大的成就。但另一方面，如果教师因为自己的科研项目而分心，在一定程度上也会导致对学生的关心程度不够，以及对学校发展的责任感明显降低。所以，教师们应当在做好本职工作的基础上，再参与研究科研项目。

小结

"人事有代谢，往来成古今。"几十年前，老一辈晓庄人留校任职，以自己的才识和汗水回馈母校，最终桃李满园；几十年后，更多年轻优秀的师资力量加入晓庄，成为新一代晓庄人，继续谱写篇章。两代人的传道授业，谱写了百年名校的历史；岁月的风雨变迁，造就了英才济济的晓庄。桃李无言，下自成蹊。我们期待更多的有为青年，为晓庄学院教师的变迁史添上浓墨重彩的一笔。

附件一

关于晓庄学院教师群体发展变迁的调查

亲爱的老师，我们正在做关于晓庄学院教师群体变迁的社会实践，感谢您愿意抽出宝贵的时间来填写这份调查问卷。祝您身体健康，工作愉快！

1. 您的性别：
   A. 男　　　　　　　　B. 女

2. 您的学历：
   A. 中专　　　　　B. 大专　　　　　C. 本科　　　　　D. 硕士E. 博士

3. 您的年龄：
   A. 18~20　　　　B. 21~30　　　　C. 31~40　　　　D. 41~50
   E. 50~60　　　　F. 60 以上

4. 您在学校所学专业与现在所授课程是否相关？
   A. 是　　　　　　　　B. 否

5. 授课时，您更喜欢用以 PPT 为主的多媒体，还是传统的方式（例如板书）？
   A. 多媒体授课　　　B. 传统方式授课

6. 您是否经常通过互联网向学生授课或传达信息？
   A. 是　　　　　　　　B. 否

7. 在晓庄学院任教期间，您认为周围同事的年龄有何变化，你们是否有共同语言？
   A. 年轻化　　　　B. 老年化　　　　C. 没有明显变化　　D. 没注意
   a. 有共同语言　　　b. 没有共同语言

8. 您认为周围同事的性别比例：
   A. 女性占极大部分　　　　　　　　B. 女性居多，但较以往已有所减少

C. 男性居多　　　　　　　　　　　　D. 男女比例较为均衡

9. 您是否曾就读于晓庄学院?

　　A. 是　　　　　　　B. 否(跳到 12 题)

10. 您就读时,我们学校的老师有什么特点?

_____

11. 您认为晓庄学院现在对教师学历的要求与以往有何不同?

_____

12. 您认为晓庄学院教师群体的发展有何变化?

_____

感谢您的配合!

附件二　调查图片

附件三:访谈记录

(一) 对×××老师的采访

1. A:请问您是否毕业于南京晓庄学院?

   B:首先,我是南京晓庄学院毕业的。然后当时的南京晓庄学院是专科,当时学校有机会让优秀的学生去外校继续深造,而我当时被分配到徐师大。完成本科学业后,在南京晓庄学院任职。

2. A:那么请问您当时在南京晓庄学院读书时,我校教师群体有何变化?

   B:当时在我们读书时,教师的主体是本科生,而且大多都是我校自己培养出来的。当时老师的特点:一、本科毕业。二、就是我校保送出去的本科生,培养之后回来任职。三、专业师范类的,基本功比较扎实。

3. A:那么当时这些老师在学校学的是什么专业?回来任职时是什么专业的?

   B:当时没有什么专业划分。都是针对小学专业的,课程设置特别多,统计一下大致有 50 多门,还有一些基本测试,三笔字、普通话等。

4. A:你在我校工作多少年了?

   B:我 2001 年从徐师大毕业的,然后来我校工作,当时先从事的是行政工作,2010 年转到思政部当教师。

5. A:那么在您任职的 13 年里,您周围的教师构成有什么变化?

　　B:一、高学历,教学工作的老师必须是在博士以上,而硕士以上的一般担任行政工作。二、入职年龄增大。以前我们从保送读本,再回校任职的年龄差不多都在 24、25 岁左右,而现在教师都是博士学历以上,而其入职年龄至少得 28、29 岁。还有些外校老师,辞职后再读博,再至我校任职。所以,现在的教师层次多在中年以上。三、因为我校教师是师范毕业的,教师氛围很浓,基本功较扎实,而现在的教师很多都是外校进来的,师范氛围不是很浓。另外,这类教师因为不是师范生出身,所以他们基本功不太扎实。这就表现在学校学院增多后,对这方面也不太重视了,更重视老师带领学生在专业上取得更大的成就。

6. A:上次上课我们也发现,您在课堂上会使用新兴的媒体教学手段,那么在以前的南京晓庄学院呢?

　　B:以前我们都是用幻灯片,而且老师多使用板书,而现在 PPT 开始流行,而这些多媒体的教学方法也的确起到了一定的教学作用。比如你们会对视频比较感兴趣,一些具有美感的事物对于你们会有比较大的吸引力。

(二) 对×××老师的采访

1. A:请问您是否毕业于南京晓庄学院?

　　B:是的,我是 05 年入校,09 年毕业的。

2. A:那么请问您当时在南京晓庄学院读书时,我校教师群体有何变化?

　　B:那个时候学校的文化氛围特别浓厚,而且管理的也十分严格。管理方式相当于高中至大专生那个管理模式。

3. A:那么请问当时您的老师是从师范院校毕业的还是聘请的博士生或者硕士生?

　　B:一部分是毕业留校的。另一部分是从外校招聘过来的。

4. A:请问当时您当时的南京晓庄学院男女比例如何?

　　B:理科类较平衡。文科类女老师较多,但总体上基本平衡。

5. A:老师,您在南京晓庄学院做辅导员多久了?

　　B:12 年来的,现在有 2 年了。

6. A:那么您觉得 2 年内您周围同事都发生了什么变化?

　　B:学历上要求渐高,担任讲师的基本上是博士以上,担任行政工作的老师基本上是硕士以上。而在女性比例上,学校更趋于招聘更多的男老师。

7. A:那么从您在我校读再到我校担任行政工作的这些年,您觉得我们学校发生了怎样的变化?

　　B:有两个方面来说。新进的老师这方面还没有发生什么太大的变化,另一个就是担任行政老师这方面,但是总体上的流出和流入没有大变化。

(三) 对×××老师的采访

1. A:请问您是否毕业于南京晓庄学院?

　　B:不是。

2. A:那您来南京晓庄学院任职多少年了?

　　B：13年了。

3. A：在这13年里您觉得周围同事的构成有什么变化？

　　B：年轻老师减少了，以前年轻老师较多，而现在老师的年轻力量减少了。

4. A：那您来我校任职时男女比例如何？

　　B：当时男女比例是比较平衡的，而现在男教师的数量逐渐减少。

5. A：那您觉得我校对教师学历有何变化？

　　B：学历要求提高了，基本都是博士以上的。没有博士以上的学历是进不来的。

6. A：您觉得我校教师群体有何变化？

　　B：高学历、高职称。

第二章　对国家出路的早期探索

一、内容梳理，同步练习

内容梳理

【教学目标】通过本章的讲述，使学生认识到：在中国沦为半殖民地半封建社会过程中，中国的各个阶级和阶层都登上历史舞台，进行了反抗和斗争，探索国家的出路。但是都以失败而告终。这为中国的工人阶级担负起领导革命的重任打下了基础。

【教学重点】了解和掌握三次早期探索的时代背景、性质、历史意义、失败原因和经验教训。

【教学难点】三次早期探索失败的原因和经验教训

【教学时间】2 学时

【授课形式】理论教学

【主要内容】

1　农民群众斗争风暴的起落
　　1.1　太平天国农民战争
　　1.2　农民斗争的意义和局限
2　洋务运动的兴衰
　　2.1　洋务事业的兴办
　　2.2　洋务运动的历史作用及失败
3　维新运动的兴起和夭折
　　3.1　戊戌维新运动的开展
　　3.2　戊戌维新运动的意义和教训

同步练习

(一) 单项选择题

1. 1853 年 3 月，太平军占领南京，定为首都，改名为（　　）
　　A. 西京　　　　　　B. 北京　　　　　　C. 天京　　　　　　D. 金陵
2. 最能体现太平天国社会理想和这次农民起义特色的纲领性文件是（　　）

A.《资政新篇》　　　　　　　　　　　B.《天朝田亩制度》

C.《万大洪告示》　　　　　　　　　　D.《原道醒世训》

3. 1859 年,洪仁玕从香港来到天京,被封为(　　　)

　　A. 干王　　　　　　B. 英王　　　　　　C. 翼王　　　　　　D. 忠王

4. 太平天国由盛转衰的分水岭是(　　　)

　　A."天京事变"　　　　　　　　　　B. 天京城外的破围战

　　C. 金田起义　　　　　　　　　　　D. 北伐失利

5. 太平天国在《天朝田亩制度》中提出的社会改革方案是(　　　)

　　A. 以解决土地问题为中心　　　　　B. 以发展资本主义为中心

　　C. 以反对封建的等级制度为中心　　D. 以废除儒学的纲常伦理为中心

6. 太平天国后期,提出《资政新篇》这一具有资本主义色彩改革方案的是(　　　)

　　A. 洪秀全　　　　　B. 杨秀清　　　　　C. 洪仁玕　　　　　D. 石达开

7. 1856 年发生在太平天国内部的"天京事变"说明的最基本道理是(　　　)

　　A. 农民阶级的领袖缺乏革命的进取心

　　B. 农民政权内部的斗争不可避免

　　C. 农民阶级缺乏彻底的反抗精神

　　D. 农民阶级无法克服阶级局限性和不能形成坚强的领导核心

8. 太平天国运动失败的根本原因是(　　　)

　　A. 无法克服小生产者所固有的阶级局限性

　　B. 拜上帝教不符合中国国情

　　C. 在军事策略上屡犯错误

　　D. 未能正确对待儒学

9. 中国旧式农民战争的最高峰是(　　　)

　　A. 义和团运动　　　　　　　　　　B. 三元里人民抗英斗争

　　C. 太平天国运动　　　　　　　　　D. 小刀会斗争

10. 洋务运动时期,国内最大的兵工厂是(　　　)

　　A. 金陵机器局　　　　　　　　　　B. 福州船政局

　　C. 上海江南制造总局　　　　　　　D. 天津机器局

11. 洋务运动时期,清政府的海军主力是(　　　)

　　A. 福建水师　　　B. 北洋水师　　　C. 广东水师　　　D. 南洋水师

12. 洋务运动时期,李鸿章的主张是(　　　)

　　A."灭发、捻为先,治俄次之,治英又次之"

　　B."但求外敦和好,内要自强"

　　C."师夷长技以制夷"

　　D."变者天下之公理也"

13. 冯桂芬对洋务派兴办洋务事业的指导思想做出比较完整表述的著作是(　　　)

　　A.《仁学》　　　B.《劝学篇》　　　C.《校邠庐抗议》　　D.《盛世危言》

14. 洋务运动时期,主要培养翻译人才的学校是(　　　)

　　A. 京师大学堂　　　B. 工艺学堂　　　　　C. 船政学堂　　　　　D. 京师同文馆

15. 洋务运动时期,当时国内最大的造船厂是(　　　)
　　A. 福州船政局　　　　　　　　　　B. 天津机器局
　　C. 湖北枪炮厂　　　　　　　　　　D. 上海江南制造总局

16. 洋务运动时期,洋务派首先兴办的洋务事业是(　　　)
　　A. 军用工业　　　B. 民用企业　　　C. 新式军队　　　D. 新式学堂

17. 洋务运动破产的标志是(　　　)
　　A. 福建水师的覆没　　　　　　　　B. 北洋水师全军覆没
　　C.《中法新约》的签订　　　　　　　D.《辛丑条约》的签订

18. 戊戌维新时期,梁启超的主要著述是(　　　)
　　A.《日本变政考》　B.《仁学》　　　C.《新学伪经考》　D.《变法通议》

19. 戊戌维新时期,严复在天津主办的报纸是(　　　)
　　A.《国闻报》　　　B.《时务报》　　　C.《京报》　　　　D.《大公报》

20. 戊戌维新时期,康有为主持的重要学堂是(　　　)
　　A. 京师大学堂　　　B. 广方言馆　　　C. 时务学堂　　　D. 广州万木草堂

21. 百日维新中,光绪皇帝颁布的政令要求各省书院改为(　　　)
　　A. 预备学校　　　B. 私塾　　　　　C. 高等学堂　　　D. 专业学会

22. 百日维新中,光绪皇帝颁布的政令要求裁减旧式绿营兵,改练(　　　)
　　A. 新式海军　　　B. 新式陆军　　　C. 新式炮兵　　　D. 新式骑兵

23. 戊戌政变后,新政措施大都被废除,被保留下来的是(　　　)
　　A. 京师大学堂　　　　　　　　　　B. 准许旗人自谋生计
　　C. 改革财政　　　　　　　　　　　D. 改革行政机构

24. 在近代中国资产阶级思想与封建主义思想的第一次正面交锋是(　　　)
　　A. 维新派与守旧派的论战　　　　　B. 洋务派与顽固派的论战
　　C. 改良派与革命派的论战　　　　　D. 革命派与洋务派的论战

25. 戊戌维新时期,维新派在上海创办的影响较大的报刊是(　　　)
　　A.《时务报》　　　B.《国闻报》　　　C.《湘报》　　　　D.《万国公报》

26. 中国民族资产阶级登上政治舞台的第一次表演是(　　　)
　　A. 戊戌维新运动　B. 洋务运动　　　C. 辛亥革命　　　D. 太平天国革命

27. 资产阶级维新运动宣告失败的标志是(　　　)
　　A. 康有为发起"公车上书"
　　B. 光绪皇帝颁布《明定国是诏》
　　C. 张之洞发表《劝学篇》
　　D. 以慈禧太后为首的保守势力发动"戊戌政变"

28. 在近代中国,资产阶级新文化开始打破封建文化独占文化阵地的历史起点是
　　(　　　)。
　　A. 洋务运动　　　B. 戊戌维新运动　C. 新文化运动　　D. 五四运动

参考答案：

1. C 2. B 3. A 4. A 5. A 6. C 7. D 8. A 9. C 10. C 11. B 12. B 13. C 14D 15. A 16. A 17. B 18. D 19. A 20. D 21. C 22. B 23. A 24. A 25. A 26. A 27. D 28. B

(二) 多项选择题

1. 金田起义后,太平军从广西一直打到江苏,其间经过的省份有( )
   A. 湖南　　　　　　　B. 湖北　　　　　　　C. 江西　　　　　　　D. 安徽

2. 《天朝田亩制度》反映了太平天国领导者想建立的理想社会的特征是( )
   A. 有田同耕,有饭同食　　　　　　　B. 有衣同穿,有钱同使
   C. 无处不均匀,无人不保暖　　　　　D. 均贫富,等贵贱

3. 天京事变中发生的历史事件包括( )
   A. 陈玉成、李秀成等青年将领被提拔　　　B. 杨秀清、韦昌辉被杀
   C. 石达开出走　　　　　　　　　　　　　D. 洪仁玕开始总领朝政

4. 与太平军作战的外国军队包括( )
   A. "常胜军"　　　B. "哥萨克旅"　　　C. "十字军"　　　D. "常捷军"

5. 洋务运动时期,封建统治阶级的成员包括( )
   A. 张之洞　　　　　B. 奕䜣　　　　　C. 曾国藩　　　　　D. 李鸿章

6. 洋务运动时期,洋务派创办的工艺学堂培养的专门人才包括( )
   A. 电报　　　　　　B. 铁路　　　　　C. 矿物　　　　　D. 西医

7. 洋务运动时期,洋务派设立的翻译机构翻译的西学书籍涉及的专业包括( )
   A. 近代物理　　　　B. 近代化学　　　C. 近代数学　　　D. 近代天文

8. 洋务运动时期,康有为向光绪皇帝进呈的介绍外国变法经验的书籍是( )
   A. 《日本变政考》　　　　　　　　B. 《俄彼得变政记》
   C. 《波兰分灭记》　　　　　　　　D. 《新学伪经考》

9. 维新派与守旧派的论战围绕( )
   A. 要不要变法
   B. 要不要兴民权、设议院,实行君主立宪
   C. 要不要废八股、改科举和兴西学
   D. 要不要进行社会变革

10. 戊戌六君子包含( )
    A. 谭嗣同、刘光第　　　　　　　　B. 林旭、杨锐
    C. 杨深秀、康广仁　　　　　　　　D. 康有为、梁启超

11. 导致太平天国运动爆发的原因有( )
    A. 封建统治者的腐朽　　　　　　　B. 外国资本主义的侵略
    C. 自然灾害严重　　　　　　　　　D. 鸦片战争后阶级矛盾的激化

12. 太平天国失败的原因包括( )
    A. 农民阶级不是新生产力的代表者　　B. 没有科学的指导思想

　　C. 对侵略者本质认识不清　　　　D. 领导集团内部的腐败

13. 洋务运动失败的原因主要有(　　)

　　A. 具有封建性

　　B. 对外国具有依赖性

　　C. 管理具有腐朽性

　　D. 触动了封建体制,遭到顽固派的反对

14. 戊戌维新运动在中国近代史上的重大历史意义,主要体现在戊戌维新运动是(　　)

　　A. 一场反帝反封建的革命运动

　　B. 一场爱国救亡运动

　　C. 一场资产阶级性质的政治改革运动

　　D. 一场思想启蒙运动

参考答案:

1. ABCD　2. ABC　3. BC　4. AD　5. ABCD　6. ABCD　7. ABCD　8. ABC　9. ABC　10. ABC　11. ABCD　12. ABCD　13. ABC　14. BCD

(三) 简述题

1. 如何认识太平天国农民战争的意义和失败的原因、教训?

答案要点:

意义:(1) 太平天国起义沉重打击了封建统治阶级,强烈震撼了清政府的统治根基,加速了清王朝的衰败过程;(2) 太平天国起义是中国旧式农民战争的最高峰,具有不同于以往农民战争的新的历史特点;(3) 冲击了孔子和儒家经典的正统权威,在一定程度上削弱了封建统治的精神支柱;(4) 太平天国起义还有力地打击了外国侵略势力,给侵略者应有的教训;(5) 在 19 世纪中叶的亚洲民族解放运动中,太平天国起义和其他亚洲国家的民族解放运动汇合在一起,冲击了西方殖民主义者在亚洲的统治。

失败原因:从主观方面看,一是农民阶级的局限性。他们无法从根本上提出完整的、正确的政治理念和社会改革方案;无法制止和克服领导集团自身腐败现象的滋长;也无法长期保持领导集团的团结,从而大大削弱了太平天国的向心力和战斗力。二是战略上的失误。太平军偏师北伐、孤军深入、分散了兵力。三是在太来天国后期,拜上帝教不仅不能正确指导斗争,而且给农民战争带来了危害。从客观方面来看,中外反动势力勾结起来,共同联合镇压太平天国。

教训:太平天国起义及其失败表明,在半殖民地半封建的中国,由于受阶级和时代的局限,农民阶级不能担负起领导反帝反封建斗争取得胜利的重任。单纯的农民战争不可能完成争取民族独立和人民解放的历史任务。

2. 何认识洋务运动的性质和失败的原因、教训?

答案要点:

洋务运动的性质:洋务运动是清朝封建统治阶级中的洋务派为了维护清朝的封建统

治而实行的一场自救改革运动,即具有进步性,也具有落后保守性。

失败的原因:(1) 洋务运动具有封建性。洋务运动的指导思想是"中学为体""西学为用",洋务派企图在不改变中国固有的制度与道德的前提下,以吸取西方近代生产技术为手段,来达到维护和巩固中国封建统治的目的,这就严重限制了洋务运动的发展;(2) 洋务运动对外国具有依赖性。西方列强依据种种特权,从政治经济等各方面加紧对中国的侵略控制,他们并不希望中国真正富强起来,而洋务派处处依赖外国,企图以此来达到自强求富的目的,无异于与虎谋皮;(3) 洋务企业的管理具有腐朽性。洋务企业虽然具有一定的资本主义性质,但其管理却是封建式的,企业内部充斥着营私舞弊、中饱私囊、挥霍浪费等腐败现象。

教训:地主阶级不能担负起中国近代化的历史重任。

3. 如何认识戊戌维新运动的意义和失败的原因、教训?

答案要点:

意义:(1) 戊戌维新运动是一次爱国救亡运动。维新派在民族危亡的关键时刻,高举救亡图存的旗帜,要求通过变法,发展资本主义,使中国走向富强之路。维新派的政治实践和思想理论,不仅贯穿着强烈的爱国主义精神,而且推动了中华民族的觉醒;(2) 戊戌维新运动是一场资产阶级性质的政治改革运动;(3) 戊戌维新运动更是一场思想启蒙运动;(4) 戊戌维新运动不仅在思想启蒙和文化教育方面开创了新的局面,而且在社会风气方面也提出了许多新的主张。

失败的原因:戊戌维新运动的失败,主要是由于维新派自身的局限和以慈禧太后为首的强大的守旧势力的反对。维新派本身的局限性突出表现在:首先,不敢否定封建主义。他们在政治上不敢根本否定封建君主制度,在经济上,虽然要求发展资本主义,却未触及封建主义的经济基础——封建土地所有制;其次,对帝国主义报有幻想。他们大声疾呼救亡图存,却又幻想西方列强能帮助自己变法维新,结果是处处碰壁;再次,惧怕人民群众。维新派的活动基本上局限于官僚士大夫和知识分子的小圈子。他们不但脱离人民群众,而且惧怕甚至仇视人民群众,因此,运动未能得到人民群众的支持。

教训:戊戌维新运动的失败不仅暴露了中国民族资产阶级的软弱性,同时,也说明在半殖民地半封建的旧中国,企图通过统治者自上而下的改良道路,是根本行不通的。要想争取国家的独立、民主、富强,必须用革命的手段,推翻帝国主义、封建主义联合统治的半殖民地半封建的社会制度。

二、精选案例,巩固深化

精选案例 1

《天朝田亩制度》

太平天国定都天京后,为了巩固农民政权,废除封建剥削,实现"天下一家,共享太平"

的理想,于咸丰三年(1853年)冬颁布《天朝田亩制度》。咸丰十年又曾重刻刊行。它是一个以解决土地问题为核心,包括政治、军事、经济、文教和社会生活等各方面制度和政策的农民起义纲领,是太平天国其他各项制度、政策的依据。

《天朝田亩制度》以宗教语言提出了否认一切私有财产权、废除一切私有制的总原则。一切土地和财富都属于上帝所有,"天下人人不受私,物物归上主"。根据这个总原则,提出了废除封建土地所有制,把全部土地平均分配给天下人耕种的土地制度总方针。"凡天下田,天下人同耕。此处不足则迁彼处,彼处不足则迁此处。""凡天下田,丰荒相通。此处荒则移彼丰处,以赈此荒处;彼处荒则移此丰处,以赈彼荒处。"又据此制定了平分土地的具体方法:把全国土地按产量分为尚(上)尚、尚中、尚下;中尚、中中、中下;下尚、下中、下下九等,规定每亩一年两季可产1 200斤者为尚尚田,以下每减100斤即减一等,每年亩产400斤者为下下田。再按人口多寡、土地等级,以户为单位平均分配。凡16岁以上者,无论男女,均分田;15岁以下者减半;每户分田,"好丑各半"。

《天朝田亩制度》又规定了全国农民仿照太平军军队编制组织起来,建立县以下的地方基层政权——乡官制。具体形式是:每五家为一伍,设伍长一人;五伍为一两,设两司马一人;每四两为一卒,设卒长一人;每五卒为一旅,设旅帅一人;每五旅为一师,设师帅一人;每五师为一军,设军帅一人。各级乡官组成县以下的地方基层政权,既管理地方军政、民政,又负责组织经济生活和文化生活。与乡官制并行,还实行乡兵制,即每家出一人为伍卒,有警则为兵,杀敌捕贼;无事则为农,耕田生产。全国农户均按此编制组织社会生活,非常整齐划一。其次,又规划了农民的政治、经济和文化生活制度,规定每25家(即一两)设国库一所、礼拜堂一所,成为一个政治、经济、文化生活的基本单位,由两司马统一管理。这25家又以一家一户为单位进行个体农业生产,除了耕种每家分到的土地以外,还必须进行副业生产:种桑、养蚕、缝织衣裳;每家养五只母鸡、二头母彘;每五家中的"陶冶木石等匠",由"伍长及伍卒为之,农隙治事"。这25家又是一个统一分配的基层单位,规定每个农户生产的农产品,除留下口粮外,余均归国库;副业产品如苎麻、布帛、鸡犬各物及银钱,亦均交国库。各家婚丧弥月等项开支,都由国库统一按定制发给,"给钱一千,谷一百斤","通天下皆一式"。鳏寡孤独病残者,由国库统一供养。由25家农户组成的基层单位——两,同时还是农村的司法、文化、教育、宗教等各方面社会生活的基层组织,两司马不仅是农、副业生产的领导者,而且也是教育、司法和宗教等一切社会生活的组织者和领导者。各户儿童每天须到礼拜堂听两司马讲书传教,两司马就是教师;每礼拜日,伍长率各户男、妇到礼拜堂听讲道理;各种宗教仪式,亦由两司马主持;各家发生诉讼情事,必先由两司马裁决、处理;两司马还负责保举人才;遇有婚丧嫁娶之事,也由两司马主持祭告上帝。

总之,《天朝田亩制度》规定的农民生活的基层组织,就是这样一个以25家为单位,把土地、民政、军事、财政、宗教、教育、司法、选举等社会职能统一起来的基层组织。同时又是一个废除了一切私有制、绝对平均主义的经济单位。这样,由一个两司马统一管理的25家就成为农民理想的公有制社会细胞,无数这样的社会细胞就成为理想的"地上天国"。太平天国的农民英雄就是企图通过这种途径达到消灭一切贫富不均的现象,而实现"有田同耕,有饭同食,有衣同穿,有钱同使","无处不均匀,无人不饱暖"的理想社会。

　　　　　　　　——摘编自罗尔纲、王庆成:《太平天国》,桂林:广西师范大学出版社2004年版.

【讨论理解】

1.《天朝田亩制度》的主要内容是什么？

2. 为什么说《天朝田亩制度》是最能体现太平天国社会理想和这次农民起义特色的纲领性文件？

3.《天朝田亩制度》为什么在当时的历史条件下是不可能实现的？

【案例点评】

《天朝田亩制度》是近代中国农民阶级反抗封建土地所有制的产物。

太平天国革命前夕，清帝国兼并土地的现象十分严重。全国土地大部分都集中在少数人手里，占全国人口 80％的农民没有土地。在江淮流域、华北地区，就出现了有百顷、千顷良田的地主形成"田主不知耕，耕者多无田"的局面。洪秀全为了在人间建立一个人人平等、天下一家、共享太平的"天国"，于 1853 年冬颁布了《天朝田亩制度》，其中心内容是要废除封建地主土地所有制。

在封建社会，土地是农民的命根子，所以洪秀全要废除封建地主土地所有制，均天下田给天下农民耕种，以实现"有田同耕，有饭同食，有衣同穿，有钱同使，无处不均匀，无人不饱暖"的人人平等的理想社会。这个天国理想的宏图，是它立国的纲领性文件。在中国农民战争史上，它第一次提出了解决土地问题的方案。太平天国《天朝田亩制度》的出现，不仅标志着农民战争发展的历史高峰，而且是近代中国农民阶级摸索救国救民道路的一次伟大尝试。广大贫苦人民迫切要求推翻清王朝反动政权，渴望实现"田产均耕"、"均田均赋"的没有压迫和剥削的小康之世。这就是《天朝田亩制度》出台的历史背景。

我们从对《天朝田亩制度》产生的经济背景的考查中，可以看到它是顺乎历史要求，合乎农民需要而提出的。它的平分土地的方案对封建地主所有制予以坚决地否定，因此，它将为中国萌芽中的资本主义扫清道路，解除其束缚，并为其发育成长创造必不可少的客观条件。《天朝田亩制度》在这里所包含的巨大历史意义和进步性、革命性，往往为历史家们所忽视或低估，而列宁却对农奴制束缚下农民平均土地的主张对资本主义发展的作用，给予了高度的评价。在《俄国社会民主工党第五次代表大会》一文中，列宁明确地指出："农民起义取得彻底胜利，没收地主的全部土地，把土地平分给农民，就意味着资本主义最迅速的发展，这是对农民最有利的资产阶级民主主义变革的形式。"

中国历代调整治理土地兼并的法令并不少，但土地兼并始终是难以根治的顽疾。而《天朝田亩制度》继承和发展了中国历代农民在革命斗争中提出过的"平均"、"均贫富"、"等贵贱"的思想，集中反映了亿万农民迫切要求摆脱封建剥削和压迫、要求平等和消除贫富差别的愿望，表现了农民群众对封建土地制度的深恶痛绝和大胆否定的革命精神。它鼓舞了广大农民为反对封建制度而斗争，成为中国历史上农民革命斗争的最光辉的纲领性文献。它具有彻底否定封建土地所有制的巨大革命性；它所规定的"人人不受私，物物归上主"的公有原则，表达了农民对私有制度的深恶痛绝，是一种朴素的共产主义思想。恩格斯曾把这种朴素的共产主义思想视为对人类社会发展的一个"天才预期"。

《天朝田亩制度》所提出的平分土地方案，是农民阶级对地主土地所有制的否定。它反映了当时广大贫苦农民强烈地反对地主阶级残酷剥削的要求,以及获得土地、追求平等平均的理想社会的渴望。正如列宁所指出的:"'地权'和'平均土地'的思想,无非是为了完全推翻地主权力和完全消灭地主土地占有制而斗争的农民力求平等的革命愿望的表现而已。"但是,《天朝田亩制度》所规定的分配土地和"通天下皆一式"的社会经济生活方案,是要在小生产的基础上废除私有制和平均一切社会财富,以求人人平等,是农民的绝对平均主义思想。这种方案不可能使社会生产力向前发展,相反,它将使社会生产力停滞在分散的小农经济的水平上,把农业和家庭手工业相结合的自给自足的自然经济理想化、固定化。因此,它又具有违反社会发展规律的落后性。这个文件还规定天王的高度集权,官员的世袭制等,都表现了封建的等级关系。

《天朝田亩制度》既具有革命性,又具有封建落后性,这个矛盾是由农民小生产者的经济地位决定的。太平天国领袖们绘制的平分土地和社会经济生活的图案,实际上是不可能实现的。他们为了适应现实的迫切需要,就不得不采取一些较为切实可行的措施。大约在《天朝田亩制度》颁布后不久,杨秀清、韦昌辉、石达开等根据天京粮食供应紧张的情况,向洪秀全建议在安徽、江西等地"照旧交粮纳税"。这个建议,经洪秀全批准施行。实行"照旧交粮纳税"的政策,就是仿照清朝的办法,即地主是田赋的主要交纳者,征收地丁银和糟粮。这表明太平天国承认地主占有土地,并允许地主收租。封建的生产关系和阶级关系虽然受到冲击,但并没有改变。

轰轰烈烈的太平天国革命,由于它终究是一次没有先进阶级领导的农民革命,在坚持长达18年的斗争之后,终于被中外反动派联合绞杀了。原始社会主义的理想宏图——《天朝田亩制度》由于受时代和阶级的限制,尽管它受到广大农民的欢迎,喊出了农民对土地渴望的呼声,但它只能成为一种乌托邦式的空想。

【教学建议】

本案例介绍了《天朝田亩制度》的主要内容,适用于第二章"对国家出路的早期探索"第一节"农民群众斗争风暴的起落"部分的辅助教学,帮助同学们更好地理解太平天国农民起义失败的原因和教训。

精选案例 2

跛足的先行者:江南制造总局

在北京中华世纪坛前的青铜甬道上,记载着这样一桩中华大事:"公元1865年,清穆宗同治四年。第一个大型近代企业江南机器制造总局在上海建立。"江南制造总局是洋务派在上海开设的规模最大的近代军事企业,又称江南制造局、上海机器局、上海制造局。1865年李鸿章以4万两白银在虹口买下美商的旗记铁厂,并将苏州洋炮局的部分机器和曾国藩派容闳从美国买回的机器,以上海洋炮局并入铁厂,成立江南制造总局,其造办经费为54万余两,以后屡加扩充,由清政府指拨上海海关税收的两成作为常年经费。雇用工人2 000多人。该局以生产枪炮子弹为主,辅之以修造船舰,并附设翻译馆、机械学校,培养技术人员,翻译与军事、工程有关的书籍,也翻译少量的史志和政法方面的书籍。

　　江南制造总局的设备由三个部分组成,一是容闳在美国购置的机器,二是丁日昌在上海虹口地区收购的旗记铁厂设备,三是苏州和上海洋炮局的设备。1865年春,和捻军作战的清军在山东曹州惨败,统帅僧格林沁丧命,清廷为之震惊。不但将曾国藩调去填补僧格林沁的位置,还命令江南制造总局提供武器弹药。但江南制造总局早期的生产却是举步维艰,1866年2月中旬,由于锅炉问题,制造轻武器的机器一周没有运转。锅炉修好之后,又由于炉内材料不过关,因此无法承受生产轻武器的温度,而且制造毛瑟枪枪托的机器也无法正常运转。1867年,江南制造总局由上海美国租界迁移至城南高昌庙新址,即今江南造船厂原址,规模开始扩大,局内划分了若干生产部门和行政管理部门。

　　在公司内部管理上,江南制造总局虽然从事的是近代重工业生产,但基本的体制还是沿用了官府作坊生产的模式。高级行政官员采取委任制,通常直接由政府官员调任,生产部门的工程师、工匠等人员则采取雇佣制。但是,由于制造局属于官办企业的特殊性质,政府即代表了雇主,工人与雇主之间并非是一种自由的劳资关系。制造局像衙门一样,可以用行政权力管制工人。因为局内的行政官员缺乏专业技术,故而生产部门长期被外籍技术人员把持,使得行政效率难以正常发挥。

　　实际上,当时虽然在李鸿章、曾国藩等人的大力支持之下,江南制造总局在设备和规模上不但在国内首屈一指,在亚洲也是位居前列。但由于大部分原料无法在国内获得,因此价格由于水运和保险等费用而暴涨。1875年之前总投资中超过50％的资金就是耗费在这样的花费上。鉴于这样的状况,曾国藩曾经明智地制定了一个控制经费预算的制度,按照这个制度,制造局的总办和三个独立机构将参与每一件财务的处理。但这一制度随着曾国藩的去世而日益消亡,局内官员营私舞弊之风也日益发展。

　　1905年,局坞分家,造船部分从江南制造总局中分离,改名江南船坞,制造枪炮的部分后来分别并入金陵和汉阳两个兵工厂。1953年,造船部分改称江南造船厂,即如今的江南造船(集团)有限责任公司。今天,该公司仍在为成为世界一流的大型企业而努力奋斗。

　　——摘编自周建波:《洋务运动与中国早期现代化思想》,济南:山东人民出版社2001年版.

【讨论理解】

　　1. 洋务派创办江南制造总局的动机是什么?
　　2. 如何评价洋务运动的历史作用?
　　3. 结合本案例谈谈洋务企业管理的落后性。

【案例点评】

　　江南制造局是整个晚清时期清政府先后兴办的40多个兵工厂中最有影响的一个。江南制造局的全称为"江南机器制造总局",由晚清军政重臣李鸿章1865年在上海创办。它的建立,开创了中国近代军事工业完全采用机器生产的先河,为中国近代军事工业的发展作出了重要贡献,被誉为"中国第一厂"。江南制造局从它创办的那一刻起,便将西方的现代科技作为自强的巨大"推进器"。

　　1865年9月20日(农历八月初一),两江总督李鸿章上书慈禧太后和同治皇帝,在

《置办江南机器制造总局奏折》中,李鸿章写下"机器制造一事,为今日御侮之资,自强之本"等字样。这就是 1865 年李鸿章创建江南制造局的初衷。第二次鸦片战争后,为挽救摇摇欲坠的清王朝,以恭亲王奕䜣和曾国藩、左宗棠、李鸿章等为首的洋务派,发起了购买和仿造洋船洋炮、加强军事实力的洋务运动,兴办了一批近代军事工业,江南制造局就是由李鸿章在上海创办最早、规模最大的一个军工企业。

江南制造局是洋务运动中诞生的一个集军事工业、科技研究为一体的大型民族企业,是中国第一次以富国强兵为目标的经济改革运动,促进了中国社会的进步。30 多年的经济改革,使中国出现了火车轮船、电报电话、机器电力、高楼大厦等现代事物。一个末世王朝在经济上开始了向现代化过渡,在一定程度上改变了中国的面貌。清王朝的这场自强运动为中国近代工业和科技事业的发展打下了基础,为西学的传播创造了条件,它加速了传统小农经济的解体,促进了中国商品市场和商品经济的形成和发展。

但是,创办江南制造总局等一系列洋务举措并没有改变近代中国积贫积弱的局面,以"自强"、"求富"为目标的洋务运动最终失败。1865 年,江南制造总局在上海成立。30 年之后,中国在甲午战争之中惨败给邻邦日本。在战争之前,中国人和日本人在日本发生冲突时,日本人一般都会避让。战争的胜负彻底改变了一切,也宣告了江南制造局这个中国最早、规模最大的官办军工企业的失败。

洋务运动在当时的中国,其失败命运是不可避免的。第一,在不触动腐朽的封建制度的前提下,洋务派试图利用西方资本主义的某些长处来维护封建专制统治,这种手段和基础的矛盾,使洋务运动注定是不可能成功的。同时,洋务运动处处受到顽固派的阻挠和破坏,从而加大了洋务运动开展的阻力。第二,洋务派本身的阶级局限性,决定了他们既是近代工业的创办者和经营者,也是其摧残者和破坏者,其封建衙门和官僚式的体制,必定导致洋务企业的失败。第三,洋务运动的目的之一是抵御外侮,但洋务派在主持外交活动中,坚持"外须和戎",对外妥协投降,他们所创办的近代企业有抵御外侮和"稍分洋人之利"作用,但却不能改变中国半殖民地半封建的社会地位。洋务派标榜的"自强""求富"目标未能实现,洋务运动最终失败。

【教学建议】

本案例介绍了洋务派在上海开设的规模最大的近代军事企业——"江南机器制造总局",适用于第二章"对国家出路的早期探索"第二节"洋务运动的兴衰"部分的辅助教学,通过江南制造总局这个切入点,更好地理解以地主阶级为首发动的洋务运动,依然没有挽救民族的危亡。

精选案例 3

戊戌政变

1898 年 6 月 11 日(光绪二十四年,农历四月二十三日),光绪帝颁布《明定国是诏》,开始推行新政。但朝中以慈禧为首的守旧派势力相当强大。6 月 15 日慈禧迫使光绪帝任命荣禄为直隶总督兼北洋大臣。此后,慈禧太后和光绪帝的矛盾逐步升级,愈演愈烈,朝中局势剑拔弩张,而血腥政变一触即发。

9月初,直隶总督荣禄调兵聚集天津、长辛店。光绪帝想开懋勤殿并设顾问官,命谭嗣同拟旨,决定自己在9月13日这一天亲自去颐和园请示慈禧。可到了13日这一天,众臣都在等待皇帝的诏书,而诏书却迟迟没有下达,这说明慈禧与光绪已到了水火不容的地步。9月14日,光绪帝召见杨锐,并赐予他衣带诏,内容是"朕位几不保,命康与四卿及同志速设法筹救"。康有为与谭嗣同等见到密诏后抱头痛哭,可是光绪只是个傀儡皇帝,手里没有一点权力,所以康有为这些人干着急没有办法。

当时朝中的所有将领之中,只有袁世凯曾长期驻兵朝鲜,知道国内外的形势,也主张变法,于是,谭嗣同以恳切的言辞密奏光绪,要拉拢袁世凯,给他一些恩惠,这样一旦情况有变,袁世凯可能会是勤王保驾之臣。9月16日,光绪帝召见袁世凯,加封他侍郎之职,命其专办练兵事务,并于17日再次召见了他。9月18日这天夜里,谭嗣同亲自去袁世凯所居住的法华寺见他,劝说袁世凯兵围颐和园。袁世凯却连夜赶回天津,去向荣禄告密。荣禄当即下令封锁进京的重要道路,没有他的命令不允许任何军队擅自进北京。荣禄还坐上专列连夜进京向慈禧太后告变。这天深夜,当慈禧知道这件事后,先是大惊失色,她做梦也不会想到,平日一贯唯唯诺诺的光绪皇帝胆敢这样做。但是,作为一个经历了几十年宫廷斗争冰刀雪剑的慈禧太后,立刻采取了行动。她以迅雷不及掩耳之势回到紫禁城,将光绪痛骂一番之后,把他囚禁在瀛台,自己重掌大权。与此同时,她下令关闭北京各城门,封锁交通,出动3 000军士在全城搜捕维新派人士。梁启超逃到日本使馆,见到伊藤博文,请他照会上海领事馆,搭救康有为。从22日到24日的三天时间里,谭嗣同还策划组织要救出光绪帝,可最后没有成功。

9月24日,梁启超见到谭嗣同,劝他和自己一起去日本,谭嗣同不同意,梁启超再三劝说,谭嗣同也不应允。谭嗣同对梁启超说:"各国的变法,无不是经过流血牺牲而成功的,而在中国从没听说过有为变法维新而流血的,这大概就是我们失败的原因吧。如果是这样,我谭嗣同愿意做为变法维新而流血牺牲的第一人!"第二天,谭嗣同被逮捕,在狱中,他在墙壁上题诗一首:"望门投宿思张俭,忍死须臾待杜根。我自横刀向天笑,去留肝胆两昆仑。"

9月28日,慈禧太后下诏,将谭嗣同、杨锐、刘光第、林旭、杨深秀、康广仁6人押赴菜市口开刀问斩,命军机大臣刚毅监斩。这6人即后人所说的"戊戌六君子"。这天,观斩的百姓达万人之多,谭嗣同面不改色,从容就义,这一年他年仅33岁。清朝政府随即又罢免数十名支持维新派的官员,除京师大学堂外,全部新政均被废除,戊戌变法宣告失败。

　　——摘编自王晓秋、尚小明:《戊戌维新与清末新政:晚清改革史研究》,北京大学出版社1998年版.

【讨论理解】

1. 戊戌维新运动失败的原因是什么?

2. 如何认识戊戌维新运动的历史意义?

3. 为什么说在半殖民地半封建的旧中国,企图通过统治者走自上而下的改良道路是根本行不通的?

【案例点评】

百年前的戊戌维新是指 1898 年维新派通过光绪皇帝所进行的资产阶级政治改革,也是继洋务运动破产后中国选择现代化道路的一次比较系统的尝试。以康有为和梁启超为代表的维新派意欲以日本明治维新为榜样,通过新旧势力的妥协,逐步而稳健地达成体制的转换,促使中国步入现代化富强之路。但它只维持了短短百余日便被顽固势力扼杀于摇篮之中,中国也因此失去了一次国家振兴的良好机会。

戊戌政变宣告了百日维新的结束,导致晚清政局发生重大转折,是近代史上划时代的历史事件。轰轰烈烈的维新变法失败后,梁启超在《戊戌政变记》中分析了政变失败的原因。他认为:"政变之总原因有二大端。其一由西太后与皇上积不相能,久蓄废立之志。其二由顽固大臣痛恨改革也。"西太后与皇上长期不和,矛盾甚多,这是原因之一。而更重要的原因则是改革受到了顽固派的百般阻挠。新政的改革由于冲击到一部分守旧人物的既得利益,因此守旧派拼死反对,改革每前进一步都要受到重重阻力。

成功的变法,首先依赖于变法者握有相当强大的国家权力,构成强有力的领导变法的核心,足以将变法法令有效地贯彻下达。但纵使变法在中央一层没有阻力,康、梁掌握了朝中实权,在当时中国的社会政治背景下,变法法令亦难以顺利、有效地在全国推行,达到目的。变法成功与否,关键还取决于变法法令能在地方上切实贯彻实施。这就要求中央政府要拥有相当的权威足以使法令畅行于地方。这是各国政府推进现代化运动所必须具备的条件。无论是西欧,还是俄国、德国、日本,当现代化启动之时,都出现了一个强大的王权或中央政府。特别是像中国这样一个大国,更需要有一个统一的强有力的中央政权。然而,清季的朝廷,远没有具备这种权威。维新派把自己的活动范围局限于帝党官僚和士大夫阶层的少数人的小圈子里面,没有去触及或者说不愿触及占人数大多数的劳动人民(主要是农民)的问题即土地问题和与之相关的温饱问题,这也引起农民对变法的漠视甚至抵触。

维新派的措施虽未触及封建统治的基础,但这些措施代表了新兴资产阶级的利益,必然为封建顽固势力所不容。维新派企图通过光绪打击、抑制守旧官僚的嚣张气焰,扶持推行新政的督抚。然而,守旧大臣既然有握有实权的慈禧作后盾,那么,严惩、严斥的诏令又哪能吓退这些人呢? 新旧势力的斗争在进行了几个回合之后,就进入了决战阶段,戊戌政变便是它的最后结局。改革遇到的另一种阻力是守旧派的敷衍因循。晚清的封建守旧派是一个没落的政治集团,他们推行因循守旧的政策。这种人对于改革、对于新事物必然反对,处处掣肘新政。在变革时期,他们必然成为新政的一大障碍。

虽然戊戌变法最终失败了,但它却是中国近代史上具有重大意义的事件,是一次爱国救亡运动、思想解放运动,是维新志士们学习西方、改革现有政治体制的一次伟大尝试。它要求发展资本主义经济和扩大资产阶级政治权力,符合近代中国发展的历史趋势,因此也是一次进步的政治改良运动。它传播了资产阶级新文化、新思想;批判了封建主义旧文化、旧思想,是一次思想启蒙运动。它有利于资本主义发展和西方科学技术的传播,为资产阶级思想的传播奠定了基础。它对资本主义参与政权,发展资本主义经济,传播资本主义思想是十分有利的。

【教学建议】

本案例介绍了戊戌政变的历史经过,适用于第二章"对国家出路的早期探索"第三节"维新运动的兴起和夭折"部分的辅助教学,通过对戊戌政变的剖析,深刻领会戊戌政变失败的原因和教训。

三、课内实践,注重提升

实践项目一:阅史有感——观看纪录片《幼童》

【目标要求】

通过观看纪录片,了解100多年前中国幼童赴美留学的经历,体会特殊时期的特殊历史人物的境遇,见证这一代人的理想与智慧、幸福与痛苦。加深对洋务运动推动中国近代化进程的理解。

【活动方案】

1. 活动时间:课前10分钟
2. 活动地点:教室
3. 组织方式:同学利用课余时间观看纪录片《幼童》,在课前邀请几位同学谈观片感受。
4. 演讲要求:表达清楚简洁,理解深刻,有自己的看法和见解。

【活动评价】

序号	评价项目	满分	得分
1	观看纪录片情况	30	
2	背景资料掌握情况	20	
3	课堂交流表达情况	20	
4	有无自己的看法和见解	30	

实践项目二:面对面访谈

国家出路的早期探索

【背景资料链接】

1840年鸦片战争爆发,西方列强打开中国国门,侵略中国。中国人民不畏屈辱,奋起反抗,抵御外国的殖民侵略。同时,也开始探索国家的出路,农民阶级、地主阶级、资产阶级分别发动了太平天国运动、洋务运动和维新运动,虽然最终均以失败而告终,但是其运动都产生了非常深远的历史意义。

国家出路的第一次探索是农民阶级发动的太平天国运动。鸦片战争失败之后的巨额赔款使农民的负担更加沉重。有记载"昔日买米三斗,输一亩之课而有余;今日卖米六斗,输一亩之课而不足"。1842—1850年之间,全国各族人民的反清起义上百次,规模最大的是天平天国运动。1843年,洪秀全同冯云山、洪仁玕在广东花县首创拜上帝教,次年春入广西传教,积极宣传,组织农民群众。随后,洪秀全回广东家乡从事宗教理论创作,冯云山则留广西深入紫荆山地区,宣传组织群众,建立拜上帝会,开辟革命基地,吸收杨秀清、萧朝贵等人,形成起义领导核心。1851年1月,洪秀全率拜上帝会教众在广西省桂平县金田村发动起义,建号"太平天国"。随后,太平军从广西经湖南、湖北、江西、安徽,一直打到江苏,席卷六个省。1853年3月,占领南京,定为首都,改名天京,正式宣布太平天国农民政权建立。随后进行了北伐、西征和天京城外的破围战。到1856年上半年,除北伐失利外,太平军在湖北、江西、安徽和天京附近等战场都取得了重大胜利,控制了大片地区,到达了军事上的全盛时期。1856年9月,发生了天京事变,这是太平天国由盛而衰的转折点。随后几年内一直是政权的纷争以及部分战争的失利,最终,1864年7月天京失守,太平天国运动失败。这次的失败是必然的,一个以农民阶级为主的政体是不能将中国从封建、帝国主义中救出来。

第二次探索是地主阶级发动的洋务运动。清后期至清末时,清廷洋务派官员以"师夷长技以制夷"为发展基础,在全国展开的工业运动。"师夷之长技以自强"和"师夷之长技以求富"分别是前期与后期的运动口号和目标。该运动自1861年至1895年,持续约35年。洋务运动是近代中国首次大规模的全国性工业化运动,它是在封建皇权的背景下发生的。洋务运动引进了大量的西方科技及各类西方著作文献,培养了一批留学童生,打开了西学之门;学习近现代的公司体制则为中国带来大批工业及化学企业,有助中国走上工业发展和现代化之路。然而当时的中国,却难逃洋务运动失败的命运。清军水师在甲午战争中全军覆没,沉重打击了清廷上层的信心,洋务运动黯然收场。

第三次探索是资产阶级发动的维新运动。维新运动是清朝光绪二十四年间(公元1898年6月11日—9月21日)的一项政治改革运动。这次变法主张由光绪皇帝亲自领导,进行政治体制的变革,希望中国走上君主立宪的现代化道路。无奈支持新政的光绪推行速度过快,因此变法被相对保守势力反对,最后演变成为政变,维新派人物被杀,慈禧太后因此获得实权。维新运动失败,使中国损失一批热心于国家改革的精英和支持者,将中国推上革命的道路。

【活动目的】

天平天国农民运动、洋务运动、维新运动是近代中国探索国家出路的三次探索,三个阶级分别登上历史舞台,探索危亡中的中国到底应该走一条什么样的道路。本次课堂实践通过面对面访谈的方式,使同学们更好的理解三次探索的历史背景、失败的原因以及产生的深远影响。

【活动方案】

1. 活动时间:60分钟
2. 活动地点:教室
3. 组织方式:
(1) 抽取部分同学,分成三个小组,每个小组5～7名同学,设主持人1名。
(2) 抽签决定每个小组的选题。
选题1:天平天国农民起义
选题2:洋务运动
选题3:维新运动
(3) 主持人负责设定不同的问题,小组全体成员针对不同的问题收集资料并对资料进行整理、归类。
(4) 访谈全程由每组的主持人负责提问,每个小组成员根据问题发表不同的意见。
(5) 访谈结束请同学点评。
(6) 活动结束,任课教师对活动作总结报告。
4. 访谈要求:问题明确,论文语言简明,条理清晰,重点突出,观点新颖,总结到位。

【活动评价】

序号	评价项目	满分	得分
1	小组合作及分工情况	20	
2	搜集资料情况	20	
3	现场论述情况	20	
4	临场发挥情况	20	
5	资料充分情况	20	

四、社会实践,学以致用

实践项目:南京晓庄学院早期革命斗争历史调查

【目标要求】

通过引导学生对南京晓庄学院早期革命斗争历史开展调查,不仅让学生充分了解晓庄学院与社会、与时代、与大众同呼吸、共命运的早期斗争历史,而且可以利用校本资源,坚持将学党史、学英烈的教育与大学生思想道德教育结合起来,在学习、实践的过程中,增强大学生的奉献意识、责任意识、自律意识、诚信意识和法制意识,引导大学生树立正确的世界观、人生观、价值观和荣辱观,培养高尚的道德情操。

【活动方案】

1. 活动时间：实践周

2. 活动地点：雨花台革命烈士纪念馆、行知园等

3. 本课题的调研涵盖两个方面的视角：晓庄学院的早期革命组织的调查和晓庄学院早期中共党员和共青团员先进事迹调查。

4. 学生以小组为单位，通过校友走访、雨花台革命烈士纪念馆、行知园考察等方式选择其中一个视角开展调研，制定调查方案。

5. 教师对学生的调查方案进行评阅，并提出修改意见及时反馈给学生。

6. 学生调查小组严格按照选题和调查方案开展社会调查并形成社会调查报告。

【实践成果】

以调查报告的形式呈现实践成果。

1. 字数不少于 3 000 字，符合论文写作规范要求。

2. 必须附相关图片，图文并茂，图片中必须出现小组调查的过程图片。

3. 必须附原始调查资料（如调查问卷、访谈记录等）及分析结果。

4. 必须附小组成员的调查心得体会。

5. 杜绝抄袭，建议及提出的解决方案等要有新视角和建设性意见。

【活动评价】

序号	评价项目	满分	得分
1	是否符合字数要求及论文写作规范	20	
2	是否完整、如实反映出晓庄学院的早期革命斗争历史	30	
3	是否有照片等图片材料和调查问卷、访谈记录等过程材料	30	
4	是否有小组成员心得体会	20	

【参考资料】

王桂芳、辛国俊：《晓庄英烈、革命烈士列传》，南京：江苏教育出版社，1998 年版.

【优秀成果选编一】

晓庄学院早期革命斗争历史调查

一、调查目的

首先，靠自己的力量，寻找晓庄学院早期革命斗争的资料，对我校历史有更深刻更全面的认识。同时，锻炼我们在校大学生多途径查找收集信息的能力。其次，由书本知识到实际实践的过渡，对我们的思考与实践操作能力也是一次考验。最后，以小组分工的方

式,充分调动成员的主动性、积极性、参与性和创新性,提高团队合作能力。

二、调查内容

通过查找资料、访谈等方式,我们获得了许多晓庄学院早期革命斗争历史有用的资料,现将其整理为"党组织"与"早期党员"两部分,以期望得到一个更系统、更明晰的归纳。

(一)关于早期党组织

在"四一二"反革命大屠杀后,白色恐怖笼罩全国,江浙一带有许多被反动派通缉、迫害的革命青年,包括有些共产党员或共青团员。他们中有的曾在家乡进行反土豪恶霸斗争,有的曾在学校领导反帝反封建革命运动,被学校开除,但是他们作为坚韧的共产党员,并未放弃革命,可怎奈没有合适的新根据地,因为在白色恐怖的背景下,共产党和共青团成为很多学校讳莫如深的话题。这时,他们发现了晓庄师范学校,这个在黑暗的年代中高举自由民主大旗的学校,在当时的教育界独放异彩,产生了广泛的社会影响,吸引了莘莘学子慕名而来求学。当共产党员们获悉陶行知创办的晓庄师范学校后,便纷纷改名换姓秘密来到这里,一面学习,一面坚持革命活动。

在中共南京市委的领导下,1928年夏,成立了中共晓庄师范党支部,这是1927年南京国民政府"清党"后南京地区最早恢复的党支部之一,第一任书记刘季平,即是被开除的原江苏如皋师范学生。晓庄师范第一代共产党人奋不顾身的献身精神和英勇业绩,使1928年夏就建立的晓庄师范党支部成为南京人民革命斗争中的一个坚强堡垒。在当时南京的中共地下党支部中,晓庄支部是人数较多、工作开展较好的一个,是模范党支部。由于当时党在晓庄自由活动的可能性很大,中共经常将重要集会放在这儿举行,晓庄支部共产党人常为这些活动站岗放哨,担任警戒任务。1929年11月26日,中共江苏省委巡视员陈云同志在信中讲道:"争自由斗争,现有七个学校有了群众,以晓庄为最好。"

(二)关于早期党员

1. 党员情况概述

第一任书记刘季平,即是被学校开除的原江苏如皋师范学生。1929年春,刘季平调任南京市委委员兼宣传委员工作后,党支部书记由石俊担任。1930年徐一冰调任党支部工作后,袁咨桐接任团支部书记。

2. 晓庄十英烈

"4·12"腥风血雨,国民党反动派大肆搜捕杀害革命者,在革命过程中,晓庄第一代共产党员、共青团员和优秀学生中有十人被害,他们是地下党支部书记石俊、童话作家叶刚、年轻戏剧家谢纬棨、崂山小英雄袁咨桐以及姚爱兰、沈云楼、郭凤韶、胡尚志、汤藻、马名驹。十位优秀学生、优秀青年为追求真理,为救国救民,遭到国民党反动派的残酷杀害,英勇献身,长眠在雨花台。

2.1 共同特点

这些烈士都或多或少受到先进文化的熏陶,都怀揣着爱国救国的梦想,坚信共产主义一定能够实现,由此可见教育确实是提高人精神境界的基石。另外,这些烈士的牺牲年龄偏小,牺牲的时候平均年龄不到三十岁,而晓庄的这十位烈士牺牲的平均年龄还不到二十岁。

2.2　人物生平

2.2.1　疾风劲草——石俊(1907—1930)

男,如皋卢港群岸人。又名石俊光、石冠千、石劲弹。1923 年夏,考入江苏省第二代用师范学校(如皋师范)。1926 年加入中国国民党,1927 年初加入中国共产党。同年秋,反对校长禁止学生参加革命活动,发起学潮,坚持斗争一学期,迫使江苏省教育厅罢免校长朱定钧和训育主任蒋建白的职务,但石俊等几个骨干学生亦被开除学籍。

石俊等人被开除后,得到当时县教育局长吴树谷的同情,1928 年 2 月介绍他们到陶行知创办的南京晓庄师范读书。石俊待人诚恳,助弱扶贫。他见解精辟,言能服众,同学们都敬重他,亲切地称他"石哥哥",推举他当学生会主席。他还和刘季平一起在学校开展建党工作,于 1928 年夏建立晓庄师范支部。同年 8 月,陶行知在冯玉祥将军支持下建立晓庄联村自卫团,石俊担任了晓庄独立大队队长。

1930 年 1 月,中共南京市委决定成立"南京自由大同盟"。晓庄师范党支部首先响应,联络了中央大学、金陵大学、东方大学、五卅中学等学校,由各校党员动员部分群众以组织春节旅游为名,集中到晓庄师范附近的一个小山头上,正式成立了"南京自由大同盟"。会上,石俊作了慷慨激昂的发言,他说:"南京自由大同盟的成立,是为了团结南京知识分子和青年群众,反对国民党独裁统治,反对国民党封闭进步书刊,争取有集会、结社、出版、言论自由……"群情激昂,到会的 200 多人高唱起《国际歌》,高呼"打倒蒋介石"、"打倒国民党反动派"等口号。

是年 4 月,为声援以南京下关和记蛋行工人为首的罢工斗争,石俊出任副指挥,领导学生、工人、市民万余人举行声势浩大的游行示威。5 月中旬,石俊任南京市行动委员会委员兼宣传部长,组织领导在大子庙举行反军阀大示威,担任总指挥。反动当局出动大批军警镇压,石俊被捕,受尽酷刑,坚贞不屈。9 月 21 日,于南京雨花台就义,年仅 23 岁。

2.1.2　党的革命童话作家——叶刚(1908—1930)

男,浙江南田人。原名叶道生,别号破浪,笔名一叶。1908 年 5 月 5 日,出生于南田螺蛳礁的一个农民家庭。小学毕业后,他进入临海回浦中学求学。

中学期间,在先进思想的影响下,他进步很快,并加入了中国共产党。1927 年 3 月,他回到家乡浙江南田组织农民协会。"四一二"反革命政变发生后,他被追捕,脱险后逃至黄岩转赴上海。不久,他又回到浙江黄岩继续组织共产党的地下活动。1928 年,他慕名来到陶行知在南京开办的晓庄师范学习。同年夏,在中共晓庄支部任支委。从此,叶刚一边在学生中做发展工作,一边向农民做宣传工作。不久,他随党支部书记刘季平调入中共南京市委做宣传工作。1930 年 4 月 3 日,叶刚到四三惨案现场慰问受伤工人和受难家属,带领晓庄师范师生游行、募捐,支援工人罢工斗争。晓庄师范被查封后,晓庄师范地下党支部决定由叶刚带领同学们到教育部示威,要求复校。4 月 9 日上午,当晓庄师范学生队伍到达教育部门前时,叶刚带领同学冲进教育部。11 日,正当叶刚和地下党支部负责同志在学校山背后小林子里开会的时候,国民党军队包围了学校。为了保存革命力量,地下党组织决定共产党员和进步学生分散隐蔽。叶刚在陶行知的资助下逃往杭州,半月后,又秘密返回,并恢复了小学部,重建联村自卫团,与国民党当局开展了武装斗争。

1930 年,叶刚受中共南京市委的委派,做晓庄驻军的策反工作,但不幸被捕。8 月 16

日,叶刚被枪杀在南京雨花台,牺牲时年仅22岁。1931年,陶行知先生将叶刚生前所著的署名为一叶的《红叶童话集》整理出版,并亲自作序,纪念这位共产党早期重要的革命童话作家。《红叶童话集》至今仍是研究童话创作的珍贵资料。

2.1.3　雨花台最年轻的烈士——袁咨桐(1914—1930)

男,贵州赤水县(现习水县土城镇)人。又名袁庆吾、袁荣先,贵州赤水人,1914年生于一个地主家庭。

10岁那年,父亲将他托付给贵州著名教育家黄齐生先生教养,被黄先生收为义子。袁咨桐在恩师的教诲下,从小树立了远大的理想,他不仅努力学习,成绩优秀,而且关心国家大事,同情广大劳动人民的悲惨命运。1929年,黄齐生先生应陶行知校长之邀来晓庄任教。袁咨桐也随之到晓庄读书。这时晓庄已建立了党团组织,教育团结广大进步青年。晓庄师范地下党支部的石俊、叶刚等经常教育开导袁咨桐,并赠送进步刊物给袁咨桐,提高了他的革命觉悟。后来,他秘密加入了共青团,积极参加革命活动,并把革命书籍中的道理讲给同学们听,讲给农民听。他还创作了一个剧本《玫瑰花》,向人们控诉了旧社会的黑暗和不平等。这个剧本由"晓庄剧社"演出,起了很好的宣传作用。1930年初,袁咨桐升入晓师附属劳动中学读书,并担任了地下团支部书记。3月袁咨桐组织领导了栖霞旅游斗争。1930年4月5日,袁咨桐积极参加了晓师同学声援下关和记蛋行工人反帝斗争的示威游行。晓庄师范为此遭查封后,袁咨桐跟石俊、叶刚等一起坚持斗争。5月,袁咨桐在一次散发传单时被捕了。首都卫戍司令谷正伦的老婆陈谨是黄齐生先生的学生,她先后两次找袁咨桐谈话,企图动摇袁咨桐对共产主义的信仰。袁咨桐斩钉截铁的回答:"人各有志,不必强求!"敌人又找来袁咨桐当国民党军官的大哥,将他保释出去。他出去后继续坚持斗争。

几个月后,他又一次被捕了。这一次,敌人用各种刑罚迫使他屈服。敌人恼羞成怒,准备判他死刑。黄齐生先生闻讯赶到南京,找到谷正伦,请求释放袁咨桐。谷正伦坚持要袁咨桐写自首悔过书,登报公开悔过。并准备好一份悔过书,要袁咨桐签字。袁咨桐瞥了一眼"悔过书",只见上面写着"误信共产邪说"等语,一把抓过来撕个粉碎。他大声说:"我不是误信,我是相信,坚定地相信,共产主义一定能实现!"根据国民党的法律,不满18岁是不能判死刑的。但是敌人为了杀害袁咨桐,竟卑鄙的在判决书上将他的年龄改为18岁,加以杀害,牺牲时年仅16岁。

2.1.4　六合人民的优秀女儿——姚爱兰(1912—1930)

女,江苏六合人。1912年出生在一个富裕农民家庭。因系独生女,父母视为掌上明珠。1928年春,思想开明的祖父带着16岁的姚爱兰,来到陶行知先生创办的晓庄学校读书。当时,在晓庄小学校教书的大多是师范部的进步学生。1928年夏,晓庄师范秘密成立了共产党、青年团支部。由于姚爱兰思想进步快,1929年她秘密地加入了中国共产主义青年团,成为革命活动的骨干分子。六合人民称她为"刘胡兰式的小英雄"。

姚爱兰不顾个人安危,仍然积极参加反帝爱国宣传活动。1930年春,姚爱兰与袁咨桐一起,领导小学生进行了栖霞旅游斗争,受到陶行知先生的赞扬。1930年4月3日,南京和记工厂的英国厂主背弃协议,以不发上工证为手段,企图开除罢工斗争中的工人骨干。工人在自卫反击中数十人受伤,厂党支部书记徐文禄被捕。4月5日,南京晓庄师范、中大、金大等学校学生和部分工人五六百人,在中大操场举行集会,成立"四三惨案"后援会,通过罢工、罢课,支援和记工人斗争的决议,会后姚爱兰随同集会的学生、工人,在中共南京市委委员刘焕宗率领下,带头参加示威游行,反动当局慌忙关闭挹江门,企图阻止游行队伍前往和记工厂。姚爱兰向市民群众开展宣传,揭露反动派和帝国主义资本家的丑恶嘴脸,示威队伍迫使门警打开城门。晓庄师范师生因参加 4 月 5 日游行和鼓动工人罢工,国民党当局恨之入骨,于 12 日派兵强行封校。4 月下旬,姚爱兰参加了晓庄师范党、团支部组织的护校团,率领在校师生包围教育部,向当局提出质问。国民党当局遂以企图暴动为名下令通缉陶行知先生,许多师生被迫转移,姚爱兰面对险恶的环境,无所畏惧,继续留下坚持斗争。她父亲得到消息后心急如焚,几次赶到学校催她回家,她坚决不肯离校,最后她的祖父又赶来才硬把她接回六合老家。

姚爱兰被投进监狱后,敌人认为一个小女孩还不好对付,施尽种种酷刑,逼她招供,可她始终只回答一句:"我是共青团员,可惜我还没有成为共产党员,但是我要像共产党员那样地投入战斗,像共产党员那样面对死亡!"尽管敌人用尽所有花招,在坚强的姚爱兰那里一无所获。1930 年 9 月 17 日,18 岁的姚爱兰英勇就义。

2.1.5 扬州林园的烈士——沈云楼(1913—1930)

男,江苏兴化人。化名沈一山。1913 年 5 月 11 日,出生于一个农民家庭。年幼时,他上过私塾,又在湖西初小读书,14 岁被推荐到县城最大的开元观高级小学读书。

沈云楼的老师沈权,是一位有民主思想的进步教师。有一次,沈先生在班上讲到著名教育家陶行知先生在南京创办乡村师范的事,使沈云楼听后很受感动。小学毕业后,他说服家人,远离父母乡亲来到南京晓庄师范开始了新的学习生涯。他决心在中学部毕业后,立即进入师范学习,当一名乡村教师。在中学读书的沈云楼更多地接受了在中学部任教的共产党员石俊、胡尚志等人革命思想的熏陶,他们成了沈云楼最敬爱的兄长和老师。不久,沈云楼加了中国共产主义青年团,与袁咨桐等人在一个团支部,他们并肩战斗,成了亲密战友。为了不连累家人,沈云楼将名字改成沈一山,并改籍为六合县人。1930 年 4 月 5 日,晓庄师生在沈云楼、石俊等的带领下,参加了南京市学生反帝示威游行。不几天,晓庄师范就被国民党反动当局强行封闭,陶行知校长遭通缉,被迫逃亡国外。沈云楼等一批师生留下来参加护校斗争,并坚持在中学部上课。暑假后,沈云楼回家乡看望了双亲,赶回晓庄,为营救被捕的师生四处奔波。他还担任了交通联络员来往于沪宁线上,传递党组织的重要情报,机智地与跟踪他的特务周旋。

1930 年 8 月 10 日,由于中共南京市委机关遭到破坏,沈云楼等人在南京市白下路泰来旅馆被捕。在狱中,敌人严刑逼供,沈云楼宁死不屈,严守党的机密。8 月 18 日,沈云楼在南京雨花台英勇就义,牺牲时年仅 17 岁。

2.1.6 学生运动的楷模——郭凤韶(1911—1930)

女,浙江临海人。出生于一个进步的知识分子家庭。父亲郭松宅是同盟会会员,母亲李泳青毕业于临海女师。她 7 岁上学,15 岁高小毕业。1925 年,在临海女子师范学校参加了以"努力读书,改造社会"为宗旨的"乙丑读书社",阅读进步书籍,从事读书社组织的活动。1926 年,加入共产主义青年团。

"四一二"事变后,国民党右派下令封闭"乙丑读书社",搜捕该社成员,她无法在临海立足,于 1928 年春,到普陀县朱家尖岛的一所小学教书。1929 年秋,考入南京陶行知主办的晓庄师范学校。同年冬,转为中共党员,任党的秘密交通员和党小组长,经常往来于南京城和晓庄学校之间,传递党的文件和指示。1930 年 3 月,南京成立了“反帝自由大同盟”,任女工委员,经常深入工厂、农村宣传,揭露日本帝国主义的侵华阴谋。4 月 3 日,南京下关和记工厂发生英国资本家枪杀中国工人的惨案,中共南京市委领导组织各界人士,声援和记工厂工人的斗争,她站在斗争的第一线,负责联络各大中学校,组织学生示威游行。4 月 8 日,国民党南京政府下令封闭晓庄师范,缉拿首要分子。4 月 20 日派兵进驻学校,驱赶在校师生。学校师生在中共地下党组织领导下,开展了护校斗争。7 月,转移到无锡新犊小学任教,暂时隐蔽。9 月,回南京,被特务跟踪,在上海被捕,押解回南京。入狱后,被打得遍体鳞伤,血肉模糊,始终不屈。10 月 25 日,和石俊等 12 位共产党员在雨花台英勇就义,年仅 19 岁。

2.1.7　潜江英烈——胡尚志(1907—1930)

男,湖北潜山人。又名圣年,中共党员。1928 年进入安徽公学学习,后在组织安排下转移到晓庄,同时开始秘密斗争并加入地下党。1930 年 9 月在雨花台就义,年仅 23 岁。

2.1.8　如皋师范学生运动领袖——汤藻(1908—1930)、马名驹(1908—1930)

汤藻,男,江苏如皋人,化名杨再生,1908 年,出生于一个农民家庭。大革命时期,他考入如皋师范读书。当时,如皋师范一批进步同学团结大家开展反帝反封建斗争,汤藻跟石俊等人一起加入了中国共产党。1927 年 4 月,国民党如皋县党部扯起了“清党”旗子,开始搜捕共产党人和进步群众。县党部季云带人对如皋师范学生宿舍进行了搜查,激起全校师生义愤。学校党支部带领一部分学生前去县党部责问,季云不敢照面,汤藻等人气愤地冲进去将季云痛打了一顿。这一事件揭开了如皋县反“清党”斗争的序幕。同年秋,县党部派来“清党”人员朱定钧、蒋建白接任如皋师范校长和训育主任,并采取高压政策,严禁学生参加社会活动。在学校党支部领导下,全校开展了“驱朱、驱蒋”斗争,汤藻等带领学生张贴标语,散发传单,向社会揭露反动校长和训育主任的丑行,以争取社会各界的同情与支持。当局迫于众怒,不得不免除朱定钧、蒋建白的职务。但同时,又以所谓“煽动学潮”的罪名开除了汤藻等 7 名学生。1928 年春,汤藻跟随刘焕宗、石俊等一起来到南京进入晓庄师范学习,继续开展革命活动。1929 年秋,汤藻在中山陵园区的白马村办了一所乡村小学。他遵照陶行知先生的教导,发扬晓庄精神,热情为农民及其子女服务。他不仅教农民孩子读书识字,还经常走村串户,跟农民交朋友,了解和关心农民疾苦。晚上举办夜校扫盲、讲时事、讲故事,在农民群众中宣传革命思想。由于汤藻跟当地群众关系融洽,办学也很有成绩,不久,被调到东洼子小学担任校长。1930 年春,晓庄师范师生参加了声援和记工厂工人罢工斗争的示威游行,学校被当局封闭,师生被迫离开学校。为迎接南京武装暴动,汤藻接受了党的地下印刷厂秘密印发传单的任务,化名杨再生在南京一枝园地下印刷厂隐蔽起来并继续印发传单。1930 年 7 月 1 日,汤藻刻写完《中国红军十四军第二师成立宣言》即将付印时,国民党军警破门而入,汤藻被捕。在狱中,敌人动用了各种酷刑,汤藻始终坚贞不屈。同年 8 月 18 日,汤藻在南京雨花台遇难,牺牲时年仅 22 岁。

马名驹,男,江苏如皋人。1927 年加入中国共产党。1928 年到晓庄师范学习。晓庄师范被查封后,他到南京东洼子小学任教。1930 年在一次散发革命传单时不幸被捕,8 月在雨花台就义,牺牲时年仅 22 岁。

三、调查总结与思考

(一)关于访谈的总结

听了闻馆长的话,我们感慨良多。那些为了革命而牺牲的烈士,和我们年龄相近,在本该好好读书与快乐生活的年纪,却将自己的青春全部奉献给了祖国的梦想。他们是伟大的,是值得我们学习的。

(二)关于资料阅读的总结

为了收集更多有效信息,我们小组成员进行了广泛的阅读,这对我们也是个不小的挑战。值得一提的是我们的参考书目《晓庄英烈》,是由闻慧斌馆长和陶研专家徐志辉教授共同推荐的,由大学生陶研会会长黄丽香向徐教授借得。

一方面,从资料中不难发现,南京晓庄学院早期革命烈士的年龄都不大,大都热爱学习,受到较好的教育。也正是因为受到的教育比较好,他们才会去追寻教育救国的梦想。他们力图通过教育来改变这个社会,使它向着更好地方向发展。教育的重要性与意义性可见一斑,教育对社会发展的促进作用不容置疑。

另一方面,从搜集到的图文中可以看出当时乡村的条件是很困苦的,加上白色恐怖的侵袭,早期革命人士的处境相当艰难,是信仰支撑他们坚强走下去。中国共产党是有信仰的党,中国共产党开创的中华人民共和国是有信仰的国家。我们不能忘记革命先烈,更不能忘记先烈们的嘱咐:一定要把中国与整个世界建设成一个幸福的家园,这是我们亘古不变的信仰,她是革命的誓言,是爱的宣言。

(三)关于南京晓庄学院早期革命斗争的总结

1. 学生

在那个年代,很多人都是得不到良好的教育的。当时的中国发展落后,国外先进的科学技术和教育并没有引进到中国。但是陶行知先生通过在国外的留学接受了更好的教育,由此产生了教育救国的思想,开创了晓庄师范实验乡村学校。使许多学生受到了良好的教育,学习成绩优秀,思想先进,追求真理。他们以"学做真人"为历史使命,不愿做求名趋利的伪君子,也不愿做以假为真的伪知识阶级。所以他们才愿意并敢于呐喊出爱国之声,实践革命之行。

早期学生中不乏共产党员和共青团员,老党员团结教育周围同伴,将革命思想口口相传,新鲜的血液在共产党组织中流动。晓庄师范地下党支部的石俊、叶刚等经常教育开导袁咨桐,提高了其革命觉悟。后来袁咨桐也加入党组织,并把革命书籍中的道理讲给同学们听,讲给农民听。

学生志向远大,爱国爱党,不怕牺牲。学生们不顾个人安危,积极参加反帝爱国宣传活动。由于当时党在晓庄自由活动的可能性很大,中共经常将重要集会放在这儿举行,晓庄支部共产党人常为这些活动站岗放哨,担任警戒任务。在革命过程中,晓庄第一代共产党员、共青团员和优秀学生中有 10 被害,牺牲的时候平均年龄不到 30 岁。

2. 教师

学校的教师以身践志,广泛播撒爱国精神和共产主义。校长陶行知不仅是伟大的人民教育家,更是卓越的民主主义战士、伟大的爱国主义者和共产主义战士。他始终站在争取和平、反对内战、反对专制斗争的前列。他学习国外优秀的文化、科技,再将他们带回自己的国家亲自实践。陶先生的人生信条是求真知、做真人、说真话,不粉饰不回避。无论在何种政治气候下,他都坚持说真话,真情唤醒民众,敢于将矛头直指腐朽的当权者,令人敬佩。

在当时,乡村发展本来就比较落后的。但是教师却将革命的种子散播到乡村各处,将自由民主的思想播撒到村民心中。大部分教师不反对甚至支持学生的革命行为,为学生带来了力量之光。他们给学生讲授革命的知识,教农民识字,给乡村带去了希望之光。

3. 学校

晓庄学院当时还叫晓庄师范实验乡村学校,由陶行知先生创办。学校虽然地理位置较为偏僻,但是办学很有特色,创立“即知即传人”的“小先生制”。学校秉承“教学做合一”的校训,以“教人求真,学做真人”为校风,力求培养勇于追求“行动的真理,真理的行动”的人。工与读相结合,理论与实践相结合,学问与人品并重,能力与素质全面发展。

当时的学校主张在劳力上劳心。学校的全部生活,是“教学做”。教的法子根据学的法子,学的法子根据做的法子。实际的生活,就是全部的课程;而学生所学的课程,就是他们的实际生活。当时陶行知校长的理念是:“我们现在要在中国实际生活上面找问题,在此问题上,一面实行工作,一面极力谋改进和解决。”学校的全体指导员及同学,都是抱有这样一个目标,所以毅然决然的跑到了荒僻的乡下。他们认定必须这样,将来中国的新教育才能产生。

同时,校园中洋溢自由平等的氛围。自由、平等、博爱是行知先生办学的三个精神追求。不可做工具,是追求自由;不肯助纣为虐,是追求博爱;叫人做主人,则是追求平等。

再者,学校的革命气息很浓。成立了以石俊为党支部书记的晓庄党支部,是人数较多、工作开展较好的模范党支部。

(四) 关于本次社会实践的思考

在中国近现代史纲要课中,实践教学是其重要的组成部分和巩固理论教学成果的重要环节。实践教学的方式应当是丰富多彩的,而社会调查法教学模式就是其中之一。这种模式可以充分调动学生的主动性、积极性、参与性和创新性,达到了较好的学习效果。

本次社会实践我们小组共走访了三个关键地点,分别是南京陶行知纪念馆、雨花台烈士陵园和本校图书馆。之前我们也进行过多次社会实践,调查的方式大多以问卷调查为主,形式比较单一。当初我们小组确定选题时也是考虑到选题是有关我们晓庄学院的,我们相信,通过本次的社会实践我们可以更了解晓庄学院,更了解历史。令我们感到欣喜的是,通过大家的共同讨论思考,我们的实践体现了研究方式的多样性,有理论资料,也有实地观摩,有书本的阅读,也有面对面的访谈,不再局限于传统的问卷模式。

由犁宫(陶行知纪念馆)、陶行知墓和晓庄英烈纪念碑构成的行知园,已成为晓庄学子的精神家园,也是晓庄师生进行爱国主义教育、校史教育的基地。今后,师生参观陶馆的传统应保持,进行晓庄校史教育,有效地培养对晓庄文化的认同感;祭奠在反独裁、争民主、求解放斗争中英勇献身的晓庄英烈,提升晓庄学子发奋读书、报效祖国的责任感。

附件一　人物访谈记录

(一)采访陶馆讲解员

背景资料:杜蕾,女,南京市陶行知纪念馆讲解员

访谈记录:

首先,陶馆讲解员杜老师向我们介绍了早期晓庄师范共产党的情况,当时的晓庄"招纳"了不少共产党人:"当时陶行知'生活教育'理论提出时,就连已是清华大学学生的操震球和中华书局主任程本海也前来投奔。之后,在'四一二'影响下,一批流离失所的共产党人,比如石俊、叶道生、叶刚、郭凤韶等人,都在友人介绍下来到晓庄,成为晓庄师范第一批学生,同时发展晓庄地下党支部,同国民党反动统治斗争。"

之后,杜老师介绍了当时共产党人对陶行知思想演变的路程:"刚开始的时候共产党其实对陶行知不怎么感冒,只觉得晓庄比较自由,又有着学校的外衣,躲里面比较安全而已,一开始,他们受到'左'倾的影响,居然还想批斗陶行知,说他搞乡村运动是'改良主义'、'实用主义'。""不过慢慢的,共产党人的敌意就没有了,因为他们看到了陶行知的伟大,放着高薪不拿,不跟国民党同流合污。在晓庄,共产党人虽然处在地下,却可以进行活动,发表意见。陶行知不仅不干预,甚至对共产党一些言行表现采取宽容态度,这不能不让共产党人心存敬意,最终开始师陶尊陶。"

最后,杜老师讲了晓庄共产党人是怎么用实际行动反对国民党的:"当时在晓庄有个地位仅次陶行知的先生,叫杨效春。石俊等共产党人通过壁报、会议、个别谈话等方式,批评杨效春的言行,达到了市委提出的集中力量,发动民众的目的。至于对国民党晓庄党部则采取分化策略,搞的很有一套,比如有个国民党官员留宿没有预先报告村长,擅自住校,夜间巡逻队就把他叫起来盘问了很久。1928年9月份蒋介石、宋美龄夫妇到'晓庄'参观受到冷遇。又有一次,蒋介石游览燕子矶,适逢晓庄同学在听一位生物学家在燕子矶讲课,大家横眉冷对,照常上课。对待蒋介石这样的大人物,晓庄的学生根本不去睬他。"

(二)采访雨花台烈士纪念馆馆长

背景资料:闻慧斌,男,南京市雨花台烈士纪念馆馆长

访谈记录:

首先,闻馆长介绍了晓庄学院的前身——晓庄实验乡村师范学校。当时晓庄学校办学很有特色,招生情况很火爆:"当时晓庄师范成立时间不长,校长就是陶行知,他当时的目标很宏大,在全国一百万的乡村办一个乡村师范学校,提出了首先在国民党的首都南京,建了个叫晓庄实验乡村师范学校,里面名人辈出,学生从全国各地到这边来报考。""这个学校跟其他学校不一样,就是工和读相结合,理论跟实践相结合的这种学校。也有很多

其他本身就是师范学院的学生到这来报考学习。他们在自己的土地上,呼吸着自由的空气。"

　　根据闻馆长的介绍,晓庄实验乡村师范学校学园里产生了很多革命烈士,他们都怀揣着爱国救国的梦想,小小年纪就为党组织贡献自己的力量:"这个学校的革命气息也是很浓的,成立了以石俊为党支部书记的晓庄党支部。也出了很多历史人物,有很多革命家参加革命,被杀害在雨花台,像这个石俊、叶刚、袁咨桐、谢纬棨等数十位烈士就被杀害在雨花台。其中有八位烈士是有照片的,两位烈士还没有照片,这个在我们展厅里面都已经展出了。他们最大的特点,就是牺牲的时候都很年轻。我们全国牺牲了170万烈士,牺牲的时候平均年龄不到三十岁,而晓庄的这十位烈士牺牲的时候年龄还不到二十岁。"

　　馆长讲述了两位具有代表性的烈士的故事:"年龄最小的是袁咨桐烈士,他牺牲的时候只有十六岁。按照国民党法律,不满十六周岁是不能判处死刑的。那他为什么被判处死刑呢? 这故事说来话长。袁咨桐他是贵州赤水人,养父是黄齐生,贵州著名的教育家。当时他被抓起来的那个地方,卫戍司令谷正伦,也是贵州人。他的妻子陈谨也是黄齐生先生的学生。所以当袁咨桐第一次被捕的时候,就是陈谨来劝说他不要误信共产邪说。当时袁咨桐很气愤地说我不是误信,我是坚信,坚信共产主义一定能实现。因为我们党的宗旨就是为了大家舍弃小家。而雨花台烈士都是这个特点。他们并不是为了自己,而是为了国家独立,民族独立,国家富强,人民幸福,为了这些,也就是我们现在所谓的中国梦的教育。中国梦的第一个梦,就是民族独立。民族不独立国家怎么能富强呢。雨花台的烈士,很多都是出自很富有的家庭,用现在的话说就是官二代富二代,袁咨桐他本身就是出身一个地主家庭,但是他们却是怀揣着这种理想,所以当时陈谨劝说他的时候,他没有屈服。最后还是他在国民党当官的哥哥把他保释出来,他哥哥把他保释出来的时候,恶狠狠地对他说:'你再去跟共产党,老子毙了你。'但是呢,他依然不为所动,很快的又参加了和济银行罢工的事,这是和晓庄的学生(一起)去参加的。他又一次被捕。这次被捕的时候,敌人就准备杀了他。这时黄老先生黄齐生听到了这个消息就匆匆的赶到了南京去拜会谷正伦,请他放过袁咨桐。谷正伦说好,但是要求他在悔过书上签字。袁咨桐拒绝在悔过书上签字,谷正伦就恶狠狠地说:'那就只有对不起黄老先生了!'就这样,法官把他的年龄从十六岁改到十八周岁,判处了死刑。这就是袁咨桐烈士的故事。"

　　"晓庄师范的学生都是多才多艺的,比如像谢纬棨。谢纬棨他是湖南人,他很有演戏的天分,包括跟陶行知同台合作,演出了《卡门》等一系列的剧目。他母亲希望他出去读书,光宗耀祖。当时他被捕之后,敌人就劝说他:'我们可以在大上海帮你走红。'但是他却不为所动。就这样被杀害了。罗史还写了一个《雪在飞》就是来纪念这个小同志。当他妈妈听到谢纬棨被杀害的消息时,立马就疯掉了。还有叶刚啊,他自己还写童话,叶刚牺牲的时候,陶行知把他生平的童话收集在一起,出了一本叫《红叶》的童话集。还有郭凤韶啊他们每个人都有很多的故事。"

附件二　图片材料

【优秀成果选编二】

"晓庄学院早期革命斗争历史调查"调研报告

摘要：南京晓庄学院缘起于陶行知先生 1927 年创办并任校长的晓庄试验乡村师范学校，有着悠久的历史和深厚的文化积淀。党组织的发展也丰富多彩，尤其在早期革命斗争中晓庄党组织活动积极，做出了很大的牺牲和贡献。其中涌现出的"晓庄十英烈"最为著名，他们身上的信念、责任和精神在今天仍具有重要意义。研究晓庄党组织早期的革命斗争情况,学习革命先烈的精神对于当下晓庄学院的学生具有很大启发,意义深远。

关键词:晓庄学院　晓庄十英烈　郭凤韶　革命斗争

前言

　　晓庄早期党组织基本和晓庄试验乡村师范学校(以下简称"晓庄学校")同时诞生,随着 1930 年学校被查封,党组织也停止了革命活动。在党组织存在的三年时间中,晓庄学校党组织在南京市委的领导下开展了许多丰富多彩的革命斗争活动,为党组织培养出一大批优秀的共产党员,其中尤以"晓庄十英烈"为著名。我校的这段历史不论是在革命战争时期还是在现在的新时期,都有学习借鉴意义。介于这一点,我们小组对晓庄学院学生进行了关于晓庄学院早期党史了解情况的调查。与此同时,我们也通过参观雨花台革命烈士陵园(以下简称"雨花台")、做人物专访来挖掘、了解、学习这段历史。

　　调研目的:通过问卷调研了解目前南京晓庄学院学生对于晓庄学院早期党史的了解情况,通过参观雨花台和人物专访详尽了解早期的党史。

　　调研对象:南京晓庄学院学生、雨花台"晓庄十英烈"展厅、南京晓庄学院校友会办公室姚群民教授。

　　调研内容:晓庄学院早期革命斗争历史。

　　调研方法:问卷调查(100 份)、参观雨花台、人物专访。

一、问卷调查数据统计及分析

【第一题】你觉得自己了解南京晓庄学院早期的党史吗?

A. 非常了解　　　　B. 解一部分　　　　　C. 不大了解　　　　　　D. 完全不了解

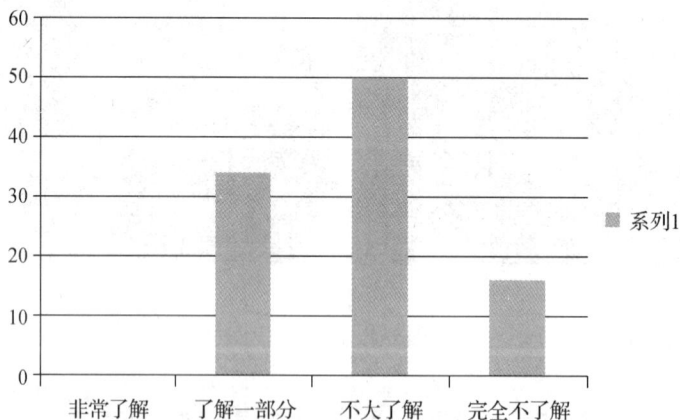

【分析】:由图可以看出,几乎没有人可以说自己对晓庄学院的党史非常了解,只有大部分的同学觉得对于自己学校的党史有一定的了解,但也只是了解一些最基本的知识。当然,还有 16% 的同学很诚实的回答说自己完全不了解晓庄学院的党史。

【小结】:通过这道题,我们可以清晰的发现大部分的同学都只是了解少量的晓庄党史,例如知道晓庄学院是陶行知先生在 1927 年创办的,当时的学生为了中国革命事业贡献了自己微薄的力量,很多烈士牺牲时都非常年轻等一些常识性的东西。我想如果放大调查问卷的基数,非常了解的同学也是几乎没有的,这一方面是因为学校宣传晓庄党史的力度不够,另一方面也与学生对晓庄党史缺乏了解的兴趣有关。

【第二题】你认为作为学生,了解本校早期革命斗争时期的党史是否有意义?

A. 非常有意义　　　B. 没有影响　　　　　C. 没有意义

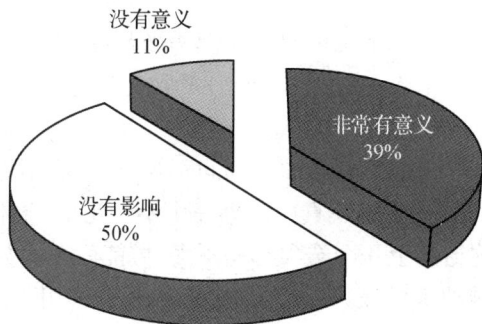

没有意义
11%

非常有意义
39%

没有影响
50%

【分析】:从饼状图中我们可以很清晰的发现只有少量的学生认为了解本校早期革命斗争时期的党史非常有意义,大部分学生都觉得了解党史没有意义或认为了不了解党史对自己没有影响。

【小结】:对于这道题,一半的同学认为了不了解本校的党史无关紧要,对自己没有影响,其实这也是大部分学生不了解党史的原因之一,正因为她们认为了解党史无所谓,才没有对党史足够的重视,也兴趣泛泛,即使平时有途径去了解,机会也会因为她们这种态度而流逝,我们小组认为学校首先应该加强这方面的宣传,转变学生的态度,引起学生对了解晓庄党史的重视。不过值得欣慰的是仍然有一部分的同学觉得了解本校的党史是非常有意义的,希望这样的学生会越来越多。

【第三题】你对南京晓庄学院早期革命斗争历史感兴趣吗?

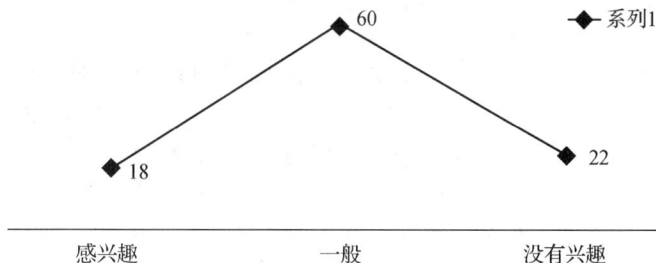

60　　　　◆ 系列1

18　　　　　　　　　　22

感兴趣　　　　　一般　　　　没有兴趣

A. 感兴趣　　　　　B. 一般　　　　　　C. 没有兴趣

【分析】:通过折线图,我们可以看到这张图像一个小山丘,中间最高的数字代表的是对晓庄早期革命斗争历史兴趣一般的学生比例,其次是没有兴趣的学生比例,最小的数字是对晓庄斗争历史感兴趣的学生比例,说明大部分学生都对晓庄革命烈士的奋斗史不感兴趣。

【小结】:这道题其实是对第二道题更详细的表述,学生大多对晓庄早期革命斗争历史不感兴趣和认为了解它没有意义,两者既是原因也是结果,其导致大多学生对党史不了解。很多人认为了解党史没有意义,觉得它对我们现在的学习和生活没有多大的用处,但其实并不然,我觉得了解晓庄早期革命斗争史,可以学习革命烈士的斗争精神,可以激励我们努力去生活,努力去学习。在人生的道路上,每当我们迷茫,困惑,或丧失斗志时,它能照亮我们前进的步伐。

【第四题】你知道晓庄试验乡村师范学校第一个党组织是什么时候成立的吗?

　　A. 1927 年　　　　　B. 1928 年　　　　　C. 1929 年　　　　　D. 1930 年

【分析】:由数据可以看出,每个选项都有同学选择,也都选的差不多。就像选 1927 的有 35 个人,选 1928 的有 22 个人,选 1930 的有 34 个人,选择 1929 的同学就相对少了一点了,有 9 人。

【小结】:记得问卷到这一题时,好多同学都问不知道额,能不能不填呀,这道题怎么不弄一个 E 选项不知道呢。后来我想还真应该弄一个不知道的,这样就少了很多同学的胡乱选择了。我想问卷在这道题上 4 个选项都差不多,可能就是因为很多同学不知道,就只能乱画了。晓庄试验乡村师范学校第一个党组织是在 1928 年成立的,在这道题上只有 22% 的同学答对了,当然可能还有很多的同学是蒙对的。我想可能学校的宣传力度不够,但是很大一部分原因应该是同学们自己不想去了解吧。

【第五题】你认为陶行知在晓庄学院早期革命历史发展上是否发挥着重要作用

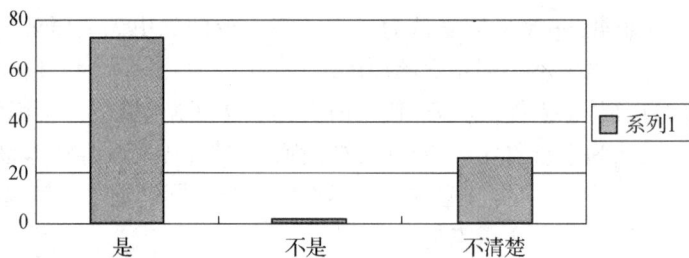

认为陶行知是否在晓庄学院早期革命史发展上发挥重要作用

　　A. 是　　　　　　　B. 不是　　　　　　　C. 不清楚

【分析】:由图可知,大部分的同学都清楚的意识到陶行知先生在晓庄学院早期革命史发展中发挥的作用。众所周知,南京晓庄学院始于 1927 年 3 月由伟大的人民教育家陶行知先生创办并任校长的晓庄试验乡村师范学校,是一所具有悠久办学历史和光荣革命传统的公办全日制本科院校。1951 年经周恩来总理批准复办南京晓庄学校,至今已有 80 多年的办学历史。陶行知先生备受尊重。学生对于他还是了解的。陶行知先生在革命斗争中发挥着不可磨灭的作用。比如 1927 年"晓庄试验乡村师范"创办后,行知先生即以"教学做合一"指导学校实践。蔡元培先生赞之为"现代教育方法中最好的一种",并亲书"教学做合一"校训匾额,供师生观摩践行。1930 年 4 月,国民党政府封闭了晓庄师范,许多学生遭到逮捕杀戮,陶行知也被通缉,逃亡海外。后来,在南京的部分学生在陶行知鼓励下,晓庄小学学生自发组织"晓庄儿童自动学校"。同时,让学生清楚的了解到陶行知先生的一切是不忘校训,不忘建校人的劳动成果,并持肯定态度的体现。

【第六题】你认为学校应该花时间注重早期革命斗争历史对学生的教育吗?

　　A. 应该　　　　　　　B. 无所谓　　　　　　　C. 不应该

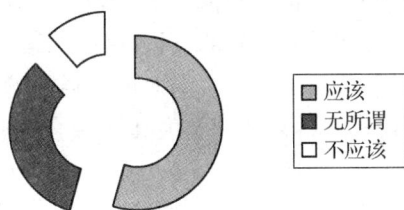

认为学校是否应该花时间注重在早期革命斗争历史方面对学生的教育

【分析】：由图可知,大部分的学生赞同学校应该加强对学生关于早期革命斗争历史方面的教育。一小部分的人则对这个持无所谓的态度。最后一小部分的人则持反对的态度。个人觉得,牢记历史是应该的。我们都知道,历史让我们认清现实,牢记教训,更加明白现在的不易。同时,通过对学校革命斗争史的学习,学生能够更加了解学校,激发更多的爱校情结。学校注重宣传这方面,才能带动下面的学生使他们学习到更多的历史知识。

【第七题】你了解南京晓庄学院早期革命斗争时期的一些重要人物和事迹吗?
A. 非常了解　　　B. 一般了解　　　C. 不大了解　　　D. 完全不了解

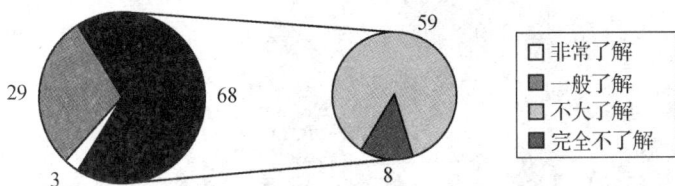

是否了解早期革命斗争时期的一些重要人物和事迹

【分析】：由图可知,约70%的人不大了解。一小部分的同学只是了解一部分。极少部分的同学是不大了解和完全不了解的。也就是说,同学们只是表面上的知道这些人物以及事迹,其实并未深入地进行研究与探索。如果硬要说个所以然来或者完整表述某个事迹或人物的话,学生肯定是不行的。了解革命斗争史中的重要人物以及主要事迹,还原了革命历史,具有重要的纪念意义,让革命先烈的光辉事迹激励后人,激发广大青少年的爱校情怀,对实现中国梦有着重大的意义。

【第八题】你觉得学校可以通过哪些方式提高学生对于学校早期革命斗争史的了解?
(多选)

A. 开设课程　　　B. 举办讲座　　　C. 在班会上交流
D. 分发一些资料　　　E. 同学自主交流

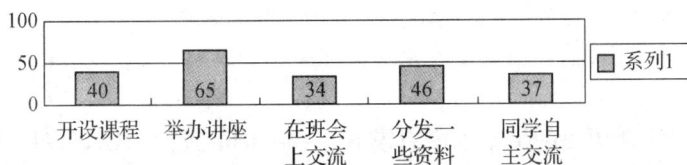

哪些方式提高学生对于学校早期革命史的了解

【分析】：由图可知,提高学生了解学校早期革命斗争史的方式有很多。开设课程、在班会上的交流、分发一些资料和同学自主交流占的人数差不多。只有举办讲座的方式更受同学喜爱一点。我想,这个方式的确是好的,通过讲座的学习,既能当堂消化,而且也能做到和同学甚至是老师的交流,节省了资料费与时间。通过这些方式来提高学生对校史的了解程度。我觉得,无论哪种方式,只要让学生真正的了解或学习到革命斗争史的知识就是好的。

二、采访姚群民教授及晓庄学校早期党史略述

(一)采访姚群民教授

2014年3月24日下午,我们小组成员在图书馆六楼校友会办公室对姚群民教授作了人物专访,就晓庄学校早期革命斗争进行了交谈。以下是部分访谈记录(全部记录以及采访视频资料以附件形式附在报告后面):

采访者:非常感谢今天下午你能接受我们的采访,我们得知您现在正在致力于我们学校党史的研究,您在这个领域也取得了一定的成就。所以我们今天就直奔主题吧。首先我觉得我们学校从1927年建校至今走过了87个年头,党组织也在不断地发展扩大,然后,您能跟我们说说党组织早期的一些情况吗?比如建(第一个)党(组织)的时间,党员人数以及党组织的一些基本概况,等等。谢谢!

姚教授:好的,我们学校的办学缘起于1927年,陶行知校长创建并任校长的晓庄试验乡村师范学校,成立不久,晓庄的早期共产党组织就已经成立了,时间是在1928年夏天,这是我们学校最早的党组织,当时党组织的第一任书记是刘季平,党组织不断地发展、壮大,到1930年学校遭查封之前有党员十多人,晓庄的早期党组织成立之后它的主要工作是在南京市委领导下面,结合市委工作部署要求开展许多丰富的斗争活动,也取得了许多成绩。

采访者:党组织在历史的沿革当中有没有一些关键的发展时期,就是关键的转折点。

姚教授:关键的转折点应该说不上,因为这个党组织成立了一共三年时间,学校存在三年,组织存在也算三年了。1930年封校,学校不存在了,组织上也分散了。但是党员就分散到其他地方开展活动,有的回到老家,从这个转折点来说还不太好说。

采访者：像郭凤韶这样的优秀党员确实的很多，那您认为党员参加早期这些革命活动斗争这段历史有什么意义呢？您是怎样看待这一历史事件的？

姚教授：你这个问题我觉得问的很有意义。我在整理晓庄学校早期中共党组织的发展概况的时候，也注意到早期的英烈人物的斗争活动，我觉得我们学校早期的党组织以及他们开展的活动在 20 世纪二三十年代南京共产党发展的历程当中是特别有意义的。因为晓庄师范学校是二三十代之交中共南京地下党活动的重要的活动基地，当时称之为"革命的温床"也不为过。晓庄学校培养了一大批南京以及其他地区的一些早期共产党组织（人员），因为好多党员在南京发展党员之后回到当地从事党组织活动。

……

（二）晓庄学校早期党史略述

晓庄学校党组织作为 20 世纪二三十年代中共南京市地下党组织活动的基地，被称为是"革命的温床"。晓庄学校党组织成立于 1928 年夏天，刘季平（刘焕宗）任第一任书记，到 1930 年，晓庄学校的党员人数发展到了十多人，晓庄学校党组织在当时是一个地下党性质的组织，当时任学校校长的陶行知先生虽然不知道学校里有共产党的支部，但是对于他们的活动都是知道的，同时也是支持的。在南京市委的领导下，晓庄学校共产党员采取各种形式进行革命斗争，成为南京党组活动的重要力量。于 1930 前后年组织了"南京自由大同盟"、声援了和记洋行工人罢工斗争、开展了护校运动，体现了共产党员，共青团员坚定的革命意志和大无畏的气概。

鉴于历史久远、资料的匮乏和我们学生能力的有限，我们只能通过姚群民老师的研究成果，即《晓庄试验乡村师范党史略述》来进行研究。不免有疏漏之处。

三、参观雨花台及晓庄十英烈烈士资料整理

晓庄十英烈

晓庄试验乡村师范创办以来，吸引了大批优秀青年前来求学。1928 年，学校建立了中共晓庄地下党支部、青年团，并领导学生积极参加声援和记工人罢工的示威游行等革命活动，在当时南京的中共地下党支部中，晓庄支部是人数较多、工作开展得较好的一个，曾受到省、市委的表扬。1930 年 4 月，学校遭国民党查封，汤藻、叶刚、石俊、谢伟棠、袁咨桐、沈云楼、郭凤韶（女）、姚爱兰（女）、胡尚志、马名驹等晓庄党团学生遭到国民党反动派的残酷杀害，长眠在雨花台，史称"晓庄十英烈"。2009 年晓庄十英烈入选"30 位为新中国成立作出突出贡献的南京英雄模范人物"。

新华社北京 1 月 27 日电　郭凤韶，1911 年生于浙江省临海县。父亲曾是同盟会会

视革命为第一生命——郭凤韶

员,参加过辛亥革命。在具有进步、民主思想的家庭熏陶下,她从小就反对封建迷信和礼教,怀有拯救祖国和民族的雄心壮志。

1925年,郭凤韶考入临海女子师范,参加了由进步青年组织的、以"努力读书、改造社会"为宗旨的乙丑读书社。"五卅惨案"发生后,临海爱国青年在共产党的领导下游行示威,声援上海人民的反帝爱国运动,郭凤韶成为这场斗争中的活跃分子。1926年,她加入了中国共产主义青年团。

1927年四一二反革命政变后,反动当局大肆逮捕和屠杀共产党人和读书社成员,临海的环境日趋恶化,有人劝郭凤韶退社,她坚定地说:"革命是我第一生命,我决不退社。""要坚持到底,不要被吓倒,未来的中国是我们的。"

1929年,郭凤韶考入陶行知创办的南京晓庄乡村师范学校。1930年,她转为中国共产党党员,并担任党的小组长,不久又担任中共南京市委地下交通员,经常只身往来于市委和晓庄之间,传递情报和文件。

1930年,帝国主义和国民党南京政府制造了骇人听闻的"四三惨案"。在中共南京市委的领导下,南京的爱国学生进行了反对国民党反动暴政的示威游行。郭凤韶负责联络各大中学校,组织全市学生进行示威活动。她四处奔走,在街头宣传,与反动军警进行面对面的斗争。

学生的革命行动,使反动当局恨之入骨。1930年4月8日,郭凤韶所在学校被反动当局查封,许多共产党员被捕。郭凤韶秘密转移到无锡,以教书为掩护继续革命工作。同年9月,她返回南京,准备参加营救被捕的同志,不幸被国民党特务盯梢逮捕。在狱中,郭凤韶受尽酷刑,被打得遍体鳞伤、血肉模糊,但她始终坚贞不屈、视死如归,痛斥敌人:"你们想用逮捕、屠杀的办法消灭共产党,是不可能的!"9月26日,郭凤韶在南京雨花台英勇就义,年仅19岁。

汤藻(1908—1930)江苏如皋人。1927年加入中国共产党,1928年考入南京晓庄学校,1929年任东洼子小学校长,1930年7月被捕,8月牺牲于雨花台,年仅22岁。

姚爱兰(1911—1930)江苏六合人,南京晓庄学院学生,1930年牺牲于雨花台,年仅19岁。

沈云楼(1913—1930),又名沈一山,江苏兴化人,1929年考入晓庄师范学校,中共党员,1930年被捕,8月牺牲于雨花台,年仅17岁。

叶刚(1908—1930),原名叶道生,浙江象山人,1925年加入中国共产主义青年团,1926年转为中共党员,1927年2月任中共南京独立支部组织委员,1928年任中共晓师支部委员。1930年在中共南京市委宣传部工作,同年7月被捕,8月牺牲于雨花台,年仅22岁。

谢伟棠(1910—1930),又名宗晖,湖南长沙人,晓庄师范学校学生,1930年加入"左翼话剧联盟",同年10月牺牲于雨花台,年仅22岁。

袁咨桐(1914—1930),贵州赤水人。1929年考入晓庄师范学校,加入中国共产主义青年团,1930年任共青团晓师支部书记,同年8月被捕,9月牺牲于雨花台,年仅16岁。

四、调查问卷所涉及问题反思及初步方案提出

在问卷调查的实践中,我们深切感受最深刻的问题是晓庄学院的学生对晓庄早期党史充满了兴趣却了解甚少。经小组讨论,我们认为这段历史的缺失的原因是很多方面的。首先,年代久远,我校的办校历史存在断层。从1930年学校遭到查封一直到新中国成立后重新办校,经历了抗日战争、解放战争等时期,时间的流失伴随着记忆的消失,加之历史资料的稀少和不善保存,也造成了我们研究这一时期历史的困难局面。同时,学校方面重视晓庄早期教育理念的阐发和继承,而对于早期革命斗争这个方面宣传教育力度不够,所以导致了同学们对这段历史的无知。

以上是内部分析,从外部因素来看,当今社会是一个和平的时期,各种信息和先进的通讯工具以及娱乐方式占据着同学们的大部分时间,很多同学对这一段历史已不再关注甚至认为这段历史没有什么意义。这样的现状也是对我们的一个巨大冲击和挑战。

而姚群民教授提到的理想、精神和责任不禁让我联想到习主席所说的"中国梦"的话题,当习主席提出这样的一个话题时,为什么能引起如此大的热潮,能如此的打动人心呢?这与中国历史悠久的古代史和充满血泪、屈辱的近代史息息相关。而中国梦正是从沉淀了我们全民族集体记忆中产生出来的。作为南京晓庄学院中的学生,我想从中国梦中我们可以了解到国家和民族的历史和召唤,我们可以继承中华民族的奋斗精神,励志刻苦学习,为实现中国梦奉献智慧和力量。而中国梦更给了晓庄学子一种提醒,为了让"晓庄人"更好地集中在一起,我们何不组织一场宣扬我们晓庄历史的"晓庄梦"。让晓庄的历史,晓庄的先烈、晓庄的革命呈现给我们晓庄的学生,让晓庄的学生更好地了解晓庄的革命斗争历史,从而让我们晓庄学生认识到作为晓庄人的理想、精神和责任。

从小的角度讲,"晓庄梦"的实现与发展和每位陶子息息相关。了解晓庄早期革命历史事件等方面只是其中的一种手段。学生只有以更深刻更严肃的态度对待晓庄庄重的历史,在回顾中获得真知灼见,懂得那些用血与泪铸造辉煌背后的心酸,升起从心底最真挚的敬意,才会更加珍惜现在与明天,更加努力为晓庄献出一份力,创造出一片新的天地。"晓庄梦"是我们共同的希望。我们希望学校重视历史,重视学生学习历史、认识历史的过程和感悟。

从大的角度讲,"晓庄梦"的实现也为"中国梦"的发展创造了条件。习总书记把"中国梦"定义为"实现中华民族伟大复兴,就是中华民族近代以来最伟大梦想",并且表示这个

梦"一定能实现"。"中国梦"的核心目标也可以概括为"两个一百年"的目标,具体表现是国家富强、民族振兴、人民幸福,实现途径是走中国特色的社会主义道路、坚持中国特色社会主义理论体系、弘扬民族精神、凝聚中国力量,实施手段是政治、经济、文化、社会、生态文明五位一体建设。"晓庄梦"是"中国梦"的一部分,"中国梦"的实施离不开各个体系、组织的梦的实现。众人拾柴火焰高,只有小梦的成功实现,"中国梦"的未来才会距离我们越来越近。

基于这几点,我们认为学校、学生和社会都应当从自身角度出发来改变现状。在采访姚群民教授的过程中,他为我们提到了理想、精神和责任三个关键词,并鼓励我们看一些革命先烈的书籍来提高自我的修养和思想境界。当然,这是从个人方面看,而学校也应当加强对晓庄早期革命斗争历史的宣传和教育,社会也应当引领正确的价值观,为我们的学生引领正确的方向。

结束语

重温学校党史,缅怀学校英烈,我们要以崇高的历史使命感,强烈的责任和义务,倍加珍惜学校的光荣传统,以实际行动来彰显我们晓庄的校园精神,为学校的事业发展添砖加瓦。

参考文献

姚群民:《晓庄试验乡村师范党史略述》,《南京晓庄学院学报》,2013 年第五期.

附件一

南京晓庄学院学生对早期党史了解情况的调查分析

为了更好地掌握大家对于南京晓庄学院早期党史了解的程度,我们特此做了以下调查,希望大家能够配合!

1. 你觉得自己了解南京晓庄学院早期的党史吗?

  A. 非常了解 B. 了解一部分 C. 不大了解 D. 完全不了解

2. 你认为作为学生,了解本校早期革命斗争时期的党史是否有意义?

  A. 非常有意义 B. 没有影响 C. 没有意义

3. 你对南京晓庄学院早期革命斗争历史感兴趣吗?

  A. 感兴趣 B. 一般 C. 没有兴趣

4. 你知道晓庄试验乡村师范学校第一个党组织是什么时候成立的吗?

  A. 1927 年 B. 1928 年 C. 1929 年 D. 1930 年

5. 你认为陶行知在晓庄学院早期革命历史发展上是否发挥着重要作用?

  A. 是 B. 不是 C. 不清楚

6. 你认为学校应该花时间注重在早期革命斗争历史方面对学生的教育吗?

  A. 应该 B. 无所谓 C. 不应该

7. 你了解南京晓庄学院早期革命斗争时期的一些重要人物和事迹吗?

A. 非常了解　　B. 一般了解　　C. 不大了解　　D. 完全不了解

8. 你觉得学校可以通过哪些方式提高学生对于学校早期革命斗争史的了解？（多选）

A. 开设课程　　B. 举办讲座　　C. 在班会上交流

D. 分发一些资料　　　　　　　　E. 其他

附件二　图片资料

正在认真填写问卷的同学

正在做数据统计和分析工作

姚群民教授在采访结束后向我们的记者讲解有关内容

第三章　辛亥革命与君主专制制度的终结

一、内容梳理,同步练习

内容梳理

【教学目标】通过本章的学习,掌握辛亥革命发展的基本脉络,认识当时爆发革命的必要性,深刻体会辛亥革命是中国近代史上一次伟大的反帝反封建的资产阶级民主革命,了解资产阶级民主革命方案及其失败的原因,并在此基础上进一步总结历史经验,认识和了解国情,增强爱国主义意识和历史使命感。

【教学重点】辛亥革命爆发的历史背景、历史意义

【教学难点】辛亥革命失败的原因

【教学时间】2 学时

【主要内容】

1　举起近代民主革命的旗帜
　　1.1　辛亥革命爆发的历史条件
　　1.2　资产阶级革命派的活动
　　1.3　三民主义学说和资产阶级共和国方案
　　1.4　关于革命与改良的辩论

2　辛亥革命与建立民国
　　2.1　封建帝制的覆灭
　　2.2　中华民国的建立

3　辛亥革命的失败
　　3.1　封建军阀专制统治的形成
　　3.2　旧民主主义革命的失败

同步练习

(一) 单项选择题

1. 孙中山先生三民主义学说中,以政治革命为主要内容的是(　　　　)
　　A. 民族主义　　B. 民生主义　　　　C. 民权主义　　　　D. 民主主义

2. 中国近代第一个资产阶级革命团体是（　　　）

    A. 兴中会　　　　B. 华兴会　　　　　C. 光复会　　　　　D. 中国同盟会

3. 中国近代第一部具有资产阶级共和国宪法性质的法典是（　　　）

    A.《资政新篇》　　　　　　　　　B.《中华民国约法》

    C.《中华民国临时约法》　　　　　D.《变法通议》

4. 中国近代第一个资产阶级革命政党是（　　　）

    A. 强学会　　　　B. 兴中会　　　　　C. 同盟会　　　　　D. 国民党

5. 同盟会的机关刊物是（　　　）

    A.《民报》　　　B.《新民丛报》　　　C.《苏报》　　　　D.《国民报》

6. 中国民族资产阶级具有两面性，一方面具有革命性，另一方面具有（　　　）

    A. 反革命性　　　B. 妥协性　　　　　C. 剥削性　　　　　D. 进步性

7. 我们说辛亥革命最终是失败了，这主要是指（　　　）

    A. 革命果实被袁世凯窃取　　　　B. 革命党人不敢同帝国主义决裂

    C. 中国社会性质没有改变　　　　D. 人民获得的民主权利有限

8. 资产阶级革命派和改良派论战的焦点是（　　　）

    A. 要不要推翻帝制，实行共和　　　B. 要不要社会革命

    C. 要不要以革命手段推翻清王朝　　D. 要不要实行三民主义

9. 1913 年 3 月，袁世凯派人暗杀了资产阶级革命派的著名人物是（　　　）

    A. 孙中山　　　　B. 宋教仁　　　　　C. 黎元洪　　　　　D. 黄兴

10. 中国资产阶级领导的旧民主主义革命终结的标志是（　　　）

    A. 二次革命的失败　　　　　　　B. 护国运动的失败

    C. 讨袁行动的失败　　　　　　　D. 护法运动的失败

11. 袁世凯窃夺辛亥革命成果后，于 1914 年 5 月炮制了（　　　）

    A.《戒严法》　　　　　　　　　B.《中华民国约法》

    C.《钦定宪法大纲》　　　　　　D.《暂行新刑律》

12.《驳康有为论革命书》的作者是（　　　）

    A. 邹容　　　　　B. 陈独秀　　　　　C. 陈天华　　　　　D. 章炳麟

13. 1912 年 2 月，孙中山认为"帝制从此不存留中国之内，民国的目的亦已达到"。促使孙中山得出这一结论的直接原因是（　　　）

    A. 武昌起义的胜利　　　　　　　B.《临时约法》的颁布

    C. 清帝下诏退位　　　　　　　　D. 中华民国的成立

14. 林伯渠评价辛亥革命时说："对于许多未经过帝王之治的青年，辛亥革命的政治意义是常被过低估计的。"这里所说的政治意义应指辛亥革命（　　　）

    A. 移风易俗推动了社会发展和进步　B. 发展了资本主义经济

    C. 结束了君主专制　　　　　　　D. 解放了思想

15. 胡适在 1923 年的一封信中说："25 年来，只有三个杂志可代表三个时代，可以说是创造了三个时代：一是《时务报》；一是《新民丛报》；一是《新青年》。"胡适所说的"三个时代"是（　　　）

A. 辛亥革命、护法运动、新文化运动

B. 戊戌变法、辛亥革命、护国运动

C. 戊戌变法、辛亥革命、新文化运动

D. 戊戌变法、护国运动、护法运动

16. 清末"新政"未能挽救清朝灭亡命运的根本原因是（　　）

A. "新政"只是骗局,从来没有真正实行

B. 清政府借"新政"之名增加税收,引起人民的反抗

C. 列强反对中国实行"新政",制造障碍

D. "新政"不能解决当时的各种社会矛盾

17. 清政府的"预备立宪"是一场骗局,主要是因为（　　）

A. 借"预备"之名拖延立宪　　　　B. 载沣任摄政王总揽大权

C. 不能满足立宪派的要求　　　　D. 极力维护君主专制权利

18. 将清政府称为"洋人的朝廷",号召人民奋起革命的是（　　）

A. 章炳麟的《驳康有为论革命书》　B. 邹容的《革命军》

C. 陈天华的《警世钟》《猛回头》　D. 孙中山的《中国问题的真正解决》

19. 标志着资产阶级革命派初步形成的事件是（　　）

A. 兴中会的成立　　　　　　　　B. 1895 年广州起义

C. 三民主义的提出　　　　　　　D. 华兴会的成立

20. 1905 年孙中山在《民报》发刊词中将中国同盟会的政治纲领概括为（　　）

A. 创立民国、平均地权　　　　　B. 驱除鞑虏、恢复中华、创立合众政府

C. 民族主义、民权主义、民生主义　D. 联俄、联共、扶助农工

21. 中国同盟会的成立标志着中国资产阶级民主革命进入了一个新阶段,这里的"新阶段"指的是（　　）

A. 资产阶级革命派开始正式形成　B. 开始与保皇派展开激烈论战

C. 革命派开始积极发动武装起义　D. 革命有了统一的领导和纲领

22. 1905 年至 1907 年间,围绕中国究竟是采取革命手段还是采取改良方式这个问题,革命派与改良派进行论战的舆论阵地是（　　）

A.《民报》　　B.《湘报》　　　　C.《时务报》　　　　D.《国闻报》

23. 在辛亥革命爆发前,同盟会发动的武装起义中影响最大的是（　　）

A. 黄花岗起义　B. 惠州起义　　　C. 萍浏醴起义　　　D. 镇南关起义

24. 武昌起义前,在保路运动中规模最大、斗争最激烈的省份是（　　）

A. 湖南　　　　B. 湖北　　　　　C. 广东　　　　　D. 四川

25. 武昌起义胜利后建立的独立政权是（　　）

A. 湖北军政府　B. 湖北咨议局　　C. 中华民国政府　　D. 南京临时政府

26. 袁世凯公然进行复辟帝制活动,下令称为"中华帝国洪宪元年"的是（　　）

A. 1913 年　　　B. 1914 年　　　C. 1915 年　　　　D. 1916 年

27. 为了反对袁世凯刺杀宋教仁和"善后大借款",孙中山在 1913 年领导革命党人发动了（　　）

A. 二次革命　　B. 护国战争　　　　C. 护法战争　　　　D. 北伐战争
28. 近代中国首先提出"振兴中华"口号的是(　　)
A. 康有为　　　B. 洪秀全　　　　C. 林则徐　　　　D. 孙中山
29. 辛亥革命失败的根本原因是(　　)
A. 帝国主义的破坏　　　　　　B. 资产阶级的软弱和妥协
C. 南京临时政府的涣散和软弱　　D. 袁世凯的政治欺骗和军事压力
30. 辛亥革命最伟大的功绩是(　　)
A. 推翻了清王朝　　　　　　　B. 结束了封建帝制
C. 促进了思想解放　　　　　　D. 促进了民族资本主义的发展
31. 1913 年,二次革命的导火线是(　　)
A. 宋教仁被刺　　　　　　　　B. 段祺瑞拒绝恢复《临时约法》
C. 袁世凯称帝　　　　　　　　D. 张勋复辟

参考答案：

1. C　2. A　3. C　4. C　5. A　6. B　7. C　8. C　9. B　10. D　11. B　12. D
13. C　14. C　15. C　16. D　17. D　18. C　19. A　20. C　21. D　22. A　23. A
24. D　25. A　26. D　27. A　28. D　29. B　30. B　31. A

(二)多项选择题

1. 辛亥革命失败后,资产阶级革命派为挽救革命成果而进行的斗争是(　　)
A. 二次革命　　B. 护国运动　　C. 保路风潮　　　D. 护法运动
2. 孙中山同意辞职,但向袁世凯提出的条件是(　　)
A. 清帝退位　　　　　　　　　B. 以南京为首都
C. 在南京就职　　　　　　　　D. 遵守临时约法
3. 在经济上,北洋政府竭力维护(　　)
A. 帝国主义的利益　　　　　　B. 地主阶级的利益
C. 买办资产阶级的利益　　　　D. 民族资产阶级的利益
4. 革命派和改良派论战的内容是(　　)
A. 要不要推翻帝制以实行民主共和　B. 要不要以革命手段推翻清王朝
C. 要不要废科举和兴西学　　　　D. 要不要进行社会革命
5. 孙中山三民主义思想的核心是(　　)
A. 驱除鞑虏　　B. 恢复中华　　C. 创立民国　　　D. 平均地权
6. 1902 年至 1911 年,在我国发生的爱国运动主要有(　　)
A. 拒俄运动　　B. 收回权利运动　　C. 保路运动　　D. 抵制美货运动
7. 20 世纪初,在民主革命思想传播过程中建立的资产阶级革命团体有(　　)
A. 华兴会　　　B. 兴中会　　　C. 光复会　　　D. 岳王会
8. 20 世纪初,传播民主革命思想的书籍包括(　　)
A.《革命军》　　　　　　　　B.《警世钟》
C.《猛回头》　　　　　　　　D.《驳康有为论革命书》

9. 1911 年,直接参与领导武昌起义的革命组织是(   )

   A. 共进会   B. 文学社

   C. 中华革命党   D. 中国国民党

10. 下列关于"二次革命"、护国运动和护法运动的表述,正确的是(   )

    A. 都是孙中山直接领导的

    B. 都是为了维护辛亥革命的成果

    C. 都是反对北洋军阀的反动统治

    D. 最终都未取得成功

11. 辛亥革命之所以是比较完整意义上的资产阶级民主革命,因为它(   )

    A. 建立了领导资产阶级革命的全国性政党

    B. 提出了比较系统的资产阶级革命纲领

    C. 建立了资产阶级共和国性质的革命政权

    D. 颁布了具有资产阶级共和国性质的《临时约法》

12. 在辛亥革命的成果被北洋军阀窃取后,先后炮制帝制复辟丑剧的是(   )

    A. 袁世凯   B. 段祺瑞   C. 张勋   D. 张作霖

13. 辛亥革命对中国社会变革的推动主要体现在(   )

    A. 宣布改革文化教育制度,否定忠君尊孔教育

    B. 颁布了一系列有利于工商业发展的政策

    C. 禁止买卖人口、废除奴婢与禁止种植和吸食鸦片

    D. 提倡社会新风,扫除旧时代的"风俗之害"

14. 以袁世凯为首的北洋政府建立后所颁布的法律有(   )

    A.《暂行新刑律》   B.《戒严法》

    C.《中华民国约法》   D.《总统选举法》

15. 辛亥革命的失败主要体现在(   )

    A. 无法促进中国革命向前发展   B. 对帝国主义列强抱有幻想

    C. 没有完成反帝反封建的任务   D. 革命的成果被北洋军阀窃取

参考答案:

1. ABD 2. BCD 3. ABC 4. ABD 5. ABCD 6. ABCD 7. ACD 8. ABCD
9. AB 10. BCD 11. ABCD 12. AC 13. ABCD 14. ABCD 15. CD

(三)简述题

1. 简述资产阶级革命派和改良派辩论所暴露出的革命派在思想理论方面的弱点。

答案要点:

(1) 没有提出明确的反帝主张,对"革命是否会招致帝国主义干涉"的问题不敢作出理直气壮的正面回答,只是希望通过"有秩序的革命"来避免动乱和帝国主义的干涉;

(2) 没有发动广大人民群众,他们所说的"国民",主要还是指资产阶级及其知识分子,而不是广大的劳动群众;

(3) 没有提出符合中国国情的土地改革制度,他们对封建地主土地所有制是否应该

改革的问题也是语焉不详,并且反对贫苦农民"夺富人之田为已有"。

2. 简述辛亥革命爆发的历史条件。

答案要点:

(1) 民族危机加深,社会矛盾激化。一方面,外国列强对中国的侵略日益扩大,民族危机加深;另一方面,社会矛盾激化,民变四起。

(2) 清末"新政"及其破产。宣布实行"新政",但并没有能够挽救清王朝,反而激化了社会矛盾,加重了危机。

(3) 资产阶级革命派有了阶级基础和骨干力量。

3. 简述三民主义的进步性及其缺陷。

答案要点:

(1) 进步性:三民主义主张以革命手段推翻清王朝封建统治,建立资产阶级共和国,平均地权。表达了资产阶级在政治上和经济上的利益和要求,反映了中国人民要求民族独立和民主权利的共同愿望,推动了资产阶级民主革命运动的发展,因而是一个比较完整的资产阶级革命纲领,在当时的历史条件下产生过重大的积极作用。

(2) 缺陷:民族主义没有明确提出反对帝国主义的要求;民权主义没有把地主阶级作为整个统治阶级来反对;民生主义没有正面触及封建土地所有制,不能满足广大农民的土地要求,使革命缺乏广泛的群众基础。这些缺陷决定了资产阶级革命派不可能彻底完成反帝反封建的民主革命的任务。

4. 简述资产阶级共和国方案在中国行不通的原因。

答案要点:

(1) 帝国主义不允许;

(2) 封建主义和大资产阶级不允许;

(3) 民族资产阶级自身的软弱性和妥协性使之无力承担。

5. 简述孙中山领导的辛亥革命引起了近代中国的历史性巨大变化。

答案要点:

(1) 推翻了封建势力的政治代表、帝国主义在中国的代理人——清王朝的统治,沉重打击了中外反动势力,使中国反动统治者在政治上乱了阵脚。

(2) 结束了统治中国两千多年的封建君主专制制度,建立了中国历史上第一个资产阶级共和政府,使民主共和的观念开始深入人心。

(3) 给人们带来一次思想上的解放。

(4) 促使社会经济、思想习惯和社会风俗等方面发生了新的积极变化。

(5) 不仅在一定程度上打击了帝国主义的侵略势力,而且推动了亚洲各国民族解放运动的高涨。

6. 简述辛亥革命失败的原因及教训。

答案要点：

(1) 根本原因：资本主义的建国方案在半殖民地半封建的中国行不通。

(2) 客观原因：中外反动势力的联合绞杀。

(3) 主观原因：资产阶级革命派政治上的软弱性和妥协性。

(4) 辛亥革命的失败证明了资产阶级共和方案不能解救中国。要彻底改变中国半殖民地半封建社会的性质，实现民族独立、人民解放和国家繁荣富强、人民共同富裕，必须进行新的探索，谋求新的出路。

(四) 材料分析题

1. 阅读材料，回答下列问题：

材料 1：人能尽其才，地能尽其利，物能尽其用，货能畅其流——此四者，富强之大经。治国之大本也。……试观日本一国，与西人通商后于我，仿效西方亦后于我，其维新之政为日几何，而今日成效已大有可观……

——孙中山：《上李鸿章书》(1894 年 6 月)

材料 2："革命为唯一法门。""我们必须倾覆满洲政府，建设民国。革命成功之日……废除专制，实行共和。"

——孙中山：《在檀香山正埠荷梯厘街戏院的演说》(1903 年 12 月 13 日)

材料 3：这十三年来，政治上、社会上种种黑暗腐败比前清更甚，人民困苦，日甚一日……俄国虽迟我六年革命，而已成功；我虽早六年革命，而仍失败。

——孙中山：《中国之观状反国民党改组问题》(1924 年 1 月)

材料 4：我已嘱咐国民党进行民族革命运动之工作，俾中国可免帝国主义加诸中国的半殖民地状况之羁缚。为达到此目的起见，我已命国民党长此继续与你们提携。

——孙中山：《致苏俄遗书》(1925 年 3 月)

请回答：

(1) 据材料 1 分析孙中山上书李鸿章的目的是什么？日本"维新之政""大有可观"的成就主要有哪些？

(2) 材料 2 与材料 1 相比，就改造中国的方法与目的而言，1903 年孙中山的思想有了哪两个显著的变化？

(3) 据材料 3 说明造成辛亥革命后 13 年中国政治、社会黑暗腐败的主要原因是什么？

(4) 综合上述材料，对孙中山先生一直追求真理的历程作一简要评价。

答案要点：

(1) 上书李鸿章的目的：希望通过李鸿章，促进清政府变法维新，使中国走上富强之路(或达到国家富强的目的)。日本"维新之政""大有可观"的成就有：使日本走上了资本主义道路，挽救了民族危机。

(2) 孙中山思想的两个显著变化是：

方法：以前采用温和的改革(或用"改良"的办法)，以后主张革命；

目的：以前没有建立新的政治制度的主张，以后主张建立共和国。

（3）主要原因：封建军阀统治，帝国主义压榨。

（4）对孙中山的评价：是中国历史上的伟大人物，一生坚持民主革命（或民主革命的先驱）；顺应时代潮流，不断进步；最终走上与共产党合作之路。

2. 阅读材料，回答下列问题：

材料1：自1840年鸦片战争失败时起，先进的中国人，经过千辛万苦，向西方国家寻找真理。洪秀全、康有为、严复和孙中山，代表了在中国共产党出世以前向西方寻找真理的一派人物。那时，求进步的中国人，只要是西方的新道理，什么书也看。向日本、英国、美国、法国、德国派遣留学生之多，达到了惊人的程度。国内废科举，兴学校，好像雨后春笋，努力学习西方。我自己在青年时期，学的也是这些东西。这些是西方资产阶级民主主义的文化，即所谓新学，包括那时的社会学说和自然科学，和中国封建主义的文化即所谓旧学是对立的。学了这些新学的人们，在很长的时期内产生了一种信心，认为这些很可以救中国，除了旧学派，新学派自己表示怀疑的很少。要救国，只有维新，要维新，只有学外国。那时的外国只有西方资本主义国家是进步的，它们成功地建设了资产阶级的现代国家。日本人向西方学习有成效，中国人也想向日本人学。在那时的中国人看来，俄国是很落后的，很少人想学俄国。这就是19世纪40年代至20世纪初期中国人学习外国的情形。

——毛泽东：《论人民民主专政》（1949年6月30日）

材料2：在救亡图存运动中，一些先进的中国人曾经把目光转向西方寻求救国救民的道路，在中国发动资产阶级民主革命。1911年中国民主革命的先行者孙中山先生领导的辛亥革命，终结了统治中国两千多年的君主专制制度。但是，辛亥革命后试图模仿西方民主制度模式建立的资产阶级共和国，包括议会制、多党制等，并没有实现中国人民要求独立、民主的迫切愿望，很快就在中外各种反动势力的冲击下归于失败。时人悲愤地感叹到："无量头颅无量血，可怜购得假共和。"中国人民仍然处于被压迫、被奴役、被剥削的悲惨境地。中国的出路在哪里？中国人民在黑暗中思考着、摸索着、奋斗着。

——中华人民共和国国务院新闻办公室：《中国的民主政治建设》（2005年10月19日）

请回答：

（1）试比较康有为、孙中山"向西方寻找真理"的路径和选择有何不同。

（2）"日本人向西方学习有成效，中国人也想向日本人学"反映的是哪一派政治人物的主张？他们的主张是怎样实践的？结局如何？

（3）为什么辛亥革命"没有实现中国人民要求独立、民主的迫切愿望"？

答案要点：

（1）康有为主张通过变法在中国建立英国式的君主立宪制，挽救民族危机。孙中山主张以暴力革命推翻清政府，在中国建立美国式的资产阶级民主共和国。

（2）"想向日本人学"反映的是资产阶级改良派的主张。甲午战争，中国战败，民族危机激发新的民族觉醒，"公车上书"揭开变法维新的序幕。为了宣传变法，维新派人物创立报刊、组织学会、开设学堂、编译著作，"百日维新"将维新变法运动推向高潮。由于封建守旧势力的阻挠和破坏以及资产阶级改良派自身力量的薄弱、策略的失误等原因致使维新变法运动以失败告终。

（3）辛亥革命的胜利果实被袁世凯篡取，中国开始进入北洋军阀的黑暗腐朽统治时期，北洋军阀对内图谋武力统一导致军阀混战不休，对外投靠帝国主义。辛亥革命没有完成反帝反封建的革命任务，中国的社会性质没有改变，仍然处于半殖民地半封建社会。因此，辛亥革命没有实现中国人民要求独立民主的愿望。

二、精选案例，巩固深化

精选案例 1

五大臣出洋考察

1905 年（光绪三十一年），由于日俄战争和民族危机加深的影响，要求立宪的舆论日益高涨，驻外公使和地方督抚也纷纷奏请仿效日本及欧美政治，实行君主立宪。清廷决定派王公大臣出洋，深入考察欧美及日本等国政治，归国报告后再做决策，于是就有了1905—1906 年的五大臣出洋。

清廷所派考察政治出使大臣的人选几经变动，最初曾想派贝子载振、军机大臣荣庆、户部尚书张百熙和湖南巡抚端方，后因荣庆、张百熙不愿去，改为军机大臣瞿鸿禨与户部侍郎戴鸿慈。以后又因载振、瞿鸿禨公务在身，不能出洋，改派镇国公载泽、军机大臣徐世昌，不久又追加商部右丞绍英。1905 年（光绪三十一年）9 月 24 日，正值使团在北京正阳门车站上车准备出发时，遭革命党人炸弹袭击。绍英等受伤，徐世昌兼任巡警部尚书也走不了，又改派山东布政使尚其亨和顺天府丞李盛铎。因此，最后真正出洋的五大臣是载泽、戴鸿慈、端方、尚其亨、李盛铎，全部是高级别的一二品大员。

为节省时间多参观一些国家，出洋考察宪政使团兵分两路行进。其中戴鸿慈、端方一路，先行出海，赴美国、德国、奥匈帝国、俄罗斯帝国、荷兰、意大利等国考察，途中受邀又赴北欧三国丹麦、瑞典、挪威游历。而载泽与李盛铎、尚其亨为另一路，搭乘法国轮船公司的"克利刀连"号，先到日本，再旋经美国赴英国、法国、比利时考察。

自然，这次出国考察，宪政为首要之目标，因此，每到一国，对于议院的参观和议会制度的考察必在计划之中，由是形成一个惯例，也引发许多思考。在戴鸿慈等人看来，在这些实行宪政的国家中，执政党和在野党之间为了国家利益做出的沟通以及君主和议会之间的互动关系，让他们耳目一新。在意大利考察时，戴鸿慈等官员看到意大利议会中往往由议院就可以决定国王任命大臣之去留。对于这些考察大臣而言，此事让他们感到十分诧异："义国任命大臣之权，操诸国王之手。而大臣之不职者，得由下议院控诉之，而由上议院以裁判之。欧洲诸国，政制相维，其法至善，胥此道也。"字里行间，无不流露出对于这种政治体制的惊奇和赞叹。

在考察宪政之余，这些官员们也对日本和欧美社会的物质和文化事业产生了浓厚的兴趣。事实上，这样的社会氛围对于他们而言，确有耳目一新之感。因此，在这为时半年的国外行程中，他们分别参观了一些外国的社会部门和机构。大致说来，既有像政府机关、邮局、铸币局这样的行政管理和服务部门,又有像监狱、疯人院这样诸如管制社会另类人群的机构;既有像基督教青年会、商会这样的依靠宗教和社会力量所组成的团体,又有像美术院、博物馆、学校等文化教育机构,可以说是比较广泛地近距离观察、了解了日本和欧美社会的不同侧面,并且与中国的社会情况进行了不同程度的比较。

在参观余暇,考察宪政的大臣们也在享受着难得的休闲时光。每当他们到大城市进行考察之余,总是不忘前往所谓"优游休息"之地放松一下:"每至都会繁盛之区,必有优游休息之地,稍得闲暇,即往游观,辄忘车马之劳,足益见闻之陋。"相形之下,中国这样的"数千年文明旧域,迄今乃不若人",难免让这些大臣产生相形见绌之感。待他们回国后,便立刻奏请由学部、警部主持,在京师次第筹办这些公共设施,并由清朝政府"饬各省督抚量为兴办,亦先就省会繁盛处所,广开风气,则庶几民智日开,民生日遂,共优游于文囿艺林之下,而得化民成俗之方,其无形之治功,实非浅鲜"。他们不仅提议在全国范围内逐步建立起图书馆、博物馆、动物园、公园等,而且还不惜斥重金从国外购买回一批动物,放在北京新建的万牲园中,可以说是促成了中国最早的动物园的雏形。

1906 年(光绪三十二年)夏秋之际,经过近半年的海外考察,两批出洋大臣先后回到中国。他们在梁启超和杨度等人在东京事先写好的有关实行宪政的文章的基础上草拟了一份"考察宪政报告",向清朝政府复命,正式提出了实行君主立宪的主张,并且还指出"立宪利于君,利于民,不利于官"。此外,戴鸿慈、端方等人还根据从国外带回来的关于宪政的资料,编写出《欧美政治要义》一书,将欧美各国的政体或者相关的政治制度进行了简略的介绍,"不仅对于改革政治和其他制度具有重要参考价值,而且也使慈禧和当权亲贵对于世界大势有所了解,宪政知识有所增长,有利于基本国策的确定"。

五大臣出洋所起的最重要作用是推动了清政府预备立宪基本国策的确定。载泽的《奏请宣布立宪密折》,为解除慈禧太后对立宪的思想顾虑,着重指出君主立宪有三大利,即"皇位永固"、"外患渐轻"、"内乱可弭",为维护清王朝的统治开了一副包医百病的药方,令慈禧读后颇为动容。

1906 年 8 月 25 日,清廷命醇亲王载沣和各军机大臣、政务处大臣及北洋大臣袁世凯等共同阅看考察大臣的条陈各折并会议讨论。这实际上是决定国策的重臣会议。会上多数人赞同立宪,少数人尚有保留。8 月 29 日,慈禧太后与光绪帝召见诸大臣,决定预备立宪。三天之后,即 1906 年(光绪三十二年)9 月 1 日,清廷正式颁布"仿行立宪"的上谕。1908 年 8 月,又颁布了《钦定宪法大纲》,准备立宪,命令各部共筹计划。1911 年 5 月 8 日,皇族内阁粉墨登场,结果令人大失所望,实际也宣告了清政府立宪努力的失败。

确实如此,百年积习,非一朝一夕能够改变,而且对于失去权力的恐惧,使得上至慈禧太后,下至各层官僚,旁观侧目者乃至阳奉阴违、横加阻拦者大有人在,加之革命浪潮风起云涌,此起彼伏,因此尽管立宪的呼声回响在神州大地,但最终还是被湮没于滚滚的历史浪潮之中,从而也加速了清王朝的覆亡。

——参考:王晓秋、尚小明《戊戌维新与清末新政:晚清改革史研究》,北京大学出版社1998 年版.

【讨论理解】

1. 五大臣出洋考察的政治动因是什么？
2. 五大臣出洋考察取得了那些成果？
3. 清末的"新政"为什么会最终破产？

【案例点评】

20 世纪初，清政府为了挽救统治危机，顺应资本主义的政治经济潮流，决定实施新政，五大臣出洋考察就是清政府决定实施宪政改革的前奏。他们带着"择善而从"的目的，对东西洋各国的宪政、军事、教育科学以及经济与社会生活等各方面进行了综合考察。回国后，他们向清政府提出变革政治的重大方略，涉及面很广，重点有四方面：第一，"定国是"，即确定实行立宪政体的大政方针；第二，"改官制"；第三，"平满汉"；第四，提高"民智"。五大臣出洋收获颇丰，效果显著，推动了预备立宪的决策，也编写了许多著作。但政治上的集权和腐败是封建主义政治统治的千年痼疾，清王朝也不例外。虽然清政府在预备立宪以后又推出了改革官制、颁布宪法大纲、设立谘议局和资政院等一系列措施，但1911 年后它又倒行逆施，镇压立宪派国会请愿运动、成立皇族内阁、宣布铁路干线国有等，最终引发保路运动和武昌起义。

【教学建议】

此案例可以放在第三章"辛亥革命与君主专制制度的终结"，在介绍"举起近代民族民主革命的旗帜"这一节时，作为辛亥革命爆发的历史条件予以介绍，帮助同学理解辛亥革命爆发及取得胜利的历史必然性。

精选案例 2

溥仪剪辫子

清军入关之后，顺治皇帝于 1645 年下令，汉族男子必须剃发梳辫，"遵依者为我朝之民，迟疑者同逆民之寇"。凡不按要求剃发留辫的，格杀勿论。从此，中国男人头上拖起了一条辫子，而且一直拖了二百多年。

辛亥革命之后，国民政府下令剪去辫子。命令一下，全国立即掀起一股剪辫热潮，但也有一些守旧分子不愿剪辫，革命党人在街上看到之后，便上前拦住，强行施剪，剪完之后，方许离去。后来改强行剪辫为劝说剪辫。革命党人纷纷上街宣传，教育人民自觉剪辫。上海曾在大东门火神庙举行一次剪辫大会，聚集了一千多人，通过演讲宣传和引导，其中大部分人当场剪辫。上海小南门内的群学会还发起了义务剪辫活动，由受剪者自选发型，剪平头的一律免费；留分头的，请专业理发师来理，仅收费一角。前来剪辫的络绎不绝。有一个叫徐志棠的采用奖励办法剪辫，他宣布三天之内来他这里剪辫的，不仅不收费，还奉送大肉面一碗，结果吸引了三百多人前来剪辫。此后，自觉剪辫逐渐形成风气。许多革命党人和留学生为表示反清之决心，在辛亥革命之前就将辫子剪去了。两江总督端方有个在英国留学的儿子,打来电报说也要剪辫,端方回电不允;儿子又打电报请求,端方再回电制止;儿子再打电报,电报往复频繁,后来端方在朋友的劝说下勉强同意了。为此事,往复电报费用花去 8 000元,后来有人戏说端方儿子的头真珍贵,剪个辫子要花 8 000 元。

后来,居住在紫禁城外的遗老遗少们,即逊帝的叔侄们以及皇族的其他亲戚,他们随时代潮流,大多剪了辫子,并换了装束。末代皇帝溥仪,见人们大都剪了辫子,也动了剪辫之意。但他这个想法遭到太妃和他的师傅们强烈反对,认为他作为皇帝必须遵守祖先留辫子的传统。后来,溥仪请了一位英国教师庄士敦教他英文,庄士敦也厌恶中国人脑后的辫子,讥笑它像条猪尾巴,这对溥仪影响很大。一天,溥仪命剃头太监将他的辫子剪去,吓得剃头太监面无血色,跪在地上哀求"皇上"另请别人。溥仪见他吓得那个样子,拿起剪刀,亲手把辫子剪了下来。现在故宫博物院还珍藏着一条黑色长辫,据说那就是溥仪剪下来的辫子。

——参考詹月昌:《漂泊沉浮多少事:溥仪解读》,北京:中国文史出版社 2008 年版.

【讨论理解】

1. 溥仪为什么要剪掉辫子?
2. 辫子的去留反映了清末民初中国社会的什么变化?
3. 结合案例分析为什么说辛亥革命引起了近代中国的历史性巨变?

【案例点评】

鸦片战争后,帝国主义的侵略使得中国民族危机日趋严重,中国人民反帝反封建的民主思潮蓬勃兴起。许多爱国志士提出救国种种主张,但无一例外都碰到了困难和障碍。阻力主要来自于三个方面:一是帝国主义的侵略;二是清朝当权者的反对或不支持;三是"民智不开"即民众不觉悟。有人提出,要救中国,必须从改革习俗入手,以开民智、发动民众。于是,剪辫子、放足等主张相继被提出。辛亥革命不仅推翻了清朝专政政权,同时也掀起了一场风俗变革。当时,革命党人认为蓄辫是清政府的恶政,是满洲贵族奴役人的象征,提出剪辫。此外,南京临时政府还采取许多移风易俗的措施,如改变服饰、废除跪拜、请安等礼节、取消大人、老爷等称呼。这些举措的实行虽不彻底,但在正式场合仍可以看到和过去有明显的不同,从而使人们的精神面貌发生了很大变化。

【教学建议】

此案例可以放在第三章"辛亥革命与君主专制制度的终结",在介绍"辛亥革命与建立民国"时,作为理解辛亥革命胜利的意义予以介绍,帮助同学理解辛亥革命的胜利对封建专制制度的推翻和社会习俗的改变、人们的思想解放等方面的意义。

精选案例 3

黄花岗七十二烈士中有多少"富二代"?

百年沧桑,回望辛亥,经济凋敝,政治腐败,强邻虎视,民不聊生,内忧外患与日俱增。凡有志之士,无不主张推翻封建专制,革除暴政,通过建立民主共和来拯救中国。他们以飞蛾扑火般的坚定与决绝,选择了牺牲和革命,在那个黑暗和绝望的年代里,为中华民族寻唤着光明、希望与重生。

1911 年 4 月 27 日(农历辛亥年三月廿九日),孙中山、黄兴等革命党人发动了广州起义,百余位来自全国各地的革命志士以及海外留学生在黄兴带领下,强取两广总督署,与清军经过一昼夜的激战后,终因寡不敌众,革命失败。事后革命党人潘达微冒险收殓烈士遗骸 72 具葬于广州东郊的黄花岗,史称黄花岗"七十二烈士"(实际死难者,数倍于此)。孙中山在《建国方略》中曾这样评价广州起义:"是役也,碧血横飞,浩气四塞,草木为之含悲,风云因而变色。全国久蛰之人心,乃大兴奋。怨愤所积,如怒涛排壑,不可遏抑,不半载而武昌之大革命已成。则斯役之价值,直可惊天地、泣鬼神,与武昌革命队伍役并寿。"

林觉民:"亡大清者,必此辈也!"

1911 年 4 月 24 日夜,香港临江的一幢小楼上。夜阑人静,万籁俱寂。从广州到香港迎接从日本归来参加起义志士的林觉民,在屋里来回踱步,思绪万千。自己虽早已把生死置之度外,可上有年迈高堂,下有弱妻稚子,自己却将奔赴起义,生死未卜,想到此处不禁潸然泪下。可是既已决心"为国牺牲百死而不辞"就义无反顾。在留给父亲的《禀父书》中,因不忍风烛残年的年迈老父,在经历丧子之痛的同时,还得劳神读信,故只写了寥寥数语:"不孝儿觉民叩禀:父亲大人,儿死矣,惟累大人吃苦,弟妹缺衣食耳。然大有补于全国同胞也。大罪乞恕之。"在写《与妻书》时,"泪珠和笔墨齐下"。曾经花前月下的美好,此时已成"窗外疏梅筛月影,依稀掩映,吾与汝并肩携手,低低切切,何事不语?何情不诉?"的追忆。今天再读《与妻书》,为国捐躯的豪情壮志与对爱妻的缠绵深情两相交融。带着为自由而战的慷慨激昂,带着对爱情的忠贞不渝,缠绵悱恻而又大义凛然。这种"若为自由故,二者皆可抛"的壮烈情怀,在百年后的今天变得似曾相识却又遥远陌生,想来不禁让人顿时心生万千感慨。

1911 年 4 月 27 日下午 5 时,广州起义爆发,林觉民随黄兴进攻两广总督署。原计划十路人马一起进攻,由于谋划协调不周,最后只有黄兴所率的第一路起义军毅然举事。当起义军攻到总督衙门时,两广总督张鸣岐早已闻风逃跑,起义军举火焚烧了总督衙门后,遭遇清水师提督李准亲率的援军。在激烈的巷战中,林觉民被一颗流弹击中,满身是血,力竭被俘。

被俘后,两广总督张鸣岐和水师提督李准亲自提审林觉民。林觉民拒绝下跪,气宇轩昂,坐地侃侃而谈,纵论世界形势和革命道理,奉劝清吏革除暴政,尽早建立共和政体,英雄本色尽显无遗。水师提督李准为之动容,下令去掉镣铐,搬来椅子让他坐下讲,始终未曾打断。后来林觉民虚弱难撑,无法言语,仍向李准要了纸笔,以书代语。张鸣岐不禁感叹:"惜哉!此人面貌如玉,肝肠如铁,心地如雪,真奇男子也。"林觉民慷慨就义时,年仅 24 岁。

方声洞:如花生命,终为革命绽放

黄花岗烈士方声洞为了寻求救国之道,17 岁就赴日留学,投身革命,是中国同盟会的首批会员,广州起义牺牲时年仅 25 岁。方声洞,字子明,福建闽侯人,1886 年出生于一个福州富商家庭。父亲方芷亭,曾任桐乡县令,后经营公司,经常辗转各地,思想开明,对晚清政府的腐败专制十分不满。方声洞的伯公当时虽为朝廷官员,也思想开明,清正廉明。

方声洞的兄弟姐妹中共有 7 人赴日留学、1 人赴法留学,其中 6 人加入了中国同盟会。方家是真正的革命家庭。其兄方声涛后来一直追随孙中山坚持革命,历经护国运动、护法运动。1918 年,方声涛募捐建黄花岗烈士墓园,使其初具规模。园中所立"七十二烈士之墓"墓碑,其上隶体碑文即为方声涛所书。

1911 年,孙中山准备在广州发动起义。在日本的方声洞被福建同志推选为同盟会第十四支部支部长的职务,以接替即将回国参加广州起义的林文。方声洞对准备回国参加广州起义的在日同志说:"诸君不许吾同死耶? 是焉置我也。我虽不才,习医数载,颇自信有得。义师起,军医必不可缺,则吾于此,亦有微长,且吾愿为国捐躯久矣。今有死所,奈何阻我去? 况事败诸君尽死,我能独生耶? 留我奚意?"壮士为革命抛洒热血、慷慨赴死的凌云壮志,跃然于言语中。1911 年 3 月中旬,方声洞接到吴永珊(即吴玉章)电报,起义即将发动,但军火不足。方声洞在日本筹备到军火后,准备密运广州。临行前夕,他预写书信数封,嘱咐其爱人分期寄给父亲,以安其心。与朋友道别时,他笑言:"昔密开会追悼诸烈士时,君曾为文以祭,中有句云,'呜呼! 壮志未酬,公等卸哀于泉下,国仇必报',我辈继起于方来,今所谓方来者,成为现在矣,宁不快哉!""壮士一去兮不复返"的凛然慷慨之情怎能不令今人无限感叹? 从日本密运军火入广州后,他不顾劝阻,毅然参加了广州起义。起义前夕,方声洞留言给父亲和妻子,"祖国之存亡在此一举,事败则中国不免于亡,四万万人皆死,不特儿一人;如事成则四万万人皆生,儿虽死亦乐也。但望大人以国事归心,勿伤儿之死,则幸甚矣。夫男儿在世,不能建功立业,以强祖国,使同胞享幸福,然奋斗而死,亦大乐也。且为祖国而死,亦义所应尔也","为四万万同胞求幸福,以尽国民之责任。刻吾为大义而死,死得其所,亦可以无憾矣"。4 月 27 日起义爆发,方声洞在黄兴的率领下,攻入总督署,在战斗中身中数弹而死,年仅 25 岁。事后,黄兴向党内报告起义经过时,说方声洞"以如花之年,勇于赴战"。

喻培伦:谋刺摄政王,血溅黄花岗

喻培伦加入同盟会后,"舍豪华而尚质朴",全身心地投身于推翻清王朝的革命之中。为了掌握研制炸药的技术,他考入日本千叶医学校药科,专攻化学。经过多次实验,他终于成功制造出一种威力强大而又安全可靠的烈性炸药和多种引爆方式。1909 年初,喻培伦与汪精卫等在北京安置炸弹刺杀摄政王载沣,因事败时正在赴日购买化学药剂途中,才得免被捕,遭到清廷通缉。喻培伦被迫逃往香港,化名王光明、尤国楠(分别是"望光明"、"忧国难"的谐音),一面行医为业,一面继续研制革命所需的炸弹,并著有《安全炸药制造法》,由其弟喻培棣在日本秘印,广送中国的革命党人。这种制作炸药的方法被称为"喻氏法"。从此,喻培伦被革命党人们誉为"炸弹大王"。

广州起义爆发后,喻培伦前胸挂一大筐炸弹,一马当先,率四川和广东籍的同盟会会员直奔总督衙门,用炸弹将围墙炸裂后,攻占了总督大堂。而后准备继攻督练公署,途经莲塘街口时与清廷援兵遭遇。鏖战三个多小时后,喻培伦终因弹尽力竭被捕,英勇就义,时年 25 岁。殉难后数月,与同难同志共葬于广州黄花岗。1961 年,革命家吴玉章为纪念喻培伦牺牲 50 周年,曾作诗云:"当时年少正翩翩,慷慨悲歌直入燕。几尺电丝难再续,一筐炸弹奋当先。成仁烈迹惊环宇,起义欢声壮故园。五十年来天下变,神州春色遍人间。"

……

辛亥百年,风云变幻,白云苍狗,潮起潮落。回望来路,我们在寻求民族复兴、中华崛起的道路上是何等的曲折艰辛。那个沧海横流、英雄辈出的年代已经远去,但民族复兴的伟业还远未完成。在那个特殊的年代,这些"80后"富二代海归,忧国忧民,救亡图存,内争自由,外求独立,用鲜血和生命诠释了一代青年矢志不渝的爱国情怀,舍生取义成为他们自愿选择的人生归宿。

——摘自:卫志民、刘江,《黄花岗七十二烈士中的"富二代"》,载《文史天地》2012年第5期.

【讨论理解】

1. 为什么将黄花岗七十二烈士称为"富二代"?
2. 从他们的身上反映出革命党人怎样的精神?
3. 结合案例谈谈今天的我们如何学习烈士们身上的革命精神?

【案例分析】

同是"富二代",现今的"富二代",有几人能望其项背? 据史料记载,参加黄花岗起义的七十二烈士平均年龄只有29岁,其中9人是留日学生。这些19世纪"80后"海归均出身于钟鸣鼎食之家,却为了民族的自由和复兴,放弃锦衣玉食,割舍万丈柔情,用自己的生命去敲响苦难深重的古老中国的黎明钟声! 而现如今,生活水平的丰富,"富二代"的新闻报道屡见不鲜,但形象不无负面。这需要我们反思,生活的富足与精神的追求是否能够相适应。中国"四个全面"的号角已经吹响,需要我们广大青年发奋图强,认真学习,敢挑重担,承担起时代和国家赋予我们的使命!

【教学建议】

此案例可以放在第三章"辛亥革命与君主专制制度的终结",在介绍"举起近代民族民主革命的旗帜"时,作为认识资产阶级革命派的活动予以介绍,帮助同学理解在半殖民地半封建中国革命胜利的必然及革命派为之付出的努力。

三、课内实践,注重提升

实践项目一:即兴演讲——我心目中的孙中山

【目标要求】

通过搜集资料和即兴演讲,增加同学们对孙中山先生的认知和思考,进而能够对孙中山先生做出正确的评价,深刻体会辛亥革命的艰辛与失败的必然。

【活动方案】

1. 时间:课前10分钟

2. 活动地点：教室

3. 组织方式：教师课前布置学生搜集关于孙中山先生的历史资料，然后任意找几位同学开展即兴演讲。

【活动评价】

教师根据选手的资料掌握和即兴表现，给出该实践环节的实践分数。

序号	评价项目	满分	得分
1	讲稿内容	30	
2	课堂表现	30	
3	有无自己的看法和见解	40	

实践项目二：辩论赛——革命派与改良派的辩论

【背景资料】

在资产阶级革命思潮广泛传播、革命形势日益成熟的时候，康有为、梁启超等人坚持走改良的道路，反对用革命手段推翻清朝统治。1905 年至 1907 年间，围绕中国究竟是采取革命手段还是改良方式这个问题，革命派与改良派分别以《民报》《新民丛报》为主要舆论阵地，展开一场大论战。论战涉及的范围很广，主要有三个方面。

要不要以革命手段推翻清王朝。改良派竭力为清政府的民族和阶级压迫政策辩护，宣扬清圣祖康熙皇帝的薄税政策不仅为"中国数千年所无，亦为地球万国古今所未有"；声称在清朝统治下，"举国人民其在法律上本已平等，无别享特权者"，因此民族革命是完全不必要的。革命派以大量事实揭露清朝统治者施行的种族压迫、奴役及歧视政策，强调救国必先反清排满，铲除异族政府。他们控诉清政府卖国媚外的罪行，强调欲救中国，免除民族灾难，只有坚决推倒清朝专制政府，指出"满洲去，则中国强"。针对改良派曲解革命派"排满"口号是"种族复仇"的谬论，革命派申明"排满"只是"仇一姓"，"不仇一族"，种族革命并非尽杀满族数百万之众，而是"倾覆其政府，不使少数人扼我主权，为制于上之谓也"，明确把满族平民与满洲贵族区分开来，将打击矛头指向封建统治者。

要不要推翻帝制实行共和。改良派从本阶层的利益出发，反对共和革命论，鼓吹"渐进论"，说封建专制必须经过君主立宪阶段才能实行民主共和；借口"民智未开"，诬蔑中国人民"既乏自治之习惯，又不识团体之公益"，根本没有享受民主权利、当"共和国民之资格"，宣扬这种资格只有在开明专制时代和君主立宪时代才能养成。革命派进行了有力的驳斥，指出：事物的发展总是后来居上，当世界上已经有了先进的民主制度，在革除专制建立共和国又已成为大势所趋、人心所向的历史条件下，一个落后的国家在民族革命之后，必然要选取先进的民主制，无须再经过君主立宪的阶段。认为：说"中国之民族，贱民族也，只能受压制，不能与以自由"，"吾民族万古不能有能力，惟宜永世为牛马为奴为隶者"云云，是帝国主义和民贼的语言，是对中国人民的极大诬蔑。因为"疾专制，乐自由，为人类之天性",是人人具有的。而"以一人擅神圣不犯之号,以一姓专国家统治之权,以势以情,殆皆不顺"。正是这种制度把中国引向世界劣败之林。且人民群众的智慧是在斗争中发展的,在革命时代群众民主主义觉悟的提高是十分迅速的。改良派强调中国"民智未开",不能行共和,只能行专制,实际是继续贩卖"君权神授"的传统观念,究其目的不过是为了"巩固万世不替之皇基"罢了。

要不要进行社会革命。改良派为维护封建土地所有制,反对"平均地权",说中国的封建经济制度与欧洲不同,既无贵族压制,土地又极为平均,而且"赋税极轻",即使将来工业发展了,也不会造成欧美那样的"贫富相悬"的社会现象,因此进行"社会革命"是完全不必要的。同时又说地主占有大量土地,都是由"劳动"或"节约"而来;社会经济的发展,"实起于人类之利己心",私有财产制度的存在,在历史上有其必然性,不能"蔑弃",是"现社会一切文明之源泉"。实行"平均地权"、"土地国有",就是"掠夺人民勤劳之结果",打击人们从事生产的积极性,"推翻现社会之根柢"。他们声言对其他问题尚可让步,对改变土地制度问题,"则寸毫不能让"。革命派虽然对封建制度缺乏本质的认识,断言中国尚未出现欧美那样的"贫富悬隔"的现象,却鲜明有力地予以回击,指出:"社会革命"的原因,是社会经济组织的"不完全",是"放任竞争绝对承认私有财产制"造成贫富悬隔所引起的。虽然从中国的具体状况来看,马上"绝灭竞争废去私有财产制"是不现实的,但"加之制限与为相对的承认"则是必要的。有的针对改良派的指责明确地回答:"知吾国经济现象之不足恃,而当消患未然者,则社会革命不必行之说破;知国家为大地主大资本家(指实行土地国有和节制资本),而外资无足忧者,则社会革命不可行之说破;知国有土地主义,其定价买收方法更无驳论者,则社会革命不能行之说亦破。"个别激进者甚至指出,中国的社会经济制度并非完美无缺,而是弊病百出,其主要表现是土地集中于少数人之手,由此才造成人民的极端贫困。认为,"土地者,一国之所共有也,一国之地当散之一国之民",否则就必然造成"地权之失平"以及"人权之失平",所以"必尽破贵贱之级,没豪富之田,以土地为国民所共有,斯能真合于至公"。同时进一步指出中国既然存在着这种不平等的制度,一旦采取大机器生产,就一定会产生西方资本主义国家那种"富者资本骤增,贫者日填沟壑"的现象。为预防这种弊病的产生,就必须在进行民族革命、政治革命的同时,实行社会革命,具体办法是消除私人对"天然生产力"即土地的占有,把土地收归国有。

【目标要求】

通过辩论赛的开展,扩展同学的知识面,加强同学们的团队合作意识,提高学生的语言表达能力;进一步加强对革命和改良派各自观点的了解与认识,深化课堂理论教学相关内容,确保教学目标的实现。

【活动方案】

1. 活动时间:1 学时
2. 活动地点:教室
3. 组织方式:辩论赛的选手从班级同学内部选出,正反两方各 4 人,共计 8 人,以自愿报名为原则。主持人、计时员也从本班内部以自愿报名的形式产生。

4. 辩论主题:要不要以革命手段推翻清王朝、要不要推翻帝制实行共和、要不要进行社会革命(任选其一)。

5. 活动流程:

(1) 主持人致开幕词,介绍嘉宾、评委、双方辩手。

(2) 立论阶段:正反两方一辩阐述已方观点。(各 5 分钟)

(3) 攻辩阶段:

正方二辩选反方二辩或三辩进行一对一攻辩。(1 分 30 秒)

反方二辩选正方二辩或三辩进行一对一攻辩。(1 分 30 秒)

正方三辩选反方二辩或三辩进行一对一攻辩。(1 分 30 秒)

反方三辩选正方二辩或三辩进行一对一攻辩。(1 分 30 秒)

(4) 自由辩论阶段:正方先提问。(各 5 分钟)

(5) 总结陈词阶段:反方四辩先总结,正方四辩后总结。(各 3 分钟)

(6) 评委退席,评议出获胜方和最佳辩手。

(7) 主持人宣布结果,宣布辩论赛结束。

【活动评价】

教师根据参赛选手的表现及观赛学生的讨论情况,给出该实践环节的实践分数。

序号	评价项目	满分	得分
1	小组合作及分工情况	10	
2	搜集资料情况	30	
3	辩词撰写情况	30	
4	现场辩论情况	30	

实践项目三:阅史有感——观看影片《辛亥革命》

【目标要求】

通过观看电影,加深对辛亥革命的爆发背景、具体过程及结果的准确认识,理解辛亥革命是我国 20 世纪的历史性巨变,明白资本主义共和方案不适合中国的根本原因。

【活动方案】

1. 活动时间:课前 10 分钟

2. 活动地点:教室

3. 组织方式:同学利用课余时间观看电影《辛亥革命》,在课前邀请几位同学谈观影感受。

4. 演讲要求:表达清楚简洁,理解深刻,有自己的看法和见解。

【活动评价】

序号	评价项目	满分	得分
1	观看影片情况	30	
2	背景资料掌握情况	20	
3	课堂交流表达情况	20	
4	有无自己的看法和见解	30	

四、社会实践，学以致用

实践项目：新时期爱国主义教育基地建设的困境调查及解决路径

【目标要求】

通过引导学生对爱国主义教育基地开展调查，充分发挥爱国主义教育基地在提高全民族整体素质，引导人们特别是广大青少年树立正确理想、信念、人生观、价值观，促进中华民族振兴中的功能。在此基础上，深入了解新时期爱国主义教育基地建设面临的资金、管理、群众需求多元化等方面的困境，并积极寻求解决路径，激发学生的爱国情感，努力践行社会主义核心价值观。

【活动方案】

1. 活动时间：实践周
2. 活动地点：爱国主义教育基地
3. 学生以小组为单位，制定调查方案。
4. 教师对学生的调查方案进行评阅，并提出修改意见及时反馈给学生。
5. 学生调查小组严格按照选题和调查方案，通过走访和问卷调查等形式深入爱国主义教育基地调查。
6. 在总结新时期爱国主义教育基地建设困境的基础上，提出解决路径并形成社会调查报告。

【实践成果】

以调查报告的形式呈现实践成果。

1. 字数不少于 3 000 字，符合论文写作规范要求。
2. 必须附相关图片，图文并茂，图片中必须出现小组调查的过程图片。
3. 必须附原始调查资料（如调查问卷、访谈记录等）及分析结果。
4. 必须附小组成员的调查心得体会。
5. 杜绝抄袭，建议及提出的解决方案等要有新视角和建设性意见。

【活动评价】

序　号	评价项目	满　分	得分
1	是否符合字数要求和论文写作规范	10	
2	是否在调查的基础上总结出新时期爱国主义教育基地建设的困境	20	
3	是否提出创新的解决路径	20	
4	是否有照片等图片材料和调查问卷、访谈记录等过程材料	30	
5	是否有小组成员心得体会	20	

【优秀成果选编一】

关于雨花台烈士陵园基地建设现状的调研报告

一、**调研时间**：2012 年 4 月

二、**调研对象**：雨花台烈士陵园

三、**调研目的**：现如今，弘扬爱国主义，传承革命精神、民族精神已经成为政治思想道德教育的一个重要任务和社会关注的焦点。因此，为了了解爱国主义教育的普及程度，调查爱国主义教育基地中的管理、环境等各方面的情况，从而更好地促进基地的自身建设，进一步加强爱国主义教育，我们小组一行四人来到雨花台烈士陵园进行长达 8 小时的相关调研。

四、**调研方法**：

通过对陵园各方面的观察以及对工作人员和游客的访问，获得图片、纪录等一手资料，然后对这些资料进行整合分析，最后形成完整的调研报告。

五、**撰写调研报告**：

（1）本调研的结题形式是书面调研报告。内容包括调查时间、对象、目的、方法、结果、结论、建议、相关数据统计、参考文献以及附录（图片资料）。

（2）提交调查报告：书面文本及电子文本。

六、**调研正文**：

（1）陵园简介

南京雨花台烈士陵园是中国新民主主义革命的纪念圣地，1988 年被评为全国重点文物保护单位，2000 年又被评为国家第一批 4A 级旅游区、全国爱国主义教育示范基地，2005 年入选"全国红色旅游经典景区名录，成为《2004——2010 年全国红色旅游发展规划纲要》的重要革命纪念遗址之一，是一个集教育、旅游、休闲、娱乐为一体的江苏省级纪念性风景名胜区。雨花台位于南京市中华门城堡南，它是一座松柏环抱的秀丽山岗。雨花台已有 3 000 多年的历史。自公元前 472 年，越王勾践筑"越城"起，雨花台一带就成为江南登高揽胜之佳地。雨花台还是历代文人墨客乃至帝王将相吟咏之地，从李白、王安石、陆游、朱元璋、康熙、乾隆到鲁迅、田汉、郭沫若、刘海粟、陈运和，都留下了吟咏雨花台的优

美诗篇。由于雨花台是南京城南的一处制高点,成为历代兵家必争之地。东晋豫章太守梅颐曾在此抵抗外族入侵,南宋金兵入侵,抗金名将岳飞在此痛击金兵;此后的太平天国天京保卫战,辛亥革命讨伐清兵,抗日战争"首都保卫战",都曾在此掀起连天烽火,雨花台也因此逐渐荒芜。1927年以后,雨花台沦为国民党统治者屠杀共产党人和革命志士的刑场。自1927～1949年,约有10万革命志士殉难于此。邓中夏、罗登贤等烈士都在这里英勇就义。中华人民共和国成立后,为缅怀革命先烈,南京市第二届各界人民代表会议决定在此建立革命烈士陵园。1988年中华人民共和国国务院公布其为全国重点文物保护单位。陵园包括雨花台主峰等5个山岗,以主峰为中心形成南北向中轴线,自南向北有南大门、广场、纪念馆、纪念桥、革命烈士纪念碑、北殉难处烈士大型雕像、北大门以及西殉难处烈士墓群、东殉难处烈士纪念亭等。如今的雨花台,已是一座以自然山林为依托,以红色旅游为主体,融自然风光和人文景观为一体的全国独具特色的纪念性风景名胜区。

　　(2) 我们的足迹

　　从陵园北大门步入园内,首先映入眼帘的是巨型烈士雕塑群像,这组群像由党的工作者、知识分子、工人、农民、战士、学生等九位烈士形象组成。雕像周围松柏常青,象征着革命烈士的忠魂永垂不朽。沿群雕旁的大道而上,就到达矗立于雨花台顶的烈士纪念碑。该碑高42.3米,寓意为1949年4月23日南京城获得解放。碑前立有一尊5米多高的革命志士青铜塑像,题为"宁死不屈"。底层平台两侧立有向革命先烈肃立致敬的群众石刻雕像。该塑像身前是一座长明灯。碑身正面为邓小平题写的"雨花台烈士纪念碑"几个大字;背面为当代书法名家武中奇先生书写的碑文。纪念碑前方为纪念广场,建有倒影池、纪念桥等。纪念碑的南面是烈士纪念馆,是雨花台烈士陵园的核心建筑。正门上有邓小平亲笔题写的"雨花台烈士纪念馆"。横额的上方用花岗岩雕凿出日月同辉的图案,象征烈士精神与天地共存,与日月同辉。馆内陈列有620件烈士遗物、450幅珍贵图片和恽代英、邓中夏等128位烈士的事迹和文献资料。纪念馆正前方就是忠魂亭和花钟。忠魂亭是陵园的终端建筑,由南京市30万党员集资建成,忠魂亭前是思源池,两边为忠魂颂浮雕。由于我们去的时间较晚,纪念馆已经闭馆,没能看到馆中珍藏的资料,但是我们仍然有不少收获。

　　(3) 我们的发现

　　① 环境方面

　　★ 优点:陵园的自然环境优美

　　a. 雨花台是以自然山林为依托,以红色旅游为主体的景区,做到了自然风光和人文景观融为一体,让人赏心悦目。

　　b. 雨花台的绿地覆盖率高,达90%以上,整个陵园苍松似海、翠竹成林。雨花台景区的竹林,是南京市区最大的连片竹林。万株翠竹,端直挺秀,疏密得体;林中一片静谧,风雅宜人,疏风醉影,可谓"竹径条条通幽处,游人处处画中行",而竹的魅力在此得到充分体现,也是民族精神的一种体现。游人到此观竹态、赏竹影、闻竹声、学竹品,给人以无限的力量、激情和雅趣。同时通往纪念碑的幽径两边的高大的法国梧桐树,直插入云霄,枝干粗大的两人都合抱不过来,"他们"笔直挺立的身躯就像烈士的铮铮傲骨,刚毅不屈……

　　c. 雨花台种植了多种色彩鲜丽且漂亮宜人的花朵。比如杜鹃花、桂花、虞美人,等等,而其中杜鹃花是景区特色观赏植物,而且我们了解到这里每年都定期举办盛大的杜鹃花展。

▼ 缺点：我们发现陵园的人文环境存在着一些不足之处

我们欣喜的看到景区里有很多警示牌，如禁止吸烟，还有随处可见的垃圾桶（图 2/3）。可是吸烟、乱扔垃圾的现象还是可以看到。（图 1/6）这些严重影响了景区环境，也破坏了陵园庄重肃穆的氛围。

② 管理方面

★ 优点：

a. 首先，我们发现雨花台烈士陵园是免费开放的（2008 年 4 月 4 日起对外免费开放）。方便和吸引了大量游客，有助于提高人们的精神境界和培养人们的爱国主义精神。

b. 其次，在整个调研过程中我们发现该景区各方面的安排都井然有序。比如工作人员方面，在各重要参观点都有安排专门工作人员维持秩序、提供相应服务；在商铺方面，各大特色商铺都整齐划一且环境整洁；我们还欣喜地发现了多处共产党员绿化养护责任区（图 7），体现了党对革命先烈的缅怀和敬仰以及对爱国主义教育的重视和弘扬。

c. 最后，也是最重要的一点是我们发现该景区内设施齐全，在一些方面还体现了人文关怀（图 4）。比如卫生间里还专门配备了残疾人专用间、母婴专用间。而且我们还发现里面设有方便站台，可提供游客白开水、数码设备充电服务。这些都将人性化的服务体现的淋漓尽致。

▼ 缺点：

a. 内部存在收费不合理的现象。比如在烈士纪念碑后面的鸽子供养区，我们发现游客只有缴纳一定的费用才能接触鸽子。我们觉得这与鸽子所体现的和平精神不相符合，鸽子应该自由地与人接触。同时一些商铺里卖的雨花石价格太高，大多数游客接受不了。

b. 监管力度不够。我们发现部分工作人员没有尽心尽责，比如在毛泽东纪念馆，我们发现竟然有游客带着宠物入内，而工作人员没有制止。并且该景区规定不得在园内吸烟，违者罚款 300 元（图 3），可我们发现仍有游客吸烟（图 6），没有工作人员制止，这些都是监管力度不够的体现。

③ 游客方面：

★ 优点：

我们发现大部分游客都是怀着庄重的心情参观该圣地的。很多老人在导游的组织下有秩序地参观各景点，还能听到他们谈论着今昔的变化对比。对于经历过那段革命抗战时期的他们来说，今天的和平与安定是弥足珍贵的。还有很多和我们一样的学生自行参观该圣地，大家都怀着一种敬畏缅怀的心情来学习烈士们的爱国精神。这些现象都是我们乐于见到的，因为只有这样才能达到一定的教育和激发作用。

▼ 缺点：

然而在有的游客身上出现了不和谐的现象。有的在景区内追逐打闹、嘻嘻哈哈，全然不顾氛围；有的违反园内规定，公然吸烟、扔垃圾（图 1/5/6）；有的甚至携带宠物入内……这些现象是我们不愿见到的，这说明有的游客的自身素质有待提高。

（4）问题集中再现：

① 雨花台烈士陵园的环境总体较好，令人满意，但还有进一步提升优化的空间，存在垃圾无人及时打扫的问题（图 1）。

② 雨花台烈士陵园的管理总体较好,但仍存在着监管力度不足和部分员工失职的问题。

③ 大多数游客的表现很好,但部分游客的自身素质有待提高。

（5）我们的建议：

① 针对该教育基地的环境问题,我们建议一方面景区应安排较多的工作人员加大清扫力度和频率;另一方面景区应该努力采取措施提高游客的环保意识,如通过广播提醒游客或多增设宣传标语。

② 针对该教育基地的管理问题,我们建议景区管理部门应该规范管理,加大对管理人员的培训和监管力度,同时要规范收费项目,做到公正管理、严格管理。

③ 针对游客的自身素质问题,我们建议一方面游客自身应增加环保意识和集体场合意识,努力提高自身素质。这方面还需要学校的努力配合,学校应强化学生这方面的思想教育;另一方面景区应加大管理力度,如树立标牌提醒游客注意自身言行或加大惩戒力度。

（6）我们的总结：

怀着无比沉重的心情,我们参观完了雨花台烈士陵园;怀着郑重的态度我们写下了这份调研报告。如今我们的眼里还清晰地刻画着陵里的烈士群像,"他们"无声地向我们诉说着烈士们那不屈的精神和坚定的信念,满目的苍翠像是在传达着他们精神。参观烈士陵园是一种追忆,是一种心与心、此刻和过去的交流。在交流中我们领悟着、成长着;我们再一次无比坚定地意识到我们的使命和责任是什么——继承和弘扬爱国主义的民族精神,肩负起建设祖国的重任;我们懂得了两个"珍惜"——珍惜和平,珍惜生命!

附件　雨花台烈士陵园调研报告图片资料

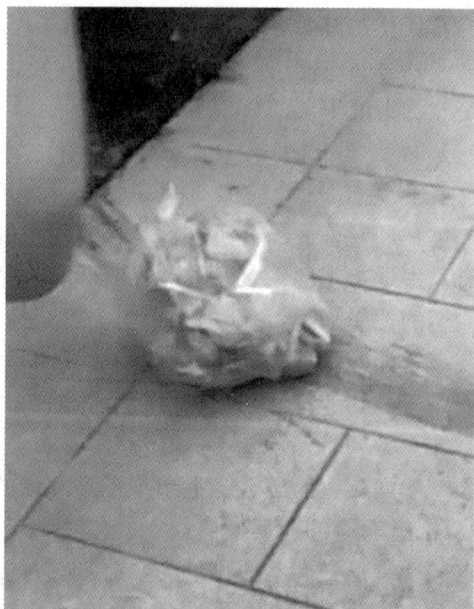

（图1）

（图 2）

（图 3）

（图 4）

（图 5）

（图 6）

（图 7）

【优秀成果选编二】

追寻红色足迹，践行崇高志向
——关于南京梅园新村纪念馆建设现状的调查报告

一、调查时间：2013 年 4—5 月

二、调查地点：南京梅园新村纪念馆及南京晓庄学院

三、调查对象：参观梅园新村纪念馆的人群以及部分在校大学生

四、调查方法：

1. 发放调查问卷 45 份，采用匿名记票，进行了纵向和横向的比较，对调查内容进行了分类分析。

2. 和相关人员进行简单的交流探讨。

五、调查背景：

1.《中国近现代史纲要》理论课要求学生通过社会实践加深对课堂教学中所学理论知识的理解，在实践考察和调研中培养和巩固科学的世界观、人生观和价值观。

2. 中国共产党带领着中国人民进行革命事业，一批批前赴后继的勇士们，洒下了一片片赤诚的热血。而作为新时期的大学生们，我们应该铭记这些在烽火岁月里激荡前行的勇士们，追寻红色足迹，缅怀革命先烈，继承他们的高贵品质和红色精神，用实际行动践行我们的崇高志向。

六、主要内容及拟解决的关键问题：

1. 中共代表团梅园新村纪念馆作为近现代历史遗迹及革命纪念建筑物，对于人们的爱国主义教育意义。

2. 场馆设施、服务意识、现代化技术等因素使得梅园新村纪念馆的教育作用并没有充分发挥出来，致使很多人不了解其相关历史及意义。

七、实施方案：

1. 前期准备：2013 年 4 月 28 日—2013 年 5 月 10 日：明确调查的方向、调查形式，设计调查问卷。

2. 具体行动：2013 年 5 月 12 日：发放调查问卷，并和其中的部分人群进行简单的交流，记录大概的交流内容，书写调查心得。

3. 结果分析：2013 年 5 月 13 日：将问卷中的问题的选项进行统计，分析其中反映的主要问题，并对其中的个别问题特别关注。

4. 总结阶段：2013 年 5 月 15 日—2013 年 5 月 20 日：根据调查结果的分析写出调查报告。

正文：

一、调查目的

1. 为了更加全面地了解爱国主义教育基地梅园新村纪念馆的历史资源及其教育价值，

2. 进一步缅怀先辈们的英勇事迹，感受红色革命精神和不屈的奋斗精神，以提高和完善自身的思想道德素质，促进我们为了更好的明天拼搏奋斗。

3. 弘扬爱国主义精神，启迪、教育我们青年学子为国家、为社会做贡献。借助"第二课堂"的所见所闻和潜移默化的力量，用实际行动践行我们的崇高志向，彰显和弘扬爱国主义精神。

二、调查基地基本情况

中国共产党代表团梅园新村纪念馆是中国革命纪念博物馆，位于江苏省南京市长江路东端的梅园新村。陈列馆占地面积 2 200 平方米，陈列面积 1 000 平方米。馆名由前国家主席杨尚昆题写。这是一座富有地方特色的现代建筑，采用传统的四合院格局，周围有颇具民族风格的老虎窗、石刻透空窗，显示了中国传统文化的特色。山墙上变形组合的马蹄莲，正面墙上变形梅花等艺术品，象征着周恩来等老一辈革命家处变不惊、从容机智的大将风度和傲霜斗雪、蔑视强权的坚强意志。西墙上现代抽象意味的浮雕式老虎窗和对当年监视、跟踪、盯梢的特务眼睛进行艺术夸张的现代镜面窗，与马路对面钟岚里国民党军统监视站相呼应，使人联想到代表团当年所处的险恶环境。陈列厅正中是一座高 6.5 米、宽 3.3 米的大型汉白玉浮雕，是整个展厅的视觉中心。浮雕上镌刻着中共代表团领导成员和部分工作人员的群像，浮雕上的风云图案表明他们都是历史上叱咤风云的人物，整个画面成反 S 形，象征着中国共产党人走过的曲折漫长的道路和我党事业后继有人。

纪念馆藏有文物 1 170 件，其中一级藏品 100 件，内有当年周恩来、董必武、廖承志、邓颖超等从 1942 年 5 月一直带在身边阅读的毛泽东著作《改造我们的学习》，书上有周恩来亲笔签名。还有 1946 年叶剑英、李克农、徐冰在北平军调部工作时，赠送董必武的一只刻有《兰亭集序》的铜墨盒。纪念馆以原址原貌陈列为主，并有专门介绍国共南京谈判的图片 163 帧、文物文献资料 90 件。该馆先后编纂出版了《中共代表团谈判资料汇编》、《中共代表团谈判大事记》等书与《中共代表团在南京》影集。

三、数据统计和分析

1. 对不同人群的调查

经过调查和数据分析，这次实践参与大众中女性比例大于男性，女性占 60％，男性占 40％；并且从整个调查问卷来看，男性对历史资料的了解程度要高于女性，这也体现了一种传统的思维观念，男性对于历史、战争、国家大事更加关心一些。人群分类方面则主要以外地游客和学生为主，

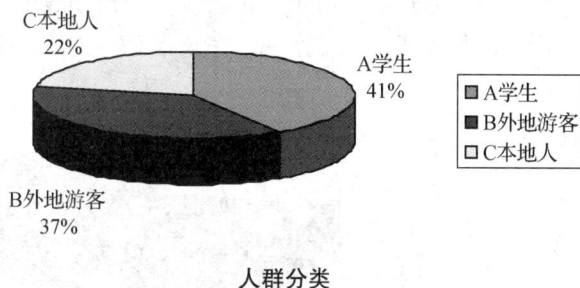

人群分类

南京本地人占少部分，一方面外地游客对于南京的爱国教育基地比本地人要更感兴趣一些，另一方面也可能是南京本地人因为交通比较方便，之前就去过，对此都比较了解。根据一天的抽样调查，部分人群都通过不同的途径对梅园新村教育基地有所了解。

2. 大众对南京梅园新村了解程度

题目 6、7 则侧重调查大众对梅园新村的了解程度。第 6 题，梅园新村竖立的铜像是谁，这是最基础最简单的问题，一般参观的人员都会注意，但出乎我们意料的是居然有11％的人选择了错误的答案，让人不免有些失望，希望是填写匆忙的问题。第 7 题，1946年至 1947 年，中国共产党代表团同国民党政府在梅园新村进行了多久的谈判？这个问题则问的比较细，一般只有对历史比较了解的人才能回答正确，因此我们就降低了一下难度，并未具体其时长，只是大概的数字，让我们觉得欣慰的是有 37％的人选对，当然其中不失有猜的成分。

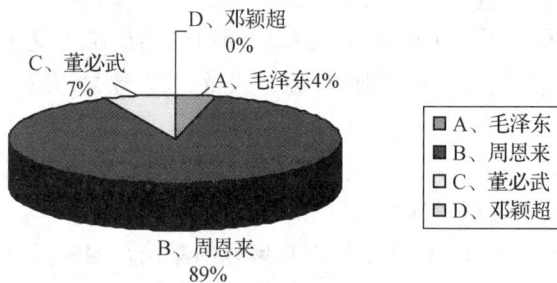

梅园新村竖立的铜像是谁

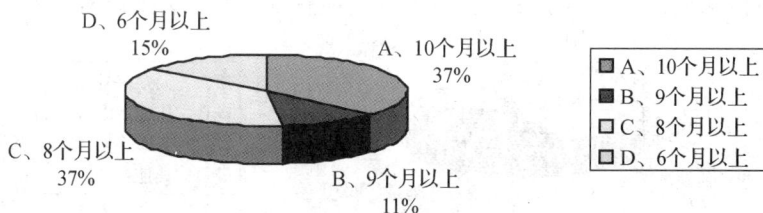

两党谈判时长

3. 群众对历史的认知度有待提高

在本次调查中,我们有针对性地选取了几个关于梅园新村历史的史实作为调查问卷的问题,但绝大部分人并不了解梅园新村的历史甚至完全不了解,并且在今天这个时代,热衷于教育基地的人群也只占极少数。比如我们在调查问卷中提问"是否了解梅园新村纪念馆的相关历史知识? A. 完全了解　B. 不了解　C. 了解一些",统计结果显示:A. 0%　B. 56%　C. 44%。

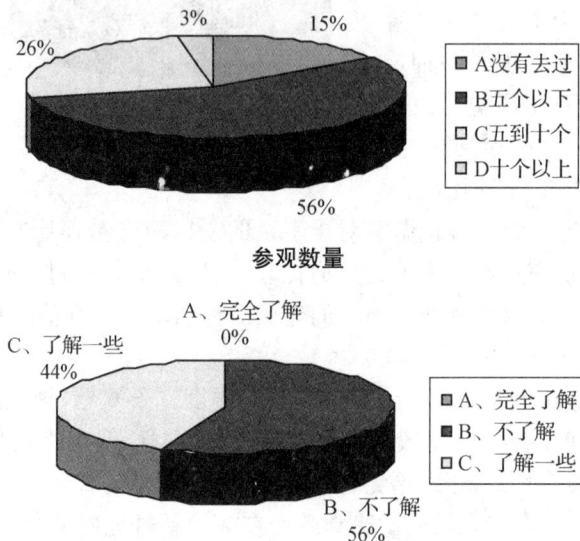

参观数量

大众对梅园新村的了解程度

对于这样的结果,我们也进行了客观的分析,可能原因如下:(1)可能较多的人是从外地来南京梅园新村教育基地的参观者,所以对南京梅园新村教育基地的历史所知甚少;(2)部分大众可能只是为了简单地参观,对梅园新村的历史根本毫不关心;(3)可能由于馆内展出内容无多大的吸引力,并未对参观人群起到很大教育作用。

此项调查体现了部分人对历史的漠视与不尊重,不管我们身在何处,作为中国人,对重大的历史史实应该关注并了解。由此可见,我们还应该加强提高全民的基本能力和综合素质,提高群众的民族意识,将教育基地的作用充分发挥出来。

4. 大众对于南京梅园新村教育基地存在问题的看法及相关建议

根据调查问题9大众认为梅园新村教育作用未充分发挥出来的原因,A. 大众兴趣不高占21%,B. 基地缺乏吸引力占34%,C. 交通不便占29%,D. 其他占16%。

调查题目:您觉得如今南京梅园新村教育基地有哪些问题需要改善?

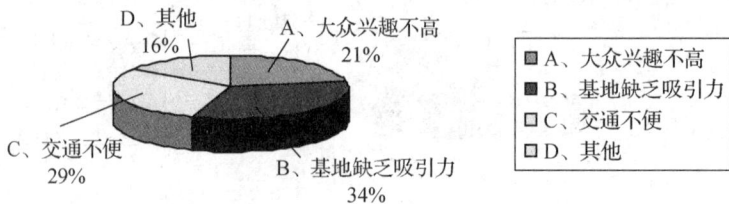

教育作用未充分发挥出来的原因

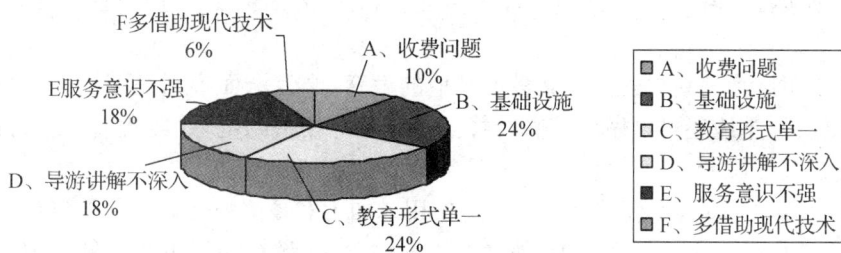

群众对于基地改善的建议

　　在问题 10 中大众从收费问题、基础设施、教育形式单一、导游讲解不深入、服务意识不强、多借助现代技术等方面都给出了自己的见解。

　　四、反思和建议

　　根据我们小组对梅园新村教育基地的实地调查和调查问卷的数据分析,梅园新村纪念馆教育基地存在一些不足,主要体现在以下方面:

　　1. 教育基地基础设施方面较为简陋、管理服务不到位的问题。基础设施数量少,场馆较小,远远不能满足未成年人思想道德教育与广大青少年日益增长的教育需求。这些问题如不及时解决,直接影响到基地爱国主义教育作用的发挥。

　　2. 教育基地专业人员不够稳定,创新意识不够、服务意识不强。刚进入馆内发现没有引导人员,参馆过程中发现没有讲解人员,游客对此也不是很满意;另外卖纪念品的人也很多,如:雨花石、云锦等,这些纪念品一方面并未体现纪念馆的教育意义,另一方面,从爱国主义教育基地方面来说,此现象过于商业化。在一定程度上影响了基地的管理、服务水平。

　　3. 教育基地内容简单、教育形式单一,教育作用受限,缺乏吸引力和感染力。基地的展示内容与资料有待进一步挖掘和补充,内容亟需更新,教育手段需要进一步创新,环境有待优化。

　　4. 从统计数据也可看出,教育宣传工作不到位,很多人并不了解梅园新村的相关历史,对基地位置、基地内容和特色等都不很清楚,对一些基地正在举行的展览和活动也知之甚少。而事实上许多人对此还是有着浓厚兴趣的。

　　5. 调查中发现,梅园新村纪念馆本属于免费开放场所,但有些外地游客因为不了解,买了门票,直至进入馆内才发现是免费开放的,对此他们表示很不满,在一定程度上影响了南京的形象。

　　当然,缺点是有的,但也有其优点。梅园新村纪念馆作为近现代历史遗迹及革命纪念建筑物,多年来对培养学生树立正确的人生观和世界观,对组织来馆参观的学校优先安排,对来馆举行活动的学校、单位提供服务,给予具体指导协助,使这些活动顺利进行。同时,中共代表团梅园新村纪念馆还满腔热情,积极做好失足青年的挽救工作,热情周到为残疾人服务。平时,十分重视开展多种形式的教育活动,主动走向社会,搞好上门服务,尤其为因受各种客观条件限制不能来馆的单位和群众、中小学生创造条件、提供服务。学校则在纪念馆设"少先队文明岗",为纪念馆及周围地区的净化、美化作贡献。这样,一方面使基地借助于社会各方面力量,加强了自身建设,另一方面也使共建单位的爱国主义教育进一步深化。

为深入了解梅园新村爱国主义教育基地的教育意义,全面推动爱国主义教育工作和思想道德建设,基地还可以做出一些改善。针对以上相关问题,并经我们小组讨论研究,提出以下相关建议:

1. 搞好基本陈列,发挥基地的主阵地作用。加大对爱国主义教育基地建设的资金投入,规划建设好爱国主义教育基地,使之成为规格更高,教育功能更全的爱国主义教育基地。基本陈列是增强基地吸引力和感染力的主要手段,是基地建设的重要内容,进一步加强爱国主义教育基地资料的充实、收集、整理工作,让基地常看常新,有新的内容,让人想看、爱看。

2. 运用现代化手段,通过实物、照片、图表、模型、绘画、雕塑、景观等多种形式,结合声、光、电等科技手段,不断改进和提高陈列和展览水平。

3. 组织专业讲解人员,提高服务水平。积极开展从业人员的交流活动,吸收先进基地的经验和做法,提高队伍的专业水平与创新意识。

4. 组织巡回展览、演讲团、报告团,延伸教育阵地。这种办法既解决了基地自身场地限制问题,又解决了这些单位在组织、交通上及时间安排上容易出现的矛盾,使爱国主义教育更加普及、深入。

5. 对于乱收费问题,我们给出的建议是纪念馆免费开放的公告牌应放于较为明显的地方,应该加强纪念馆工作人员的服务和管理意识,在一定程度上避免外地游客购买入馆门票。

五、总结

被誉为“十朝古都”的南京,有着丰富的民族文化遗产和革命斗争史迹,仅市级以上文保单位就有281处,其中国家级9处,省级77处。各基地史料丰富,历史延续性强,这是南京较之国内大多数城市在爱国主义教育资源方面所拥有的一大优势。作为在南京学习的当代大学生,我们应该多走出校园,在社会实践中加深对课堂教学中所学理论知识的理解,在实践考察和调研中培养和巩固科学的世界观、竖立正确的人生观和价值观,感受“第二课堂”潜移默化的教育力量。

通过此次对梅园新村的实践调查活动,我们更全面地了解了爱国主义教育基地梅园新村纪念馆的历史,在这个“第二课堂”的所见所闻使我们对于中国共产党的红色革命精神有了更为深刻的理解。中国共产党领导的人民革命事业不是一朝一夕可以完成的,在这背后,有血红的记忆,有炽热的拼搏,更有一批批前赴后继的勇士们,他们为了革命的事业,为了新中国的诞生,为了中华民族的延续,洒下了一片片赤诚的热血,染红了广袤的土地,更染红了无数人民誓死抗争的心。

梅园新村纪念馆里许多著名红色人物的介绍,从他们的红色经典事迹中,了解了在动荡年代他们为了革命抛头颅、洒热血的激情;感受到他们一心为国、无私忘我的人格魅力,以及他们坚忍不拔地为了自己的崇高理想不惜牺牲、不懈奋斗的精神。

时代在发展,在变化,对于崇高的定义,相信也是与时俱进的。在动荡年代,先烈们为了国家的存亡不惜牺牲一切,献出宝贵的生命,是一种崇高的精神。但是在和平年代,我们需要做到的是树立正确的人生观、价值观,提高和完善自身道德修养,有自己的信念与理想并能为之不断努力奋斗,弘扬爱国主义精神,为国家与社会做贡献。我们不仅仅通过多种多样的方式来缅怀他们,更应该努力学习他们的高贵品质和红色精神,然后用自己的行动实现我们的崇高志向!

附件一

关于爱国主义教育基地南京梅园新村纪念馆的调查问卷

为了解爱国主义教育基地梅园新村纪念馆的历史资源,及其对大众爱国主义教育意义的影响,进一步缅怀先辈们的英勇事迹,感受红色革命精神。对此,我们特做以下调查问卷。

1. 您的性别?(　　)

A. 男　　　　　　　　B. 女

2. 您是下列哪个人群?(　　)

A. 学生　　　　　　B. 外地游客　　　　C. 本地人

3. 您所参观过的爱国主义教育基地的数量?(　　)

A. 从没去过　　　B. 五个以下　　　C. 五到十个　　　D. 十个以上

4. 您是否了解梅园新村纪念馆的相关历史知识?(　　)

A. 完全了解　　　B. 不了解　　　C. 了解一些

5. 您通过什么渠道了解爱国主义教育基地梅园新村?(　　)

A. 朋友(同学)介绍　　　B. 网络、电视等媒体宣传　　　C. 其他

6. 你知道梅园新村竖立的铜像是谁吗?(　　)

A. 毛泽东　　　　B. 周恩来　　　　C. 董必武　　　　D. 邓颖超

7. 1946 年至 1947 年,中国共产党代表团同国民党政府在梅园新村进行了多久的谈判?(　　)

A. 10 个月以上　　B. 9 个月以上　　C. 8 个月以上　　D. 6 个月以上

8. 您对所参观过的爱国主义教育基地哪些方面最满意(　　)

A. 各种展品　　　　　　　　B. 现代化辅助手段

C. 生动的讲解　　　　　　　D. 其他

9. 如果您认为爱国主义教育基地梅园新村的教育作用没有充分发挥出来,原因是(　　)

A. 大众兴趣不高　　　　　　B. 基地缺乏吸引力

C. 交通不便　　　　　　　　D. 其他

10. 您觉得如今南京梅园新村教育基地有哪些问题需要改善?(　　)

A. 收费问题　　　　　　　　B. 基础设施

C. 教育形式单一　　　　　　D. 导游讲解不深入

E. 服务意识不强　　　　　　F. 多借助现代技术

(注:1—7 单选　8—10 可多选)

附件二　梅园新村纪念馆调查实践的照片

图 1、2　南京梅园新村实地历史资料图片拍摄

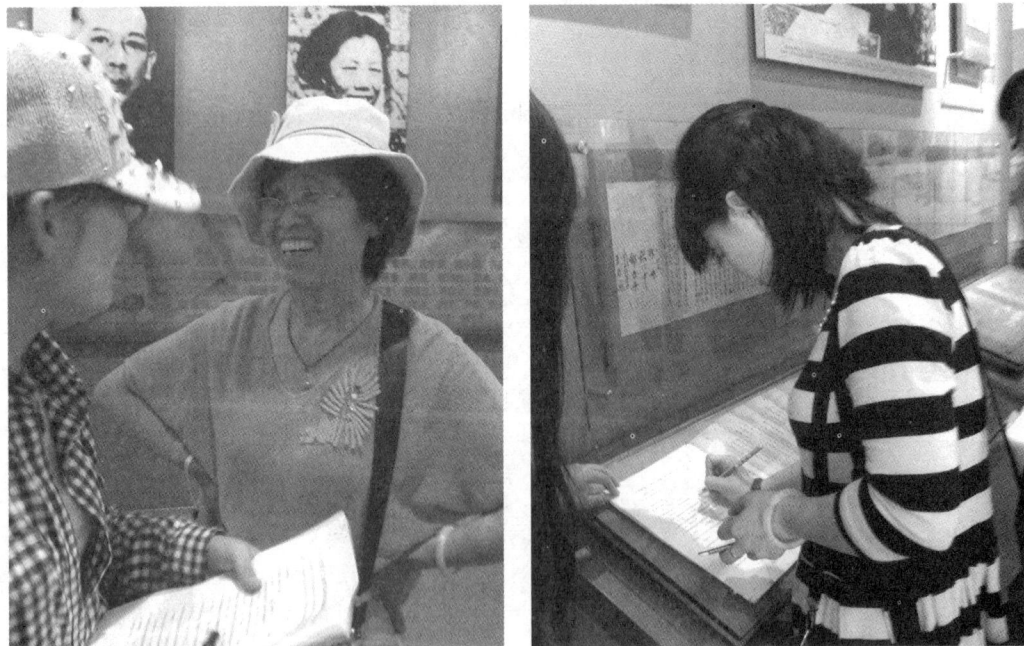

图 3　小组成员和市民在进行交流

图 4 至 8 参观人员及在校大学生填写调查问卷

中编综述 翻天覆地的三十年

一、内容梳理,同步练习

内容梳理

【教学目标】通过教学,让学生了解当时中国所处的时代和国际环境及面临的"三座大山";帮助学生理解在近代中国的三种建国方案、两个中国之命运的选择中,为什么中国共产党的建国方案最终成为中国人民的共同选择。

【教学重点】中国所处的时代和国际环境及面临的"三座大山"。

【教学难点】在近代中国的三种建国方案、两个中国之命运的选择中,为什么中国共产党的建国方案最终成为中国人民的共同选择。

【教学时间】2 学时

【授课形式】理论教学

【主要内容】

1　中国所处的时代和国际环境

　　1.1　第一次世界大战和俄国十月革命后的世界

　　1.2　世界反法西斯战争及其胜利

　　1.3　反法西斯战争胜利后国际格局的深刻变化

2　"三座大山"的重压

　　2.1　外国垄断资本在中国的扩张

　　2.2　占优势地位的中国封建经济

　　2.3　官僚资本的急剧膨胀

　　2.4　民族资本主义经济的艰难处境

3　两个中国之命运

　　3.1　三种政治力量,三种建国方案

　　3.2　两种基本的选择,两个中国之命运

同步练习

（一）单项选择题

1. 五四运动是（　　）的伟大开端。
   A. 中国近代史　　　　　　　　　B. 中国现代史
   C. 中华人民共和国史　　　　　　D. 中国新民主主义革命
2. 十月革命爆发于（　　）
   A. 1911 年 10 月　　　　　　　　B. 1917 年 10 月
   C. 1917 年 11 月　　　　　　　　D. 1919 年 10 月
3. 世界反法西斯战争又称为（　　）
   A. 第一次世界大战　　　　　　　B. 第二次世界大战
   C. 普法战争　　　　　　　　　　D. 甲午战争
4. 1925 年至 1927 年的大革命直接斗争目标是（　　）
   A. 反对帝国主义　　　　　　　　B. 打倒国民党反动派
   C. 推翻北洋军阀统治　　　　　　D. 没收地主土地
5. 国民党新军阀的反动统治开始于（　　）
   A. 1919 年　　　　B. 1921 年　　　　C. 1923 年　　　　D. 1927 年
6. 1931 年九一八事变后日本侵略者占领了（　　）
   A. 中国东北地区　　B. 中国华北地区　　C. 南京　　　　D. 东南亚
7. 四大家族官僚资本的垄断活动首先和主要是从（　　）开始的。
   A. 发行法币　　　　B. 发行内债　　　　C. 商业投机　　　D. 金融业
8. 民族资产阶级在中国新民主主义革命中（　　）
   A. 属于革命对象　　　　　　　　B. 属于革命领导阶级
   C. 属于革命力量　　　　　　　　D. 什么都不是
9. 中国新民主主义革命的前途是（　　）
   A. 资本主义　　　　　　　　　　B. 社会主义
   C. 共产主义　　　　　　　　　　D. 民主社会主义
10. 这一时期封建剥削制度对农民阶级的掠夺主要表现在（　　）
    A. 商业资本剥削　　　　　　　　B. 高利贷资本剥削
    C. 地租剥削　　　　　　　　　　D. 苛捐杂税

参考答案：
1. D　2. C　3. B　4. C　5. D　6. A　7. D　8. C　9. B　10. C

（二）多项选择题

1. 新民主主义革命时期压在中国人民头上的三座大山是（　　）
   A. 帝国主义　　　　　　　　　　B. 封建主义
   C. 资本主义　　　　　　　　　　D. 官僚资本主义

2. 1928年6月,南京政府发表修改不平等条约宣言,其主要内容是要求(　　)

    A. 取消外国在华租界   B. 取消外国在华驻兵特权

    C. 关税自主   D. 废除领事裁判权

3. 国民党政权金融垄断体系中"四行二局"中的"四行"是指(　　)

    A. 中国银行   B. 交通银行

    C. 中央银行   D. 中国农民银行

4. 以四大家族为首的国家垄断资本主义是蒋介石反动政权的经济基础,四大家族是(　　)

    A. 蒋介石   B. 宋子文

    C. 孔祥熙   D. 陈立夫

5. 中国民族资本主义发展受到的主要阻碍是(　　)

    A. 外国资本压迫   B. 官僚资本排挤

    C. 封建生产关系束缚   D. 军阀官僚政府压榨

6. 半殖民地半封建社会中的中国民族资本主义经济的特点是(　　)

    A. 在国民经济中所占比重小 B. 工业资本所占比重小

    C. 以轻工业为主   D. 工业规模小

7. 1921年中国共产党诞生至1949年新中国成立以前的时期,中国存在的三种主要政治力量是(　　)

    A. 地主阶级和买办性的大资产阶级 B. 民族资产阶级

    C. 资产阶级改良派   D. 工人阶级、农民阶级和小资产阶级

8. 中国民主革命的基本动力和主要依靠是(　　)

    A. 工人阶级   B. 农民阶级

    C. 小资产阶级   D. 官僚资产阶级

9. 中国新民主主义革命必须实现的主要任务(　　)

    A. 反对帝国主义,打破外国垄断资本的控制

    B. 反对封建主义,进行土地制度的彻底改革

    C. 反对官僚资本主义,没收官僚资本归新民主主义国家所有

    D. 建立社会主义国家

10. 战后的世界政治形势(　　)

    A. 战胜国英、法实力被严重削弱,美国成为帝国主义霸主

    B. 苏联成为社会主义首领

    C. 民族革命运动蓬勃兴起

    D. 资本主义国家工人运动有所发展

参考答案:

1. ABD　2. CD　3. ABCD　4. ABCD　5. ABCD　6. ABCD　7. ABD　8. ABC　9. ABC　10. ABC

（三）简述题

1. 中国民族资本主义经济的发展受到哪些阻碍？

答案要点：

（1）外国资本的压迫。由于外国资本在中国实行商品倾销并直接投资经营企业，致使中国的市场被它们的廉价商品所占领，民族工业由于规模小，技术设备落后，其产品在市场上很难与之竞争。

（2）官僚资本的排挤。由于官僚资本在国民经济的许多部门占据垄断地位，它们的工业在资金、技术、设备、原材料供应等方面都具有极大的优势，民族工业也很难与之抗衡。

（3）封建生产关系的束缚。由于占全国人口大多数的农民仍然受到封建地主土地所有制的束缚，农村生产力水平十分低下，农村购买力极其微弱，由此也就使得国内市场狭窄，轻工业原料供应不足，民族工商业的发展受到了极大的限制。

（4）军阀官僚政府的压榨。由于反动政府征收苛重的捐税，实行经济统制政策和通货膨胀政策，更使得民族工商业获利困难而陷入严重危机。

2. 为什么中国的新民主主义革命必须把帝国主义、封建主义、官僚资本主义作为对象？

答案要点：

帝国主义、封建主义、官僚资本主义是压在中国人民身上的三座大山。在北洋政府和国民党政府统治时期，中国社会的半封建、半殖民地性质都没有改变，不仅封建压迫继续存在，中国的半殖民地化程度还进一步加深了。新民主主义革命必须以他们为对象。（1）反对帝国主义，打破外国资本的控制，是中国新民主主义革命必须实现的首要任务；（2）反对封建主义，进行土地制度的彻底改革，是中国新民主主义革命的一项基本任务；（3）反对官僚资本主义、没收官僚资本归新民主主义国家所有，是中国新民主主义革命的一项重要任务。

3. 如何理解近代中国的三种建国方案，两个中国之命运？为什么中国共产党的建国方案最终成为中国人民的共同选择？

答案要点：

（1）1949 年新中国成立以前，中国存在着三种主要的政治力量：一是地主阶级和买办性的大资产阶级（后官僚资产阶级）。他们是反动势力、民主革命的对象，其政治代表先为北洋军阀政府，以后主要是国民党统治集团。二是民族资产阶级。他们是中间势力，民主革命的力量之一，其政治代表是民主党派和无党派。三是工人阶级、农民阶级和城市小资产阶级。他们是进步势力，民主革命的主要力量，其政治代表是中国共产党。

（2）三种政治力量分别提出了三种不同的建国方案：第一是地主阶级和买办性的大资产阶级的方案。主张继续实行地主阶级、买办的大资产阶级的军事独裁统治，使中国继续走半殖民地半封建社会的道路。第二是民族资产阶级的建国方案。他们是要建立一个名副其实的资产阶级共和国,以便使资本主义得到自由和充分的发展,使中国成为一个独立的资本主义社会。第三是工人阶级和其他进步势力的方案。他们主张在工人阶级及其政党的领导下,首先进行一场彻底的反帝反封建的新式资产阶级民主革命,即新民主主义革命,以便建立一个工人阶级领导的人民共和国,即人民民主专政的国家;并经过这个人民共和国,逐步达到社会主义和共产主义。上述建国方案摆在中国人民的面前,由他们在自己的政治实践中做出选择,但是从根本上说,由于资产阶级共和国方案并不具备现实性,可供中国人民选择的方案主要是两个:或者是继续半殖民地半封建的旧中国,或者是创建新民主主义的新中国。

(3)中国共产党的建国方案最终成为中国人民的共同选择。地主阶级与买办性的大资产阶级的方案由于违背中国人民的根本利益,遭到了广大人民的唾弃,他们的反动统治也在根本上被推翻。民族资产阶级的方案由于脱离中国实际,也没有得到中国广大群众的拥护,连提出这种方案的多数人最终也承认这个方案是行不通的。只有中国共产党提出的关于建立人民共和国的方案,逐步获得了工人、农民、城市小资产阶级乃至民族资产阶级的拥护,由此成了中国最广大群众的共同选择

二、精选案例,巩固深化

精选案例 1

俄国十月革命与中国

1917年11月7日(俄历10月25日),一个划时代的伟大革命——十月社会主义革命在世界上领土面积最大的国家俄罗斯发生,领导这一革命的是以列宁为首的俄国布尔什维克党。

"十月革命一声炮响,为中国送来了马克思列宁主义。"毛泽东的这一经典论述既指出了十月革命的划时代意义,也揭示了十月革命与中国革命的密切联系。这句话高度概括了真实的历史,在中国人民的心中已经生根发芽。但是近些年来,质疑和否定十月革命的杂音时有鼓噪,产生了混淆视听、误导群众的不良影响。如,有人说十月革命"仅是一次人类历史上的大实验,整个说来,这一实验基本上失败了";有人说十月革命通过武装斗争和暴力革命夺取政权的道路是错误的,只有民主社会主义才能救中国,等等,奇谈怪论,甚嚣尘上。

那么,这一革命是怎样发生的? 它的标志性进程及伟大意义是什么? 它对中国究竟产生了怎样的影响? 能否正确认识这些问题,关系到能否正确认识十月革命后中国人民所逐步做出的新的历史性选择——选择了马克思主义、选择了中国共产党、选择了社会主义道路。本文将围绕上述问题进行考察和梳理。

"亘古未有的大战"与十月革命的发生

众所周知,从世界历史看,19世纪末20世纪初,西方发达国家开始从自由资本主义

阶段进入垄断资本主义——即帝国主义阶段。期间到 19 世纪末,世界已被资本主义各国瓜分完毕,于是它们为争夺殖民地,开始了重新瓜分世界的斗争。在这种情况下,1914 年 8 月,"亘古未有的大战"——第一次世界大战爆发。战争主要在同盟国(德国、奥匈帝国、意大利)和协约国(英国、法国、俄罗斯和塞尔维亚)之间展开。这场战争席卷了世界上 30 多个国家,卷入的人口达 15 亿,伤亡总人数逾 2800 万。其前后持续了四年多,至 1918 年 11 月 11 日(德国正式投降)结束。

第一次世界大战与俄国十月革命的发生密切相关。因为在这场战争中,作为协约国之一的沙俄,其军队屡遭惨败,许多地区被德军占领,生灵涂炭。正是在这一背景下,1917 年 2 月 25 日,彼得格勒 30 万左右的工人举行政治总罢工。2 月 27 日,布尔什维克党中央委员会发表《告全体俄国公民书》,号召人民:推翻沙皇制度,成立工兵代表参加的临时革命政府,建立民主共和国;制定保护人民权利和自由的临时法令,镇压反革命;没收皇室、教会和地主土地,实行八小时工作制;联合各交战国人民,立即制止帝国主义战争。但是,由于当时无产阶级的觉悟不高和组织性不够,由于孟什维克和社会革命党人对资产阶级奉行妥协路线,至 3 月初,俄国出现了两个政权并存的错综复杂的局面。一个政权是"正式的政府"——资产阶级临时政府,它拥有社会中上层的支持,是资产阶级专政;另一个政权是彼得格勒苏维埃,它是革命群众的阶级组织,拥有一定的实力,行使着一定的政权职能,是工人、农民的革命民主专政。俄国资产阶级临时政府决心继续进行战争,这就不能不遭到人民群众特别是工农群众的反对。因此,二月革命后,资产阶级临时政府的统治频频出现危机。7 月 4 日,该政府在彼得格勒制造了镇压游行示威工人的"七月流血事件"。随后他们大肆迫害布尔什维克党人,包括下令逮捕列宁等布尔什维克党的领袖。正是在这种情况下,近四个月后,十月革命爆发。

十月革命具有伟大的意义:第一,它开辟了世界无产阶级社会主义革命的新时代,建立了一条从西方无产者经过俄国革命到东方被压迫民族的、新的反对世界帝国主义的革命战线。第二,它扩大了民族问题的范围。即把民族问题从欧洲反对民族压迫的斗争的局部问题,变为各被压迫民族、各殖民地及半殖民地人民从帝国主义侵略压迫之下解放出来的总问题。第三,它给世界被压迫民族和人民解放事业,开辟了广大的可能性和现实的道路,极大地促进了世界革命的进程。十月革命后,1919 年 3 月 4 日,列宁领导的共产国际在莫斯科成立。30 个国家的共产党或左派社会团体的代表出席了大会。共产国际建立后,积极帮助包括中国在内的一些国家的先进分子创建共产党。在此期间,1922 年 12 月 30 日,俄罗斯、乌克兰、白俄罗斯和外高加索联邦共同组成了苏联(全称为苏维埃社会主义共和国联盟)。在此前后,亚洲、非洲、拉丁美洲人民反对帝国主义压迫的民族解放运动或民族民主革命运动,开始进入一个新阶段。

从深层次上认识十月革命对中国的影响

十月革命作为人类历史上一种崭新的革命,它对中国的影响是巨大而深远的。其中特别是:

第一,它削弱了国际帝国主义的力量,直接援助了中国人民的反帝斗争。从多方面促进和加强了中国革命与世界各国人民革命斗争的国际联合,使中国革命有了前所未有的国际援助。十月革命的直接打击目标是俄国资产阶级临时政府,而俄国资产阶级是国际帝国主义的重要组成部分。十月革命推翻了这个阶级的统治,也就直接减轻了外国帝国主义侵略势力对中国人民反帝斗争的压力。特别是十月革命后,苏俄政府对被压迫民族采取了和平、友好的政策,它极大地鼓舞和增强了中国人民进行反帝斗争的信心和勇气。固然,十月革命后,在新的时代条件下,中华民族和中国人民面临的最大压迫,仍然是帝国主义的民族压迫,中华民族和中国人民面临的反帝斗争任务仍然十分艰巨。但是,由于十月革命建立了一条新的反对世界帝国主义的革命战线,因此,十月革命后,中国人民的革命斗争就不是孤立的了,而是同世界人民反对国际帝国主义的斗争连在一起,这是一个十分重大的变化。

　　第二,十月革命促使中国产生了一批具有初步共产主义思想的知识分子,他们开始学习、研究和宣传马克思主义,这就为马克思主义中国化的开启准备了最重要的条件之一。我们知道,马克思主义中国化的实质,是把马克思主义的基本原理与中国革命的具体实践结合。而如果没有对马克思主义的学习、研究和宣传,人们就难以知道什么是马克思主义,因而也就谈不上把马克思主义与中国革命的具体实践结合,马克思主义中国化当然也就无从谈起。

　　从十月革命后的情况看,学习、研究和宣传马克思主义,是以李大钊、陈独秀为代表的中国先进分子所着力倡导并身体力行的。期间,1919年9月,李大钊在《我的马克思主义观》一文中的相关论述,很有代表性。他指出:马克思主义"为世界改造原动的学说",从而肯定了马克思主义具有普遍的指导意义。也正因为如此,李大钊告诉大家:"'马克思主义'既然随着这世界的大变动,惹动了世人的注意,自然也招了很多的误解。我们对于'马克思主义'的研究虽然极其贫弱,而自一九一八年马克思百年纪念以来,各国学者研究他的兴味复活,批评介绍他的很多。我们把这些零碎的资料,稍加整理,乘本志出'马克思研究号'的机会,把他转介于读者,使这为世界改造原动的学说,在我们的思辨中,有点正确的解释,吾信这也不是绝无裨益的事。"在李大钊的大力倡导下,一批先进的知识分子,通过组织社团、创办刊物、开设课程、创办工人夜校等,开始了对马克思主义的学习、研究与宣传。如1918年4月,毛泽东、蔡和森等在湖南长沙组织成立了新民学会,它成为我国五四运动前后影响最大的一个革命团体及湖南传播马克思主义和反帝反封建的中心;1919年9月,周恩来、马骏等在天津组织的青年学生的进步社团——觉悟社,成为天津传播马克思主义和反帝反封建的中心;五四运动前后,恽代英、林育南等在湖北组织了互助社、利群书社和共存社等进步团体,传播马克思主义。从1919年起,李大钊先后在北京大学、北京女高师、朝阳大学等校开设有关马克思主义理论的课程,不遗余力地向在校学生宣传马克思主义学说;1920年3月31日,李大钊在北京大学秘密发起组织马克思主义研究会,以研究和宣传马克思主义的著述为主要目的。可以说,李大钊、陈独秀等中国先进分子对学习、研究和宣传马克思主义的倡导及其身体力行的努力,为中国的马克思主义思想运动指示了正确的方向,这对实现马克思主义中国化具有长久、深远的指导意义。

　　第三,在马克思主义与中国工人运动相结合的进程中,中国先进分子创建了中国工人阶级的先锋队——中国共产党。这是中华民族发展史上开天辟地的大事变。马克思主义认为,工人阶级政党的产生,需要具备"工人运动与社会主义的结合"这一基本条件。十月革命后,随着马克思主义在中国的传播,一批具有初步共产主义思想的先进分子,即逐步开始运用马克思主义观察和分析世界的和中国的问题。

1918年11月和12月,李大钊先后写作了《庶民的胜利》和《Bolshvism的胜利》两文,并都发表在1919年1月的《新青年》第5卷第5号上。同月(元旦),他在《每周评论》第3号上发表了《新纪元》一文。从这三篇文章中,我们已能清晰地看出李大钊运用历史唯物主义观点对第一次世界大战及十月革命作出的科学分析与评价。他指出:"原来这回战争的真因,乃在资本主义的发展""是资本家的政府想靠着大战,把国家界限打破,拿自己的国家做中心,建一世界的大帝国,成一个经济组织,为自己国内资本家一阶级谋利益。"他并由此而预言:"俄国的革命,不过是使天下惊秋的一片桐叶","试看将来的环球,必是赤旗的世界!"李大钊还指出:俄国的Bolshvism"就是革命的社会主义";持这一主义的Bolshviki"是奉德国社会主义经济学家马客士(Maxr)为宗主的;他们的目的,在把现在为社会主义的障碍的国家界限打破,把资本家独占利益的生产制度打破"。在学习、研究、宣传和运用马克思主义的实践中,李大钊的马克思主义理论水平日益提高。

特别是,他从多方面论述了学习和运用马克思主义一定要结合本国具体实际的问题。他要求大家:"应该细细的研究马克思的唯物史观,怎样应用于中国今日的政治经济情形。详细一点说,就是依马克思的唯物史观以研究怎样成了中国今日政治经济的情状,我们应该怎样去作民族独立的运动,把中国从列强的压迫之下解放出来。"在中国先进分子学习、研究、宣传和运用马克思主义的实践中,1919年发生的五四爱国运动,以其彻底地、不妥协地反对帝国主义,彻底地、不妥协地反对封建主义的姿态,成为中国新民主主义革命的开端。其中起决定作用的因素,一是有了马克思主义的思想指导;二是中国工人阶级第一次作为独立了的政治力量登上历史舞台,从而揭开了中国工人阶级领导中国革命的序幕。五四运动从思想上、干部上直接准备了中国共产党的成立。

五四运动后,1919年下半年,李大钊、陈独秀等人同胡适所宣扬的改良主义进行了有理有力的论争,阐明了中国的问题必须从根本上寻求解决的历史唯物主义的革命主张。1920年11月—1922年夏,陈独秀、李大钊、李达、蔡和森等,同张东荪、梁启超所吹捧的"基尔特社会主义"进行了论争,比较深刻地批驳了张、梁极力反对在中国宣传马克思主义和建立无产阶级政党,而宣扬通过消极静待资本主义的兴起和发展,来使中国实现社会主义的主张。在中国共产党成立前后,陈独秀、李达、施存统、蔡和森、李大钊等还围绕着革命的形式、国家的本质等问题,对无政府主义的错误主张进行了严肃的批判,从而帮助大批激进青年比较清楚地区分了马克思主义和无政府主义的界限。

自1920年8月至1921年春,中国先进分子相继在上海、北京、武汉、长沙、济南、广州等地建立了共产党早期组织;中国留学生在日本东京和法国巴黎也建立了共产党早期组织。在各地共产党早期组织卓有成效地进行多方面工作的基础上,1921年7月23—31日,中国共产党第一次全国代表大会先在上海后移至嘉兴南湖胜利召开。大会通过的《中国共产党第一个纲领》,毫不含糊地向世界宣示:"本党定名为'中国共产党'";本党"承认无产阶级专政,直到阶级斗争结束,即直到消灭社会的阶级区分";"承认苏维埃管理制度,把工农劳动者和士兵组织起来"等。虽然,一大纲领还很不完备,特别是未能提出适合当时中国国情需要的彻底的民主革命纲领——这一任务是一年后由中共二大完成的。但是,一大纲领的这几点宣示,是其最核心、最本质的内容。它把中国共产党的最高理想以及实现这一最高理想的基本途径和方法昭示于天下,从而为中国革命指明了根本航向。中共一大宣告了中国共产党的成立。

回首中国共产党走过的90年和世界风云的变幻,再看十月革命对中国的影响,我们更加信服毛泽东在《论人民民主专政》一文中所写的话:"十月革命一声炮响,给我们送来了马克思列宁主义。十月革命帮助了全世界的也帮助了中国的先进分子,用无产阶级的宇宙观作为观察国家命运的工具,重新考虑自己的问题。走俄国人的路——这就是结论。"这段话阐明了三个重要观点:(1)十月革命对中国产生影响的核心因素是"给我们送来了马克思列宁主义";(2)"用无产阶级的宇宙观作为观察国家命运的工具",是十月革命给予中国人民的最根本的帮助;(3)基于前两点,这里所说的"走俄国人的路",指的是走十月革命所昭示的社会主义发展方向之路。

——选自《中国共产党新闻网》.

链接:http://dangshi.people.com.cn/GB/17577821.html

【讨论理解】

1. 中国人民为什么选择马克思主义?
2. 中国人民为什么选择中国共产党的领导?
3. 中国人民为什么选择走社会主义道路

【案例点评】

十月革命对中国革命的影响是非常巨大的,在十月革命之前先进的中国人已经为中国的现代化进行了多次早期探索,都以失败而告结束。十月革命的一声炮响,给中国送来了马克思主义。中国先进的知识分子如饥似渴地学习马克思主义,最后在马克思主义的指导下成立中国共产党,领导中国人民最终完成了推翻三座大山压迫,建立社会主义制度与道路的历史任务。这个过程说明了信仰马克思主义,坚持党的领导,走社会主义道路,这个不是外力强加给我们的,是历史发展过程的必然选择,除此之外,没有第二条道路可走。

【教学建议】

此案例可以放在中篇综述第一部分"中国所处的时代和国际环境"中,介绍中国革命选择马克思主义的必然性。这个选择是当时中国先进的知识分子比较了世界所有的主义后的理性选择,并不是心血来潮,这个选择也为后来的历史发展证明了其正确性和合理性。这样有助于同学理解选择马克思主义、党的领导、社会主义道路的必然性。

精选案例 2

中国远征军

一、中国远征军入缅作战

自日军不断南进,进入越南,威胁滇缅国际交通线以来,中国政府保持着高度警惕。1941 年 11 月 3 日,国民政府军令部就拟定"确保滇缅路作战计划"。太平洋战争爆发后,日军势如破竹,扫荡英国在远东的军事存在,缅甸很快危若垒卵。1941 年 12 月 10 日,英国驻华军事代表团团长丹尼斯请求蒋介石按照中英《共同防御滇缅路协定》出兵缅甸。接着,英国驻华大使卡尔和丹尼斯又提出具体要求:1. 以全师兵力开入缅甸;2. 在云南的中国军队中抽出 1 师待命,必要时开入缅甸;3. 命陈纳德率领的空军志愿队参加缅甸保卫战;4. 准许英国动用一部分中国留在仰光的美援物资。当时蒋介石对中、英、美军事同盟抱有较高的热情,滇缅路又是当时仅剩的国际交通线,所以同意保卫缅甸,并愿意派出 1 个军以上的部队。但同时,他对英国经常落井下石的帝国主义作风及其军队极其低下的战斗力心存疑虑。所以要求中国军队入缅时单独作战,与英军各划作战区域。对蒋介石的态度,英国大使卡尔希望中国提供慷慨帮助,而缅甸英军统帅魏菲尔一方面要求中国军队入缅,另一方面对蒋介石派 2 个军前往缅甸的建议极力排斥,认为中国派出 1 个师守卫泰缅边境即可。

英国奇怪的态度实际上缘于它害怕原系缅甸宗主国的中国再次在缅甸发挥重要作用,这种患得患失的犹豫,不仅间接帮助日军从容部署对缅甸的攻击,而且使 1941 年 12 月 23 日在重庆召开的中美英联合军事会议陷入停顿。魏菲尔关于中国军队保卫缅甸是英国人的耻辱的讲话,使蒋介石愤怒不已,他甚至要中国方面与会代表提出:将中国留在缅甸的美国军援物资退还美国,中国撤退在缅甸的人员,停止中、英、缅合作。经美国代表斡旋,会议得以继续,但魏菲尔仍坚持中国只需将物资交给英方即可。

在英军出于私利而排拒中国军队迅速入缅的同时,1941 年 1 月 22 日,日本陆海军就缅甸作战订立协定,提出:以陆军第 15 军和南方军直属航空部队一部、海军南遣舰队和联合舰队各一部进行作战。先占领仰光,再占领曼德勒附近及仁安羌油田地区,在作战中,"应努力歼灭敌军尤其是中国军队"。日军虽把中国军队列为战斗对象,但事实上,在英国在阻挠下,中国军队迟迟无法进入缅甸。当时英国不仅不允中国大举增援,自身在准备缅甸作战时也十分马虎,仅英缅第 1 师、英印第 17 师、英国第 7 装甲旅和一些缅甸地方部队 3 万余人驻扎缅甸,这中间的印度士兵和缅甸士兵受英国多年的殖民主义压迫,士气低落,而英国将领拙劣的指挥能力更使缅甸局势堪忧。1942 年 1 月,日军第 55 师团突破泰缅边境,19 日占领缅甸南方战略要点土瓦,31 日占领另一要地毛淡棉。2 月 4 日,日军第 33 师团渡过萨尔温江,逼近仰光,英印第 17 师损失惨重。

在日军进攻面前溃不成军的英军见大势不好,急忙要求中国军队大举增援。2 月,中国军队第 6 军(甘丽初)、第 5 军(杜聿明)先后入缅。3 月,中国方面乃以精锐的第 5 军、第 6 军和第 66 军组成中国远征军,全军 10 万人,司令卫立煌(未到任,后改为罗卓英),副司令杜聿明。由于第 5、6 两军系蒋介石手中当时为数不多的机械化精锐部队,蒋对其前途十分关心。3 月初,他召集远征军将领开会,提出:"我军此次在国外作战,可胜不可败;故在未作战之前,应十分谨慎。"3 月 10 日,史迪威出发到缅甸指挥作战之前,蒋介石再次叮嘱,"最近遣第 5、6 两军入缅之目的,原在固守仰光,今仰光沦陷,全部战局,顿改旧观……故调回入缅部队,以固滇省及长江流域之防务,实为应有之考虑",要求"能胜不能败"。

3 月 8 日,日军占领仰光。3 月 11 日,史迪威赴缅指挥。21 日,他发布了中国远征军作战命令,但盟国方面在缅甸的作战意志并不一致。特别在指挥权问题上,英国将军亚历山大作为缅甸盟军司令,本可指挥中国军队,但美国方面要求由史迪威和亚历山大双重指挥,而实际上,中国军队是听命于蒋介石的。这种复杂的指挥关系在蒋介石和史迪威之间激起强烈的矛盾,也使缅甸战局受到影响。盟国方面争论未息,日军第 15 军 3 月 15 日制订了"在曼德勒地区(包括以曼德勒为中心的中部缅甸地方)捕歼英蒋联合军主力,继于缅甸境内扫荡残敌"的进一步作战方针。

1942 年 3 月 22 日前后,前进至同古的日军开始与中国军队第 200 师戴安澜部接战。双方在鄂克春等阵地反复争夺。3 月 25 日,杜聿明曾计划反攻仰光。27 日,日军攻入同古城,中国军队与之巷战。战斗中,日军化妆成英缅农民,穿红衣黑裤,企图扰乱中国军队阵地后方,中国军队沉着应付。日军接着使用毒气,并袭击 200 师师部。至 3 月 30 日,200 师退至叶达西东六、七公里附近。同古战斗歼灭日军 4 000 余人,俘虏 400 余人,在国际上引起轰动。美国军史记述道,200 师"是缅甸战役中防御最久的部队,后撤时也是全师而退"。

序战失败,史迪威与蒋介石矛盾更加尖锐。蒋介石为此赴缅甸,宣布史迪威全权指挥中国远征军,指出:"史迪威将军应命令罗长官,转而由罗长官命令其他国军军官。"虽然如此,鉴于英军在缅甸战役初期的表现,蒋介石对其深怀疑虑,果然中国军队在罗衣考等地浴血奋战的时候,4 月 1 日英军放弃卑谬(普罗美),再放弃亚兰谬(阿蓝模),4 月中旬,一路溃败的英军和记者、传教士等 7 000 余人被日军包围于仁安羌。中国军队新 38 师孙立人部奉命前去解围,占领仁安羌油田,救出包括亚历山大在内的英军,并从日军手中夺得英军丢弃的辎重 100 余辆,交还英军。

仁安羌之战,未能扭转缅甸战局,中国军队拟在平满纳(平蛮纳)组织会战,以扭转战局。但英军主力立即向印度撤退,而中国新入缅参战的第 66 军才抵达战场,即陷入混乱,缅甸战局迅速恶化。4 月 18 日,日军进攻曼德勒,中国军队第 96 师抵抗 8 日后放弃,期间,英军继续向印度狂奔。罗衣考失陷后,中国军队在斯瓦、马格威、雷列姆、棠吉乔克巴党等地的战斗中,虽给日军巨大杀伤,仍先后弃守。4 月下旬,日军逼近中缅边境重镇腊戌,第 66 军等组织混乱,未能持久抵抗。腊戌失陷,使中国军队物资被日军所夺,而归国通道也被截断。5 月 3 日,日军占领中国云南境内之畹町重镇。接着陷八莫、龙陵,国内震动。幸亏第 36 师在滇西惠通桥阻止了日军,中日军队对峙于怒江一线。

战斗不利,中国远征军乃各自撤退。中国远征军在缅甸的战斗和撤退,损失惨重。10 万精锐之师仅剩 4 万,国人节衣缩食为其置办的机械化装备更是全部丢弃。究其原因,第一,英美当时确定了先欧后美的总战略,战略资源优先向欧洲配置,对日本的进攻重视不够,直接导致缅甸战场盟军力量相对较弱。第二,英军在太平洋战争爆发后对日军的进攻决心估计不足,更因为担心中国染指其殖民地,拒不接受中国及早布防的建议,失去制敌之先机;形势危急后,注意力集中于确保印度,要求中国军队支援,自身却没有坚定长期抵抗的决心,战斗力低下,置中国军队于险境。第三,主要由于英国的自私自利,盟国之间未能就团结抗日达成一致,指挥混乱。第四,蒋介石与史迪威之间就缅甸战场主力中国军队队的指挥和作战目的产生严重分歧。第五,日军在缅甸战役中的准确判断和精心组织。

二、中国军队打通中印交通线

中国远征军第一次入缅作战失败以后,盟国方面就开始考虑反攻缅甸,尤其是史迪威,曾经制订以缅甸作战为第一阶段的太平洋攻势计划。美国方面因担心中国退出战争,加大其进行太平洋战争的难度,对反攻缅甸比较积极;而英国方面囿于其愚陋的战略眼光,更担心中国进入其势力范围,始终对反攻缅甸冷漠。经过艰难的外交努力,1942年底,《中英美联合反攻缅甸方案大纲》出台,提出反攻缅甸的4点理由,并作出兵力安排。"大纲"制定后,实施非常困难。史迪威是缅甸作战的积极推动者,而英国对缅甸作战本来就不热心,它在卡萨布兰卡、加尔各答、魁北克、开罗等多次会议上,对中国的要求虚与委蛇,邱吉尔"决不甘心于使解放缅甸的功劳归之于美国人或者更可能的是归之于中国人"。在"大纲"中应派出精锐主力的蒋介石,鉴于第一次缅甸作战失败的教训和对英美的疑虑,以提高缅甸作战前提的办法,使坚守"先欧后亚"战略的英美一时无法满足他的要求,然后消极等待。这样,史迪威的反攻缅甸计划迟迟不能付诸实施,他的精力乃倾注在中国驻印军的训练上。

中国驻印军是由第一次缅甸作战失败后退入印度的第66军新38师、第5军直属部队和新22师组成的,1942年8月在兰姆伽基地正式开始接受美式训练,1943年10月,成立中国驻印军总指挥部,史迪威为总指挥,罗卓英副之。1943年春,中国驻印军改组为新1军,郑洞国为军长。中国驻印军是继30年代接受德国军事顾问训练之后,全面接受西方军事训练的第一支中国部队,迅速成为中国战斗力首屈一指的劲旅。看到新1军的训练成果,加上史迪威劝说,蒋介石谨慎地同意空运更多的军队去印度,从1943年开始,先后组织"军委会驻滇干训团"、"驻滇干训团大理分团"等机构,接受美国教官培训。中国驻印军和云南的中国远征军,在美、英军支援下,担任了打通中印交通的重任。

1943年10月,中国驻印军向胡康(虎关)河谷进攻,拉开了反攻序幕。担任先锋的新38师经过5个月的激战,向南推进200余英里,击败日军第18师团的55、56联队及其直属部队,击毙日军55联队长藤井小五郎以下3200余名。日军对战术、战斗力完全发生变化的中国军队的表现"为之愕然"。中国驻印军随即以新38师为左翼,以新22师为右翼,展开孟拱河谷攻略,占领日军第18师团据守要点卡孟,摧毁其纵深达15英里之阵地。接着,进攻孟拱,解救英军第3师77旅一部,打通孟拱之密支那铁路。这期间,史迪威以新30师88团、第50师150团和重迫击炮连,以及美军步兵两营和英军一部,奇袭缅北重镇密支那,将日军守备部队击溃,直接威胁日军第33军之侧背。

在上述战斗进行的同时,日军精心策划的英帕尔作战因补给困难和英军的打击已面临流产的局面,1944年6月22日,科希马——英帕尔公路被打通,盟军1000余坦克和汽车涌入英帕尔平原。而随着中国驻印军战事的展开,罗斯福不断加大对蒋介石的压力,要求其将云南的远征军加入缅甸战场。甚至开始停拨远征军物资,蒋介石只得让步,云南的中国远征军乃在 1944 年 5 月发起进攻。这样,缅甸日军面临灭顶之灾。密支那被占领后,日军指挥陷入混乱,内部矛盾显现出来。第 33 师团长被更换后,在优势盟军打击下从科希马撤退的第 31 师团长佐藤信德中将被撤职,并被判断为"在激烈的战场上精神错乱",缅甸方面军司令河边正三与第 15 军司令牟田口廉也被更换,日军指挥机关 5 月间悲观地表示,到 1944 年底,缅甸方面军的消耗可能达 77 000 人。在此情况下,1944 年 10 月,新 1 军向八莫发起攻击,12 月 15 日将其完全占领,前进 150 英里,击毙日军联队长原好三大佐以下 2430 人,中国军队仅伤亡 1018 人。中国军队乘胜追击,在南坎、新维、腊戌战斗中连战皆捷。1945 年 1 月下旬,中国驻印军与云南中国远征军会师于木姐,完全打通中印交通。

中国驻印军的作战,得到中国远征军的策应。早在 1944 年 4 月,中国方面就拟订了"远征军策应驻印军作战指导方案",拟以第 53 军为第一线,第 54 军为第二线,向固东街、江苴街之线进击,相机占领腾冲。美国总统罗斯福逼迫蒋介石出动远征军后,中国方面迅即发起腾冲战役,至 1944 年 9 月 14 日,日军藏重康美大佐以下全部被击毙,腾冲城"尸填街巷,血满城沿"。"青白之旗乃复飘扬边陲重镇。"腾冲战役进行之时,松山、龙陵战役接着打响,日军虽表现出顽强的战斗力,但最终均以失败而告终,被击毙 9 000 余人,中国方面也伤亡官兵 18 550 人。"伤亡之重,实为抗战八来年所仅见。"远征军此后横扫芒市、遮放河和畹町,将侵入云南境内的日军完全驱逐。中国军队合力打通中印交通线,说明中国军队只要有严格的训练、较好的装备和恰当的指挥,完全可以在战场上发挥积极的战斗作用。特别是中国驻印军,在人数大大少于日军的情况下,消灭了大量的日军有生力量,为中国赢得了世人的尊敬,在第二次世界大战史上留下了辉煌的一笔。

缅甸战役是太平洋战争爆发后,中英美同盟首次大规模的军事合作。其悲剧性的结果,直接影响了蒋介石对同盟的态度。他愤激地写道:"英人对我缅甸军队一切不顾,至邱吉尔的态度,对我国等于唾弃,以怨报德,徒有势利而无信义……今而后知所谓同盟与互助,皆为虚妄之言。"尽管此后的事实并非如此,尤其是美国对中国抗战给予了较多的帮助,蒋介石仍然走上了消极避战、保存实力的歧途

　　　　——引自张宪文主编《中华民国史》第三卷第二章《中国抗战纳入国际反法西斯战争》.

【讨论理解】

1. 为什么说中国人民的抗日战争是世界反法西斯战争的重要组成部分?
2. 世界反法西斯同盟为什么会最终形成?
3. 中国远征军在世界反法西斯战争中的地位。

【案例点评】

中国人民的反法西斯战争是世界人民反法西斯战争的一个重要组成部分。但是我们要清醒地认识到为什么英美为首的西方国家会和中国主动结成反法西斯同盟,最关键的还是他们本国的利益受到了世界法西斯的威胁。他们仅仅依靠自身的力量无法取得世界

反法西斯战争的胜利,需要中国的力量和他们一起作战,才有可能赢得这场战争的胜利。一切国家之间并没有永恒的朋友,也没有永恒的敌人,只有永恒的国家利益。我们中国人只有坚持党的领导,走社会主义道路,建设一个强大的中国,才能维护中国的利益,才能赢得世界的尊重与合作。一旦离开党的领导,离开社会主义道路,国家的独立和完整都谈不上,更谈不上国际合作和国际社会对我们的尊重。

【教学建议】

此案例可以放在中篇综述第一部分《中国所处的时代和国际环境》后,通过引导学生阅读,让学生通过真实的案例来理解我们所处的国际环境,理解弱国无外交,理解实现中华民族伟大复兴的重要意义。

三、课内实践,注重提升

实践项目:主题演讲——山东是中国的耶路撒冷

【背景资料链接】

《我的一九一九》
——顾维钧在巴黎和会上的演讲

在我发言之前,请大家先看一样东西。进入会场的时候,牧野先生为了讨好我,争得在中国山东省的特权,把这块金表送给了我。

牧野男爵愤怒了! 他真的愤怒了! 估且就算我偷了牧野男爵的金表,那么我倒想问问牧野男爵,你们日本,你们日本在全世界面前偷了中国的一个山东省,山东省三千六百万人民该不该愤怒! 四万万中国人民该不该愤怒! 请问日本的这个行为算不算偷窃? 是不是无耻? 是不是极端的无耻!

山东是中国文化的摇篮,中国的圣哲孔子、孟子就诞生在这片土地上,孔子,犹如西方的耶稣。山东是中国的,无论从经济上、战略上、还是宗教文化。中国不能失去山东就像西方不能失去耶路撒冷。

尊敬的主席阁下,尊敬的各位代表,我很高兴能代表中国参加此次和会,我自感责任重大,因为我是代表了占世界人口四分之一的中国在这里发言。刚才牧野先生说,中国是未出一兵一卒的战胜国,这是无视最起码的事实。请看……一张张战争期间的照片,战争期间,中国派往欧洲的华工就达十四万,他们遍布战争的各个角落,他们和战胜国的军人一样,在流血在牺牲。请看这是一张在法国牺牲的华工墓地的照片,像这样的墓地在法国就有十几个,而他们大多来自中国的山东省,他们为了什么,就是为了赢得这场战争,换回自己家园的和平和安宁。因此中国代表团深信会议在考虑讨论中国山东省问题的时候,会考虑到中国的基本合法权益,也就是主权和领土完整,否则亚洲将会有无数灵魂在哭泣,世界将不会得到安宁。

但是,最让中国代表团无法相信的是,尊敬的各位代表居然作出了如此让人无法接受的决定。

我很失望,最高委员会无视中国人民的存在,出卖了作为战胜国的中国,我很愤怒,我很愤怒!你们凭什么,凭什么把中国的山东省送给日本人?中国人已经做到仁至义尽。我想问问,我想问问这份丧权辱国的和约,谁能接受!

所以我们拒绝签字。

【活动目标】

通过主题演讲,让同学们了解巴黎和会召开的历史背景,认识中国巴黎和会外交上的失败是五四运动爆发的导火线,深刻领会弱国无外交,激发广大同学的爱国主义情感。

【活动方案】

1. 活动时间:课前 20 分钟
2. 活动地点:教室
3. 采用自荐和推荐相结合的方式,每班推举 2—3 名学生做课前演讲。利用课余时间搜集资料,撰写演讲稿。
4. 教学要求:以"我眼中的巴黎和会"为视角,自行拟定主题,立场明确,观点鲜明,富有感情。

【活动评价】

序号	评价项目	满分	得分
1	资料搜集情况	20	
2	演讲稿撰写情况	20	
3	课堂演讲情况	60	

第四章　开天辟地的大事变

一、内容梳理，同步练习

内容梳理

【教学目标】通过本章教学，让学生正确认识北洋军阀的统治，新文化运动及五四运动的历史意义，中国先进分子对马克思主义的选择，中国共产党成立的意义，理解中国共产党的成立是中国社会发展和革命发展的客观要求，是"开天辟地大事变"。

【教学重点】中国先进分子为什么会选择马克思主义？中国共产党的成立与革命新高潮的兴起。

【教学难点】为什么说中国共产党的成立是"开天辟地大事变"？

【教学时间】2学时

【主要内容】

1　新文化运动和五四运动

　　1.1　新文化运动与思想解放的潮流

　　1.2　十月革命与马克思主义在中国的传播

　　1.3　五四运动：新民主主义革命的开端

2　马克思主义进一步传播与中国共产党诞生

　　2.1　中国早期马克思主义思想运动

　　2.2　马克思主义与中国工人运动的结合

　　2.3　中国共产党的创建及其意义

3　中国革命的新局面

　　3.1　制定革命纲领，发动工农运动

　　3.2　实行国共合作，掀起大革命高潮

同步练习

（一）单项选择题

1. 新文化运动的基本口号是(　　　)

　　A. 科学与民主　　　　　　　　　　　　B. 民生与科学

　　C. 独立与富强　　　　　　　　　　　　D. 民主与自由

2. 新文化运动是从 1915 年 9 月陈独秀在上海创办的(　　　)开始的

　　A.《新青年》　　　　B.《论衡》　　　　C.《青年杂志》　　　　D.《青年文丛》

3. 最能体现五四运动性质的口号是(　　　)

　　A. 废除"二十一条"　　　　　　　　　　B. 还我青岛

　　C. 外争国权,内惩国贼　　　　　　　　　D. 拒绝在和约上签字

4. 第一次国共合作的政治基础是(　　　)

　　A. 三民主义　　　　　　　　　　　　　　B. 讨伐北洋军阀

　　C. 联俄、联共、扶助农工的三大政策　　　D. 新三民主义

5. 北洋军阀反动政治武装集团的主要社会支柱是(　　　)

　　A. 地主阶级和买办阶级　　　　　　　　　B. 地主阶级和城市小资产阶级

　　C. 官僚资产阶级和民族资产阶级　　　　　D. 民族资产阶级和城市小资产阶级

6. 1919 年"五四"运动以前的新文化运动是(　　　)

　　A. 农民阶级民粹主义的文化运动　　　　　B. 小资产阶级无政府主义的文化运动

　　C. 无产阶级社会主义的文化运动　　　　　D. 资产阶级民主主义的文化运动

7. 1919 年五四运动爆发的直接导火线是(　　　)

　　A. 北洋政府与日本签订的"二十一条"　　B. 北洋政府拒绝恢复《临时约法》

　　C. 巴黎和会上中国外交的失败　　　　　　D. 华盛顿会议上中国外交的失败

8. 以国共合作为基础的统一战线形成的标志是(　　　)

　　A. 中国国民党"一大"　　　　　　　　　　B. 中国共产党"一大"

　　C. 中国国民党"二大"　　　　　　　　　　D. 中国共产党"二大"

9. 在中国大地上率先举起马克思主义旗帜的是(　　　)

　　A. 陈独秀　　　　　B. 李大钊　　　　　C. 毛泽东　　　　　D. 董必武

10. 在中国早期信仰马克思主义的先进分子中,来自于五四爱国运动左翼骨干的代
　　表是(　　　)

　　A. 陈独秀　　　　　B. 毛泽东　　　　　C. 李大钊　　　　　D. 董必武

11. 1920 年建立的中国最早的共产党组织是(　　　)

　　A. 北京共产主义小组　　　　　　　　　　B. 上海共产主义小组

　　C. 武汉共产主义小组　　　　　　　　　　D. 广州共产主义小组

12. 标志着共产党和共产主义的旗帜在中国大地上树立起来的是(　　　)

　　A.《民报》　　　　B.《新青年》　　　　C.《民国日报》　　　　D.《共产党》

13. 1921 年诞生的中国共产党是(　　　)

　　A. 新文化运动与中国革命相结合的产物

　　B. 中国知识分子与工人阶级相结合的产物

　　C. 五四运动与中国革命相结合的产物

　　D. 马克思主义与中国工人运动相结合的产物

14. 表明蒋介石彻底叛变革命的是(　　　)

　　A. 中山舰事件　　　　　　　　　　　　　B. "四·一二"反革命政变

C. 整理党务案　　　　　　　　　D. "七·一五"反革命政变

15. 标志着中国新民主主义革命伟大开端的是( )

A. 新文化运动　　B. 中国共产党成立　C. 国共第一次合作　D. 五四运动

16. 1921 年 7 月,中国共产党第一次全国代表大会召开在( )

A. 上海　　　　　B. 广州　　　　　　C. 武汉　　　　　　D. 北京

17. 中国第一个工人运动的高潮开始于( )

A. 五四运动　　　　　　　　　　B. 香港海员罢工

C. 京汉铁路工人罢工　　　　　　D. 安源路矿工人罢工

18. 中国共产党明确地提出反帝反封建民主革命纲领的大会是( )

A. 中共"一大"　　B. 中共"二大"　　C. 遵义会议　　　D. 中共"三大"

19. 黄埔军校同一切旧式军校根本区别在于( )

A. 孙中山亲自兼任总理

B. 聘请苏联红军将领为军事顾问

C. 把政治教育提到和军事训练同等重要的地位

D. 有大批党团员和革命青年到军校学习

20. 同李大钊、陈独秀多次交谈,商讨在中国建党问题的共产国际代表是( )

A. 马林　　　　　B. 维经斯基　　　　C. 鲍罗廷　　　　　D. 越飞

21. 1921 年 9 月,中国共产党领导成立的第一个农民协会是在( )

A. 浙江省萧山县　B. 广东省海丰县　　C. 湖南省湘潭县　　D. 福建省上杭县

22. 中国共产党正式确立第一次国共合作方针和办法的会议是( )

A. 中共"二大"　　　　　　　　B. 中共西湖会议

C. 中共"三大"　　　　　　　　D. 中共瓦窑堡会议

23. 1927 年,汪精卫在武汉制造的导致国共合作全面破裂的事件是( )

A. 中山舰事件　　　　　　　　　B. "四·一二"反革命政变

C. 整理党务案　　　　　　　　　D. "七·一五"反革命政变

参考答案:

1. A　2. A　3. C　4. D　5. A　6. D　7. C　8. A　9. B　10. B　11. B
12. D　13. D　14. B　15. D　16. A　17. B　18. B　19. C　20. B　21. A　22. C
23. D

(二) 多项选择题

1. 各地共产党早期组织创办的供工人阅读的马克思主义启蒙教育刊物有( )

A.《劳动界》　　　　　　　　　B.《劳动音》

C.《工人月刊》　　　　　　　　D.《济南劳动月刊》

2. 下列对大革命的叙述,正确的是( )

A. 以国共两党合作,形成统一战线形式推进大革命的发展

B. 中共领导的工农运动蓬勃发展,工人掀起反帝爱国运动新高潮,有较好的群众
基础

  C. 有正规的新式的军队即国民革命军

  D. 消灭了吴佩孚、孙传芳、张作霖的封建军阀,给帝国主义沉重打击

3. 新文化运动的主要阵地是(　　　)

  A. 北京大学   B. 中山大学

  C.《新青年》编辑部   D.《湘江评论》编辑部

4. 五四运动在 1919 年 6 月 3 日后发生的重要转变是(　　　)

  A. 运动的中心从北京转到西安 B. 运动的中心从北京转到上海

  C. 运动的主力从学生转为工人 D. 运动的主力从工人转为农民

5. 五四运动具有的历史特点是(　　　)

  A. 反帝反封建的彻底性

  B. 促进了马克思主义在中国的传播

  C. 促进了马克思主义与中国工人运动的结合

  D. 真正的群众运动

6. 中国共产党与国民党以党内合作方式实现第一次国共合作,关于党内合作问题,下列叙述正确的是(　　　)

  A. 党内合作形式是经共产国际决定的

  B. 党内合作是共产党员以个人名义加入国民党

  C. 党内合作实质上是国共合并

  D. 党内合作是中国共产党首先提出的

7. 下列属于中国早期马克思主义者的是(　　　)

  A. 陈独秀   B. 孙中山   C. 董必武   D. 周恩来

8. 毛泽东对斯诺说:"有三本书特别深刻地铭刻在我的心中,建立起我对马克思主义的信仰。"这三本书是指(　　　)

  A.《社会主义史》 B.《共产党宣言》 C.《哲学辞典》 D.《阶级斗争》

9. 中国早期信仰马克思主义的先进分子的主要类型是(　　　)

  A. 五四爱国运动的左翼骨干 B. 五四以前的新文化运动精神领袖

  C. 一部分原同盟会的会员   D. 中国产业工人中的优秀分子

10. 中国早期信仰马克思主义的先进分子中,来自于辛亥革命时期的活动家是(　　　)

  A. 董必武   B. 林伯渠   C. 吴玉章   D. 蔡和森

11. 中国各地共产党早期组织成立后着重进行的是(　　　)

  A. 研究和宣传马克思主义

  B. 到工人中开展宣传和组织工作

  C. 建立革命统一战线

  D. 开展关于建党问题的讨论和实际组织工作

12. 1926 年蒋介石制造的旨在打击共产党和工农革命力量的事件是(　　　)

  A. 商团叛乱 B. 暗杀廖仲恺 C. 中山舰事件 D. 整理党务案

13. 五四时期,研究和宣传马克思主义的社团有(　　　)

　　A. 马克思主义研究会　　　　　　B. 马克思学说研究会

　　C. 新民学会　　　　　　　　　　D. 工读互助团

14. 中国共产党早期组织的成员和反马克思主义思潮进行的主要论战是(　　)

　　A. 同康有为关于"改良与革命"的论战

　　B. 同胡适围绕"问题与主义"的论战

　　C. 同张东荪等关于社会主义的论战

　　D. 同黄凌霜等无政府主义者的论战

15. 在中国工人运动第一个高潮中,中国共产党领导的罢工斗争有(　　)

　　A. 安源路矿工人罢工　　　　　　B. 香港海员罢工

　　C. 京汉铁路工人罢工　　　　　　D. 开滦煤矿工人罢工

16. 1926年7月开始的北伐战争的主要对象是(　　)

　　A. 皖系军阀段祺瑞　　　　　　　B. 直系军阀孙传芳

　　C. 奉系军阀张作霖　　　　　　　D. 直系军阀吴佩孚

17. 中国国民党第一次全国代表大会实际确立的三大政策是(　　)

　　A. 联俄　　　　B. 打倒军阀　　　　C. 联共　　　　D. 扶助农工

参考答案：

1. ABCD　2. ABC　3. AC　4. BC　5. ABCD　6. AB　7. ACD　8. ABD
9. ABC　10. ABC　11. ABD　12. CD　13. ABC　14. BCD　15. ABCD　16. BCD
17. ACD

(三) 简述题

1. 简析五四运动爆发的原因。

答案要点：

　　五四运动是中国近代史上一个划时代的事件,它是在新的时代条件和社会历史条件下发生的。(1) 中国工人阶级的成长、壮大,为运动的爆发准备了新的社会力量;(2) 新文化运动掀起的思想解放潮流。受到这个潮流影响的年轻一代知识界,尤其是那些具有初步共产主义思想的知识分子,为五四运动准备了最初的群众队伍和骨干力量;(3) 俄国十月革命对中国的影响;(4) 巴黎和会上中国外交的失败,激起了各阶层人民的强烈愤慨,成为五四运动的直接导火索。

2. 为什么说五四运动是中国新民主主义革命的开端?

答案要点：

　　(1) 五四运动发生在俄国十月革命之后,发生在无产阶级社会主义革命的时代,表现了反帝反封建的彻底性;

　　(2) 五四运动是一次真正的群众运动,中国工人阶级已经作为一支独立的政治力量登上历史舞台,成为运动的主力军;

　　(3) 在五四时期,已经涌现出了一批拥护十月革命、具有初步共产主义思想的先进分子,成为运动的左翼和领导力量;

（4）五四运动促进了马克思主义在中国的传播及其与中国工人运动的结合。

3．简述第一次国共合作的政治基础。

答案要点：

第一次国共合作的政治基础和共同纲领是新"三民主义"。（1）民族主义突出了反对帝国主义的内容，强调对外争取中华民族的独立，同时主张国内各民族一律平等；（2）民权主义强调民权为一般平民所共有，不应为"少数人所得而私"；（3）民生主义在"平均地权"基础上增加了"节制资本"的原则，并提出改善工农的生活状况。新"三民主义"与中共在民主革命时期的纲领在基本原则上是一致的，成为国共合作的政治基础和革命统一战线的共同纲领。

4．第一次国共合作有哪些积极的结果？简要说明之。

答案要点：

（1）第一次国共合作的形成，加快了中国革命前进的步伐。1924年，工人运动开始复兴，农民运动也有了初步开展；

（2）国共合作创办了黄埔陆军军官学校，为未来的革命战争准备了军事力量的骨干；

（3）1925年5月，以"五卅运动"为起点，掀起了全国范围的大革命高潮；

（4）1926年7月，以推翻北洋军阀统治为目标的北伐战争开始，随着北伐的胜利进军，中国形成了历史上空前广大的人民解放运动，帝国主义、封建主义的统治受到了严重的打击。

5．简述大革命失败的原因。

答案要点：

（1）从客观上讲是"三个由于"：由于反革命力量的强大；由于资产阶级发生严重的动摇；由于蒋介石集团、汪精卫集团先后被帝国主义势力和地主阶级、买办资产阶级拉进反革命营垒里。

（2）从主观上讲是以陈独秀为代表的右倾机会主义的错误，放弃了无产阶级对于农民群众、城市小资产阶级和民族资产阶级的领导权，尤其是武装力量的领导权，使大革命遭到了失败。

（3）大革命后期共产国际一些错误的指导。

6．中国先进分子为什么选择马克思主义？

答案要点：

（1）是包括辛亥革命之前的各种救国思想均遭失败后，中国革命需要新的强大思想武器指导的客观必然要求；

（2）新文化运动为选择马克思主义开辟了思想解放的通道；

（3）中国工人阶级队伍的壮大和工人运动的发展为选择马克思主义奠定了阶级基础；

（4）十月革命伟大胜利为选择马克思主义提供了有利条件；

（5）五四以后，中国先进知识分子对中国社会改造进行了多种探索与实践，其理论指导有西方社会各种理论和主义，但均遭失败，推动了知识分子选择马克思主义的进程。

7. 为什么说共产党的成立是"开天辟地的大事变"？

答案要点：

（1）中国共产党的成立，标志着中国革命终于有了一个坚强的领导核心；

（2）标志着中国革命终于有了一个科学的指导思想；

（3）标志着中国革命结束了一再失败的局面，开创了从此走向胜利的伟大局面；

（4）预示着中国必将结束半殖民地半封建社会的悲惨历史；预示着历史和各族人民最终选择了社会主义道路，并在党的领导下，开始了中华民族的伟大复兴！

（四）材料分析题

1. 阅读材料，回答下列问题：

材料1：

陈独秀在《新青年》上著文宣告："我们现在认定只有两位先生（即德先生和赛先生），可以救治中国政治上、道德上、学术上、思想上的一切黑暗。"

材料2：

李大钊在《庶民的胜利》一文中写道："须知一个新生命的诞生，必经一番苦痛，必冒许多危险。……这新纪元的创造，也是一样的艰难，是进化途中所必须经过的，不要恐怕，不要逃避的。……须知这种潮流，是只能迎，不可拒的。我们应该准备怎么能适应这个潮流，不可抵抗这个潮流。"

请回答：

（1）材料1中的这两位先生指的是什么？

（2）材料2中的"新纪元"、"这种潮流"各指的是什么？

（3）材料1和材料2各反映了两位作者什么性质的政治主张？促使前者的政治主张发展成后者的政治主张的国际因素是什么？

答案要点：

（1）指民主与科学；

（2）"新纪元"指的是社会主义革命时代，"这种潮流"指无产阶级的社会主义革命；

（3）材料1中陈独秀的政治主张还属于资产阶级民主革命性质，材料2中李大钊的政治主张已属于社会主义革命性质，促使前后变化的国际因素是俄国十月革命。

2. 阅读材料，回答下列问题：

材料1：

孙先生以大半辈子的光阴从西方资产阶级文化中寻找救国真理，结果是失望，转而"以俄为师"，这是一个偶然的事件吗？显然不是。孙先生和他所代表的苦难的中国人民，一齐被"西方的影响"所激怒，下决心"联俄联共"，和帝国主义及其走狗奋斗和拼命，但是不是偶然的。

　　——《唯心历史观的破产》,《毛泽东选集》第 4 卷,1515 页,北京:人民出版社 1991 年版。

　　材料 2:

　　因此,一九二四年国民党改组以前的三民主义,乃是旧范畴的三民主义,乃是过时了的三民主义。如不把它发展到新三民主义,国民党就不能前进。聪明的孙中山看到了这一点,得了苏联和中国共产党的助力,把三民主义重新作了揭示,遂获得了新的历史特点,建立了三民主义同共产主义的统一战线,建立了第一次国共合作,取得了全国人民的同情,举行了一九二四年至一九二七年的革命。

　　——《新民主主义论》,《毛泽东选集》第 2 卷,693 页,北京:人民出版社 1991 年版。

　　材料 3:

　　目前解救中国的唯一道路只有人民组织起来,在国民革命的旗帜之下,推翻直系,解除一切军阀的武装,尤其要在根本上推翻外国帝国主义在中国一切既得的权利与势力。只有这样才能免除定期的残杀与战争,只有这样才能得到永久真正的和平。全国被压迫的人民! 你们看呀:外国帝国主义刚刚构成这次内战,同时他们在华盛顿与伦敦之间便发起(由美国发起)干涉中国内政,采取强制号召各派势力以和平会议的方式来亡中国。全国被压迫的人民呀! 亡国的惨祸是由这次外国帝国主义构成的内战临头了! 你们尚可希望军阀给你们以"正义",帝国主义给你们以"和平"吗? 起来! 起来!

　　——《中国共产党第三次对于时局的宣言》,载《向导》第 82 期,1924 - 09 - 10.

　　请回答:

　　(1) 根据材料 1,说明第一次国共合作建立的历史原因。

　　(2) 根据材料 2,说明第一次国共合作建立的政治基础。

　　(3) 根据材料 1、2、3,说明中国共产党在国民革命中发挥的历史作用。

答案要点:

　　(1) 在列强的操纵下,封建军阀割据、混战的局面愈演愈烈,"打倒列强,铲除军阀"成为全国人民的共同愿望。共产党认为在中国当时的政党中,只有国民党算得上是真的民主派。而且孙中山及其领导的国民党在当时人们的心中有崇高的威望。孙中山在多次革命后也认识到依靠军阀搞革命是不行的,所以国共合作也是两党共同的愿望,当然合作也离不开共产国际的帮助和推动。

　　(2) 新"三民主义"是第一次国共合作的政治基础。民族主义突出了反对帝国主义的内容,强调对外争取中华民族的独立,同时主张国内各民族一律平等;民权主义强调民权为一般平民所共有,不应为"少数人所得而私";民生主义在"平均地权"基础上增加了"节制资本"的原则,并提出改善工农的生活状况。新"三民主义"与中共民主革命时期的纲领在基本原则上是一致的,成为国共合作的政治基础和革命统一战线的共同纲领。

　　(3) 政治上,中共根据历史发展的进程提出了基本的政治纲领和政治口号。组织上,在中共的推动、帮助和组织下,建立了国共合作的革命统一战线,把国民党改组为各革命阶级的联盟;群众运动方面通过统一战线的组织形式,宣传党的纲领,积极开展工农运动,推动了全国革命形势的发展。军事上,在中共推动下,建立了革命的武装、创办了黄埔军校,在国民革命军中建立了政治工作制度。

二、精选案例,巩固深化

精选案例 1

成就北大的"三只兔子"

对于胡适与陈独秀性格之异同,鲁迅曾有一段很有趣的文字:假如将韬略比作一间仓库罢,独秀先生的是外面竖一面大旗,大书道:"内皆武器,来者小心!"但那门却开着的,里面有几支枪,几把刀,一目了然,用不着提防。适之先生的是紧紧的关着门,门上粘一条小纸条道:"内无武器,请勿疑虑"……

胡适曾俏皮地说过:"北大是由于三只兔子而成名的。"这"三只兔子"分别是蔡元培、陈独秀、胡适,因三人的个人属相都是兔子而得名。蔡元培生于同治丁卯年(1867 年),陈独秀生于光绪己卯年(1879 年),胡适生于光绪辛卯年(1891 年),都是生在兔年,彼此之间相差 12 岁。

"老兔子"蔡元培

北京大学的前身是京师大学堂,其教师多为翰林院腐儒。学生多出身于贵族官僚或豪门之家,上学堂的目的就是升官发财,有的学生上课还带着听差。上体育课时,教员要毕恭毕敬地喊"老爷向右转,大人开步走";有的学生则是"八大胡同"的主顾。民国成立后,京师大学堂改称北京大学,经初步改革,学校面貌发生了一些变化,但由于受到"老爷"式学堂传统的影响,依然积弊甚多。

在蔡元培之前,北大这个"烫手山芋"已经在好几位校长手里流转。第一任校长是颇具声名的学者、思想家严复;但其难以应付棘手的日常事务,不到 8 个月就急流勇退。蔡元培知难而进,毅然赴任。报界当时作了这样的报道:"蔡子民先生于二十二日抵北京,大风雪中,来此学界泰斗,加晦雾之时睹一颗明星也。"

蔡元培改造北大的法宝,即为众所周知的"八字方针":思想自由,兼容并包。学校应保持独立的资格,不受各派政党或教会的影响,实行教授治校、民主管理。蔡元培对各路人才的涵容吸纳,不论长幼、政治观点、学历背景,一律唯才是举。一时间,北大成为大师云集的场所,"新潮"与"国故"对垒,白话与文言相争,流派纷呈,百家争鸣,北大从此不再平静。教师们的观点常常尖锐对立,但恰恰是这些差异形成了一种创造力,在自由的空气中每个人自由地发挥所长,"万物并育而不相害,道并行而不相悖",北大显示出她的大气与活力。陈独秀在《蔡子民先生逝世后感言》中称赞道:"这样容纳异己的雅量,尊重学术自由思想的卓见,在习于专制、好同恶异的东方人中实所罕有。"蔡元培的出现,才将北大由一所痼弊缠身的旧式学堂变为了生机勃勃的新式大学。

"中兔子"陈独秀

陈独秀为人桀骜,个性极强,他曾有过这样的立论:"世界文明的发源地有二:一是科学研究室,一是监狱。我们青年要立志出了研究室就入监狱,出了监狱就入研究室,这才是人生最高尚的生活。"

陈独秀当年进北大,还是爱才如命的蔡元培多次延请的结果。陈独秀被蔡元培的诚意感动,决定举家迁往北京,出任北京大学文科学长。陈独秀当时"是一员闯将,是影响最大、也是最能打开局面的人"。陈独秀到任后,整顿北大文科,协助蔡元培全面整顿北京大学,多方延聘人才。不久,北大文科就成立了以陈独秀为首,胡适、沈尹默、章士钊、钱玄同等人参加的学制改革机构,启动了文科改革,改变了北大文科的面貌。

《新青年》编辑部亦随之迁至北京北池子箭杆胡同9号(今20号)陈的家中。从此,北京大学也成为了新文化运动的核心。陈独秀当之无愧地成为新文化运动的旗手和主帅,当年从箭杆胡同9号发出的声声呐喊震撼着整个中国。作为"五四运动的总司令"(毛泽东语),陈独秀极大地提升了北大的社会知名度与历史地位。

陈独秀在中国历史上第一个举起民主、科学两面大旗,对于中国近现代历史的发展产生了巨大影响。他创办的《新青年》杂志,是中国近现代历史上影响最大的刊物,教育、引导了整整一代人。

"小兔子"胡适

1917年7月,胡适在美国取得博士学位,学成归国。经陈独秀举荐,27岁的胡适成为一名年轻的北大教授。胡适在美国时就已在《新青年》上发表了《文学改良刍议》等文章,是新文化运动的领军人物,因此虽是小字辈,但到北大时已经声名鹊起。

在北大的前几年中,胡适著作颇丰,举国瞩目。在文学领域,他推出了第一部新诗集《尝试集》,第一部白话戏剧《终身大事》,第一部白话翻译外国文学作品集《短篇小说》,并率先将考证运用于古典小说研究,以《红楼梦考证》一文影响最大。在哲学领域,出版了《中国哲学史大纲》(上卷)。这些均为开山之作。

20世纪30年代,蒋梦麟担任北大校长,胡适担任北大文学院院长。胡适用他的声望请来了孟森、钱穆、俞平伯、梁实秋、闻一多等知名人士来北大任教。内战时期,胡适接替傅斯年为北大校长,为北大在乱世中的发展做出了一定的贡献。

当年的北大,牛人太多。仅属兔子的名教授,就有好几位。周作人在《知堂回想录》一书中有一篇《卯字号的名人》,文中记述了几个属兔的北大名人,即"两个老兔子"和"三个小兔子"。文中未提蔡元培,也许蔡元培乃北大校长之缘故,提到的"老兔子"是陈独秀和朱希祖,"小兔子"是胡适、刘半农和刘文典,当时三人均27岁,虽年轻但著述颇多,已是北大小有名气的教授。

——摘自,刘继兴《成就北大的"三只兔子"》,新华每日电讯,2013年11月22日.

【讨论理解】

1. 新文化运动爆发的历史背景是什么?

2. 为什么说蔡元培、陈独秀和胡适是新文化运动的代表人物?

3. 如何评价新文化运动的历史意义?

【案例点评】

新文化运动为 20 世纪早期中国文化界中,由一群受过西方教育的人发起的一次革新运动。1919 年 5 月 4 日前夕,陈独秀在其主编的《新青年》刊载文章,提倡民主与科学(德先生与赛先生),推动了新文化运动的展开。运动的基本内容是:提倡民主,反对封建专制和伦理道德,要求平等自由,个性解放,主张建立民主共和国;提倡科学,反对尊孔复古思想和偶像崇拜,反对迷信鬼神,要求以理性与科学判断一切;提倡新文学,反对旧文学和文言文,开展文学革命和白话文运动。在这一时期,陈独秀、胡适、鲁迅等人成为新文化运动的核心人物,这一运动并成为五四运动的先导。

新文化运动的兴起有特定的历史背景。政治方面:帝国主义加紧侵略,军阀统治日趋黑暗,必须继续进行反帝反封建斗争;经济方面:一战期间,中国资本主义进一步发展,资产阶级强烈要求实行民主政治,发展资本主义,这是根本原因;思想文化方面:西方启蒙思想进一步传播,民主共和的思想深入人心。北洋军阀推行尊孔复古的逆流(民主共和观念和尊孔复古逆流势不两立)。更为重要的是当时的人们对于辛亥革命失败的反思。经过辛亥革命,先进的知识分子认识到,革命失败的根源在于国民脑中缺乏民主共和意识,必须从文化思想上冲击封建思想和封建意识,通过普及共和思想来实现真正的共和政体。

新文化运动是一次前所未有的思想解放和启蒙运动,为马克思主义在中国的传播开辟了道路。"五四"以后的新文化运动,更是成为宣传马克思主义及各种社会主义的思想运动,使旧民主主义的文化运动转变为由马克思主义理论指导的新民主主义的文化运动。

【教学建议】

此案例可以放在第四章"开天辟地大事变",配合新文化运动和五四运动的相关内容予以介绍,帮助同学认识新文化运动和五四运动的历史背景和历史意义。

精选案例 2

"南陈北李,相约建党"

五四运动之后,研究和宣传社会主义成为进步思想界的主流,中国出现了一批具有初步共产主义思想的知识分子。其中,有两个突出的代表人物——李大钊和陈独秀。

李大钊是在中国大地上举起社会主义旗帜的第一人。俄国十月革命爆发后,李大钊经过深入观察和思考,先后发表《法俄革命之比较观》、《庶民的胜利》、《布尔什维主义的胜利》等文章,积极宣传马克思主义。陈独秀是新文化运动代表人物,是五四运动的"总司令"。1915 年 9 月,陈独秀在上海创办《青年杂志》(后改名为《新青年》),掀起了一场空前的新文化运动。1917 年,受聘为北大文科学长,《新青年》编辑部也迁至北京,成为新文化运动的主要阵地。

1919 年 6 月 11 日,为了营救在五四运动中被捕的学生,陈独秀起草了《北京市民宣言》，并在北京前门外新世界游艺场散发，遭到反动当局逮捕。陈被捕后，全国舆论一片哗然，各界强烈谴责北洋政府。慑于舆论压力，京师警察厅于 9 月 16 日释放了陈独秀，但规定陈独秀行踪要受警察署严密监视，离京必须报告。对此，陈独秀未予理会。

应汪精卫、章士钊邀请，1920 年 1 月 29 日，陈独秀由北京去上海为西南军政府筹办西南大学。事成之后，他赶往武汉讲学。陈独秀的"高调"演讲在武汉引起轰动，报纸上连日登载报道，这引起湖北官吏惊骇，命令陈马上离开武汉。2 月 8 日傍晚，陈独秀由武汉返回北京。一回到住处，警察就登门"拜访"。李大钊认为陈独秀总受到警察监视骚扰，长久下去肯定不是办法。为了帮助陈独秀避免遭到迫害，他决定亲自护送陈独秀离开北京。他们设计了离京路线，决定先到天津，陈独秀再由天津去上海。据李陈二人的朋友高一涵回忆，当时正值年底北京一带生意人往各地收账之际，李大钊找了几本账簿，装扮成账房先生，陈独秀找了一顶毡帽、一件油背心，装扮成老板；两人雇用了一辆骡车，假装收账的样子，从朝阳门离京南下。由于李大钊是乐亭人，讲的是北方话，沿途一切交涉，都由李大钊出面办理，不让陈独秀张口，以免露出南方口音。就这样，二人顺利到达天津，陈独秀立马购买外国船票，坐船前往上海。在从北京到天津的路上，二人谈话的内容旁人难以知晓。但这次分手后，二人相继在北京和上海建立了共产党的早期组织，确是事实。这就成就了历史上"南陈北李，相约建党"的佳话。

1920 年 8 月，上海共产党小组成立，推举陈独秀为书记。10 月，在李大钊的领导下，北京共产党小组成立，命名为中国共产党北京支部，李大钊被推举为书记。早期组织建立后，积极发展党员，领导工农运动。1921 年 7 月，在上海法租界望志路 108 号，中国共产党诞生，从此"中国革命的面貌焕然一新"！

——参考《从党章发展看中国共产党成功之道》，载《中国共产党新闻网》.

【讨论理解】

1. 为什么说陈独秀、李大钊是中国共产党的早期创始人？他们为什么没有出席一大？

2. 中国共产党的早期组织对党的创建有什么意义？

3. 为什么说中国共产党诞生，从此"中国革命的面貌焕然一新"？

【案例点评】

1921 年 7 月 23—31 日，在上海和浙江嘉兴南湖召开了中国共产党的第一次全国代表大会。大会代表 12 人，代表全国 50 多名党员。他们是：李达、李汉俊（上海）、张国焘、刘仁静（北京）、毛泽东、何叔衡（长沙）、董必武、陈潭秋（武汉）、王尽美、邓恩铭（济南）、陈公博（广州）、周佛海（日本东京）。加上包惠僧（受陈独秀派遣）和列席会议的共产国际代表马林和尼科尔斯基，总共 15 人出席了"一大"。

7 月 30 日晚，"一大"举行第六次会议，原定议题是通过党的纲领和决议，选举中央机构。会议刚开始几分钟，法租界巡捕房密探突然闯入，这次会议被迫中断。会议在最后一天 7 月 31 日转移到浙江嘉兴南湖的游船上举行。党的"一大"宣告了中国共产党的正式成立。大会通过了中国共产党的第一个纲领和决议。纲领规定：党的名称是"中国共产党"；党的性质是无产阶级政党；党的奋斗目标是推翻资产阶级，废除资本所有制，建立无产阶级专政，实现社会主义和共产主义。

中共"一大"的召开是党的大事，为何党的两位最重要的创始人"南陈北李"（陈独秀、李大钊）都没有出席？说法不一。有说当时陈独秀在广州担任广东政府教育委员会委员长，又兼任广东大学预科校长，为筹备学校经费而奔忙（另一说是陈独秀花费了巨大心血筹建中国共产党，由于外国人马林包办中共成立大会的错误倾向，陈独秀等强烈抵制，他实为借故抵制未出席）。而李大钊缺席的原因却有几种说法，其中之一是李大钊当时是北大教授并兼任北大图书馆主任，正值北大学年结束，校务繁忙等原因不能抽身出席一大。也有说鉴于陈独秀、李大钊当时的社会地位，两人同时离开各自的工作岗位抵达上海，容易使一大的召开消息泄漏，不利于大会任务的完成。

早期党组织承担着三方面的主要工作：一是研究和宣传马克思主义；二是到工人中去进行宣传和组织工作；三是进行关于建党问题的讨论和实际组织工作。正如毛泽东所说的那样，中国共产党的成立是一个开天辟地的大事变。标志着中国革命终于有了一个坚强的领导核心，终于有了一个科学的指导思想，结束了一再失败的局面，开创了从此走向胜利的伟大局面。

【教学建议】

此案例可以放在第四章"开天辟地大事变"，配合马克思主义的进一步传播和中国共产党诞生予以介绍，帮助同学认识马克思主义在中国传播的历史必然性及中国共产党成立的历史背景和意义，理解中国共产党的成立是近代中国"开天辟地大事变"。

三、课内实践，注重提升

实践项目一：课堂讨论——青年毛泽东如何成长为一名马克思主义者

【目标要求】

通过搜集资料，追寻毛泽东成长的足迹，让学生深刻感受青年毛泽东为劳苦大众的解放而奋斗的政治抱负和革命理想，帮助学生树立为国家强盛、社会发展而努力学习的责任意识。同时，通过查找历史资料，让学生对 20 世纪初中国社会各方面的情况有所了解，为理解近代中国社会命运的发展走向提供感性认识。

【活动方案】

1. 活动时间：1 学时
2. 活动地点：教室
3. 组织方式：
（1）教师事先要求学生搜集青年毛泽东的有关资料，整理所搜集的资料，了解青年毛泽东的思想成长经历了哪些阶段，是什么因素促成了他阶段性的成长，以及每个成长阶段的表现,最终形成一个对毛泽东如何成长为坚定的马克思主义者的结论性认识。

（2）学生分小组参加课堂讨论会,结合自己搜集的材料和认识,谈谈自己关于青年毛泽东思想成长的想法。

（3）每小组派出一名代表面向全班开展课堂交流。

（4）教师总结并适当点评。

【实践成果】

学生个人完成资料搜集和整理工作,形成结论性认识,不少于 1 000 字,体现自己关于青年毛泽东思想成长的想法。

【活动评价】

序号	评价项目	满分	得分
1	个人搜集资料情况	20	
2	参与课堂小组谈论情况	30	
3	课堂发言情况	30	
4	评价情况	20	

【参考资料】

五四运动时的毛泽东:从爱国青年到马克思主义者

在中国近现代史的进程中,五四运动不仅标志着中国新民主主义革命的开端,而且是一场意义深远的思想解放运动。它启迪了人们的心智,影响了一批先进知识分子对中国出路的思考和选择。正是在五四运动中,青年毛泽东的思想发生了巨变,他由一般的民主主义者转变为激进的民主主义者,并最终成长为一个坚定的马克思主义者。

《新青年》杂志对青年毛泽东产生了很大的影响

1913 年春,青年毛泽东以优异的成绩考入湖南省立第一师范学校(简称湖南一师)。在湖南一师求学过程中,毛泽东目睹了洋人在中国的土地上耀武扬威,看到了军阀、官僚和财主们的横行霸道,更看到了穷苦人在死亡线上挣扎和呻吟。面对这一切,毛泽东的心,一刻也无法宁静,他常常思考和求索改变社会现实、解除人民痛苦的途径和方法。

在这个时候,国内民主革命运动正悄然兴起。1915 年 9 月,也就是毛泽东在一师掀起"学潮"之后不久,提倡新文化、宣传新思想的《青年杂志》(1916 年 9 月改名《新青年》)创刊了。它冲破军阀的文化封锁,传到三湘大地,也传到了湖南一师,唤醒了许多正在沉睡的人们。

当时,湖南一师教授杨昌济为这个杂志写文章,还向学生们推荐这个杂志。毛泽东后来曾对斯诺回忆说:"《新青年》是有名的新文化运动的杂志,由陈独秀主编。当我在师范学校做学生的时候,我就开始读这一本杂志。我特别爱好胡适、陈独秀的文章。他们代替了梁启超和康有为,一时成了我的模范。""有很长一段时间,每天除上课、阅报以外,看书,看《新青年》;谈话,谈《新青年》;思考,也思考《新青年》上所提出的问题。"

1917年3月,毛泽东将自己撰写的《体育之研究》投向《新青年》。这篇署名为"二十八画生"的文章以畅快淋漓的文风、逻辑严密的章法博得了陈独秀的赞赏,陈独秀将这篇文章全文发表在《新青年》上。毛泽东阅读了《新青年》以后,头脑受到了新思潮的猛烈冲击,观念发生了激剧变化,他深深感到,要想救中国,就必须进行根本改造。这便是毛泽东后来在《新民学会会务报告》中所说的考虑"如何使个人及全人类的生活向上"问题的发端,也是后来成立新民学会的最初思想动因。

1918年4月14日,新民学会在湖南长沙蔡和森家中成立。新民学会在毛泽东等组织和领导下,以战斗的姿态登上了中国历史舞台。此后,学会的主要会员,大都在"改造中国与世界"的革命实践中,逐渐锻炼成为勇猛急进的无畏战士。如蔡和森、何叔衡、陈昌、张昆弟、罗学瓒、向警予等革命先烈,就是其中的杰出代表。成立新民学会,是毛泽东学生时代最重要的社会活动,是他在湖南一师求学时的"杰作",也是他开始革命实践的第一步。通过新民学会,毛泽东将一批志同道合的朋友集合在自己的周围。他们早年是毛泽东砥砺品行、切磋学术的同窗学友,后来又是从事革命活动的亲密战友,并为革命事业奉献出自己的智慧、赤诚,直至热血和生命。

第一次到北京,迅速朝着马克思主义方向发展

新民学会成立后不久,1918年6月,毛泽东从湖南一师毕业了。那时刚好有鼓吹留法勤工俭学的印刷物传到了湖南。留法勤工俭学运动是在法国留学过的吴玉章和蔡元培等发起的。他们看到第一次世界大战时法国政府从中国招募了大批华人去法国做工,认为青年学生们也可以去法国半工半读,于是组织了"留法勤工俭学会",号召中国学生去法国勤工俭学。毛泽东与蔡和森等人于是在湖南大力发动、组织大批青年,先北上保定或北京预修法文,然后坐法国邮船的四等舱从上海去法国。毛泽东说:"我觉得我们要有人到外国去,看些新东西,学些新道理,研究些有用的学问,拿回来改造我们的国家。"留法勤工俭学运动促进了湖南与北方新文化运动的联系,而这一运动的又一成果,是后来从这些学生与工人中间产生了一批革命干部。

8月19日,毛泽东与罗学瓒、张昆弟、李维汉、罗章龙、萧子升等24名青年到达北京,随即会同蔡和森以主要精力从事赴法勤工俭学的准备工作。在北京组织留法勤工俭学的工作是艰辛的,生活也是艰苦的。当时他们每人每月只有几块钱的生活费,虽然毛泽东已经将自己的生活标准降到了很低,但是就这几块钱的生活费还是很难解决。10月间,经在北京大学当教授的杨昌济的介绍,毛泽东认识了当时任北大图书馆主任(馆长)的李大钊。李大钊安排他到图书馆当一名助理员。每天的工作除打扫卫生外,便是在第二阅览室登记新到的报刊和前来阅览者的姓名,管理15种中外报纸。虽然每月薪金只有8元,但也能够糊口了,而且还能够在图书馆里读书,毛泽东非常高兴。毛泽东充分利用这里的学习环境,工作之余,广泛阅读各种书籍报刊,研究各种学

说。更为难得的是,他和李大钊朝夕相处,从李大钊那里借来许多马克思主义书籍阅读,并利用工作之便经常向李大钊请教。毛泽东正是在这时开始接受马克思主义的。他后来回忆说:"我在李大钊手下,在国立北京大学当图书馆助理员的时候,就迅速地朝着马克思主义的方向发展。"

北京是新文化运动的中心。北京大学人才荟萃,又是新文化运动的发源地。校长蔡元培遵循"自由思想、兼容并包"的办学方针,各种思想、学术在这里争奇斗艳,新文化运动渐渐进入高潮。这种氛围,是毛泽东当时在湖南根本无法接触到的,这让他非常兴奋。他在这里读到许多过去从未读到过的书刊,接触到许多过去从未接触过的人物,还积极参加北京大学的两个学术团体。一个是 1918 年 10 月 14 日成立的新闻学研究会,由《京报》社长邵飘萍发起组织并主讲有关办报的业务知识。这对他以后创办《湘江评论》很有帮助。另一个是 1919 年 1 月成立的哲学研究会,由杨昌济、梁漱溟以及胡适、陈公博等人发起组织,它的宗旨是"研究东西诸家哲学,渝启新知"。

毛泽东亲眼见到了新文化运动中那些著名人物的活动,也结交了一些名人学者。他在湖南一师时就常读他们的文章,这时自然不放过当面请教的机会。他组织在京的十几个新民学会会员在北大同蔡元培和胡适座谈,"谈话形式为会友提出问题,请其答复。所谈多学术及人生观问题"。对陈独秀,毛泽东是崇拜的,认为"他是五四运动时期的总司令,整个运动实际上是他领导的"。

毛泽东的抱负和才干得到李大钊的赞赏,他认为毛泽东是"湖南学生青年的杰出领袖",亲自介绍他加入少年中国学会、新闻学研究会和北大哲学研究会。在北大期间,毛泽东多次聆听李大钊的讲演,阅读李大钊的文章,这对他的思想变化具有重要影响。他后来回忆说:"我对政治的兴趣越来越大,思想也越来越激进。"

1919 年 3 月 12 日,毛泽东离开北京,途中转道上海送别了蔡和森、萧子升等湖南青年登船赴法。之后,他决定回湖南去。

1919 年 4 月 6 日,毛泽东带着许多刚刚学到的新思想和活动经验回到长沙,住在修业小学。他的同班同学周世钊在这里任教。经周世钊推荐,校方聘请毛泽东担任历史教员,每周上 6 节课。工资不高,但毛泽东觉得这样也好,可以有更多的时间同长沙的新民学会会员加强联系,直接投身到社会活动之中。

五四运动中,毛泽东以《湘江评论》为平台,支援北京学生

1919 年 4 月,第一次世界大战的战胜国在巴黎和会上决定把战前德国在山东的一切权益交给日本,引起中国人民的强烈愤慨。4 月底,北京 2.5 万名学生向全国发出通电,要求收回青岛,号召全国人民在 5 月 7 日举行国耻纪念会,一致对外。1919 年 5 月 4 日,北京五千名学生举行群众游行示威活动。大家高呼"打倒卖国贼!""拒绝和约签字!""废止二十一条!""誓死收回青岛!""抵制日货!"等口号。群众把亲日派官员曹汝霖的住宅赵家楼也烧了,又把章宗祥痛打了一顿。段祺瑞执政府派出军警弹压,捕去 32 名学生。第二天,全北京的学生总罢课,表示抗议。5 月 6 日,成立了"北京中等以上学校学生联合会"。五四运动震动了全国各地。天津、上海、南京、武汉,以及广东、广西、福建、山西、陕西、浙江、江西、湖南、四川、安徽和东北三省的学生都起来响应。他们先后罢课,发通电、传单,作讲演宣传,查禁日货。5月9日,长沙的报纸冲破湖南督军张敬尧的新闻封锁,纷纷报道了北京学生的爱国运动。中旬,北京学生联合会派邓中夏回湖南联络,向毛泽东、何叔衡等介绍了北京学生运动的情况,商量改组现在的湖南学生联合会,以便发动湖南学生响应北京的爱国运动。

据新民学会会员蒋竹如回忆:"5月23日晚上,我正在一师十三班的自习室里复习功课,忽然毛泽东同志把我叫了出去。并告诉我:北京派来了两个代表……现在要商量一下怎样响应北京的学生运动。于是,他邀我和陈书农、张国基等几个人,到一师后山操坪里,在月光下商谈了一阵。决定通过新民学会会员的活动,每个学校举一个或两三个代表,于25日上午到楚怡小学开会。第二天,我们便分途进行,通知各校推派代表。"

5月25日,张国基、易礼容、彭璜等20余名各校学生代表汇集楚怡小学,毛泽东向他们介绍了邓中夏后,便由邓中夏通报北京学运情况。会议最后决定:成立新的湖南学生联合会,发动学生总罢课。3天后,湖南学生联合会正式成立。6月3日,在学联的组织下,长沙20所学校学生统一罢课,并向北京政府提出了拒绝巴黎和约、废除一切不平等条约等六项要求。学生联合会的会址设在湖南商业专门学校,由该校学生、新民学会会员彭璜任会长。它的工作人员也大多是新民学会会员。毛泽东住的修业小学离商专很近,有时就住在商专,就近指导。

五四运动发展到6月3日以后,形势更加高涨。全国各地各界纷纷响应,声援北京学生。北京政府不得已于6月9日下令罢免曹汝霖、陆宗舆、章宗祥三人,并答应不在巴黎和约上签字。6月28日,中国代表拒绝在和约上签字。

7月9日,由湖南学联发起,成立湖南各界联合会。学联在暑假期间组织讲演团,演新戏。青年学生们不辞辛苦,日夜劳作,进行各种爱国反日的宣传。长沙的工人们也组织宣传队,和学生们共同行动。湖南各县的学生和各界人民也都有同样的组织和活动。毛泽东一直站在运动的前哨,成为运动的积极组织者和领导者。他的行事作风,以重实干闻名。参与主持少年中国学会的李璜曾回忆说,有一段时间,他"每周必与毛会晤,会见十余次之后,深深了解到,以毛之性格而论,可能成为一个革命实行家。……(王)光祈主持'中'(按:少年中国学会的发起人之一),即提出'工读互助'的一题,来要大家讨论。我们在愚生家聚餐时曾讨论两三次(细节问题),议论甚多。到了第三次,毛泽东便不耐烦了!他忽然发言,说:'不要老是坐而论道,要干就干。你们诸位就把换洗衣服拿出来交与我去洗,一个铜子一件,无论大件小件,一样价钱,三天后交货拿钱。'后来他果真就这样做了"。王光祈也说,毛泽东"颇重实践,自称慕颜习斋之学主实行"。

为了开展湖南的革命运动,提高群众的政治觉悟,维护他们的革命热情,也为了发表自己的政见,湖南学生联合会和毛泽东觉得,在长沙办一个刊物很有必要。由此,1919年7月14日,《湘江评论》的创刊号出世了。这是和《每周评论》一样的一个小型的四开四版的报纸。报头旁边写着"发行所湖南学生联合会",说明这是学联的机关刊物。在报缝中登的"本报启事"里说:"本报以宣传最新思潮为主旨。""创刊宣言"由主编毛泽东亲自撰写,用较大一号的字排印,几乎占整个第一版的篇幅。这篇文章的立意新颖,热情奔放。

在当时"世界革命"呼声和"人类解放"运动的影响之下,毛泽东曾写道:"世界什么问题最大?吃饭问题最大。什么力量最强?民众联合的力量最强……"

毛泽东在《湘江评论》上发表的最重要的文章,是长篇论文《民众的大联合》,连载于第二、三、四期。在这篇文章中,他第一次公开赞颂了俄国十月革命及其影响。他说:"俄罗斯打倒贵族,驱逐富人,劳农两界合立了委办政府,红旗军东驰西突,扫荡了多少敌人,协约国为之改容,全世界为之震动。"毛泽东在这里详细论述人民必须联合、团结、组织起来以和有组织的统治压迫阶级对抗的极端重要性。

6月11日,陈独秀在北京散发传单时被捕,全国各界立即掀起营救陈独秀的运动。毛泽东也加入营救行列。他在《湘江评论》创刊号发表了重要文章《陈独秀之被捕及营救》,文章在介绍了陈独秀被捕经过和全国营救陈独秀、盛赞其几年来提倡新思潮的功绩后表示:"我们对于陈君,认他为思想界的明星。……陈君原自说过:出试验室,即入监狱;出监狱,即入试验室。又说:死是不怕的。陈君可以实验其言了。"

《湘江评论》发行后,引起社会各方面的重视,销路很好。第一期印2 000份,当天销完,又重印2 000份。它大大地推动和加强了学生运动,推动了知识界、教育文化界走向进步、走向革命。它不仅是提倡新文化、反对封建旧礼教的宣传者,而且是民众运动的组织者,经常讨论思想问题和社会上各种实际问题,并号召积极行动。7月21日《湘江评论》第二期出版的同时,又出了"临时增刊"第一号。28日,出第三期。从第二期起每期印5 000份。湖南各地以及武汉、广东的青年学生,一部分中小学教员及社会进步人士都争相抢购。

一个人思想上发生剧变,常常需要经历一个复杂的蜕变过程,不是一蹴而就的。毛泽东在这时选择的仍是温和的改良道路,觉得"这派人的意思更广、更深些"。然而军阀统治下的现实,却毫不"温和"。8月中旬,《湘江评论》第五期刚刚印出,便遭到湖南督军张敬尧的查禁,罪名是宣传"过激主义",被迫停办了。湖南学联也同时被强行解散。毛泽东和学联的工作人员搬到岳麓山湖南大学筹备处住下,继续从事革命活动。

《湘江评论》被封后,毛泽东又应邀主编了一个学校学生会出的周刊《新湖南》。他标明刊物的宗旨是:批评社会,改造思想,介绍学术,讨论问题。和《湘江评论》一样,这份刊物的大部分文章是毛泽东写的。文章有"社会主义是什么?无政府主义是什么?"等等。不久,《新湖南》也被张敬尧封闭了。毛泽东此后就在长沙《大公报》等报纸上发表文章,正面或侧面地揭露统治者的黑暗和封建制度的不合理。从办《湘江评论》起,毛泽东在进行社会政治等实际组织活动的同时,从事着革命的新闻工作、政论工作和思想理论工作,这些工作都取得辉煌的成绩,是他早期革命活动史上的重要一页。

从爱国青年到马克思主义者

湖南学生联合会和《湘江评论》等期刊虽然已被封禁,但一批积极分子仍然在毛泽东领导之下开展秘密活动。首先是驱张运动。1919年11月,湖南学联发出"再组宣言",继续开展各种活动。这时,在北洋军阀内部,直系和皖系起了激烈的冲突。直系的吴佩孚在进攻湖南时本是很出力而且有"功劳"的,但湖南省长兼督军的位置却被皖系的张敬尧占去了。驻在常德的冯玉祥,对张敬尧也表示不满。

毛泽东认为张敬尧已处于孤立的地位,驱逐他出湖南的时机已经成熟。现在只要人民组织起来,行动起来,就可以达到驱张的目的。首先就是学生和教育界有组织的行动。于是,毛泽东领导新民学会会员们立即召集学联积极分子,商量发动全省学校总罢课,联络省内省外力量开展驱逐张敬尧运动。经过日夜紧张活动,全省各校学生一致罢课。全省罢课实现之后,以新民学会会员为领导核心的学生界教育界组织"驱张代表团",分头到北京、衡阳、常德、上海、广州等处活动。

1920年初,直、皖两系的斗争更加尖锐化了。5月下旬,吴佩孚率部由衡阳北上,经长沙去武汉。原在湖南的谭延闿、赵恒惕趁机前进,向张敬尧节节进逼。张敬尧的部队不战而溃,他也于6月11日从长沙仓促出逃。这是湖南人民运动的一个大胜利。毛泽东亲自指挥,筹划了这一次反军阀的运动。他认为这个斗争就是许久以来大家所宣传、发动的反对帝国主义、反对封建军阀官僚强权、反对卖国政府的斗争;就是爱国运动和改造社会运动的一项实际行动,也是对付和改造当时湖南环境的一个必要行动。

1919年12月18日,毛泽东率领驱张代表团到达北京,这是他的第二次北京之行。为了要求撤办张敬尧,毛泽东率领的驱张代表团在京先后进行过7次请愿活动。毛泽东还作为请愿代表,义正词严地向国务总理靳云鹏提出了驱张要求。毛泽东的名字频频出现在报上各种驱张通电和新闻里,他的社会活动能力和政治才干越来越引人注意。病重在床的杨昌济特地致信当时任广州军政府秘书长、南北议和代表的章士钊,推荐毛泽东和蔡和森,说:吾郑重语君,二子海内人才,前程远大,君不言救国则已,救国必先重二子。

毛泽东还特地拜访了他的老师李大钊,向他汇报了湖南青年运动的情况。李大钊为进一步引导毛泽东走上马克思主义道路,特意向他推荐了一批有关共产主义和俄国十月革命的中文书籍,其中有马克思、恩格斯的《共产党宣言》节译本和柯卡普写的《社会主义史》等。受李大钊的影响,毛泽东对布尔什维克主义有了越来越浓厚的兴趣,很注意报刊上发表的介绍马克思主义的文章,特别留心搜寻和阅读当时能够找到的为数不多的中文版马克思主义书籍。那时,和毛泽东交往密切的邓中夏、何孟雄、罗章龙等举办的"亢慕义斋"("亢慕义"是德文"共产主义"的译音),油印了刘仁静翻译的《共产党宣言》。毛泽东于1920年2月间给在湖南的陶毅的信中说:"即我,历来很懵懂,很不成材,也狠(很)少研究。这一次出游,观察多方面情形,会晤得一些人,思索得一些事,觉得这几种问题,很有研究的价值。"李大钊推荐的这些书,对毛泽东世界观的转变产生了极为深刻的影响,促使他树立起了马克思主义的信仰。第一次在北京时毛泽东已经接触到了马克思主义,此次赴京更建立了他对这个伟大学说的完全的信仰。从这时起,他就毫不犹豫地、大踏步地走上了马克思主义的大道。

这一时期,毛泽东对留俄产生了极大的兴趣。他写信给新民学会留在长沙的朋友们,计划组织赴俄勤工俭学。但他自己当时仍坚持暂不出国,愿意在国内自己研究各种学问,特别是对中国的情形加以实地的调查、研究,并以长沙为基地。1920年4月1日,湖南改造促成会在上海成立。这是一个寻求如何改造和建设湖南的群众性政治团体。由彭璜、毛泽东等新民学会会员发起,由旅沪的一些新闻界、教育界人士组成。毛泽东决定到上海,同彭璜率领的驱张代表团会合,商讨下一步的行动计划。上海之行的主要目的是商讨湖南建设问题。毛泽东同彭璜等几经讨论,草拟了《湖南人民自决宣言》,在上海的《天问》周刊及《时事新报》发表。6月11日,张敬尧被逐出长沙,湖南政局发生重大变化。如何在湖南建设民治这个新问题,立刻被提到湖南人民的面前。14日,毛泽东在上海《申报》上发表了原先写好的《湖南改造促成会发起宣言》。这个月内,毛泽东还接连在上海《时事新报》上发表《湖南人再进一步》、《湘人为人格而战》、《湖南改造促成会复曾毅书》等文章,阐明他的主张。毛泽东深深感到,张敬尧走了,还会有新的张敬尧回来。根除的办法是废除督军、裁减兵员,以"推倒武力"统治;以银行民办、教育独立、自治建设及保障人民权利等,达到"实行民治"的目的。这样做的先决条件,是"湖南的事,应由全体湖南人民自决之"。他认为,一省一省的问题解决了,将来合起来便可以得到全国问题的总解决。

陈独秀这时也在上海,正同李达、李汉俊等筹组上海共产主义小组。毛泽东向陈独秀谈了"湖南改造促成会"的一些计划,征求意见。陈独秀同毛泽东谈了很多马克思主义的内容,并以一个共产主义者炽热的革命情怀感染了毛泽东。从这时起,毛泽东转变成了一位信念坚定的马克思主义者。十多年后他同斯诺谈话时还提到了此次谈话对他一生的深刻影响:"陈氏的坚决信仰深刻印在我的脑海里,成为我一生转变的原因。""在我的生活中,这一个转变时期,可以说陈独秀对我的印象是极其深刻的。"

1920年夏天,在理论上和行动上已经成为了坚决的马克思主义者的毛泽东回到了长沙。这时,他在长沙从事革命活动的范围一天天扩大,更加深入了。为了有一个落脚点,必需有一个社会职业。毛泽东于是受聘作了湖南一师附小的主事(即校长)。同时兼作湖南一师校友会(包括已毕业的旧同学)的会长。不久以后,他又破例被聘请为湖南一师国文教员。回长沙后,毛泽东组织了马克思主义研究会,参加者有新民学会会员、湖南学联干部和个别进步教员。会员都读《共产党宣言》、《国家与革命》等书,研究俄国革命、第三国际状况,等等,并结合中国和湖南的革命实际,经常开会讨论。

1920年8月间,毛泽东又联合一些同志和教育界进步人士组织"俄罗斯研究会",发起留俄勤工俭学运动,使湖南一些进步青年得以到苏联留学(其中有任弼时、萧劲光等)。10月,毛泽东在湖南建立社会主义青年团,许多新民学会的会员入了团。此后新民学会便逐渐结束了活动。会员中间也起了分化:少数人落伍了,个别的后来成了反革命者;但大部分始终前进的分子,在毛泽东的影响与领导下,成为了共产主义者。毛泽东的这些革命活动,都为传播马克思主义,同时为建立共产党做了各种准备。

1920年12月底,萧子升从法国回国,带来蔡和森于9月16日写给毛泽东的长信。蔡和森在信中详细阐述了成立共产党及其国际组织之必要,主张"明目张胆正式成立一个中国共产党"。毛泽东于1921年1月21复信说:"唯物史观是吾党哲学的根据……你这一封信见地极当,我没有一个字不赞成。"毛泽东给蔡和森的回复,态度鲜明地表达了他对马克思主义、共产主义的信仰。他说这是"山穷水尽诸路皆走不通了的"最后选择。40年后,他对英国元帅蒙哥马利说:"革命不是哪里想干不想干的问题,我最初就没有想过干革命的问题。我那时当小学教员,当时也没有共产党,是因为形势所逼,不能不干。"

五四运动在中国革命史上具有重要的意义。正如毛泽东所说的:"五四运动是在思想上和干部上准备了 1921 年中国共产党的成立,又准备了五卅运动和北伐战争。"毛泽东在五四运动前后的活动正为湖南成立共产党在思想上、干部上准备了条件。

——摘自何立波、张哲《五四运动时的毛泽东:从爱国青年到马克思主义者》载《中国共产党新闻网》.

实践项目二:纪念五四主题演讲

【目标要求】

通过主题演讲,纪念五四运动,弘扬"爱国、进步、民主、科学"的五四精神,激发广大同学的爱国、爱校热情,激励广大青年学生勤于学习、善于创造、甘于奉献的精神。

【活动方案】

1. 时间:2 学时
2. 地点:学校礼堂
3. 组织方式:(1) 各位任课教师首先在班级开展选拔,按教学班级从中选拔 5 名同学参加年级演讲比赛;(2) 举办年级演讲比赛,最终评选产生一、二、三等奖。

【活动评价】

序号	评价项目	满分	得分
1	讲稿内容	30	
2	演讲实际效果	40	
3	有无自己的看法和见解	30	

实践项目三:阅史有感——观看影片《建党伟业》

【目标要求】

通过观看电影,加深对中国共产党诞生的历史背景和相关过程的认识,明确中国共产党是马克思主义与中国工人运动相结合的产物,理解中国共产党的诞生是中国近代史上开天辟地大事变。

【活动方案】

1. 活动时间:课前 10 分钟
2. 活动地点:教室
3. 组织方式:同学利用课余时间观看电影《建党伟业》,在课前邀请几位同学谈观影感受。

4. 演讲要求：表达清楚简洁，理解深刻，有自己的看法和见解。

【活动评价】

序号	评价项目	满分	得分
1	观看影片情况	30	
2	背景资料掌握情况	20	
3	课堂交流表达情况	20	
4	有无自己的看法和见解	30	

四、社会实践，学以致用

实践项目："开天辟地大事变"主题调查

【目标要求】

结合纪念中国共产党诞生主题，帮助同学关注中国共产党诞生、发展和壮大的历史，进一步了解当代大学生对中国共产党历史的认知现状，理解中国共产党为中国革命胜利所做出的巨大贡献，坚定跟党走中国特色社会主义道路的信心。

【活动方案】

1. 活动时间：实践周
2. 活动地点：根据选择主题自定
3. 本课题的调研涵盖三方面的视角：当代大学生对相关历史事件的认知现状调查；当代大学生对"开天辟地大事变"认知现状调查；当代大学生对中国共产党历史认知现状调查。
4. 学生以小组为单位，通过实地调研、大学生问卷调查等形式选择其中一个视角开展调研，制定调查方案。
5. 教师对学生的调查方案进行评阅，并提出修改意见及时反馈给学生。
6. 学生调查小组严格按照选题和调查方案开展社会调查并形成社会调查报告。

【实践成果】

以调查报告的形式呈现实践成果。

1. 字数不少于 3 000 字，符合论文写作规范要求。
2. 必须附相关图片，图文并茂，图片中必须出现小组调查的过程图片。
3. 必须附原始调查资料（如调查问卷、访谈记录等）及分析结果。
4. 必须附小组成员的调查心得体会。
5. 杜绝抄袭，建议及提出的解决方案等要有新视角和建设性意见。

【活动评价】

序号	评价项目	满分	得分
1	是否符合字数要求及论文写作规范	20	
2	是否完整、如实反映出大学生的认知现状	30	
3	是否有照片等图片材料和调查问卷、访谈记录等过程材料	30	
4	是否有小组成员心得体会	20	

【优秀成果选编一】

当代大学生对中国共产党历史认知状况调查报告

内容摘要：中国共产党的历史是一部生动丰富的教科书。当代大学生是祖国的未来，民族的希望，是社会主义事业的建设者和接班人，应当对党史有充分的了解与把握。随着时代的飞速发展，经济转型，思想观念革新，为了解当代大学生能否在时代的洪流中把握住党的思想脉搏，对党史有深刻的认知与理解，为此，我们展开了这项社会调研。通过问卷调查的方式，探究大学生对党史实际认知程度，分析调查数据，并就一些关键问题提出建议与对策，以进一步明确加强对大学生党史教育的意义。并借此机会，提升自身的政治素养。

一、概述：大学生对中国共产党历史认知现状

中共党史就是中国共产党带领中国人民进行新民主主义革命、社会主义革命和社会主义建设的奋斗史，是马克思主义的基本原理同我国实际相结合，不断探索中国特色社会主义道路的光辉史。自 1921 年 7 月建党以来，中国共产党员已从 50 多人发展成一支由七千多万党员组成的强大队伍，党在近百年的奋斗中不断地发展、成熟、壮大，展现出勃勃生机。党的历史，就是一部活生生的教科书。

对党史有充分的认知，是对当代大学生政治素养的基本要求。随着时代的发展，经济的腾飞，全球化浪潮的席卷，整个社会呈现出生机勃勃的景象。然而，这也给社会注入了浮躁的气息。娱乐业旅游业的发展，网络与电子产品的更新换代，更多的年轻人追求快节奏、轻阅读的享乐主义，渐渐对党的时政不再关心，更别说去主动了解党史。大学生对党的历史正呈现出一种淡忘的状态，对党史的印象还停留在高中的教科书中，对党的建立、历史转折等重大事件也模糊不清，相比较党的历史，大学生们更愿意投入到自身的学业或是娱乐中去，这是一种令人担忧的现象，没有共产党就没有现在焕然一新的中国，共产党的历史对当今社会有着不可磨灭的意义与启示。

鉴于此，我们围绕"当代大学生对中国共产党历史认知状况"展开了社会调查，问卷中涉及党史的基本知识，同时考察了大学生对学习党史的态度，下面将回收的问卷结果以统计图表和文字描述的形式，进行分析。

二、数据与分析

本次调查共回收有效问卷 50 份。问卷共设有 12 个问题。

（一）性别与年级

本次问卷调查主要针对身边的在读大学生，男女比例较为均衡，年级主要集中在大二年级，但大一大三大四的学生也有参与。

（二）对中国共产党基本史实的了解程度

1. 请问您知道中国共产党建立的时间是什么时候吗？

选项	小计	比例
1911	7	14%
1919	6	12%
1921	35	70%
1931	2	4%
本题有效填写人次	50	

分析：党建立的时间为 1921 年 7 月，有 70% 的大学生选对，可见大多数同学都知道这个最基本的时间，对党史有初步的了解。但是仍有 30% 的同学答错，这是极不应该的，说明他们没有认真地学习党史，或者是学习之后没有放在心上，很快忘记。

2. 中国共产党的最早组织是在哪里建立的？

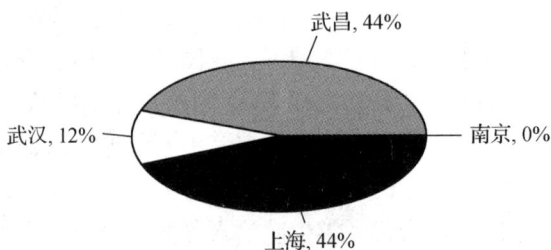

武昌，44%　武汉，12%　南京，0%　上海，44%

分析：中国共产党的最早组织是在上海建立的，但是多数人回答武昌，从比例来看，也不排除答案中存在偶然性，可见同学们整体对这个问题感到很陌生。这也反映出来大学生对党史的了解不够全面，一些细节不能把握，不能追本溯源。

3. 标志着中国共产党开始独立领导革命战争和创建人民军队的事件是下列哪一件？

从图表可知，有 58% 的同学能正确回答为南昌起义，但是有 38% 的同学填写秋收起义，说明这部分同学对中共历史掌握得很模糊，又或者是从学习起就没有弄清各次起义的意义。这也从侧面反映了教材仍有待改进之处，据个人经验而谈，教材中谈及秋收起义的部分很少，而南昌起义也只是总结性的一句话概括。

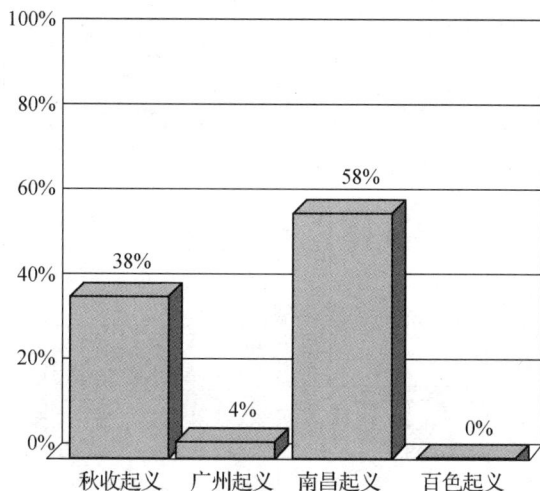

4. 请问您知道是以下哪一事件从组织上确立了党对军队的绝对领导,为建立一支无产阶级领导下的新型人民军队奠定了基础吗?

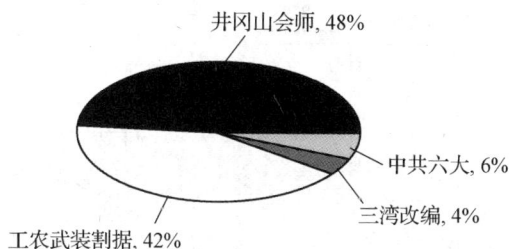

5. 请问你对党的性质、宗旨、目标、基本路线等相关政策与制度了解程度如何?

选项	小计	比例
很熟悉、很全面	7	14%
有所了解	23	46%
不太全面,比较模糊	18	36%
完全不了解	2	4%
本题有效填写人次	50	

(三) 关于大学生对中国共产党的态度

1. 请问您平时是否主动了解共产党的发展进程?

分析:这个问题反映出大部分的大学生平时只是偶尔关注党,仅 14% 的学生会主动的跟进了解,仍有 28% 的学生根本不会去主动了解党的相关信息。

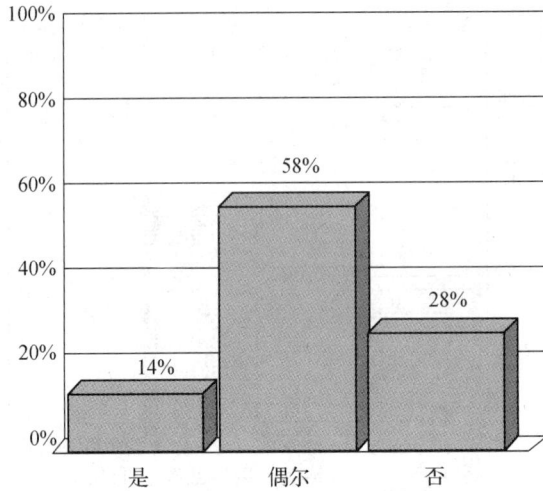

2. 您认为中国共产党成立的意义有?（多选）

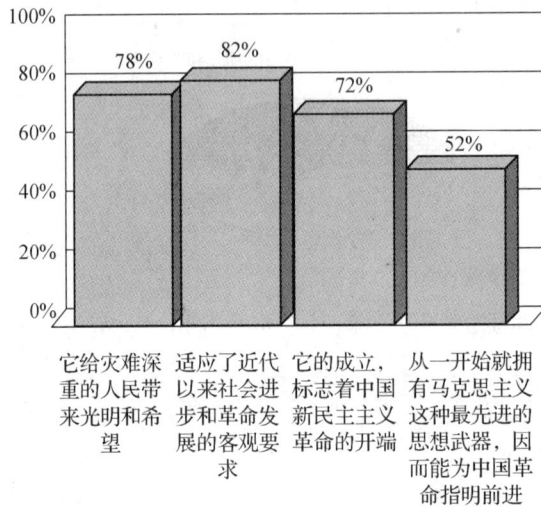

它给灾难深重的人民带来光明和希望	适应了近代以来社会进步和革命发展的客观要求	它的成立,标志着中国新民主主义革命的开端	从一开始就拥有马克思主义这种最先进的思想武器,因而能为中国革命指明前进

3. 请问您在大学期间有没有入党的打算?

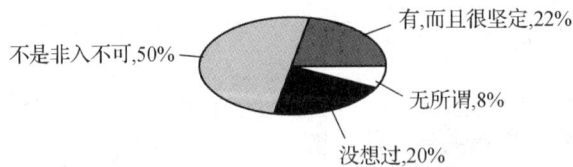

分析:半数同学对入党的积极性不高,持中立态度。22%的同学对入党的决心很坚定,而仍有小部分同学对入党没有想法。此时参与问卷调查的同学不乏有的已经成为积极分子或是预备党员,但结果仍呈现出这种态势,这说明当前高校学生的入党积极性总体上不算积极,入党教育仍需继续推进。

三、影响当代大学生对党史认知现状因素分析

1. 个人兴趣的因素

一个人的兴趣与爱好往往决定着一个人的思想与行为。有些人喜欢钻研文学古史，有些人喜欢逻辑推理性强一些的理工学科，而有些人则喜欢沉溺于娱乐的世界。因此，往往随着个人对历史党史的喜恶兴趣不同，有些人愿意了解、研读党史，而有些人则只满足于从课本上学到的只字片语。

2. 普遍应试教育的因素

随着当今社会教育竞争越来越大，各个学校为了提升自己的升学率、学生为了能在高考中脱颖而出，应试教育的现象广泛存在。大部分在校学生能够接触了解党史的机会都是在课堂上、在课本中。而应试教育则使老师在课堂上的授课讲求考试重点，同学几门功课同步学习，为减少压力，也就只学习老师课上所讲的所谓的重点，无法做到全面深入地了解党史。

3. 时代变迁的因素

当今的时代，已经从过去的那个战争动荡的年代演变为和平发展的时代，战争的年代与当今大学生的生活越行越远。有些人居安思危，会选择铭记历史，不忘前师。但当代大学生从出生就被熏陶着崇尚和平，也会有人随遇而安，他们会觉得那种动荡不安的年代不会再出现，因此也不必去了解。

4. 社会宣传方式不当的因素

影视作品也是当代大学生了解党史的重要来源之一。但是，随着影视作品不断的翻拍，关于党史题材的电视剧越来越泛滥，而距离史实也越来越远。现今的影视作品一味地追求高收视，恶意迎合观众喜好，出现篡改甚至恶搞历史的现象，其所讲述的历史越来越浮夸，侧重点也有所偏离。这就会导致许多人对历史的认知有所偏差。

四、提升当代大学生党史教育实效的途径

1. 改革党史教育方式

现今的大学课堂，老师采取照本宣科的教育方式，使得教育效果大打折扣。从事思想政治教育的老师应该避免这种教育方式，创新教学方式，可以利用网络、影视等融入教学，吸引学生的兴趣，使其有身临其境的感觉，从而提高学生学习党史的主动性和积极性。

2. 加大宣传力度，优化媒体环境

当今社会是一个网络媒体信息飞速发展的时代，互联网信息成为当代大学生获取知识的重要来源。但正因为网络媒体信息的发展迅速，导致泥沙俱下，越来越多的史实被扭曲、历史人物被恶搞。因此，首先要优化媒体环境，改善、剔除其中不良的恶搞现象。然后利用这巨大的网络媒体平台，大力宣传红色文化。

3. 贴近实践并充分发挥思想政治理论课在大学生党史教育中主渠道作用

对于开展党史教育，应坚持马克思主义唯物史观的指导，坚持实事求是和不断创新的历史教育方法。一是将中国近现代党史纷繁复杂的内容和线索进行有效的梳理，实现专

题教学内容的有机合理整合及优化；二是教师应有效回答学生关心的重大党史问题，实现教学内容和教学目标的有机统一，使学生了解党史、党情，为进一步学习和研究中国共产党历史奠定扎实的基础。

五、当代大学生学习中国共产党历史的意义

1. 学习中共党史是对过去经验的总结，是汲取历史智慧的需要。

中国共产党的历史是一部丰富生动的教科书，学习党史，可以总结历史经验。党的实践经验将进一步指导我们当今时代的建设，真正的精华不会过时。

2. 学习党史是建设中国特色社会主义社会的需要，能巩固大学生的社会主义核心价值观。

中国特色社会主义道路是党的智慧结晶，学习党史有助于我们理解党的核心思想，更好的落实于实践，发挥党的优良传统，建设和谐社会。

3. 学习中共党史可以激发大学生的爱国热情，从而使大学生自觉肩负起自身的使命。

中国共产党带领人民推翻三座大山的压迫，建成了新中国。从中共艰苦卓绝的历史中，可以感受到浓浓的爱国热情，并从中获取力量，担负起建设新社会的责任。

4. 学习党史可以让大学生在学习革命党人的优良作风、革命精神中自觉提升自身素养。

中国共产党的史诗中有太多可歌可泣的精神，如长征精神、延安精神，只有牢牢把握党史，才能更为深刻地体会到这些精神的内涵与意义，从而提升自身的政治素养。

参考文献

[1] 刘欣笆，刘奕莲：《浅论加强当代大学生中共党史教育》[J]. 经济研究导刊. 2012.05.

[2] 张嘉友，杨喜惠：《当代高校大学生应加强中共党史教育》[J]. 黑龙江史志. 2013.11.

[3] 刘欣笆，刘奕莲：《浅论加强当代大学生中共党史教育》[J]. 经济研究导刊. 2012.05.

[4] 刘欣笆，刘奕莲：《浅论加强当代大学生中共党史教育》[J]. 经济研究导刊. 2012.05.

附件一

当代大学生对中国共产党历史认知现状调查

亲爱的同学：

你好！希望您能抽出几分钟的时间填写一下问卷。本次调查采取匿名的方式，您所提供的一切信息都将为您保密，希望您可以按照实际情况填写，感谢您的配合！

1. 您的性别

　　A. 男　　　　　　　B. 女
2. 您的年级
　　A. 大一　　　　　B. 大二　　　　　C. 大三　　　　　D. 大四
3. 请问您知道中国共产党建立的时间是什么时候吗?
　　A. 1911　　　　　B. 1919　　　　　C. 1921　　　　　D. 1931
4. 请问您知道中国共产党的最早组织是在哪里建立的吗?
　　A. 武昌　　　　　B. 武汉　　　　　C. 上海　　　　　D. 南京
5. 请问标志着中国共产党开始独立领导革命战争和创建人民军队的事件是以下哪一件?
　　A. 秋收起义　　　　　　　　　　B. 广州起义
　　C. 南昌起义　　　　　　　　　　D. 百色起义
6. 请问您知道是以下哪一事件从组织上确立了党对军队的绝对领导,为建立一支无产阶级领导下的新型人民军队奠定了基础吗?
　　A. 井冈山会师　　　　　　　　　B. 工农武装割据
　　C. 三湾改编　　　　　　　　　　D. 中共六大
7. 请问遵义会议后,中共中央决定的三人军事指挥小组为哪三人?【多选】
　　A. 毛泽东　　　　B. 周恩来　　　　C. 王稼祥
　　D. 朱德　　　　　E. 陈
8. 请问你对党的性质、宗旨、目标、基本路线等相关政策与制度了解程度如何?
　　A. 很熟悉、很全面　　　　　　　B. 有所了解
　　C. 不太全面,比较模糊　　　　　D. 完全不了解
9. 请问您平时是否主动了解共产党的发展进程?
　　A. 是　　　　　　B. 偶尔　　　　　C. 否
10. 您认为中国共产党成立的意义有【多选】
　　A. 它给灾难深重的人民带来光明和希望
　　B. 适应了近代以来社会进步和革命发展的客观要求
　　C. 它的成立,标志着中国新民主主义革命的开端
　　D. 从一开始就拥有马克思主义这种最先进的思想武器,因而能为中国革命指明前进的方向
11. 请问您在大学期间有没有入党的打算
　　A. 有,而且很坚定　　　　　　　B. 想过,但不是非入不可
　　C. 没想过　　　　　　　　　　　D. 无所谓
12. 请问您平时从哪些途径了解过共产党
　　A. 课堂教学　　　　　　　　　　B. 报纸、杂志
　　C. 电视、网络　　　　　　　　　D. 党校、党课
　　E. 周围同学和家人的耳濡目染

【优秀成果选编二】

关于当代大学生对五四运动认知情况调查报告
——以南晓商学院二年级学生为例

内容摘要：1919 年 5 月 4 日在北京爆发的那场学生反帝爱国运动，迅速席卷全国。这次运动是在新文化运动背景下爆发的学生爱国主义运动，在中国的革命史上有着巨大的意义。作为当代大学生的我们又对"五四运动"知识知道多少呢？五四精神是否有现实的新意义呢？因此，本次调查旨在剖析当代大学生对五四运动的认知情况，具有一定的现实意义。

关键词：大学生　五四运动　认知情况

前言：五四运动是 1919 年 5 月 4 日在北京爆发的中国人民彻底的反对帝国主义、封建主义的爱国运动。五四运动是中国旧民主主义革命的结束和新民主主义革命的开端。但是在当下，许多大学生不重视历史知识，对这一伟大反帝爱国运动缺乏了解。就此，我们小组针对当代大学生对五四运动的认知情况进行了一次深入的调查。本课题研究的意义就在于通过调查分析本校商学院二年级学生对五四运动的认知情况，寻找大学生忽视历史知识的原因，并进一步提出有针对性的解决方案。

商学院是南京晓庄学院的二级学院，现有经济学和管理学两大学科，设有经济学（国际贸易）、经济学（金融与投资）、财务管理、物流管理、行政管理、行政管理（人力资源）六个专业及方向。本次调查对象是商学院二年级的 11 个班级。

第一部分：简介

1. 调查背景

五四运动是 1919 年 5 月 4 日发生在北京的一场以青年学生为主，广大群众、市民、工商人士等中下阶层共同参与的，通过示威游行、请愿、罢工、暴力对抗政府等多种形式的爱国运动。是中国人民彻底的反对帝国主义、封建主义的爱国运动。

五四运动的导火线是 1919 年 1 月，第一次世界大战战胜国在法国巴黎召开所谓的"和平会议"，中国作为第一次世界大战协约国之一，参加了会议。中国代表在和会上提出废除外国在中国的势力范围、撤退外国在中国的军队和取消"二十一条"等正义要求，但巴黎和会不顾中国也是战胜国之一，拒绝了中国代表提出的要求，竟然决定将德国在中国山东的权益转让给日本。此消息传到中国后，北京学生群情激愤，学生、工商业者、教育界和许多爱国团体纷纷通电，斥责日本的无耻行径，并且要求中国政府坚持国家主权。在这种情况下，和会代表提交了关于山东问题的说帖，要求归还中国在山东的德租界和胶济铁路主权，以及要求废除《二十一条》等不合法条约。但结果，北洋政府屈服于帝国主义的压力，居然准备在《协约国和参战各国对德和约》上签字。最终，英、美、法、日、意等国不顾中国民众呼声，在 1919 年 6 月 28 日还是签订了《协约国和参战各国对德和约》，即《凡尔赛和约》，仍然将德国在山东的权利转送日本。在巴黎和会中,中国政府的外交失败,直接引发了中国民众的强烈不满,从而引发了五四运动,在这样强大的压力下,中国代表最终没有出席巴黎和会的签字仪式。其根本原因是北洋军阀的反动统治。

五四运动直接影响了中国共产党的诞生和发展,中国共产党党史一般将其定义为"反帝反封建的爱国运动",并以此运动作为旧民主主义革命和新民主主义革命的分水岭。五四运动是一次自觉发动的爱国运动,促进了马克思主义理论在中国的广泛传播,为中国共产党的成立在思想上和干部上作了准备。在新中国成立后,纪念五四运动的活动很多,尤其在党的活动中被视为重要纪念日,各级党组织、共青团组织、学校、机关对其形式非常重视,每年都有大型的纪念活动。而当代大学生对五四运动的重视却日趋淡化,为此,我们将作出有关当代大学生对五四运动认知情况的调查报告。

商学院是南京晓庄学院的二级学院,现有经济学和管理学两大学科,设有经济学(国际贸易)、经济学(金融与投资)、财务管理、物流管理、行政管理、行政管理(人力资源)六个专业及方向。本次调查对象是商学院二年级的11个班级。分别是:13财务管理1(文)、13财务管理2(理)、13财务管理3(理)、13财务管理4(单招)、13物流管理、13经济学1(文)、13经济学2(理)、13行政管理、行13财务管理、行13经济学(金融)、行13物流管理。

2. 调查目的

(1) 通过调查研究了解商学院二年级学生对五四运动认知情况;

(2) 调查研究商学院二年级学生对五四运动了解不足的原因,并提出建议;

(3) 为今后学校五四纪念活动的更好展开提供参考。

3. 调查范围与内容

(1) 调查总体

定位在南京晓庄学院商学院这个群体,主要以商学院二年级学生为对象。

(2) 调查内容

本调查主要针对商学院二年级学生对五四运动认知情况、对"五四运动"了解不足的原因以及如何看待五四青年节等几个方面实施调研。

4. 调查方式

(1) 上网查找关于五四运动历史背景的相关资料;

(2) 网上聊天,与网友、同学讨论当代大学生对五四运动认知情况;

(3) 利用课余时间,在商学院二年级的11个班级分发调查问卷;

(4) 实地访谈,走访商学院二年级学生部分宿舍,与学生面对面交流,了解其对五四运动认知情况;

(5) 访问商学院二年级辅导员以及商学院团委负责老师,以进一步了解商学院及学校对五四运动开展的有关纪念活动。

5. 样本来源统计

共发放问卷55份,商学院13财务管理1(文)发放5份,13财务管理2(理)发放5份,13财务管理3(理)发放5份,13财务管理4(单招)发放5份,13物流管理发放5份,13经济学1(文)发放5份,13经济学2(理)发放5份,13行政管理发放5份,行13财务管理发放 5 份,行 13 经济学(金融)发放 5 份,行 13 物流管理发放 5 份。在这 11 个班级中,收回有效问卷共计 55 份,有效率达到 100%。并通过大量的实地访谈,与商学院二年级学生面对面交流,了解到许多涉及调查问卷以外的问题。

第二部分:统计分析

1. 五四爱国运动爆发时间

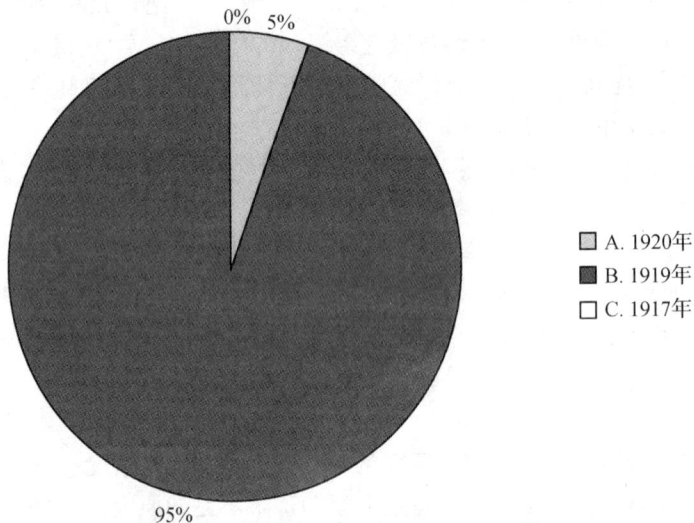

图例:
- A. 1920年
- B. 1919年
- C. 1917年

上图反映商学院二年级学生认为五四运动爆发时间的分布情况。95%的学生都是正确的,认为五四运动爆发时间是 1919 年,然而还有 5%的学生认为五四运动爆发时间是 1920 年。由此可见,有部分大学生对五四运动的基本知识不是十分了解。

2. 五四运动的性质

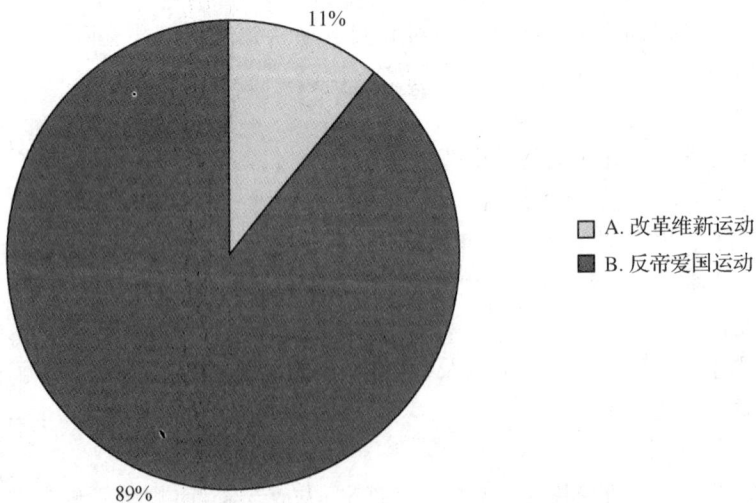

图例:
- A. 改革维新运动
- B. 反帝爱国运动

上图反映商学院二年级学生认为五四运动的性质的分布情况。89%的学生是正确的,认为五四运动是反帝爱国运动,但 11%的大学生对五四运动的性质了解上存在误区,认为五四运动是改革维新运动。

3. 五四运动的两面大旗

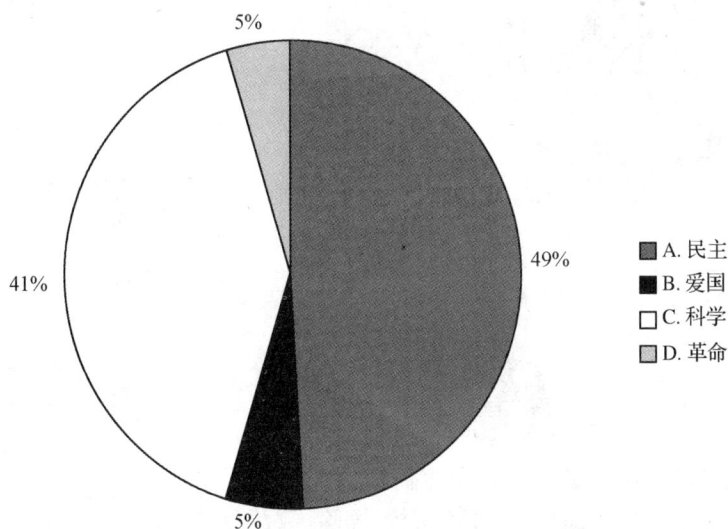

上图反映商学院二年级学生认为五四运动的两面旗帜的分布情况。大多数学生的认知正确，认为五四运动的两面大旗是民主与科学，但有 5％学生的认知存在误区。

4. 五四运动爆发的根本原因

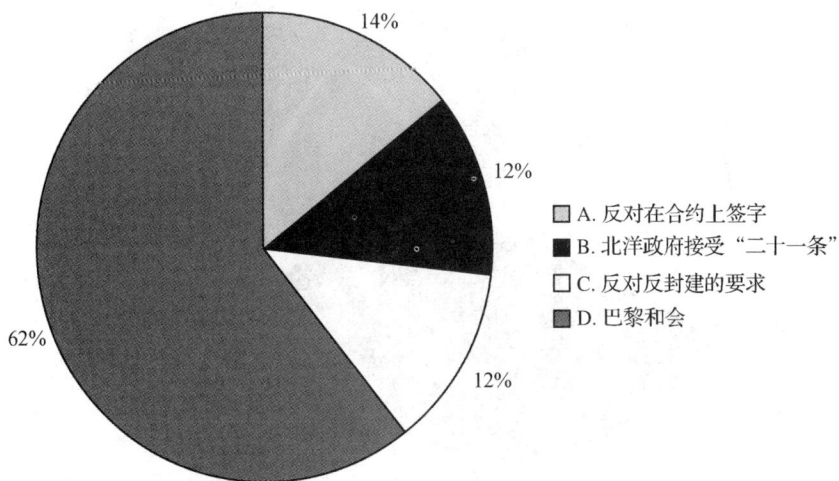

上图反映商学院二年级学生对五四运动爆发的根本原因的看法。61％的学生认为五四运动爆发的根本原因是巴黎和会中国外交的失败，14％的学生认为是反对在和约上签字，13％的学生认为是反帝反封建的要求，只有 12％的学生的认知清晰正确，认为北洋政府接受"二十一条"。1919 年中国外交失败虽然是五四运动爆发的导火线，但是导致外交失败的根源却在于北洋政府的腐朽统治——他们与日本间的肮脏交易。由此可见，对五四运动深层次原因的了解的同学少之又少。

5. 学生们提出的五四运动中心口号

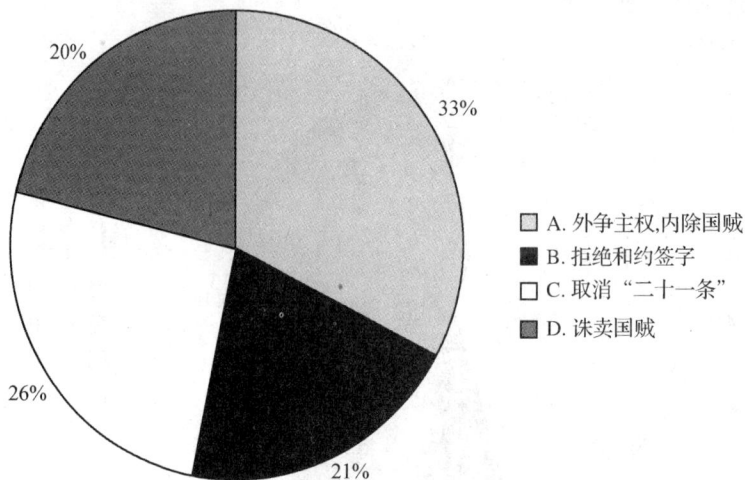

A. 外争主权,内除国贼
B. 拒绝和约签字
C. 取消"二十一条"
D. 诛卖国贼

　　上图反映商学院二年级学生对学生们提出的五四运动的中心口号的看法。33％和25％的学生认为学生主要提出了"外争主权,内除国贼"和"取消二十一条",只有少部分学生认为"拒绝和约签字"和"诛卖国贼"也是学生们提出的五四运动口号。

6. 巴黎和会上代表中国谈判的人

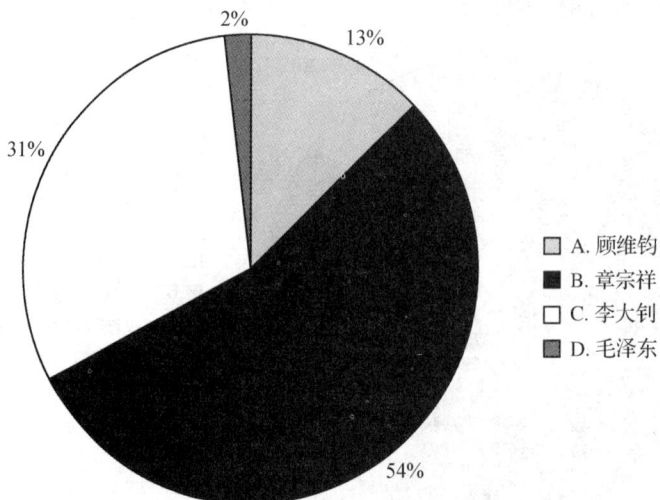

A. 顾维钧
B. 章宗祥
C. 李大钊
D. 毛泽东

　　上图反映商学院二年级认为巴黎和会上代表中国谈判的人的分布情况。54％的学生认为章宗祥是巴黎和会上代表中国谈判的人,31％的学生认为是李大钊,还有2％的学生认为是毛泽东,只有13％的学生的观点正确,认为巴黎和会上是中国代表顾维钧与日本代表谈判。由此可见,商学院二年级学生对五四运动的相关知识没有进一步的了解与探究。

7. 当代大学生对五四青年节重视程度看法

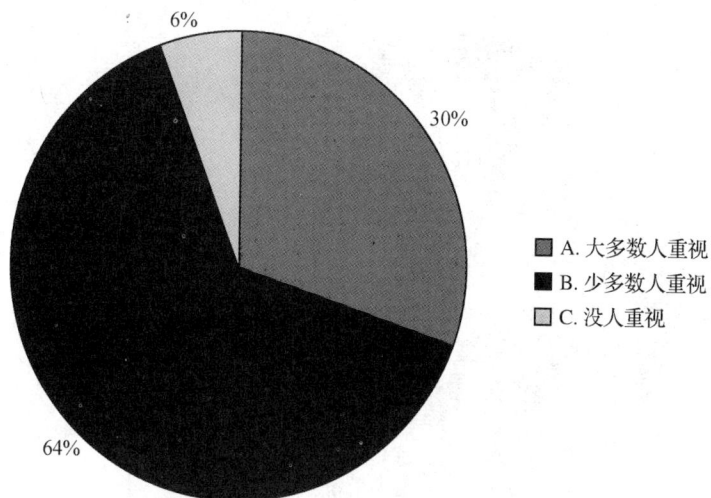

6%
30%
64%

- A. 大多数人重视
- B. 少多数人重视
- C. 没人重视

　　上图反映商学院二年级学生对当代大学生对五四青年节重视程度看法的分布情况。64％的学生认为只有少数大学生重视五四青年节,只有30％的学生认为有大多数大学生重视五四青年节,还有6％的学生认为没人重视五四青年节。由此可见,现在大学生对五四青年节的重视程度不高。

8. 和平时期进行爱国主义和革命传统教育的必要性

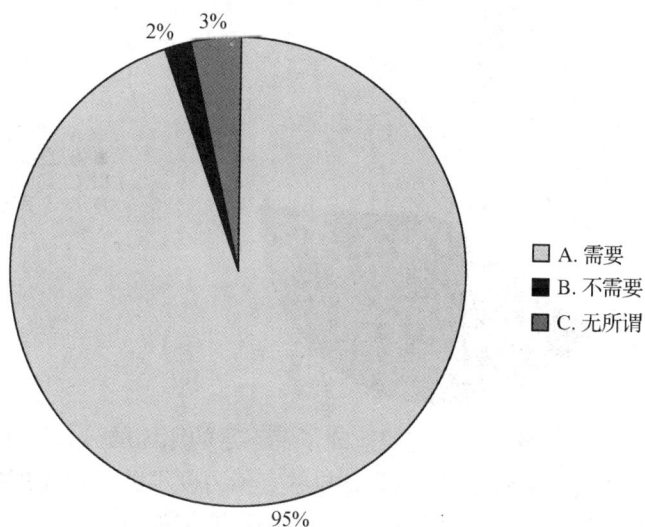

2%　3%

- A. 需要
- B. 不需要
- C. 无所谓

95%

　　上图反映商学院二年级学生对和平时期进行爱国主义和革命传统教育的必要性的看法分布情况。95％的学生认为和平时期,进行爱国主义和革命传统教育还是有必要的。由此可见,商学院二年级学生对接受爱国主义和革命传统教育的迫切希望。

9. 最初了解五四运动的途径

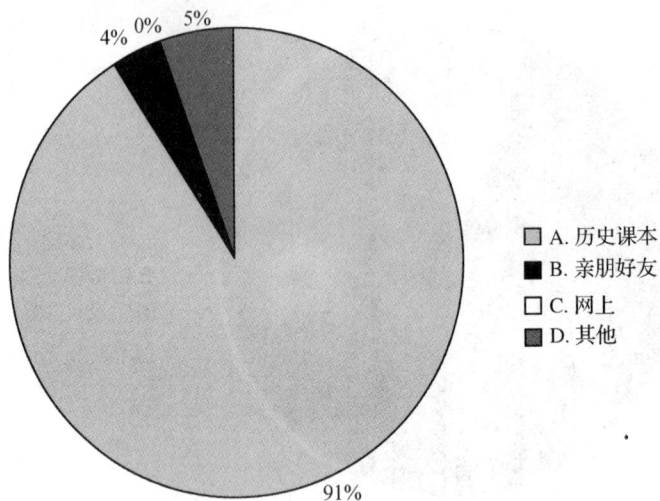

4%　0%　5%

A. 历史课本
B. 亲朋好友
C. 网上
D. 其他

91%

上图反映商学院二年级学生最初了解五四运动的途径的分布情况。91%的学生最初是通过历史课本了解到五四运动,由此可见,历史课对学生思想教育的必要性。

10. 对五四运动了解不足的原因

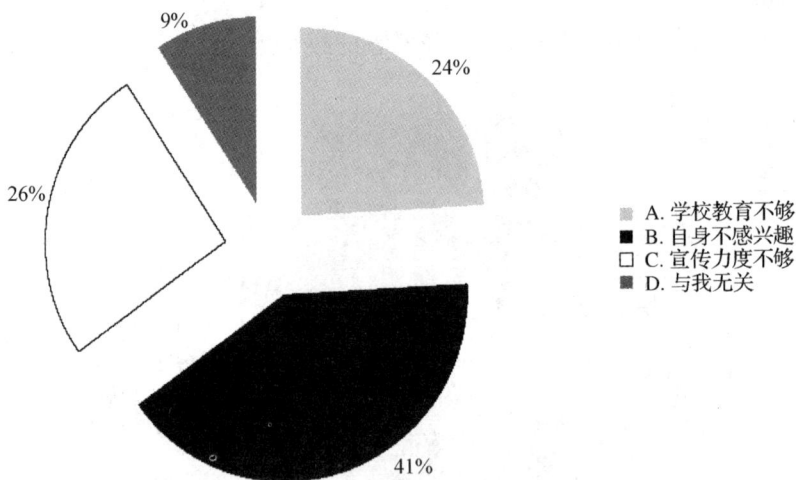

9%

24%

26%

A. 学校教育不够
B. 自身不感兴趣
C. 宣传力度不够
D. 与我无关

41%

上图反映商学院二年级学生对五四运动了解不足的原因的分布情况。41%的学生自身对五四运动不感兴趣,26%的学生认为学校的宣传力度不够,24%的学生认为是学校教育不够。由此可见,学校对学生的教育和宣传力度需要加强。

11. 对五四青年节的看法

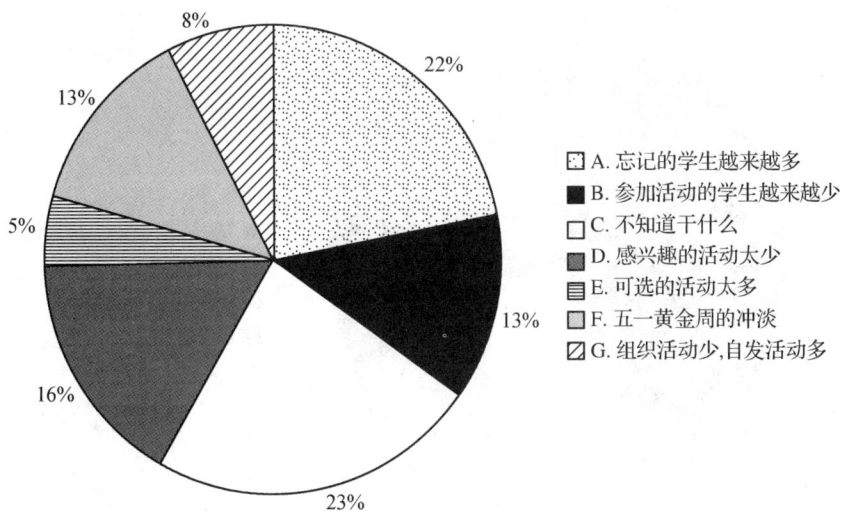

上图反映商学院二年级学生认为当代大学生对五四青年节的看法分布情况。22%的学生认为忘记五四青年节的学生越来越多,23%的学生认为现在大学生不知道在五四青年节那天干什么,16%的学生认为现在感兴趣的活动太少,分别有13%的学生认为参加五四纪念活动的大学生越来越少,五一黄金周渐渐地冲淡了五四青年节。由此可见,大学生对五四青年节没有加以重视,也说明学校开展的五四纪念活动较少。

12. 今年度过五四青年节的方式

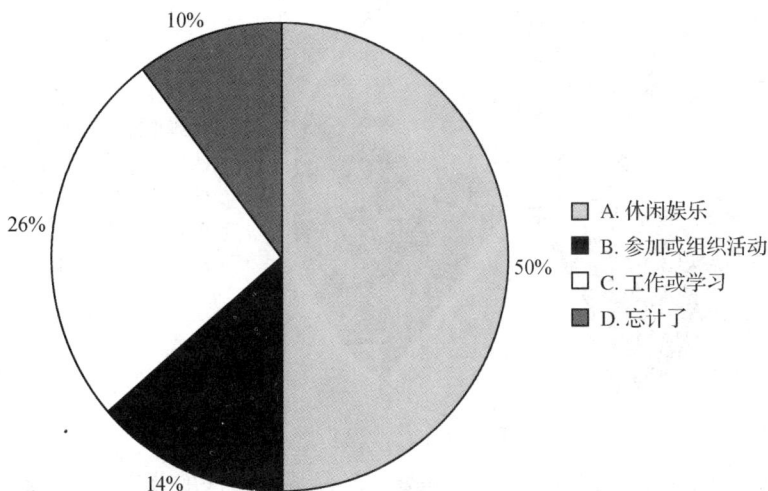

上图反映商学院二年级学生今年度过五四青年节的方式分布情况。一半的学生今年在五四青年节那天休息娱乐,26%的学生照常工作或学习,14%的学生参加或组织活动,只有10%的学生忘记了五四青年节。由此可见。五四青年节对当代大学生的生活的影响较小。

13. 对今后五四纪念活动更好开展的建议

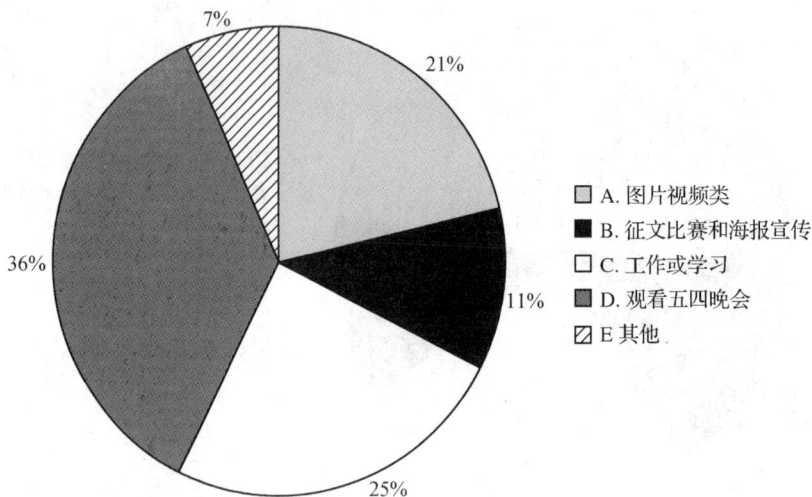

7%
21%
36%
11%
25%

A. 图片视频类
B. 征文比赛和海报宣传
C. 工作或学习
D. 观看五四晚会
E 其他

上图反映商学院二年级学生对今后五四纪念活动更好开展的建议分布情况。36％的学生认为通过观看五四晚会来进一步开展五四运动，21％学生认为通过观看与五四运动有关的图片视频，11％的学生认为通过征文比赛和海报宣传来进一步开展五四运动。由此可见，大学生认为可以丰富五四运动纪念活动来进一步开展五四纪念活动。

14. 对当代大学生需要何种精神品质的看法

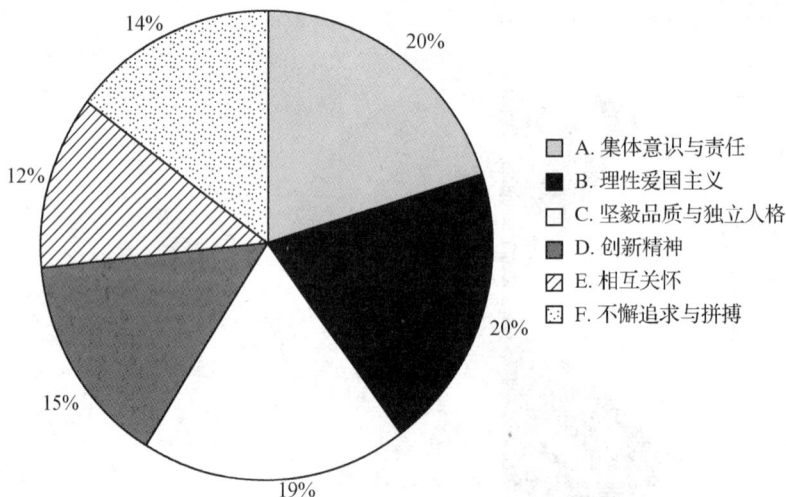

14%
20%
12%
20%
15%
19%

A. 集体意识与责任
B. 理性爱国主义
C. 坚毅品质与独立人格
D. 创新精神
E. 相互关怀
F. 不懈追求与拼搏

上图反映商学院学生对当代大学生需要何种品质的看法的分布情况。20％的学生认为当代大学生需要理性爱国主义、集体意识与责任，19％的学生认为当代大学生需要坚毅品质和独立人格，15％的学生认为当代大学生需要不懈追求与拼搏，部分学生认为当代大学生需要创新精神和相互关怀。由此可见，当代大学生应注重培养爱国、民主、科学、创新、奋斗精神。

第三部分:原因分析

1. 从调查问卷的前 6 道历史知识考查题可以看出,南晓商学院二年级学生对最基本的与五四运动有关的历史知识不是十分了解,前三题大家做的还可以,但是第 6 题做的不是很好。从这个问题可以发现,有部分在校大学生对五四运动的背景知识了解不全面,对五四运动所包含的意义无法理解。需要加强对五四运动进一步的学习及了解。关于巴黎和会上代表中国谈判的人有 13% 的学生选择了顾维钧,54% 的学生选择了章宗祥。大家对这个细节有认识上的错误,事实上章宗祥只是巴黎和会上的一个插曲,缘由是美国背信开脱时找的借口。即 1918 年中日关于山东问题的换文,该换文是在日本的压力和"善意"下,基本按照日本意思承认了日本对胶州铁路的权利,而代表中方签字的是章宗祥,在换文中有例行的"欣然同意"字样,而代表中国出席巴黎和会是以顾维钧为首的首席代表团,最后顾维钧拒绝签字。

2. 在调查时,对现在和平时期你认为还需要进行爱国主义、革命传统教育时,有 95% 认为需要,只有 5% 的学生认为不需要或者无所谓;在针对你觉得当今社会人们对五四青年节的重视程度进行调查时,却发现有大多数人不重视,只有少数人重视。从该问题中可看出现在的大学生对这样的纪念日不太感冒,关注程度远远低于其他节日,可以从某个侧面反映学生对于五四青年节的漠不关心,对传统节日或者说对历史不感兴趣。这也是历史在社会进程中发展必然遇到的困难。长此以往,五四青年节将慢慢成为一个无人问津的节日。其历史意义也将随着人们对节日的忽略而被人忘记。但是,仍然有很多大学生觉得我们应该在和平时期进行爱国主义和革命传统教育。

3. 问卷涉及你对五四运动了解不足的原因时,24% 的学生认为是学校教育不够,41% 的学生认为是自身不感兴趣,26% 的学生认为是社会宣传力度不够,另有 9% 的学生说与自己没有关系。达 91% 的学生了解到五四运动是从历史课本上。从该问题可以看出,现在很多大学生了解的历史知识大多是上初中高中历史时留下的记忆。对于像五四运动等很多的历史事件,大学生也都只有在近代史这样的课上学习和了解到。很多大学生觉得那个年代距离自己已经很远了,孰不知五四运动是一次伟大的爱国救亡运动。走在五四运动前列、起着先锋作用的是青年学生。所以,我们对这段历史以及这个伟大的历史事件的了解必须由自己做起。

4. 在今年五四青年节商学院二年级学生如何度过的问题上,有 14% 的学生表示自己组织或参加一些五四纪念活动,一半的学生在休闲娱乐中度过,但也有 26% 的同学选择工作或者学习。也就是说有很大一部分人选择在工作或学习中度过。从该问题可以看出,现实的生活压力大,每个人都在学习与工作的重压下生活。既然是节日就应该轻轻松松的度过,包括五四这样的纪念日。

5. 在当代大学生对五四青年节的看法上,22% 的商学院二年级学生认为忘记五四青年节的学生越来越多,23% 的学生认为现在大学生不知道在五四青年节那天干什么,16% 的学生认为现在感兴趣的活动太少,26% 的学生认为参加五四纪念活动的大学生越来越少或五一黄金周渐渐地冲淡了五四青年节。从该问题可以看出,大学生对五四青年节没有加以重视,也间接说明了学校开展的五四纪念活动较少。

6. 在对今后五四纪念活动更好开展的建议问题上,36％的学生认为通过观看五四晚会来进一步开展五四运动,21％学生认为通过观看与五四运动有关的图片视频,11％的学生认为通过征文比赛和海报宣传来进一步开展五四运动。从该问题可以看出,大学生希望通过丰富的文化艺术载体来进一步了解历史,传承五四运动精神。

7. 最后,我们调查当代大学生更需要什么样的精神品质时,学生对每个选项的比率都差不多等同。根据五四新文化运动时期先进分子的言论和行动,我把广义的五四运动概括为爱国精神、民主精神、科学精神、创造精神和奋斗精神。所以,当代大学生更需要的精神品质应以这些精神为根基。

第四部分:我们的建议

1. 进行历史教育和再认识。

2. 在学校开展关于重大历史事件的专题讲座或专题活动,重点是在初中与高中开展,培养青年对于学习历史的积极性。

3. 每逢重大历史事件纪念日,学校应该组织学生开展纪念活动,让学生们了解到学习历史的重要性,深刻理解历史教训与意义。

4. 小学、初中和高中均可以举办以"五四精神"为主题的黑板报,激励和引导广大团员青年牢牢把握发展机遇,进一步弘扬"爱国、进步、民主、科学"的五四精神,增强社会责任感和历史使命感。

5. 学校每年除了举办"五四"表彰大会,颁发"青年五四奖章"之外,应该和其他高校合作举办大型"五四"青年节交流活动,以"发展友谊,奏响青春之歌"为主题,宣扬"五四"精神和青年的共同使命,可以学校操场上进行多项文化体验活动,也可以积极举办"中国梦、创业梦、晓庄行"创意创业文化节,集中展示学生创意创业成果。

6. 各高校应该在每年5月组织开展以"我们的中国梦·五月的鲜花"为主题的系列文艺活动,活动立足大学自身的文化特色,以育人为本,意在通过丰富的文化艺术载体,凝练优秀大学生文艺成果,培育学生的审美情趣、艺术修养和文化素质,传承五四运动精神,进而引导学生为实现国家富强、民族复兴、人民幸福的伟大"中国梦"而发奋学习、不懈奋斗。

7. 各高校应积极组织和指导开展男子篮球、足球和女子拔河比赛,以"团结、协作"理念吸引、教育团员,增强团组织凝聚力和战斗力。

8. 各高校应该积极举办"校园之春·歌手大赛",围绕"青春梦想创新未来"主题,用大学生昂扬的歌声讴歌青春、赞美祖国,为青年们献上一场精彩的音乐盛宴,尽显新时期大学生的生机与活力。

9. 国家应该将某些重大历史事件纪念日指定为公众节假日,并在各电视台、电台和其他媒体中定时播放宣传短片和讲座,让更多的人了解到历史,从而提高全民对于历史的修养。

参考文献

[1] 五四运动[J/OL]baike. baidu. com,. 2015/05/09.

　　[2]党政领导干部公开选拔考试读本第二部分第十章http://www.ynpxrz.com/n88794c1215.aspx　[J/OL],2010/09/24.

　　[3]刘永明:五四运动是新民主主义革命的开端[J].党校论坛,1992(9).

附件一

当代大学生对五四运动认知情况的调查问卷

1. 五四爱国运动爆发于(　　)年?
   A. 1920 年　　　　　　B. 1919 年　　　　　　C. 1917 年
2. 您了解的五四运动是一场什么样的运动?(　　)
   A. 改革维新运动　　　　　　　　B. 反帝爱国运动
3. 五四运动有两面大旗,是哪两个?(　　)(　　)
   A. 民主　　　　　　B. 爱国　　　　　　C. 科学　　　　　　D. 革命
4. 五四运动爆发的根本原因(　　)
   A. 反对在和约上签字
   B. 北洋政府接受日本灭亡中国的"二十一条"
   C. 反帝反封建的要求
   D. 巴黎和会上中国的合理要求遭到拒绝
5. 五四运动中,学生们提出的中心口号是(　　)【可多选】
   A. 外争主权、内除国贼"
   B. "拒绝和约签字"
   C. "取消二十一条"
   D. "诛卖国贼曹汝霖、章宗祥、陆宗舆
6. 巴黎和会上代表中国谈判的人是(　　)
   A. 顾维钧　　　　　　B. 章宗祥　　　　　　C. 李大钊　　　　　　D. 毛泽东
7. 您觉得当代大学生对五四青年节的重视程度如何?(　　)
   A. 大多数人重视　　B. 少数人重视　　C. 没人重视
8. 进行爱国主义、革命传统教育是特定时代的需要,你认为现在和平时期还需要吗?
   (　　)
   A. 需要　　　　　　B. 不需要　　　　　　C. 无所谓
9. 你最早从哪里了解到五四运动的?(　　)
   A. 历史课本　　　　B. 亲朋好友　　　　C. 网上　　　　D. 其他
10. 你认为你对五四运动了解不足的原因是?(　　)
    A. 学校教育不够　　　　　　　　B. 自身不感兴趣
    C. 社会宣传力度不够　　　　　　D. 知道不知道不影响,与我没关系
11. 你和你身边的同学如何看待五四青年节?(　　)【可多选】
    A. 忘记过青年节的大学生越来越多了
    B. 积极参加团组织志愿活动的大学生越来越多了

    C. 大学生越来越不知道青年节该干什么了

    D. 让大学生感兴趣的活动太少了

    E. 青年节的活动越来越丰富了,可选的活动太多了

    F. 以往的五一黄金周把青年节的味道都冲淡了

    G. 有组织的活动少了,自发的青年活动多了

12. 今年的五四青年节你是怎么过的?(　　　)

    A. 休闲娱乐　　　　　　　　　　B. 参加或组织一些五四纪念活动

    C. 工作或学习　　　　　　　　　D. 忘记了

13. 对于今后的五四纪念活动,用哪种方式举行更能吸引你(　　　)【可多选】

    A. 图片展视频插放类教育　　　　B. 征文比赛和海报宣传

    C. 参观五四教育基地　　　　　　D. 观看五四晚会

    E. 其他

14. 你认为当代青年更需要什么样的精神品质?(　　　)【可多选】

    A. 集体意识与责任　　　　　　　B. 理性的爱国主义

    C. 坚毅品质与独立人格　　　　　D. 创新精神

    E. 相互关怀意识　　F. 不懈追求与拼搏

附件二　相关图片资料

第五章　中国革命的新道路

一、内容梳理，同步练习

内容梳理

【教学目标】通过学习大革命的失败、土地革命的开展，深入理解中国共产党开展工农武装割据的必然性；通过学习长征的过程和意义，了解中国共产党坚韧不拔的革命精神；深入理解马克思主义中国化命题提出的历史背景和意义，使学生认识到中国共产党是一个能把马克思主义普遍真理和中国革命具体实践结合起来的政党，是能够与时俱进、不断创新的政党。

【教学重点】对革命新道路探索的成功与挫折、工农武装割据的形成

【教学难点】为什么说农村包围城市、武装夺取政权革命道路的开辟是马克思主义理论与中国革命实际相结合的典范？

【教学时间】2学时

【主要内容】

1　对革命新道路的艰苦探索

  1.1　国民党在全国统治的建立

  1.2　土地革命战争的兴起

  1.3　走农村包围城市、武装夺取政权的道路

2　中国革命在探索中曲折前进

  2.1　土地革命战争的发展及其挫折

  2.2　中国革命的历史性转折

  2.3　总结历史经验，迎接全国性的抗日战争

同步练习

（一）单项选择题

1. 1927年南昌起义的最大意义在于（　　）

  A. 开始与国民党反动派武装对抗　　　B. 确立党对军队的绝对领导

  C. 建立了第一个无产阶级革命政权　　D. 开创了"工农武装割据"的革命道路

2. 在五四运动至新中国成立前这一时期,中国的社会性质是(　　)

　　A. 封建主义社会　　　　　　　　　B. 半殖民地社会

　　C. 资本主义社会　　　　　　　　　D. 半殖民地半封建社会

3. 1928 年 12 月,在东北宣布"改旗易帜"、服从国民党南京国民政府的是(　　)

　　A. 冯玉祥　　　　　　　　　　　　B. 张学良

　　C. 张作霖　　　　　　　　　　　　D. 冯国璋

4. 从大革命失败到土地革命战争兴起的转折是(　　)

　　A. 遵义会议　　　　　　　　　　　B. 杨家沟会议

　　C. 八七会议　　　　　　　　　　　D. 中共六大

5. 中共八七会议确立的总方针是(　　)

　　A. 推翻北洋军阀黑暗统治

　　B. 开辟农村革命根据地

　　C. 建立工农民主统一战线

　　D. 土地革命和武装反抗国民党反动统治

6. 遵义会议要解决的主要问题是(　　)

　　A. 政治路线和思想路线　　　　　　B. 政治路线和党的作风

　　C. 组织问题和军事问题　　　　　　D. 组织问题和思想路线

7. 20 世纪 20 年代后期至 30 年代前中期,中国共产党内连续出现"左"倾错误的最主要原因是(　　)

　　A. 党内一直存在着浓厚的"左"倾情绪

　　B. 共产国际的瞎指挥

　　C. 还不善于把马列主义与中国实际结合起来

　　D. 王明等人的主观错误

8. 1927 年 10 月,毛泽东率领秋收起义部队创建的农村革命根据地是(　　)

　　A. 闽浙赣革命根据地　　　　　　　B. 湘鄂西革命根据地

　　C. 左右江革命根据地　　　　　　　D. 井冈山革命根据地

9. 1930 年 5 月,毛泽东在《反对本本主义》中提出的重要思想是(　　)

　　A. 枪杆子里面出政权　　　　　　　B. 兵民是胜利之本

　　C. 没有调查就没有发言权　　　　　D. 一切反动派都是纸老虎

10. 毛泽东明确提出"中国革命斗争的胜利要靠中国同志了解中国情况"的著作是(　　)

　　A.《井冈山的斗争》　　　　　　　　B.《星星之火,可以燎原》

　　C.《中国的红色政权为什么能够存在》　D.《反对本本主义》

11. 中国革命历史上制定的第一个土地法是(　　)

　　A.《兴国土地法》

　　B.《井冈山土地法》

　　C.《中国土地法大纲》

　　D.《关于清算、减租及土地问题的指示》

12. 1929年,毛泽东主持制定的提出"没收一切公共土地及地主阶级的土地"的土地法是(　　)

　　A.《兴国土地法》

　　B.《井冈山土地法》

　　C.《中国土地法大纲》

　　D.《关于清算、减租及土地问题的指示》

13. 南昌起义、秋收起义、广州起义最重要的经验教训是(　　)

　　A. 必须坚持武装反抗国民党反动派　　　B. 必须建立党对军队的绝对领导

　　C. 必须从城市转入农村　　　　　　　　D. 必须克服右倾投降主义错误

14. 确定以毛泽东为代表的马克思主义正确路线在中共中央领导地位的是(　　)

　　A. 遵义会议　　　B. "八七"会议　　　C. 中共"一大"　　　D. 瓦窑堡会议

15. 挽救了党和红军,成为中共历史上生死攸关的转折点的会议是(　　)

　　A. "八七"会议　　　　　　　　　　　　B. 中共"七大"

　　C. 遵义会议　　　　　　　　　　　　　D. 中共七届二中全会

16. 毛泽东指出"以后要非常注意军事,须知政权是由枪杆子中取得的"是在(　　)

　　A. "八七"会议　　　B. 中共"六大"　　　C. 中共"五大"　　　D. 古田会议

17. 打响武装反抗国民党反动统治第一枪的是(　　)

　　A. 武昌起义　　　B. 南昌起义　　　C. 秋收起义　　　D. 广州起义

18. 以王明为代表的"左"倾错误的特征是(　　)

　　A. 主观主义　　　B. 教条主义　　　C. 经验主义　　　D. 机会主义

19. "修铜一带不停留,便向平浏直进。地主重重压迫,农民个个同仇。秋收时节暮云沉,霹雳一声暴动。"以上描写反映的事件是(　　)

　　A. 南昌起义　　　B. 秋收起义　　　C. 广州起义　　　D. "八七"会议

20. 中国共产党在新民主主义革命不同时期提出的土地政策的共同点是(　　)

　　① 体现中国共产党的民主革命纲领　　　② 消灭封建剥削制度

　　③ 维护农民基本利益　　　　　　　　　④ 促进社会经济发展

　　A. ①②　　　B. ①②③　　　C. ①③④　　　D. ①②③④

21. 1936年10月,红军三大主力胜利会师,结束了长征。会师地点是在(　　)

　　A. 四川懋功　　　B. 陕北吴起镇　　　C. 甘肃会宁　　　D. 陕北直罗镇

22. 井冈山时期,毛泽东提出红色政权存在与发展必须坚持(　　)

　　A. 武装斗争、土地革命、根据地建设　　　B. 党的建设、武装斗争、土地革命

　　C. 党的建设、武装斗争、统一战线　　　　D. 武装斗争、土地革命、统一战线

23. 1931年11月,中国共产党在江西瑞金召开的重要会议是(　　)

　　A. 中共六届六中全会

　　B. 中华苏维埃第一次全国工农兵代表大会

　　C. 红四军第九次党代表大会

　　D. 中共六届五中全会

24. 1931年当选为中华苏维埃共和国临时中央政府主席的是(　　)

A. 毛泽东　　　　B. 周恩来　　　　C. 张国焘　　　　D. 王稼祥

25. 1931年至1935年,中国共产党内发生的对中国革命造成极其严重危害的错误是（　　）

A."左"倾盲动主义　　　　　　B."左"倾教条主义

C."左"倾冒险主义　　　　　　D."左"倾经验主义

参考答案:

1. A　2. D　3. B　4. C　5. D　6. C　7. C　8. D　9. C　10. D　11. B　12. A
13. C　14. A　15. C　16. A　17. B　18. B　19. B　20. C　21. C　22. A　23. B
24. A　25. B

（二）多项选择题

1. 毛泽东提出的"工农武装割据"的基本内容是（　　）

A. 统一战线　　　　　　　　B. 土地革命

C. 武装斗争　　　　　　　　D. 农村根据地建设

2. 1928年2月南京国民政府改组后,蒋介石建立国民党一党专政军事独裁统治的措施是（　　）

A. 厉行文化专制主义　　　　B. 建立庞大的军队

C. 建立庞大的全国性特务系统　D. 推行保甲制度

3. 1927年大革命失败后,中国共产党人和革命群众必须回答的两个根本性问题是（　　）

A. 敢不敢坚持革命　　　　　B. 怎样坚持革命

C. 要不要建立统一战线　　　D. 怎样建立统一战线

4. 1927年,中国共产党发动的武装反抗国民党反动统治的起义有（　　）

A. 南昌起义　　B. 秋收起义　　C. 广州起义　　D. 百色起义

5. 毛泽东《七律·长征》:红军不怕远征难,万水千山只等闲。五岭逶迤腾细浪,乌蒙磅礴走泥丸。金沙水拍云崖暖,大渡桥横铁索寒。更喜岷山千里雪,三军过后尽开颜。毛泽东为什么会发出"三军过后尽开颜"的感慨?（　　）

A. 长征粉碎了国民党反动派"围剿"红军、扼杀中国革命的企图,使中国革命转危为安。

B. 红军冲破了国民党反动派的围追堵截,保存了党和红军的精华。

C. 长征胜利后,苏联红军进入中国西北地区,接应中央红军。

D. 长征胜利后,红军进入抗日的前沿,为后来的抗战乃至整个革命的胜利奠定了基础。

6. 下列毛泽东的著作属于井冈山时期的是（　　）

A.《改造我们的学习》　　　B.《中国的红色政权为什么能够存在》

C.《井冈山的斗争》　　　　D.《整顿党的作风》

7. 1930年10月到1931年7月,红军连续粉碎敌人三次"围剿"的原因是（　　）

A. 土地革命在根据地的开展

B. 贯彻了积极防御的方针

C. 实行"诱敌深入"、"避敌主力、打其虚弱"等一整套战术

D. 中华苏维埃共和国临时中央政府的正确领导

8. 井冈山农村革命根据地建立的深远历史意义有（　　　）

　　A. 促进"城市中心"道路的持续深入

　　B. 引领中国革命实现伟大战略转变

　　C. 开始了党的工作重心由农村向城市的转移

　　D. 它开辟了在革命低潮形势下重新聚集力量，以农村包围城市、武装夺取政权的新道路

9. 在土地革命战争时期，先后在中共中央领导机构取得统治地位的"左"倾错误包括（　　　）

　　A. "左"倾盲动主义　　　　　　　B. "左"倾教条主义

　　C. "左"倾冒险主义　　　　　　　D. "左"倾经验主义

10. 以王明为代表的"左"倾教条主义在军事斗争问题上的主要错误是实行（　　　）

　　A. 作战中的自由主义　　　　　　B. 进攻中的冒险主义

　　C. 防御中的保守主义　　　　　　D. 退却中的逃跑主义

11. 1935 年 10 月，在陕北吴起镇胜利会师的红军部队是（　　　）

　　A. 红二方面军　　　　　　　　　B. 红四方面军

　　C. 中央红军陕甘支队　　　　　　D. 红十五军团

12. 1936 年 10 月，在甘肃会宁、静宁将台堡胜利会师的红军三大主力是（　　　）

　　A. 红一方面军　　　　　　　　　B. 红二方面军

　　C. 红十五军团　　　　　　　　　D. 红四方面军

参考答案：

1. BCD　2. ABCD　3. AB　4. ABC　5. ABD　6. BC　7. ABC　8. BD
9. ABC　10. BCD　11. CD　12. ABD

（三）简述题

1. 遵义会议的主要内容和历史意义是什么？

答案要点：

（1）内容：集中全力纠正博古等人在军事上和组织上的"左"倾错误；肯定了毛泽东的正确军事主张；选举毛泽东为中央政治局常委；取消博古、李德的军事最高指挥权。

（2）历史意义：遵义会议结束了王明"左"倾错误在中央的统治，在事实上确立了以毛泽东为核心的新的党中央的正确领导。这是中国共产党第一次独立自主地运用马克思主义原理解决自己的路线、方针和政策问题，妥善地处理了党内长期存在的分歧和矛盾，是中国共产党从幼稚走向成熟的标志。这次会议在极其危急的情况下，挽救了党，挽救了红军，挽救了革命，成为党的历史上一个生死攸关的转折点。

2. 同样是依靠中国农民,为什么洪秀全的太平天国失败了,但中国共产党领导的农村包围城市武装夺取政权的新民主主义革命却胜利了?

答案要点:

(1) 太平天国缺乏先进理论的指导,摆脱不了封建皇权主义老路,解决不了队伍发展中出现的各种问题;而中国共产党是工人阶级的先锋队,有马克思主义先进理论的指导,能够及时纠正和解决革命队伍中出现的政治、思想和组织等问题。

(2) 太平天国的纲领性文件《天朝田亩制度》具有绝对平均主义的空想性和落后性,实际上是行不通的;而中国共产党的反帝反封建革命纲领和土地政策是深入人心和切实可行的。

(3) 太平天国在军事上采取的是没有根据地的流寇主义作战方针,最后孤守都城,四面楚歌,难逃失败厄运;而中国共产党则是在敌人统治的薄弱环节建立根据地,实行"工农武装割据",由点到线,由线到面,形成农村对城市的包围,最后夺取城市胜利。

3. 简述中共八七会议的主要内容。

答案要点:

(1) 清算了陈独秀的右倾机会主义错误。

(2) 确定了土地革命和武装反抗国民党反动派的斗争方针。

(3) 选举以瞿秋白为书记的中央临时政治局。

4. 以毛泽东为主要代表的中国共产党是如何探索和开辟中国革命新道路的?

答案要点:

(1) 实践探索:三大起义余部皆转移到了农村;

(2) 理论总结:1929 年 9 月中共中央给新四军前委的指示信、毛泽东的四部著作《中国的红色政权为什么能够存在》、《井冈山的斗争》、《星星之火,可以燎原》和《反对本本主义》。

5. 20 世纪 20 年代后期至 30 年代前中期,中国共产党内为什么连续出现"左"倾错误?

答案要点:

(1) 八七会议以后党内存在的浓厚的"左"倾情绪始终没有得到认真的清理。

(2) 共产国际对中国共产党内部事务的错误干预和瞎指挥。

(3) 全党的马克思主义理论准备不足,理论素养不高,实践经验也很缺乏。

6. 简述红军长征胜利的历史意义。

答案要点:

(1) 翻开了马克思列宁主义基本原理同中国革命具体实践相结合的新篇章;

(2) 开创了中国革命的新局面;

(3) 培育了中国共产党和人民军队的革命精神;

（4）具有更深远的意义是形成了中国革命成熟的坚强的领导核心。

（四）材料分析题

1. 阅读材料,回答下列问题:

材料1:凡田分九等:其田一亩,早晚二季可出一千二百斤者为尚尚田,可出一千一百斤者为尚中田,可出一千斤者为尚下田,可出九百斤者为中尚田,可出八百斤者为中中田,可出七百斤者为中下田,可出六百斤者为下尚田,可出五百斤者为下中田,可出四百斤者为下下田。尚尚田一亩,当尚中田一亩一分,当尚下田一亩二分,当中尚田一亩三分五厘,当中中田一亩五分,当中下田一亩七分五厘,当下尚田二亩,当下中田二亩四分,当下下田三亩。

凡分田,照人口,不论男妇,算其家人口多寡,人多则分多,人寡则分寡,杂以九等。如一家六人,分三人好田,分三人丑田,好丑各一半。凡天下田,天下人同耕,此处不足,则迁彼处,彼处不足,则迁此处。凡天下田,丰荒相通,此处荒,则移彼丰处以贩此荒处,彼处荒,则移此丰处以贩彼荒处。务使天下共享天父上主皇上帝大福,有田同耕,有饭同食。有衣同穿,有钱同使,无处不均匀,无人不饱暖也。凡男妇。每一人自十六岁以尚受田,多逾十五岁以下一半。如十六岁以尚分尚尚田一亩。则十五岁以下减其半分尚尚田五分;又如十六岁以尚分下下田三亩,则十五岁以下减其半分下下田一亩五分。

——节选自《天朝田亩制度》(1853 年)

材料2:余维欧美之进化,凡以三大主义:曰民族,曰民权,曰民生。罗马之亡,民族主义兴,而欧洲各国以独立。洎自帝其国,威行专制,在下者不堪其苦,则民权主义起。十八世纪之末,十九世纪之初,专制仆而立宪政体殖焉。世界开化,人智益蒸,物质发舒,百年锐于千载,经济问题继政治问题之后,则民生主义跃跃然动,二十世纪不得不为民生主义之擅扬时代也。是三大主义皆基本于民,递嬗变易,而欧美之人种胥冶化焉。其他旋维于小己大群之间而成为故说者,皆此三者之充满发挥而旁及者耳。

——节选自孙中山:《〈民报〉发刊词》(1905 年 10 月 20 日)

材料3:

（一）没收一切土地归苏维埃政府所有,用下列三种方法分配之:

（1）分配农民个别耕种;

（2）分配农民共同耕种;

（3）有苏维埃政府组织模范农场耕种。

以上三种方法,以第一种为主体,与特别情形或苏维埃政府有力时,兼用二三两种。

（二）一切土地,经苏维埃政府没收并分配后,禁止买卖。

（三）分配土地之后,除老幼疾病没有耕种能力及服公众勤务者以外,其余的人均须强制劳动。

（四）分配土地的数量标准:

（1）以人口为标准,男女老幼平均分配;

（2）以劳动力为标准,能劳动者比不能劳动者多分土地一倍。

——节选《井冈山土地法》(1928 年 12 月)

请回答:

(1) 农民阶级和资产阶级革命派提出解决土地问题的主张是什么?为什么行不通?

(2) 1928 年 12 月中国共产党第一个土地法制定于井冈山,其基本内容是什么?1929年 4 月毛泽东在兴国主持的第二个土地法对此有何修改?

(3) 这些材料对我们有什么启示?

答案要点:

(1) 农民阶级确立了平均分配土地的方案,实际上是起义农民提出的一个以解决土地问题为中心的比较完整的社会改革方案。不过,它并没有超出农民小生产者的狭隘眼界。它所描绘的理想天国,仍然是闭塞的自给自足的自然经济,同时又是一个没有商品交换的和绝对平均的社会。这种社会理想,具有不切实际的空想性质。正因为如此,《天朝田亩制度》在太平军占领地区从未实行过,也不可能实行。资产阶级革命派确立"民生主义"的土地主张。民生主义在当时指的是"平均地权",也就是孙中山所说的社会革命。但是孙中山的"平均地权"主张,没有正面触及封建土地所有制,不能满足广大农民的土地要求,在革命中难以成为发动广大工农群众的理论武器。

(2)《井冈山土地法》,主要内容是没收一切土地归苏维埃政府所有,禁止土地买卖。虽然它肯定了广大农民以革命手段获得土地的权利,但这个土地法行为不免过激,并不适合中国农村的实际。1929 年毛泽东在兴国主持的第二个土地法,将"没收一切土地"改为"没收一切公共土地及地主阶级的土地",这保证了中农的利益不受侵犯,调动其积极性。

(3) 启示:土地问题是中国近代民主革命的重要问题。从太平天国起义始,中国社会各个阶层都对此作出了积极探索,但鉴于阶级利益不同,各个阶层解决土地问题的方式千差万别。即使同一阶层亦要根据时代要求不断调适土地政策。任何土地政策的提出都要符合社会发展的需要,照顾广大人民的利益。

2. 阅读材料,回答下列问题:

材料 1:你对某个问题没有调查,就停止你对于某个问题的发言权。这不太野蛮了吗?一点也不野蛮,你对那个问题的现实情况和历史情况既然没有调查,不知底里,对那个问题的发言便一定是瞎说一顿。

材料 2:你对于那个问题不能解决吗?那末,你就去调查那个问题的现状和它的历史吧!你完完全全地调查明白了,你对那个问题就有解决的办法了。一切结论产生于调查情况的末尾,而不在它的先头。

材料 3:不谓共产党内讨论问题,也还有人开口闭口"拿本本来"。我们说上级领导机关的指示是正确的,决不单是因为它出于"上级领导机关",而是因为它的内容是适合于斗争中客观和主观情势的,是斗争所需要的。不根据实际情况进行讨论和审察,一味盲目执行,这种单纯建立在"上级"观念上的形式主义的态度是很不对的。

——《反对本本主义》摘自《毛泽东选集》第 1 卷,北京:人民出版社 1991 年版。

请回答:

(1) 这篇文章写作的历史背景是什么?

(2) 毛泽东在这里表达的主要观点是什么?

答案要点：

（1）在这篇文章中，毛泽东针对当时党内盛行的把马克思主义教条化、把共产国际决议和苏联经验神圣化的错误倾向进行了坚决的斗争。

（2）毛泽东坚持辩证唯物主义思想路线即坚持理论与实践相结合的原则，提出"没有调查，就没有发言权"、"调查就是解决问题"、"反对本本主义"、"中国革命斗争的胜利要靠中国同志了解中国情况"等主要观点。

3．阅读材料，回答下列问题：

材料1："弘扬伟大长征精神，走好今天的长征路，是新的时代条件下我们面临的一个重大课题。伟大长征精神，是党和人民付出巨大代价、进行伟大斗争获得的宝贵精神财富，我们世世代代都要牢记伟大长征精神、学习伟大长征精神、弘扬伟大长征精神，使之成为我们党、我们国家、我们人民、我们军队、我们民族不断走向未来的强大精神动力。"

材料2："面对生死存亡的严峻考验，从1934年10月至1936年10月，红军第一、第二、第四方面军和第二十五军进行了伟大的长征。我们党领导红军，以非凡的智慧和大无畏的英雄气概，战胜千难万险，付出巨大牺牲，胜利完成震撼世界、彪炳史册的长征，宣告了国民党反动派消灭中国共产党和红军的图谋彻底失败，宣告了中国共产党和红军肩负着民族希望胜利实现了北上抗日的战略转移，实现了中国共产党和中国革命事业从挫折走向胜利的伟大转折，开启了中国共产党为实现民族独立、人民解放而斗争的新的伟大进军。"

——习近平《在纪念红军长征胜利80周年大会上的讲话》2016年10月21日．

请回答：

(1)长征胜利的伟大意义是什么？

(2)长征精神的内涵是什么？当代大学生如何进一步弘扬长征精神？

答案要点：

（1）长征的胜利，粉碎了国民党反动派"围剿"红军、扼杀中国革命的企图，使中国革命转危为安；红军冲破国民党反动派的围追堵截，克服雪山草地的自然险阻，战胜党内分裂的危机，最后到达陕北不足三万人。但这是经过千锤百炼保存下来的中国共产党和红军的精华。它们构成了以后领导抗日战争和人民解放战争的骨干力量；在长征途中，中国共产党宣传了自己的政治主张，广泛地播下了革命的火种。在某种意义上来说，这次大规模的转移是历史上最盛大的武装巡回宣传。

（2）内涵：就是把全国人民和中华民族的根本利益看得高于一切，坚定革命的理想和信念、坚信正义事业必然胜利的精神；就是为了救国救民，不怕任何艰难险阻，不惜付出一切牺牲的精神；就是坚持独立自主、实事求是，一切从实际出发的精神；就是顾全大局、严守纪律、紧密团结的精神；就是紧紧依靠人民群众，同人民群众生死相依、患难与共、艰苦奋斗的精神。

二、精选案例，巩固深化

精选案例1

秋收起义，毛泽东为啥要当"山大王"？

1927年9月9日，毛泽东亲自领导了湘赣边界秋收起义，并率领部队向井冈山进军，建立了第一支工农武装，创立了第一个农村革命根据地，开辟了农村包围城市，武装夺取政权的崭新道路。秋收起义前夕毛泽东为何与中央发生激烈争论？毛泽东为什么要当"山大王"？

"霹雳一声暴动"

1927年9月9日，在毛泽东的亲自领导下，震动全国的湘赣边界秋收起义爆发了！参加秋收起义的军事骨干力量，主要有国民革命军第二方面军总指挥部警卫团，平江、浏阳农军和安源的工人武装。

秋收起义如惊天动地的春雷，唤醒了千百万工农群众拿起武器同国民党反动派开展新的斗争。在湘赣边界秋收起义的同时，湖北、江西、广东、江苏、河南等地也纷纷举行了武装暴动。面对轰轰烈烈的暴动高潮，毛泽东激情难抑，挥笔写下了《西江月·秋收起义》。

当时全国的革命形势已走向低潮，反动军事力量在各处都大大超过革命力量。再加上湘赣边界的群众没有充分发动起来，本来就很薄弱的工农革命军第一师又兵分三路各自为战，行动也不统一，进攻的目标却是湖南的中心城市长沙，这个计划事实上是难以实现的。

9月15日晚，中共湖南省委决定停止原准备在第二天发动的长沙暴动。毛泽东清醒地对客观形势作出准确判断，他认为敌我力量悬殊，单靠工农革命军现有力量不可能攻占国民党军队强固设防的长沙，最终只会导致全军覆没。毛泽东主张放弃进攻长沙，把起义军向南转移到敌人统治力量薄弱的农村山区寻找落脚点，保存革命力量，再图发展。

那么，到什么地方比较适宜呢？毛泽东指着一张地图说："这里像眉毛一样的地方，是罗霄山脉的中段，适宜作我们的落脚点。"罗霄山脉地处湖北、湖南、江西、广东四省的交界处，其中段地势险要，峭壁耸立，进可以攻，退可以守，远离大城市，群众基础较好，敌人力量比较薄弱，而声势可以直接影响到湘赣两省的下游，有很大的战略优势与政治意义。提出这个主张，在当时是需要极大勇气的。会议经过激烈争论，前敌委员会接受了毛泽东的建议，"议决退往湘南"。

而就在前敌委员会作出向湘南撤退决定的同一天，中共中央根据共产国际驻长沙代表的报告，再次作出要湖南省委进攻长沙的决议。然而，当这一决议送到湖南时，秋收起义军已开拔南下了。

9月20日清晨，工农革命军第一师1 500余官兵在里仁学校操场上整齐列队，毛泽东宣布改变行动方向的决定。他满怀信心地指出:"这次秋收暴动,虽然受了点挫折,但这算不了什么! 常言道:胜败是兵家常事。我们当前的力量还小,还不能去攻打敌人重兵把守的大城市,应当先到敌人统治薄弱的农村,去保存力量,发动农民革命。我们现在好比一块小石头,蒋介石反动派好比一口大水缸,但总有一天,我们这块小石头,一定要打烂蒋介石那口大水缸,胜利一定属于我们。"毛泽东的讲话,大大鼓舞了刚受到严重挫折的起义军的士气。

南下路途充满险情

秋收起义爆发后,国民党反动当局立即"通令各军,如获毛逆者,赏洋 5 000 元"。国民党军队的前堵后追,给工农革命军的转移造成了极大的困难,使南下路途充满了险情。这时,工农革命军领导层内部发生了严重问题。担任工农革命军第一师师长的余洒度,并没有把毛泽东真正放在眼里。前委通知他率第一团到铜鼓和第三团会合进攻浏阳,他不予理睬,擅自下令进攻平江,结果遭受严重损失。到文家市后,他又主张经浏阳进攻长沙,同毛泽东发生激烈争执。

部队进入莲花县城后,在余洒度召集的军事会议上,毛泽东刚介绍完情况,余洒度立即表示反对:"前番说去湘南,一本正经决议下来,这会儿又说要去宁冈,简直是朝秦暮楚,让人无所适从!"毛泽东平静地说:"这并不是朝秦暮楚,而是适应形势的变化。中央有明确规定,前委到了哪个省,就要受哪个省委的节制。现在江西省委发来指示信,要求我们到宁冈去,那儿又叫井冈山,是个囤积粮草兵马的好去处。"

"那你为什么不早讲出来?"苏先俊以挑衅和责难的语气发问。

毛泽东耐心地解释说:"俗活说,打铁没样,边打边像。我也不是卜前知后的算命先生。军事上的进退,不是一成不变的。《水浒传》里有个水泊梁山,朝廷的千军万马拿他们没得办法。我们到了井冈山这样的地方,反动派也奈何不了我们,我们就是到那儿去当红色'山大王'!"在毛泽东的坚持下,前委会议决定放弃去湘南的计划,向宁冈进军。

红色"山大王"

9 月 26 日,工农革命军离开莲花县城,向永新方向前进。部队自转兵南下以来,一路上连续作战,战斗力大大减弱,少数伤病员因缺医少药而牺牲,有些人因为怕艰苦不辞而别。毛泽东为此内心焦灼,他清楚地知道,如果不马上解决这些问题,部队就很难继续前进。9 月 29 日,部队来到永新县三湾村。当晚,毛泽东召开中共前敌委员会扩大会议,讨论部队现状及解决的措施,决定对部队实行整顿和改编,这就是我军历史上著名的"三湾改编"。

毛泽东亲自对刚刚进行了整编的部队作动员。针对少数人的悲观情绪,毛泽东鼓动说:"敌人只是在我们后面放冷枪,这有什么了不起? 大家都是娘生的,敌人他有两只脚,我们也有两只脚。贺龙同志两把菜刀起家,现在带了一军人。我们现在还不止两把菜刀,我们有两营人,还怕干不起来吗? 你们都是起义出来的,一个可以当十个,十个可以当他一百。我们现在打这样几百人的队伍,还怕什么? 没有挫折和失败,就不能有成功。"

随后,毛泽东宣布了行军纪律:说话要和气,买卖要公平,不拿群众一个红薯。工农革命军以崭新的面貌,士气高昂地踏上了新的征途。

10月3日下午,工农革命军到达宁冈县古城。

位于湖南酃县和江西宁冈、遂川、永新四县交界处的井冈山,过去长期有"山大王",现在被袁文才、王佐两支绿林式的农民武装所占据。工农革命军要在井冈山落脚,不得到袁文才、王佐的同意和支持是根本不可能的。然而,袁文才、王佐虽然经受过大革命的洗礼,但对工农革命军并没有多少了解,担心这支比他们力量大得多的部队上山会"火并山寨",抢占他们的地盘。

在前敌委员会扩大会议上,有人认为袁、王的队伍实际上是"土匪部队",主张"他们那几十支枪,一包围缴械就完了"。

毛泽东严厉批评了这种意见,说:"你们太狭隘了,度量太小啦! 我们不能采取大鱼吃小鱼的吞并政策,历史上有哪个能把三山五岳的土匪消灭掉? 联合起来就是大队伍。"

毛泽东在与袁文才派来的代表谈话时了解到,袁文才、王佐等人非常看重武器,他们有160多人,只有60支枪。于是,毛泽东向前委提议,送袁文才100支枪。对于毛泽东这个大胆的提议,不少人表示怀疑,毛泽东反复说明,才得以通过。

10月6日,毛泽东亲自约见袁文才。见面后,毛泽东充分肯定了他与王佐"劫富济贫"的革命性,双方谈得非常投机。毛泽东当场宣布赠送袁文才100支枪,这大大出乎袁文才的意料,袁文才马上回赠给工农革命军600块大洋,并答应工农革命军在茅坪建立后方医院和留守处。这样,工农革命军和袁文才、王佐部队的关系一天天密切起来

10月22日清晨,部队在遂川县大汾镇,突然遭到地主武装靖卫团的袭击,因为人地生疏,毛泽东与特务连连长曾士峨、党代表罗荣桓迅速撤退,一路上只收容起三四十人。

毛泽东率领这支小部队继续向井冈山转移。从文家市到茨坪,历时一个多月,行程1000多里,工农革命军在毛泽东领导下,经过秋收暴动和艰苦转战,终于将红旗插上了井冈山。

——摘自张福兴:《中国1927——解密80年前中国政局的历史谜团》,北京:中共党史出版社2007年版.

【讨论理解】

1. 井冈山农村革命根据地建立的历史意义是什么?
2. 毛泽东为啥要当"山大王"?
3. 中国共产党是如何探索中国革命新道路的?

【案例点评】

国民革命失败后,全国范围的革命运动由高潮转入低潮,国民党新军阀控制了中心城市,在全国范围内实行恐怖统治。这些情况表明,中国共产党必须转移到国民党统治的薄弱环节,到农村建立革命根据地,开展革命斗争。井冈山革命根据地的建立,创建了中国革命的第一个红色政权,锻造了一支体现无产阶级性质的新型人民军队,也成功探索出了农村包围城市、工农武装割据的中国革命新道路。井冈山农村革命根据地是毛泽东等老一辈革命家领导湘赣边军民开创的中国第一块农村革命根据地,其创建是中国共产党人

和井冈山军民集体奋斗的结果。毛泽东在根据地的创建过程中,贡献尤为突出。体现在:一是毛泽东领导文家市退兵,点燃了井冈山斗争的"圣火";二是毛泽东领导改造袁文才、王佐部队,确立了在井冈山建立革命根据地的决策;三是毛泽东领导创建了边界三县红色政权,奠定了井冈山革命根据地的坚实基础;四是毛泽东创造性地解决了根据地建设中的一系列重大问题,确保了井冈山革命根据地沿着正确的航道健康发展。

【教学建议】

此案例可以放在第五章"中国革命的新道路",在介绍"走农村包围城市、武装夺取政权的道路"时予以介绍,帮助同学正确认识中国革命新道路的内涵及成功开辟的过程,理解中国共产党对中国革命新道路探索的艰辛,坚定在中国共产党的领导下实现中国革命胜利的信念。

精选案例 2

遵义会议上"关键的一票"

王稼祥(1906—1974),安徽省泾县人,中国共产党杰出领导人之一,伟大的马克思主义者。1931 年 4 月起,他开始担任中央革命军事委员会副主席,红军总政治部主任,长征途中,他参加了三人军事指挥小组,协助毛泽东指挥全军,胜利实现了红军的战略转移。1938 年后的一个时期,他是党中央领导核心的成员之一,继续担任总政治部主任等要职,主持中央军委的常务工作。中华人民共和国成立后,他是首任驻苏大使,外交部副部长和对外联络部部长。王稼祥一生对革命贡献甚多,在一些关键性的历史阶段里,发挥了重大作用,功绩卓著。

在遵义会议上投了"关键的一票"

1935 年 1 月 15 日,中央政治局在遵义召开扩大会议。这时,我党和红军的命运正处在生死存亡的关键时刻。由于"左"倾冒险主义的错误,中央红军第五次反"围剿"遭到严重失败,于 1934 年 10 月被迫开始长征。长征途中,"左"倾错误的领导人博古、李德又犯了逃跑主义错误,在突破敌人的湘江封锁线时,红军由出发时的 8 万多锐减到 3 万多名,损失惨重,士气十分低落,领导集团分歧严重,而敌人已调集 40 万军队,准备围歼向湘西转移的红军,形势十分严峻。12 月红军进入湖南通道县,中央在这里举行了军委扩大会议,讨论红军的战略行动方针问题。毛泽东提出改向敌人力量薄弱的贵州进军。以避免全军覆没的危险。这个主张得到王稼祥、周恩来、张闻天等人的赞成。于是,红军立即由湖南进入贵州黎平县,在这里,中央政治局召开了会议,采纳了毛泽东提出的新的行动方针,放弃到湘西与红二、六军团会合的计划,并确定适当时候召开政治局扩大会议,以便审查黎平会议的决定和总结五次反"围剿"及长征以来的军事指挥上的经验教训。

王稼祥在长征途中,因伤痛缠身,不能承担具体工作事务,但他仍然视革命事业为第一生命,关注和思考如何摆脱困境,使红军转危为安。他觉察到博古、李德在军事指挥上的错误,必须下决心来一个根本转变。在红军长征途中,王稼祥积极主动地做了许多工作。他首先与毛泽东沟通思想,向毛泽东倾吐了自己的担忧和疑虑。他说,如果这样下去,红军就不行了,要改变目前危急局面,必须纠正军事指挥上的错误,改变中央的错误领导。毛泽东很赞赏他的想法。接着,他又把自己的想法和毛泽东的观点,同张闻天交谈,取得了一致意见。他还利用各种机会,找了其他一些负责同志交换意见,并取得了这些同志的支持。由于王稼祥的工作,使毛泽东的正确主张,逐步为中央多数同志所拥护,为酝酿和准备召开中央政治局扩大会议奠定了基础,挽救中国革命的危局,确实是难能可贵的。

1935 年 1 月红军进占遵义城,获得了短期休整的时机,于是在遵义召开了中央政治局扩大会议。会上博古作第五次反"围剿"的总结报告,他极力为自己与李德的错误辩解,把失败的原因归咎于客观方面,对自己的错误毫无认识。周恩来作了军事问题的补充报告,实事求是地分析了军事指挥上的错误。张闻天作了批判"左"倾军事路线的报告,这个报告是毛泽东、王稼祥和他自己的集体意见。接着,毛泽东首先起来对第五次反"围剿"和长征以来的失败教训作了长篇发言,对博古,李德在军事上的错误作了透彻的分析和有力的批判,并正确阐述了中国革命战争的战略问题,指明了今后正确方向。这时,两种完全对立的思想观点和方针路线,完全摆到桌面上来了。

在此关键时刻,当毛泽东话音一落,王稼祥马上站起来,旗帜鲜明地支持毛泽东的意见,严厉批判了李德、博古在军事上的错误,郑重建议取消李德、博古军事指挥权,并由毛泽东出来指挥中国工农红军。由于王稼祥第一个出来明确而坚决地支持毛泽东的观点,接下去绝大多数同志相继支持毛泽东。在选举时增选毛泽东为中央政治局常委,增补王稼祥为中央政治局委员。随后,成立了由毛泽东、周恩来、王稼祥参加的三人军事指挥小组,指挥全军的军事行动。从此,结束了王明"左"倾冒险主义在党中央的统治,确定了毛泽东在红军中和党中央的领导地位,在危急关头,挽救了红军,挽救了党。历史事实证明,王稼祥在这个历史关键时刻,对党和革命作出了重大贡献。

以后,在党的七大期间,毛泽东曾说:"如果没有洛甫、王稼祥两个同志从第三次'左'倾路线分化出来,就不可能开好遵义会议。""没有他们的赞助,遵义会议的成功是不可能的。"在"十年动乱"中,毛泽东又说:"遵义会议王稼祥投了关键的一票。"陈毅对王稼祥在遵义会议的历史功绩,还曾作了生动的比喻:"稼祥同志好比楚汉之争的韩信,韩信归汉则汉胜,归楚则楚胜,是个举足轻重的人物。"

——摘自戴惠珍:《王稼祥在中国革命中的地位和作用》,载《安徽史学》,1994 年第 1 期.

【讨论理解】

1. 怎样理解遵义会议上存在的争论?
2. 怎样理解王稼祥在遵义会议中的作用?
3. 为什么说遵义会议是我党历史上一个生死攸关的转折点?

【案例点评】

遵义会议上的争论实质是坚持以博古、李德为代表的"左"倾教条主义与以毛泽东、周恩来、王稼祥等要求克服这种错误倾向的观点之间争论。遵义会议结束了王明"左"倾错误在中央的统治,在事实上确立了以毛泽东为核心的新的党中央的正确领导。这是中国共产党第一次独立自主地运用马克思主义原理解决自己的路线、方针和政策问题,妥善地处理了党内长期存在的分歧和矛盾,是中国共产党从幼稚走向成熟的标志。这次会议在极其危急的情况下,挽救了党,挽救了红军,挽救了革命,成为党的历史上一个生死攸关的转折点。

长征路上的王稼祥因伤一直躺在担架上,却也因此有了和毛泽东相处的机会。他们走一路谈一路,晚上还要一起宿营,这使王稼祥有充分的时间了解毛泽东,被毛泽东的学识谈吐、理论修养、对中国革命的深刻独到的见解、对革命发展的预测所吸引。王稼祥意识到,该是毛泽东"出山"的时候了。征得周恩来、洛甫支持态度后,王稼祥在毛泽东发言后,第一个提出应由毛泽东来领导红军。在大多数同志拥护下,会议改选了领导,成为中国革命的转折点。

【教学建议】

此案例可以放在第五章"中国革命的新道路",在介绍"中国革命的历史性转折"时结合遵义会议这一知识点予以介绍,帮助同学认识土地革命受挫的历史原因和转折的出现,理解遵义会议是党历史上一个生死攸关的转折点。

三、课内实践,注重提升

实践项目一:模拟导游——重走长征路

【目标要求】

通过开展模拟导游实践教学,搜集相关资料,提高组织资料、口头表达等综合能力;通过重走长征路活动,体会红军革命英雄主义精神,认识中国革命历程的艰难曲折;在活动中培养同学的合作意识和合作能力。

【活动方案】

1. 活动时间:课前 10 分钟
2. 活动地点:教室
3. 组织方式:学生采用小组合作的方式完成,搜集有关红军长征的历史资料、文字、图像、实物等,写出导游词,绘制旅游路线图,搭配相关的图片和影像资料,并由小组选定一名成员在课前 10 分钟面向全班范围内模拟导游。
4. 导游词必须要与长征途中有关重要战役、会议、历史事件或重要历史人物等内容有关。

【实践成果】

小组合作完成导游词编撰,绘制旅游路线图,搭配相关的图片和影像资料。

【活动评价】

序号	评价项目	满分	得分
1	小组合作及分工情况	10	
2	导游路线准确	30	
3	内容符合要求	20	
4	导游员表达能力	20	
5	游客总评	20	

【参考资料】

长征途径的主要地点及重要事件：

1. 湘江之战；2. 通道会战；3. 黎平会议；4. 强渡乌江；5. 遵义会议；6. 四渡赤水出奇兵；7. 巧渡金沙江；8. 会理会议；9. 飞夺泸定桥；10. 强渡大渡河；11. 两河口会议；12. 毛尔盖会议；13. 包座战役；14. 俄界会议；15. 激战腊子口；16. 直罗镇大捷；17. 吴起镇；18. 巴西会议；19. 静宁会师。

长征路线图：

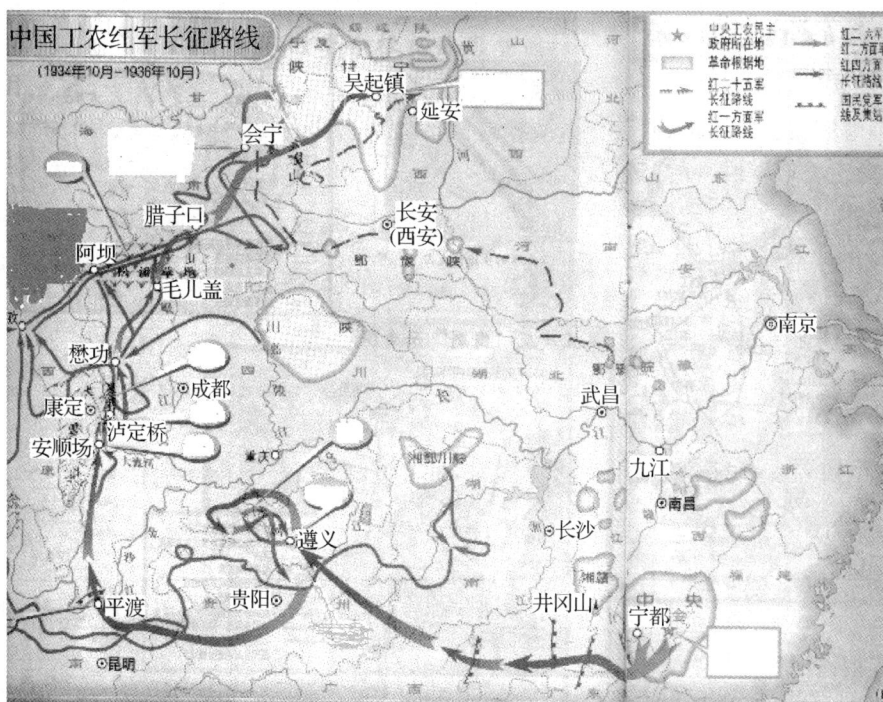

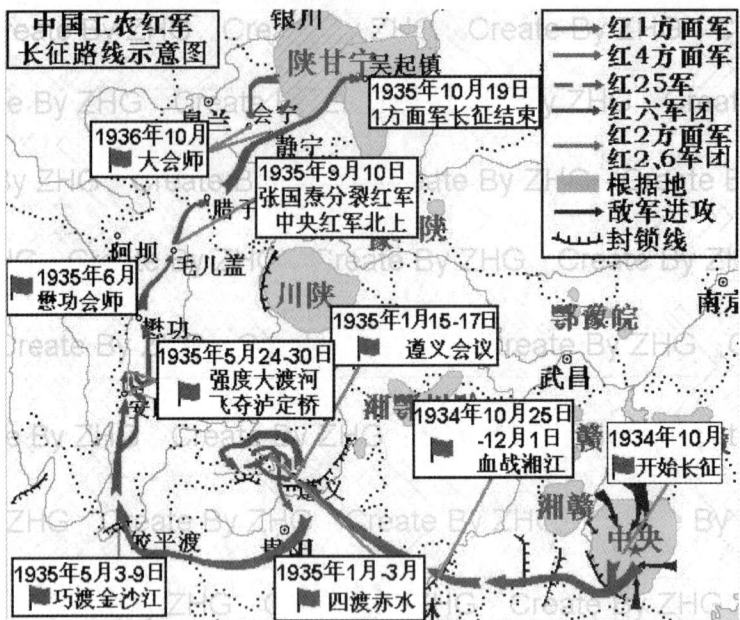

中国工农红军长征路线示意图

实践项目二：阅史有感——观看影片《秋收起义》

【目标要求】

通过观看电影，加深对大革命失败后中国革命的困境及中国革命新道路探索历程的认识，理解农村包围城市、武装夺取政权这一革命新道路开辟的历史意义，使同学们树立中国革命必将取得胜利的坚定信念。

【活动方案】

1. 活动时间：课前 10 分钟
2. 活动地点：教室
3. 组织方式：同学利用课余时间观看电影《秋收起义》，在课前邀请几位同学谈观影感受。
4. 演讲要求：表达清楚简洁，理解深刻，有自己的看法和见解。

【活动评价】

序号	评价项目	满分	得分
1	观看影片情况	30	
2	背景资料掌握情况	20	
3	课堂交流表达情况	20	
4	有无自己的看法和见解	30	

四、社会实践，学以致用

实践项目："踏着长征的足迹"主题调查

【目标要求】

结合纪念长征胜利主题,帮助同学关注长征历史事件、了解长征精神的内涵及现实意义,进一步明确中国共产党及老一辈革命者为中国革命胜利所做出的巨大贡献,增加爱国主义情感。

【活动方案】

1. 活动时间:实践周
2. 活动地点:根据选择主题自定
3. 本课题的调研涵盖个四方面的视角:当代大学生对长征精神的认知现状调查;长征影视作品创作现状与存在问题调查;当代大学生对长征历史人物、历史事件认知现状调查——以×××为例(选择一个历史人物或历史事件展开调查);革命老区建设现状调查。
4. 学生以小组为单位,通过革命老区调研、大学生问卷调查等形式选择其中一个视角开展调研,制定调查方案。
5. 教师对学生的调查方案进行评阅,并提出修改意见及时反馈给学生。
6. 学生调查小组严格按照选题和调查方案开展社会调查并形成社会调查报告。

【实践成果】

以调查报告的形式呈现实践成果。
1. 字数不少 3 000 字,符合论文写作规范要求。
2. 必须附相关图片,图文并茂,图片中必须出现小组调查的过程图片。
3. 必须附原始调查资料(如调查问卷、访谈记录等)及分析结果。
4. 必须附小组成员的调查心得体会。
5. 杜绝抄袭,建议及提出的解决方案等要有新视角和建设性意见。

【活动评价】

序号	评价项目	满分	得分
1	是否符合字数要求及论文写作规范	20	
2	是否完整、如实反映出长征的历史及大学生的认知情况	30	
3	是否有照片等图片材料和调查问卷、访谈记录等过程材料	30	
4	是否有小组成员心得体会	20	

【优秀成果选编一】

长征影视作品创作现状与存在问题调查

第一部分　本次调查的基本情况

一、调查背景

纵观目前中国的影视圈,在电视方面,全国数以百计的频道,累积数以千计的节目时长,使影视业成为了一个庞大的市场与无可替代的消费产业链。在如今媒介过剩、供求失衡的背景下,中国电视市场的竞争可谓是全方位地白热化。电视市场留给战争题材影视作品的份额在逐年减少,而其中的长征题材更是如同"鸡肋"般的存在。而电影方面,在2014年和2015年的电影票房统计数据中可得知,动作、科幻、爱情类影片票房贡献比列稳居第一,而战争类影视作品的市场急剧缩小,观影人群倾向小众化,拍片率大幅下降。可以这么说,在大荧幕方面战争题材本就不占优势,更不用说偏冷门的长征题材的影视作品。

在两大主流影视题材的激烈竞争下,战争历史题材的影视作品渐趋娱乐化与失真化,并且题材局限化严重,大部分翻来覆去讲述抗日战争与现代军旅生活,有关两万五千里长征的影视作品可谓是少之又少,人们对这段历史的淡忘以及该题材本身存在的问题促使这一题材在影视市场中处于夹缝求生的尴尬地位。但是长征这一历史事件在中国革命历史和中国共产党的发展史上有着重要的地位。红军长征的胜利是中国革命转危为安的关键,所体现的"长征精神"激励着一代又一代的中国人。长征这一段历史的地位与它的精神宣扬力度是不成正比的。此次针对长征影视作品创作现状与存在问题进行调查,就是为正视长征这一题材应用于影视媒介存在的问题。

二、调查目的

通过青少年、青年、中年、老年四个年龄段的影视受众群体对待长征影视作品的态度与意见的调查,初步了解长征影视作品在广大群众心中的大致状况以及受众视野里长征影视作品的形象。根据受众的审美需求与心理要求,对照目前出产的长征影视作品,分析该题材影视作品主观与客观上的优势与劣势。以目前了解到的市场环境,针对目标受众的需求,为长征影视作品的改进做出有益探索。

三、调查设计

1. 调查方法

根据长征影视作品创作现状及存在问题设计调查问卷。以统一问卷,随机抽样填写的方式进行研究,以期对长征影视作品的受众心理及现状有清晰的认识,从而对这一题材的发展前景有一个客观的判断与分析。

2. 调查内容

调查内容包括长征影视作品受众的收视途径、收视态度、收视原因、收视目的,受众对于长征影视作品拍摄难度的认知,对长征影视作品不能吸引大规模观众的因素认知以及对该类作品价值方面的定位等诸多方面。

3. 抽样方案

本次调查采用随机抽样的方式,调查对象是南京晓庄学院各专业的学生以及小组成员于公共场合随机挑选的各年龄段的群众。

4. 调查时间

2016 年 4 月 24 日—5 月 2 日

四、调查实施

在整个调查过程中,发出问卷 80 份,回收有效问卷 74 份,回收率为 92.5%。

五、数据处理

本次调查报告采集的原始数据均有小组成员人工整理完成。整理完成的数据全部录入计算机,采用 MicrosoftExcel 完成制表工作。

第二部分　本次调查的数据分析

样本总数:74 份
数据与分析:

1. 你的性别

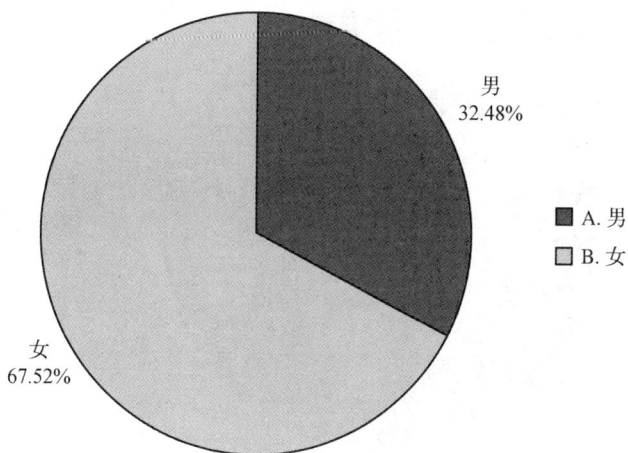

男
32.48%

■ A. 男
□ B. 女

女
67.52%

2. 你处在哪个年龄段?

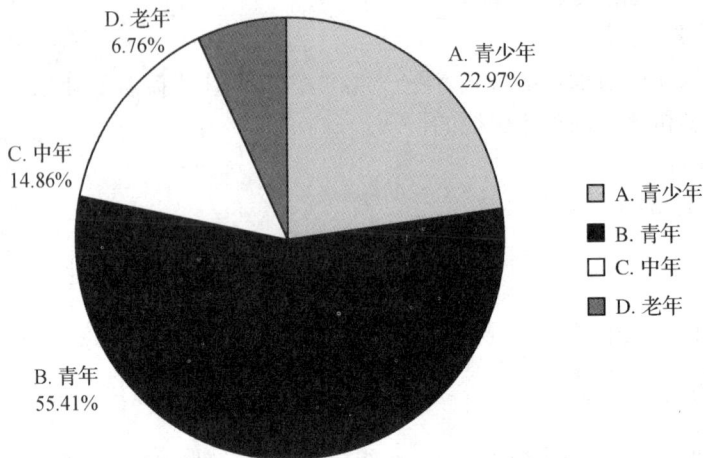

分析:从第一题和第二题的数据统计可以看出,这次问卷调查的参与者中女性占较大比重,为 67.57%,几乎为男性比重的两倍。而从年龄段上看,青年人数最多,占比重的 55.41%,超过了总人数的一半。接着是青少年和中年,老年人数最少,仅有 6.76% 的老年人接受了问卷调查。客观上是由于老年人的身体因素与知识水平因素,对问卷的填写造成了困难,所以人数较少。

3. 你是否在电视上看到过有关长征的影视作品?

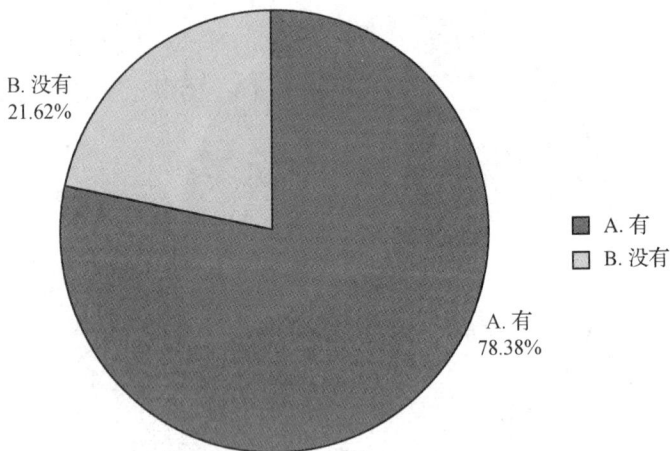

分析:第三题的数据统计显示,大部分人都在电视上看到过有关长征的影视作品,没有看过的仅有 21.62%。由此我们可以知道,大部分人通过电视媒介对长征影视作品都有一定的了解。同时这也表明,长征影视作品的数量也比较多,传播的范围也比较广。从广度上来说长征影视作品的生存状况较好。因此大部分人对于长征影视作品的认识和态度都是基于一定了解的基础上做出的。

4. 你若是在看电视的时候偶然看见有关长征的影视作品,你采取的态度是?

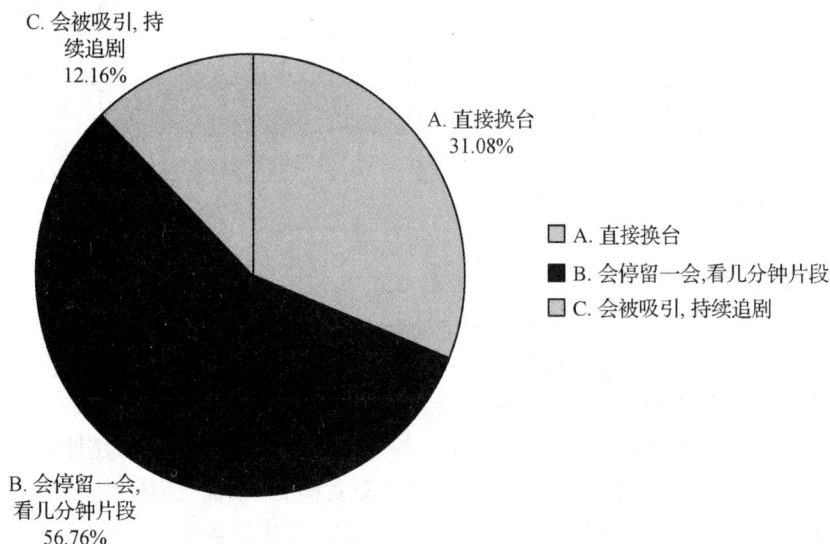

C. 会被吸引,持
续追剧
12.16%

A. 直接换台
31.08%

■ A. 直接换台
■ B. 会停留一会,看几分钟片段
■ C. 会被吸引,持续追剧

B. 会停留一会,
看几分钟片段
56.76%

分析:根据第四题的数据,我们可以发现大部分人在电视上偶然看到有关长征的影视作品时,会选择停留一会儿,看几分钟片段,比重为 56.76%,超过了总人数的一半。我们可以由此推测,大多数人对长征影视作品也并没有反感,甚至对这段历史是抱以期待的。但 31.08% 的参与填写问卷的人选择了直接换台,说明长征影视作品的吸引力仍有不足,由于多种原因,使这部分受调查的人对这个题材的影视作品产生了抵触与不信任,这直观展示了长征影视作品正面临的困境,也在某些方面说明了长征影视作品还需要一定的提升。12.16% 的人选择会被吸引,持续追剧,这部分观看群体的比重不高使长征影视作品在影视市场中处于弱势。

5. 你觉得长征影视作品拍摄的难度主要集中在哪个方面?

选项	小计
A. 题材太宏大,剧本难以把握细节	37
B. 取景拍摄难度大,难以真实还原	39
C. 演员难以贴近历史人物	35
D. 历史性与娱乐性难以协调	42

分析:长征影视作品的拍摄难度这题,53% 的人选的是 B,取景拍摄难度大,难以真实还原,这的确是主要难点。长征类型的题材逐渐不符合大众的需求和口味,因此也不会有多好的拍摄基地,毕竟没有市场需求就没有人愿意投资在建设场景和基地上,而没有华丽的场景,就不会有观众,形成了恶性循坏,导致长征题材影视没有出彩的作品。A 选项位居第二,这也是拍摄难的一个主要原因,题材太过宏大,可以拍的东西太多,对纳入的材料难以选取。取多了就杂了,没有一个突出的重点,一部影片看下来没有让人记忆深刻的地方,就是失败;取少了又没有剧情了,内容的空洞,就丧失了吸引力。

6. 喜欢看长征影视作品的原因：　　（多选题）

选项	小计
A. 能够借此了解史实	47
B. 故事情节有趣味性	25
C. 长辈喜欢,跟着看看	33
D. 作品精美,场面宏阔	20
E. 回忆往事	23
F. 其他	0

分析:喜欢看长征影视作品的原因占比最多的是 A,能够借此了解史实,占 50%,对照一下参与调查问卷的年龄段,可以看出大多是青少年、青年选的这个选项,长征发生在 1934—1936 年,对于 80 后、90 后来说太遥远,甚至很多人对这段历史的记忆是模糊的,所以在对书本文字知识审美疲劳的情况下,影视作品集声音、画面、情感于一体,是年轻一辈了解史实一个不可或缺的平台。选择 E 回忆往事则多数是老年,从那个时代走过来的人,长征对于他们的确是个值得回忆的大事件。

7. 你觉得目前长征影视作品不能吸引到大规模观众的原因是：　　（多选题）

选项	小计
A. 不符合史实,失真化与娱乐化	37
B. 没有相对应的宣传力度	32
C. 拍摄工艺不精,摄影技术落后	23
D. 主角人物过于英雄化,缺乏人物个性	45
E. 感情戏份过多	26

分析:对于长征影视作品不能吸引到大规模观众的原因,大部分人的观点集中为以下三点:一是主角人物过于英雄化,缺乏人物个性;二是不符合史实,失真化与娱乐性;三是没有相对应的宣传力度。这三点的占比分别为 27%、23%、20%。从第一点看,目前长征影视作品都普遍以一个主要人物为中心展开情节的,影片过于烘托主人物的高大形象,从而失真虚假。从第二点看,不符合史实也是引起观众不满的主要原因之一。影视作品一味追求吸引观众的效果,改变史实,做出夸大的延伸,引导观众留下错误印象,过于娱乐化。结合问卷第十题人们的建议,可知如今长征影视作品的宣传力度不够是很大的一个问题。大部分网络电视媒体将宣传重点放在爱情或家庭伦理的题材上,同时目前长征影视作品本身出产数量少。除以上三点之外,还有 16% 的受调查者认为感情戏份过多,14% 的人认为拍摄工艺不精,摄影技术落后。由此看来,长征影视作品在安排感情戏时不可一味追求受众心理,因视情节需要而定,否则只会适得其反。另外,在拍摄工艺方面,此类作品还有一定改进空间,需要进一步精益求精。

8. 你通常通过什么途径观看这类作品？

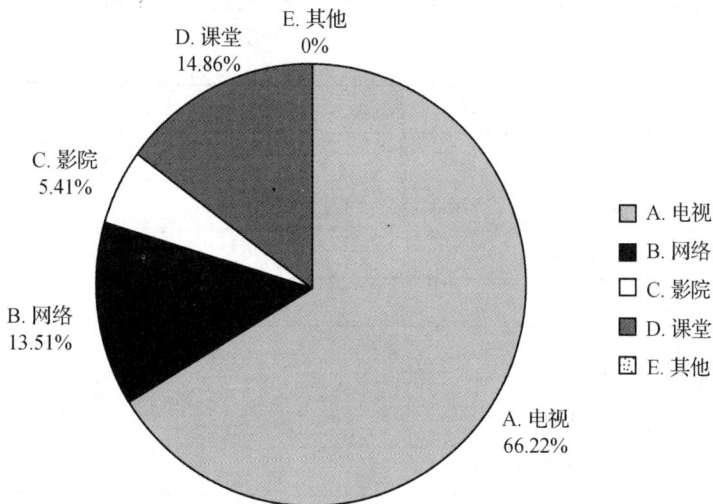

分析：由此题的统计数据可知，通过电视观看这类作品的人占大多数，为 66.22%，而通过网络观看的仅占 13.5%。在网络已成为主流的大形势下，大多数人还是通过电视来观看长征影视作品，说明此类作品并未得到广泛的传播，观众群体小。另外，有 14.86% 的人是通过课堂观看的，说明现在的教育中对此类题材已有了一定的重视，在谈及长征话题时，会播放一定的长征影视作品，以加强学生对长征的印象。最后，只有 5.41% 的人通过电影观看这类作品，这说明目前市场上长征影片较为缺失，此类题材不受创作群体的青睐。

9. 你觉得长征影视作品在目前有何价值？

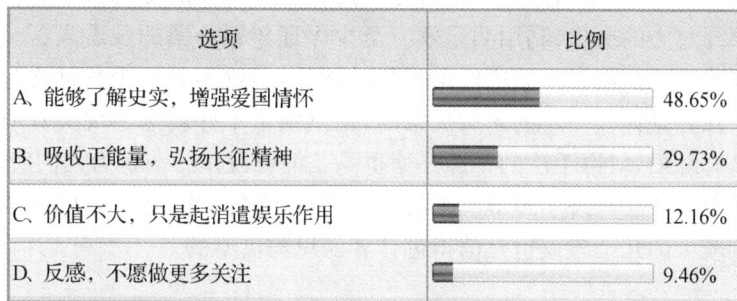

选项	比例
A、能够了解史实，增强爱国情怀	48.65%
B、吸收正能量，弘扬长征精神	29.73%
C、价值不大，只是起消遣娱乐作用	12.16%
D、反感，不愿做更多关注	9.46%

分析：其实这道题与第 6 题有异曲同工之处。但是第 6 题侧重于情感取向，而这一题则是侧重客观需求。群众的需求是长征影视作品在制作过程所需要着重考虑的要素。在参与问卷调查的人中，48.65% 认为长征影视作品的价值在于能够帮助了解史实，增强爱国情怀。长征作为远去的历史至今仍然能够在人们心中历久弥新的原因也在于此。这里接近半数的人对于长征的定位都是历史事实，这一定位也就决定了他们对待长征影视作品的态度：客观严谨。29.73% 的参与人员定义长征影视作品的价值在于弘扬长征精神，这反映了人们对于影片主旋律精神仍然比较重视。剩余 21.62% 的人采取的是消极抵触的态度，这也是长征影视作品。

所面临的困境之一:价值定位的偏离,这是急需改变的现状。

10. 你觉得如何才能扭转长征题材影视作品在目前影视市场的尴尬地位,你有何建议或意见?

内容	比例
1. 正视历史,还原真实的历史	34%
2. 利用明星效应吸引粉丝群体观看,选用年轻有演技的演员出演	18%
3. 剧情要有创新,能够与时俱进	11%
4. 增加宣传平台,加大宣传力度	10%
5. 不要过于神化主人公 6. 剧情不能做作,矫情 7. 需要贴近生活,符合大众的审美需求	5%
8. 依靠广电总局加大对播放环境的监管	3%
9. 提高拍摄技术,镜头光线角度的运用 10. 短期内是无法扭转的	2%
11. 需要好导演执导 12. 投资方需要加大投资	1%

分析:经过整理,发放的有效问卷中有这样12个不同建议。从比例可以明显看出“正视历史,还原真实的历史”是人们普遍认为可以改变长征影视作品目前尴尬地位的有效途径。从另一个侧面也可以看出目前的长征影视作品存在着与历史脱节的严重问题。编剧与导演大多未经历过那段历史,只能通过史书与想象。然而在创作的过程中想象的成分明显盖过了真实的历史成分,造成了喧宾夺主的错误。18%的受访人员觉得可以任用年轻的演员来演绎过去的历史,利用明星效应至少保证年轻一辈的观看人群。这的确是一个短期内可以改变长征影视作品遭冷落现状的方法,但绝不是一个长远之计。明星效应与还原历史在深处是存在一定的矛盾关系的,比例衡量不好就会出现失真或是枯燥的问题。剧情的老套陈旧,叙事手法的千篇一律也是长征影视作品一直为人们所诟病的,11%的人认为该类影视作品与现实脱节。很明显历史现实两边均不沾,造就如今的“鸡肋”局面。后面比例较少的几个建议也是值得创作者深思与借鉴的。

第四部分　本次调查的反思总结

一部影视作品创作是由四个部分构成的:编剧、市场、导演与演员、观众。编剧创作出文本作品,由市场作出正确的价值判断以及提供资金投入的依据,导演与演员共同演绎出文本作品投入市场,观众观看后,文本到影视的转化才算完成。这四个环节紧紧相扣,一荣俱荣,一损俱损。从本次对长征影视作品的调查,我们透过观看影视作品群众的意见不难看出长征影视作品之所以市场反映不热,是因为这四个环节不同程度出现了问题,形成了恶性循环。四足断一足,就毫无竞争的可能性了。

在探讨这四个因素对长征影视作品影响之前,我们首先要在心中正确定位长征这一影视题材本身的意义：是文化载体而不是娱乐商品。红军以血肉之躯开辟的两万五千里征途，在历史的长河中，默默坚守，历经沧桑，蜿蜒至今。这一历史事件穿越时间的洪流，承载的厚重与庄严是需要我们伸出虔诚的双手去接纳的，任何轻佻的包装与改造都是画蛇添足。现在多数观众都是能够认清这一题材的文化内涵，虽然个人审美不尽相同，但是对于这一题材转化为影视作品大多采取了严谨的态度。从这次的调查可以看出观众对于长征影视作品的价值定位非常明确，希望通过该类影视作品了解史实，以而增强爱国情感，将长征精神应用于21世纪的社会教化中。观众追求的是身临其境般的真切体会，感受那段历史时期的艰难困苦，丰富自己的爱国主义情怀。与此同时，通过熏陶继承长征精神，在生活中发扬不畏难的斗争精神。从这里可以看出教化需求在观众心理需求中占据了主导地位，中国的观众有一种"受教育欲"，他们不会满足于纯粹的快乐，他们追寻的是长远的意义与价值的探讨，尤其对于长征这种厚重历史的题材，观众就会格外的较真。这种较真也体现了观众的自我判断与自主选择能力，他们有意识地在对比长征影视作品所反映的精神与自我需求和社会需求的契合性。观众在观看此类影片之前，会根据自身对这一历史事件的了解构建一个预期尺度，这就是观众观影的底线，也是衡量影视作品的标准，一旦影视作品的精神内涵低于大众的底线，那就是不合格的残次品。

然而，在当今的长征影视作品中，精神内涵却被无意义的夸大和变形。影视作品的主人公好似超人一般，打不死、无胆怯。观众会不由自主地感叹"太假了"。这样的不认同感来源于作品的脱离现实。长征作品不是科幻小说，是真实的历史事件，观众对此寄予的希望是真真切切地感受历史、体悟历史，而不仅是简单地满足表面的娱乐需求。但很明显创作者严重忽视了欣赏者的心理需求，在低于欣赏者观影底线的同时，也弱化了长征影视作品所应当传达的主流精神。一部好的长征影视作品，不应该让不切实际的文字叙述将观众排除在故事之外，成为冷静的旁观者。而应该使观众与人物一同经历雪山、草地、大渡河，一同感悟克服重重困难后的喜悦与不易，用朴实而真挚的情感变化来提升观众对这段历史的文化认同感和民族责任感。这一点恰恰是目前长征影视创作者所欠缺的：一味地自说自话，沉浸在不切实际的想象中，缺少真实的体悟与真诚的感情投入。

长征影视作品是帮助我们了解多年前那段艰辛而又光荣的历史的重要途径之一，它本身就具备了众多优势：正能量的精神内涵，真实有力的史实依据，声像合一的播出媒介……我们不应该放任这一题材继续沉沦，我们要清楚地明白食之无味是因为"烹调"和"品尝"的方式不对。所以转变迫在眉睫：

1. 剧本——创作追求合理真实。剧本创作是影视作品的雏形，是影视作品拍摄的基础。就目前的长征影视作品创作现状来看，失真化是很严重的，剧情的开展都是在编剧的脑海中展开的。所以符合逻辑的剧情设置和符合大众审美的人物塑造是编剧必须要重视的。

2. 导演和演员——力求扎实的再创造能力。导演与演员必须通过自身的努力与能力对剧本进行再创造。拿捏好文字转化为动态影像的尺度。所以就这一方面而言，我们小组结合调查数据均认为导演的资历与擅长拍摄的题材种类是很重要的，并非名气大就能胜任。

3. 宣传力度——宽度与深度兼具。从参与问卷调查的受访人员来看，很多人都将长征影视作品与"手撕鬼子"联系在一起并表示反感。要知道"手撕鬼子"的情节是在抗日战争影视作品中出现的,这就反映了长征影视作品在观众心中的界限并不明确,一定程度上可以看出长征影视作品的宣传力度很弱。同时也可能因为太久没有一部深入人心的优秀长征作品出现而使观众非常失望。所以就现在的情况而言,长征影视作品想要打一场"翻身仗"也是有很大难度的。一方面是长征作品没有使用正确的宣传方式以达到合适的宣传力度,另一方面是有的作品的质量也难以经得起推敲。所以我们小组成员认为在拍摄上乘之作的同时,宣传手段必须及时跟进。

4. 投资——国家扶持与商业投资并重。很明显,目前长征影视作品市场低迷,题材本身的效益并未得到充分的挖掘。所以在现在这种困难的局面下,国家应当一马当先加大对长征影视作品的拍摄的投资,挖掘它的社会效益以带动该题材的商业效益,从而吸引更多的商业投资以度过难关。同时,对于长征题材的影视资料,国家也应该予以引导,尽可能地为影视工作人员提供史料事迹,鼓励编剧在实事求是的基础上,以创作手法实现剧本的创新。

参考文献

[1] 章柏青:《中国电影受众观察》,中国文联出版社,2014年12月第1版.

[2] 余秋雨:《观众心理学》,现代出版社,2012年4月第1版.

[3] 胡智锋,杨乘虎等:《电视受众审美研究》,北京师范大学出版社,2010年3月第1版.

附件一

长征影视作品创作现状与存在问题调查问卷

1. 你的性别
　　A. 男　　　　　　　　B. 女
2. 你处在哪个年龄段?
　　A. 青少年　　　　　　B. 青年　　　　　　C. 中年　　　　　　D. 老年
3. 你是否在电视上看到过有关长征的影视作品?
　　A. 有　　　　　　　　B. 没有
4. 你若是在看电视的时候偶然看见有关长征的影视作品,你采取的态度是?
　　A. 直接换台
　　B. 会停留一会,看几分钟片段
　　C. 会被吸引,持续追剧
5. 你觉得长征影视作品拍摄的难度主要集中在哪个方面?【多选题】
　　A. 题材太宏大,剧本难以把握细节　　　B. 取景拍摄难度大,难以真实还原
　　C. 演员难以贴近历史人物　　　　　　　D. 历史性与娱乐性难以协调
6. 喜欢看长征影视作品的原因:【多选题】
　　A. 能够借此了解史实　　　　　　　　　B. 故事情节有趣味性
　　C. 长辈喜欢,跟着看看　　　　　　　　D. 作品精美,场面宏阔

　　E. 回忆往事　　　　　　　　　　　F. 其他_____

7. 你觉得目前长征影视作品不能吸引到大规模观众的原因是:【多选题】

　　A. 不符合史实,失真化与娱乐化

　　B. 没有相对应的宣传力度

　　C. 拍摄工艺不精,摄影技术落后

　　D. 主角人物过于英雄化,缺乏人物个性

　　E. 感情戏份过多

8. 你通常通过什么途径观看这类作品?

　　A. 电视　　　　　　　B. 网络　　　　　　C. 影院

　　D. 课堂　　　　　　　E. 其他_____

9. 你觉得长征影视作品在目前有何价值?

　　A. 能够了解史实,增强爱国情怀

　　B. 吸收正能量,弘扬长征精神

　　C. 价值不大,只是起消遣娱乐作用

　　D. 反感,不愿做更多关注

10. 你觉得如何才能扭转长征题材影视作品在目前影视市场的尴尬地位,你有何建议或意见?

附件二　调查图片

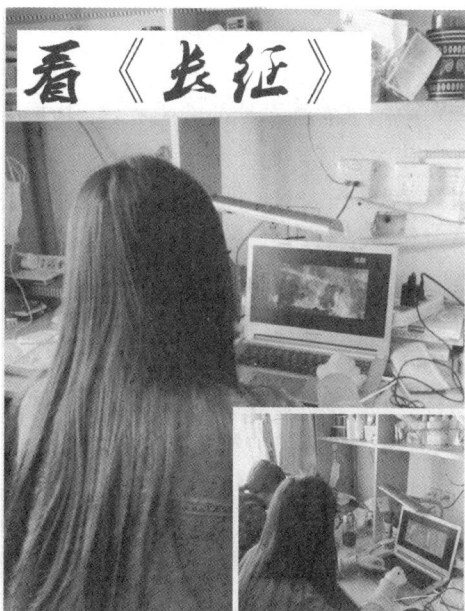

【优秀成果选编二】

当代大学生对长征历史事件认知现状调查
——以直罗镇战役为例

1. 前言

　　中国工农红军长征的胜利,是中国共产党领导创造的中华民族史和世界战争史上的一个伟大奇迹。毛泽东称红军长征是自盘古开天地、三皇五帝到于今,"历史上从来没有过"、"空前伟大的远征"。国内外的学者也对其有极高的评价:"无与伦比的现代奥德赛史诗"(德国王安娜)、"一次体现坚忍不拔精神的惊人之举"(英国蒙哥马利)、"一座人类坚定无畏的丰碑"(美国哈里森·索尔兹伯里),等等。由此可见,长征的影响是空前的。那么,作为一名大学生,对长征的了解有多少? 对被称作"为中国革命的大本营放在陕北献上了一份奠基礼"的直罗镇战役又有多少了解? 以下我们将站在大学生视角,结合长征意义和精神,以及直罗镇战役本身意义来探讨大学生对直罗镇战役的认识情况和折射出的问题。

1.1　直罗镇战役简述

　　1935 年 10 月,中央红军第 1、3 军团到达陕甘根据地吴起镇。中央红军胜利到达陕北,蒋介石极为不安,调集东北军 5 个师的兵力进攻:西路以董英斌第五十七军的一〇九师、一一一师、一〇六师、一〇八师,由甘肃的庆阳、合水一带沿葫芦河向陕西富县推进;东路则以王以哲领导。为了打击第一〇九师师长牛元峰的嚣张气焰,造成该部比较孤立的态势,毛泽东果断决定,利用直罗镇理想的设伏地形及有利于红军的群众条件,诱敌深入,首歼第一〇九师于直罗镇。最终,红一方面军歼灭国民党东北军一个师又一个团,彻底粉碎了国民党对西北根据地发动的第三次"围剿"。

1.2　直罗镇战役意义

毛泽东在战役结束后,作《直罗战役同目前的形势与任务》的报告,并指出:"中央领导我们,要在西北建立广大的根据地——领导全国反日反蒋反一切卖国贼的革命战争的根据地,这次胜利算是举行了奠基礼。"结合史实资料,我们总结了以下几点意义:① 鼓舞了士气。因为红军战士长征一路被围追堵截,补给缺乏,战争的胜利无疑大涨了士气。② 彻底粉碎了敌人对陕甘苏区的第三次"围剿",沉重打击了国民党军队的嚣张气焰。③ 加速了国民党营垒的分裂。蒋介石对东北军直罗镇惨败表现出的冷漠态度,使张学良彻底认清了蒋介石企图借"剿共"令红军和东北军两败俱伤的险恶用心。对西安事变、抗日民族统一战线的形成产生了重要的影响。④ 体现了毛泽东的军事指挥才能。⑤ 为党中央奠基西北打开了新局面,使陕北成为红军长征的落脚点和争取中国革命胜利的出发点。

2. 调查问卷分析

题1. 今年(2016 年)是长征胜利多少周年?(　　　)
　　　A. 60 周年　　　B. 70 周年　　　　C. 80 周年　　　　D. 90 周年

选项	小计	比例	
ABD(错误)	37		37%
C(正确)	63		63%

分析:本题是长征的常识性题目,为纪念长征胜利 80 周年,各高校都举办了相关活动,我校也不例外。然而,本题正确率只有 63%,本小组认为是远远不够的,这也说明学生对于长征的起止时间并没有足够重视。此外,这在相关课堂上也是多次强调的重点,同学们在本知识点上的记忆模糊也是对课堂知识的忽视。

题2. 由于中国共产党内的(　　　),红军第五次反"围剿"失利,被迫进行长征。
　　　A. 整风运动　　　B. 右倾错误　　　C. "左"倾错误

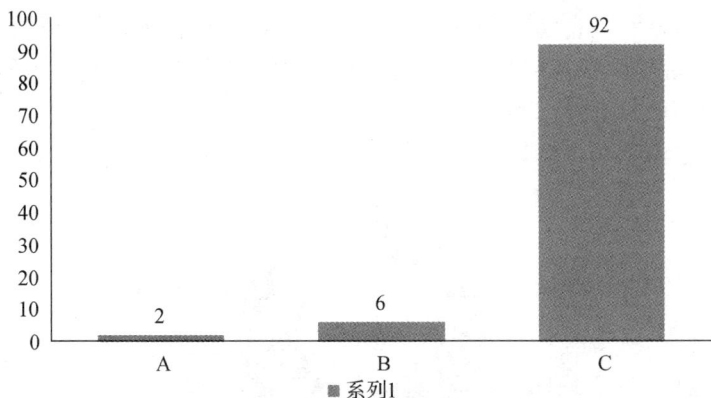

分析:本题是长征常识性题目,正确率达 93%,说明学生基本能够区分"左"倾错误与右倾错误的特点。

题3. 请问你对直罗镇战役了解多少？（　　）

    A. 基本了解　　B. 大概了解　　C. 仅听说过名称　　D. 完全不了解

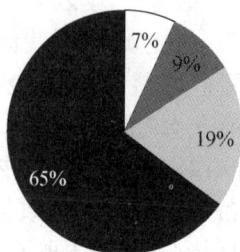

□A基本了解 ■B大概了解 ▨C仅听说过名称 ■D完全不了解

分析：本题是关于直罗镇战役的认知情况调查，直罗镇战役是全国革命大本营在西北的奠基礼，在长征中有着举足轻重的作用，而在抽样的100个学生中，仅有7人对直罗镇战役基本了解，9人大概了解，仅听说过的也只有19人，有65人对次战役闻所未闻，这体现了学生对长征中的重要战役的一种忽视，折射了大家不愿意过多了解长征史实的现状。

题4. 你认为长征与直罗镇战役的关系是？（　　）

    A. 有关系，是党中央把全国革命大本营放在西北而举行的一个"奠基礼"

    B. 有关系，以少胜多，变被动为主动，长征史上最光彩神奇的篇章

    C. 没关系，只是一次普通的战役

■A（正确）　■BC（错误）

分析：本题是直罗镇战役与长征的关系题，本题的正确率有53％，证明半数学生对战役的认识较为准确，但是，基于上一题的答题结果，这道题可能存在侥幸回答正确的可能。

题5. 直罗镇战役发生在哪个地区？（　　）

    A. 延安　　B. 陕西富县　　C. 太白镇　　D. 葫芦河

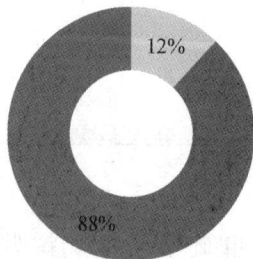

■A(正确)　■BCD（错误）

题6. 直罗镇战役体现了谁的军事指挥才能？（　　　）
　　　A. 彭德怀　　　　B. 毛泽东　　　　C. 林彪　　　　D. 陈毅

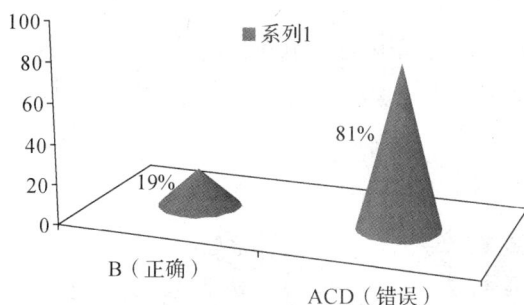

题7. 直罗镇战役源于国民党军对陕甘苏区的第（　　　）次"围剿"？
　　　A. 一　　　　B. 二　　　　C. 三　　　　D. 四

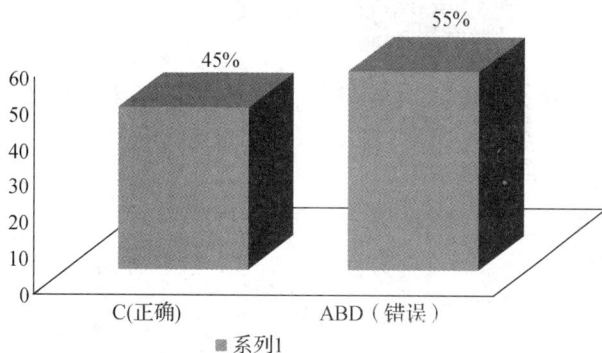

题8. 直罗镇战役中蒋介石对东北军直罗镇惨败表现出的冷漠态度,使（　　　）彻底认清了蒋介石企图借"剿共"令红军和东北军两败俱伤的险恶用心,从消极"剿共"到停止内战、联合红军一致抗日的转变。
　　　A. 张学良　　　　B. 陈昌浩　　　　C. 张国焘　　　　D. 张闻天

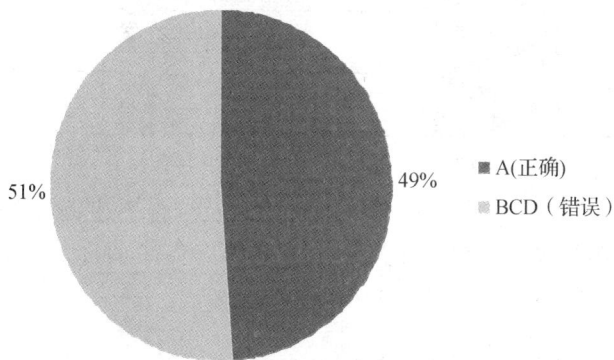

　　分析:以上4题是直罗镇战役史实题,结合前几题的答题情况,正确率均不理想,说明学生对此次战役基本情况了解有限。

题 9. 中国工农红军长征的三大主力是（　　　）

　　A. 中央红军，红二、四方面军

　　B. 红一、二、三方面军

　　C. 红二十五、二十七军和红十五军团

　　D. 红二、六军团和四方面军

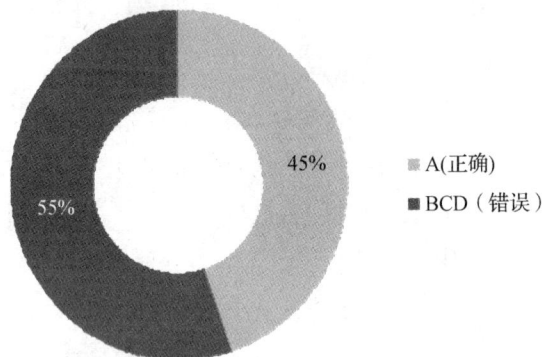

分析：本题是长征常识性题目，正确率没有过半，说明学生对长征的主力军认识不足，此题与第一题类似，也是在相关课堂上多次强调的重点，同学们在本知识点上的记忆模糊体现了课堂教学效果不佳。

题 10. 直罗镇战役是（　　　）军长征的最后一战

　　A. 中央红军　　B. 红一方面　　　C. 红二方面　　　B. 红四方面

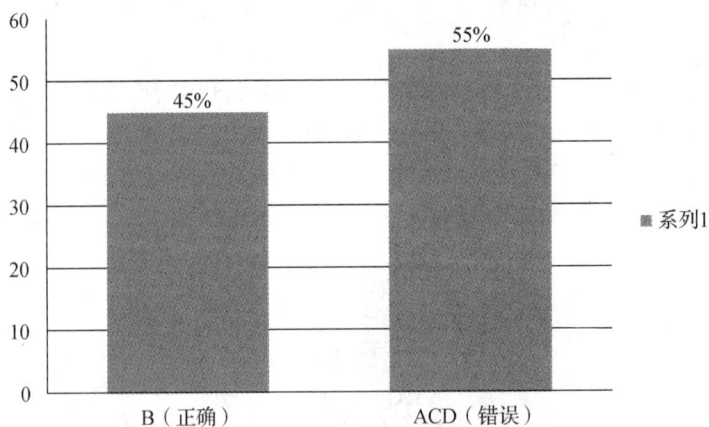

分析：本题是直罗镇战役史实题，45％的正确率及结合上述史实题的答题情况，本小组学生认为学生对本战役的了解不够充分，但是对红一方面军的贡献较为了解。

3. 总结

（1）实践动机及目的

大学生作为未来国家建设与社会发展的重要群体，肩负着民族复兴的重要使命和实现中国梦的重大责任。因此，铭记历史对大学生群体而言有特别的意义与优先的价值。

我们小组社会实践研究的课题是"当代大学生对长征历史事件认知现状调查",旨在了解大学生对中国革命转危为安的关键——长征这一重大历史事件的认知程度。我们在调查中以直罗镇战役为例,调查大家对其认知情况,并对其他方面进行探索。

（2）实践方法

本次调查采用问卷调查法,旨在了解直罗镇战役在大学生中的认知情况。调查对象涉及多专业、多层次的大学生,笔者认为数据还是很有说服力的。

（3）调查结果总体分析

通过对调查问卷统计结果的分析,第一,就长征本身而言,有关的第一、第二和第九道题正确率都不尽如人意。今年是长征胜利80周年,各大媒体以及我们校园里也举行过纪念长征80周年庆活动,而正确率不高的原因确实值得我们大家一同思考。就笔者自身的观察,在学校里举行的这些活动中,同学们参与的热情并不高,甚至摆台前来询问的人门可罗雀,大家没有一种学习、重视历史的态度,而往往受到其他诱惑的吸引。现代社会精彩纷呈,大家关注的点也多种多样,可关心历史的大学生却很少,反映了我们没有立足当今现实学习历史,也没有深刻想要了解历史的觉悟,大学生对长征史实的了解有待提高。但是也有令人称道的活动正在进行中,就拿我们学校而言,每年的暑期社会实践总有几支社会实践团,摇起大旗,重走长征路,深入长征历史遗迹,再现长征力量。这些活动是当代大学生对历史认知开始提高的体现,也值得我们更多的人加入进来。第二,其他的七道题,主要是关于直罗镇战役的细节,但是问题并不深入,可是结果同样正确率不高值得探讨。直罗镇战役是标志着全国革命大本营在西北的奠基礼,在长征中有举足轻重的作用,而在抽样的100名学生中,大概了解的只有9人,就这个数据而言,我们可以推论出同学们在做其他与直罗镇战役相关的题目时,可能正确的都是侥幸答对。大学生对长征的认知只存在于长征本身,而其中的大小战役数不胜数,知道的却很少。这反映了大家对一个历史事件的认知不全面、不深入,只停留在表层的了解阶段,即使对表层知识的掌握也存在问题,知识点记忆模糊、课堂知识疏忽。综合上面两点笔者对大学生对长征认知度不高的原因分析,我们学习《中国近现代史纲要》,书中的知识源源不断没有终点,而我们首先要做的事应该是立足于书本,了解历史不仅可以增长我们的阅历,而且可以增强我们的文化自信和民族自强感,大学生对长征历史的了解程度有待提高。其次,知识不是最终的归宿,虽然我们大学生了解历史知识主要来自于教科书和课堂教学,但是我们还要把学到的知识运用到社会实践中,"纸上得来终觉浅,绝知此事要躬行"。

（4）相关建议

基于以上大学生对长征历史事件的认知情况,笔者提出几点建议,与大家一同思考。

第一,基于现代大学生了解史实的途径,笔者认为,当代的新媒体应该肩负起弘扬历史文化的责任,发展其教育意义。就拿微博举例,每天的热搜内容有极大的关注度,相关教育部门或者媒体可以利用这一优势发起有关长征的话题,呼吁大家一起参与话题讨论,一起来了解历史评论历史。即使只是点开话题而不发表言论,在不断的浏览中也会增加对长征的认知。

第二,暑期社会实践的活动形式值得在更大范围推广,教育部门可以加大对此项活动的资金、政策支持,鼓励更多大学生参加。在实践的过程中更利于我们把书本中学到的知识展示出来。在学生实践结束后,可以对自己的实践进行总结,学校对其实践成果进行筛选和表彰,最后展示给全校同学,我们学习的过程也是了解历史的过程。另外,就我们学校而言,每年让新生参观陶行知纪念馆是一个了解校史的好途径,这种方法也可以运用到我们了解近现代历史中来。学校可以组织学生进行历史遗迹游览,让大家自己走进历史,亲身体验历史。

第三,学校可以开展有关活动,调动同学学习历史的机会。就拿笔者自己的经历来说,本月举行的团会活动的主题正是长征,组织者通过 PPT 展示和有奖竞答环节让我们对长征的一些细节有了一定的了解,提高了我们对长征的认知,可惜的是时间较短。笔者认为,学校可以在一些历史纪念日举行比较大型的活动,相关学生组织进行全校的征选人才,例如诗朗诵、情景剧、舞蹈等,这样的宣传力度就会增大。同时,相关的二级学院,例如马克思主义学院,可以发挥自己的优势,举办一些自己的特色活动,然后把这些活动变成自己的品牌,为全校师生传播历史文化。

第四,大学生自己要提高文化自信,脚踏实地的学习自己国家的历史,以史为鉴才能展望未来。获得知识的途径有很多,我们可以去图书馆借阅相关的书籍,可以看具体的史实资料,也可以通过历史人物的述评来了解当时的历史。当然,现代生活丰富多彩,中国的电影行业也在飞速发展,有关长征的电影电视也有很多,它们能以一种生动形象的方式为我们展现当时的情景,不仅可以放松心情,而且能够增长知识,何乐而不为呢?

以上四点只是笔者的一些建议,让广大大学生加入进来、提高历史认知任重而道远。大学生由于条件有限,能做的也很有限,但即使丁点儿的事我们也要去做,因为只有在实践中才能完善自己、提高自己,学习历史才能变得有意义、令人难忘。

附件一

当代大学生对直罗镇战役认知情况的问卷调查

1. 今年(2016 年)是长征胜利多少周年?(　　)
   A. 60 周年　　　　B. 70 周年　　　　C. 80 周年　　　　D. 90 周年
2. 由于中国共产党内的(　　),红军第五次反"围剿"失利,被迫进行长征。
   A. 整风运动　　　B. "右"倾错误　　　C. "左"倾错误
3. 请问你对直罗镇战役了解多少?(　　)
   A. 基本了解　　　B. 大概了解　　　C. 仅听说过名称　　　D. 完全不了解
4. 你认为长征与直罗镇战役的关系是?(　　)
   A. 有关系,是党中央把全国革命大本营放在西北而举行的一个"奠基礼"
   B. 有关系,以少胜多,变被动为主动,长征史上最光彩神奇的篇章
   C. 没关系,只是一次普通的战役
5. 直罗镇战役发生在哪个地区?(　　)
   A. 延安　　　　B. 陕西富县　　　　C. 太白镇　　　　D. 葫芦河
6. 直罗镇战役体现了谁的军事指挥才能?(　　)
   A. 彭德怀　　　B. 毛泽东　　　　C. 林彪　　　　D. 陈毅

7. 直罗镇战役源于国民党军对陕甘苏区的第（　　　）次"围剿"?
   A. 一　　　　　　　B. 二　　　　　　　C. 三　　　　　　　D. 四

8. 直罗镇战役中蒋介石对东北军直罗镇惨败表现出的冷漠态度,使（　　　）彻底认清了蒋介石企图借"剿共"令红军和东北军两败俱伤的险恶用心,从消极"剿共"到停止内战、联合红军一致抗日的转变。
   A. 张学良　　　　　B. 陈昌浩　　　　　C. 张国焘　　　　　D. 张闻天

9. 中国工农红军长征的三大主力是（　　　）
   A. 中央红军,红二、四方面军　　　　　B. 红一、二、三方面军
   C. 红二十五、二十七军和红十五军团　D. 红二、六军团、四方面军

10. 直罗镇战役是（　　　）军长征的最后一战
   A. 中央红军　　　B. 红一方面　　　C. 红二方面　　　B. 红四方面

附件二　调查图片

第六章 中华民族的抗日战争

一、内容梳理,同步练习

内容梳理

【教学目标】通过本章的学习,了解日本侵华战争的目的,中国抗战形势的发展;熟悉中国人民在反对日本侵略战争中同仇敌忾、万众一心,赢得了战争胜利的历史;掌握抗日战争胜利的意义、原因和基本经验;认识中国共产党是全民族抗战的中流砥柱。

【教学重点】中国人民反对外国侵略赢得战争胜利的历史经验;国共双方的抗战路线和抗战历史贡献。

【教学难点】理解中国共产党是全民族抗战的中流砥柱。

【教学时间】2学时

【授课形式】理论教学

【主要内容】

1 日本发动灭亡中国的侵略战争

    1.1 日本灭亡中国的计划及其实施

    1.2 残暴的殖民统治和中华民族的深重灾难

2 从局部抗战到全国性抗战

    2.1 中国共产党举起武装抗日的旗帜

    2.2 局部抗战与救亡运动

    2.3 停止内战,一致对外

    2.4 全国性抗战的开始

3 国民党与抗日的正面战场

    3.1 战略防御阶段的正面战场

    3.2 战略相持阶段的正面战场

4 中国共产党成为抗日战争的中流砥柱

    4.1 全面抗战的路线和持久战的方针

    4.2 敌后战场的开辟与游击战争的发展及其战略地位

    4.3 坚持抗战、团结、进步的方针

    4.4 抗日民主根据地的建设

同步练习

（一）单项选择题

1. 抗日战争时期,根据地政权的民主建设主要体现为(　　)

A. 建立中华苏维埃共和国　　　　　　B. 实行"三三制"原则

C. 开展整风运动　　　　　　　　　　D. 推行精兵简政政策

2. 1938 年 10 月,日本侵略军占领广州、武汉后改变了侵华战略方针,这是因为(　　)

A. 日军战线太长,兵力与财力不足　　B. 英美等国政府支援强国抗战

C. 国民政府在抗日问题上出现动摇　　D. 汪精卫成立了效忠日本的伪政权

3. 把毛泽东思想确立为中国共产党的指导思想的是(　　)

A."八七"会议　　　　　　　　　　B. 遵义会议

C. 中共"七大"　　　　　　　　　　D. 中共七届二中全会

4."地道战"、"地雷战"、"鸡毛信"、"小兵张嘎"是哪个时期的象征(　　)

A. 北伐战争　　　　　　　　　　　　B. 解放战争

C. 抗日战争　　　　　　　　　　　　D. 十年内战

5. 1937 年日本积极策划全面侵华的根本原因是(　　)

A. 缓和国内阶级矛盾　　　　　　　　B. 扩大在中国的殖民统治

C. 摆脱国内经济危机　　　　　　　　D. 制定了所谓的"国策基准"

6."七七事变"后全民族的抗战开始,对此理解正确的是(　　)

A. 中国军队开始抵抗　　　　　　　　B. 国民政府正式宣战

C. 日本旨在侵略全中国　　　　　　　D. 引起全国人民的广泛抗战

7. 中共确定建立抗日民族统一战线的方针是在(　　)

A."八七"会议　　B. 遵义会议　　C. 瓦窑堡会议　　D. 洛川会议

8. 抗战初期两条不同抗战路线的根本区别是(　　)

A. 是否抵抗日本侵略　　　　　　　　B. 是否依靠人民群众

C. 是否合作抗战　　　　　　　　　　D. 是否积极抗战

9. 以国共合作为基础的抗日民族统一战线正式建立的标志是(　　)

A. 西安事变的和平解决

B. 国民政府发表自卫宣言

C. 中国工农红军改编为八路军、新四军

　　D. 国民党公布中共中央提交的国共合作宣言和蒋介石的"庐山谈话"

10. 中国人民取得抗日战争胜利的最主要因素是（　　　）

　　A. 实行全民族抗战　　　　　　　　B. 战争的正义性

　　C. 国际反法西斯力量的配合　　　　D. 正确的战略战术

参考答案：

1. B　2. A　3. C　4. C　5. C　6. D　7. C　8. B　9. D　10. A

（二）多项选择题

1. 整风运动的主要内容是（　　　）

　　A. 整顿学风　　　B. 整顿党风　　　C. 整顿文风　　　D. 整顿浮夸风

2. 毛泽东在《论持久战》中认为抗日战争最后胜利一定属于中国的原因是（　　　）

　　A. 中国是大国，地大物博

　　B. 中国在国际上得道多助

　　C. 日本发动的是退步的、野蛮的侵略战争

　　D. 中国共产党及其领导的抗日根据地和人民军队的存在

3. 下列有关皖南事变的表述，正确的是（　　　）

　　A. 它是国民党顽固派破坏抗战的行为

　　B. 英美支持国民党发动

　　C. 中国共产党坚决回击顽固派的进攻

　　D. 抗日民族统一战线由此完全破裂

4. 下列关于相持阶段两个战场演变的说法，正确的是（　　　）

　　A. 正面战场消极抗战、形势恶化

　　B. 敌后战场逐渐成为抗日的主战场

　　C. 敌后战场转变为正面战场

　　D. 正面战场仍在一定程度上起了牵制日军的作用

5. 抗日战争时期，国民党顽固派发动军事进攻，中共中央提出了三大口号，其内容是（　　　）

　　A. 坚持斗争，反对妥协　　　　　　B. 坚持抗战，反对投降

　　C. 坚持团结，反对分裂　　　　　　D. 坚持进步，反对倒退

6. 毛泽东总结中国共产党成立以来的历史经验，指出中国共产党在中国革命中战胜敌人的三大法宝是（　　　）

　　A. 统一战线　　　B. 土地革命　　　C. 武装斗争　　　D. 党的建设

7. 日本对中国的大规模侵略和在中国部分地区的殖民统治，犯下了空前严重的罪行，其主要表现是（　　　）

　　A. 制造惨绝人寰的大屠杀　　　　　B. 实行"三光"政策

　　C. 控制铁路交通　　　　　　　　　D. 肆意掠夺矿产资源、土地及农产品

8. 抗战时期，正面战场和敌后战场的主要区别是（　　　）

　　A. 抗战的领导不同　　　　　　　　B. 抗战路线不同

　　　　C. 作战方式不同　　　　　　　　　　D. 战略地位不同
　　9. 中国的抗日战争是世界反法西斯战争的重要组成部分，其表现是（　　）
　　　　A. 中国战场年平均牵制日本的陆军的 74% 以上
　　　　B. 日军在海外作战中损失的 287 万人中，有 150 万人伤亡在中国战场
　　　　C. 中国为盟国提供了大量的战略物资和军事情报
　　　　D. 苏联出兵击败日本关东军
　　10. 下列关于延安整风的表述，正确的是（　　）
　　　　A. 在思想上清算了"左"的和右的错误
　　　　B. 是马克思主义思想教育运动
　　　　C. 确立毛泽东思想为全党的指导思想
　　　　D. 为新民主主义革命在全国的胜利奠定了思想基础

参考答案：
1. ABC　2. ABCD　3. ABC　4. ABD　5. ACD　6. ABD　7. ABCD　8. ABCD
9. ABCD　10. ABD

（三）简述题

　　1. 为什么说中国共产党是中国人民抗日战争的中流砥柱？
　　答案要点：
　　(1) 中国共产党实行的是全民族抗战的路线，采取的是持久战的战略方针。
　　(2) 为了贯彻执行全面抗战路线，中国共产党作出了开辟敌后战场的战略决策，并坚持在敌后广泛开展游击战。
　　(3) 中国共产党在统一战线中坚持独立自主的原则，坚持抗战、团结、进步的方针，反对妥协、分裂和倒退。
　　(4) 中国共产党积极建设抗日民主根据地。在抗日民主根据地实行"三三制"的民主政权建设，减租减息，大力发展生产，积极进行文化建设和干部教育。
　　(5) 在大后方开展抗日民主运动和抗战文化工作，对于激发大后方人民的爱国意识，坚持国共合作团结抗战，支援抗战前线，积蓄革命力量等发挥了重要的作用。
　　(6) 中国共产党将马克思主义融入中国国情，创立的新民主主义理论从思想上武装了中国共产党人，使他们极大增强了参加和领导抗日战争和新民主主义革命的自觉性。

　　2. 试述中国人民抗日战争胜利的基本经验。
　　答案要点：
　　(1) 全国各族人民的大团结是中国人民战胜一切艰难困苦、实现抗战胜利的力量源泉。在抗日战争中，中华民族实现了空前的大团结，形成了真正意义上的全民族抗战。没有全国各族人民的大团结，没有抗日民族统一战线，就没有抗日战争的伟大胜利。
　　(2) 以爱国主义为核心的伟大民族精神是中国人民团结奋进的精神动力，这是抗日战争得以坚持和胜利的重要思想保证。抗日战争大大丰富和升华了以爱国主义为核心的

中华民族精神。中国共产党充分发挥出民族先锋队和阶级先锋队的作用,赢得了全中国人民的拥戴。

（3）中国人民热爱和平、反对侵略战争,同时又不惧怕战争。中国人民进行反侵略战争,是为了捍卫中华民族生存和发展的权利,是对世界反法西斯战争和人类进步事业的重大贡献。

3. 如何看待中国人民抗日战争在世界反法西斯战争中的地位?
答案要点:
（1）中国人民抗日战争是世界反法西斯战争的东方主战场。在世界反法西斯战争中,中国人民抗日战争开始最早,持续时间最长。中国战场年平均牵制日本陆军的74%以上,最高年份达90%。日军在海外作战中损失的287万人中,有150万人伤亡在中国战场。

（2）中国人民的持久抗战,不仅遏制了日本的"北进"计划,迟滞了日本的"南进"步伐,而且大大减轻了其他战场的压力,为同盟国军队完成太平洋战场的战略转折和实施战略反攻创造了有利条件。中国作为亚洲太平洋地区盟军对日作战的重要后方基地,还为盟国提供了大量战略物资和军事情报。中国军队出国作战,不仅打击了日军,还对盟军给予了实际支援。

（3）开始以大国身份直接参与反法西斯战争的国际协调。中国国际地位随着抗日战争的胜利得到提高。1942年1月,26个国家共同签署《联合国家宣言》,1945年4月,参加联合国制宪会议,中国成为联合国的创始国和五个常任理事国之一。

4. 简述战略防御阶段国民党正面战场的作用及其溃退的原因。
答案要点:
作用:国民党领导的正面战场始终是中国抗战的重要战场,在全民族抗战中具有重要地位,尤其在战略防御阶段。但是,这些抵抗没有达到维护领土的目的,国民党正面战场溃败、中国迅速丢失大面积国土。

原因:（1）中日国力和军力对比的悬殊;（2）蒋介石集团实行的是片面抗战的路线,将希望单纯地寄托在政府和正规军的抵抗上;（3）国民政府战略指导方针的失误。在战略战术上,没有采取积极防御的方针。

5. 新民主主义理论体系的内容是什么?有何重大意义?
答案要点:
内容:1940年前后,毛泽东撰写了《共产党人发刊词》、《中国革命和中国共产党》、《新民主主义论》等著作。

（1）分析了中国社会和革命的性质与特征:指出近代中国半殖民地半封建的社会性质和主要矛盾;中国革命包括民主主义革命和社会主义革命两个阶段。五四运动以后已经是新民主主义革命,它的前途是社会主义。

（2）阐明了中国共产党在新民主主义革命阶段的基本纲领。政治上,推翻帝国主义和封建主义的压迫,建立一个新民主主义共和国。经济上,没收官僚垄断资本归新民主主义国家所有;没收地主阶级的土地归农民所有;允许民族资本主义经济的发展和富农经济的存在。文化上,发展无产阶级领导的人民大众的反帝反封建的中华民族的新文化,即民族的科学的大众的文化。

(3)总结了中国共产党成立以来的经验,提出了统一战线、武装斗争、党的建设是中国共产党领导革命的三个基本问题,是战胜敌人的三大法宝。

意义:

(1)新民主主义理论是以毛泽东为主要代表的中国共产党人把马克思主义基本原理同中国革命具体实践相结合的理论成果。

(2)新民主主义理论的系统阐明,标志着毛泽东思想得到多方面展开而达到成熟。

(四)材料分析题

1.阅读材料,回答下列问题:

材料1:"只有当日本侵略者的手脚被捆住的时候,我们才能在德国侵略者一旦进攻我国的时候避免两线作战。"

——苏联最高统帅斯大林

材料2:"假如没有中国,假如中国被日本打垮了,你想一想有多少师团的日本兵,可以调到其他方面来作战,他们可以打下澳洲,打下印度……他们可以一直冲向中东,和德国配合起来,举行大规模突击,在近东会师,把俄国完全隔离起来,割吞埃及,斩断通往地中海的一切交通线。"

——美国总统罗斯福

材料3:"如果日本进军印度洋,必然会导致我方在中东的全部阵地崩溃。而能防止上述局势出现的只有中国。"

——英国首相丘吉尔

材料4:毛泽东在论述抗战胜利的时候指出:"原子弹能不能解决战争? 不能。原子弹不能使日本投降。只有原子弹而没有人民的斗争,原子弹是空的。"(1945年8月6日、9日,美国在日本广岛、长崎投下两颗原子弹。)

根据上述材料回答以下问题:

1.结合材料1、2、3,分析中国人民的抗日战争在世界反法西斯战争中的地位。

2.根据抗日战争的基本史实,谈谈你对材料4所表述的观点的看法。

答案要点:

1.(1)中国人民抗日战争是世界反法西斯战争的东方主战场。在世界反法西斯战争中,中国人民抗日战争开始最早,持续时间最长。中国战场年平均牵制日本陆军的74%以上,最高年份达90%。日军在海外作战中损失的287万人中,有150万人伤亡在中国战场。

(2)中国人民的持久抗战,不仅遏制了日本的"北进"计划,迟滞了日本的"南进"步伐,而且大大减轻了其他战场的压力,为同盟国军队完成太平洋战场的战略转折和实施战略反攻创造了有利条件。中国作为亚洲太平洋地区盟军对日作战的重要后方基地,还为盟国提供了大量战略物资和军事情报。中国军队出国作战,不仅打击了日军,还对盟军给予了实际支援。

(3)开始以大国身份直接参与反法西斯战争的国际协调。中国国际地位随着抗日战争的胜利得到提高。1942年1月,26个国家共同签署《联合国家宣言》,1945年4月,参加联合国制宪会议,中国成为联合国的创始国和五个常任理事国之一。

2.战争胜负的决定作用,并不在于一两件新式武器,而在于人心和军力的整体对比。日本之投降,二战的结束,其实是中国军民长期奋战的结果;我们不可妄自菲薄认为是苏军出兵东北的结果,又是美国太平洋战争逼近日本本土的结果,而非原子弹一件新式武器所能决定的。

二、精选案例,巩固深化

精选案例 1

《论持久战》问世记

抗战爆发前,国民党营垒内就一直有人说:"中国武器不如人,战必败。"抗战开始后,又出现"再战必亡"的论调。身任国名党副总裁的亲日派汪精卫是他们中突出的代表。这种悲观情绪也影响到中间阶层和一部分劳动人民。

速胜论的观点也有相当市场。国民党中有一部分人幻想依靠外援来迅速取胜。淞沪会战时有人提出:只要打三个月,国际局势一定会发生变化,战争就可解决。台儿庄一战取胜后,《大公报》又鼓吹徐州战役是"准决战"。这种盲目乐观的轻敌思想也出现在共产党内,一些人把抗战的希望寄托在国民党正规军上,对战争的长期性艰苦性缺乏精神准备。

"亡国论"、"速胜论"影响着抗日大局和人们的情绪。毛泽东决心要驳斥这些论调,深感有必要对抗战十个月的经验"做个总结性的解释"。1936年7月,他同美国记者斯诺谈话时就已提出坚持持久抗战的各项方针。抗战初期,当中国军队连连失利时,他始终认为:"最后胜负要在持久战中去解决。"但是,马上驳斥"亡国论"、"速胜论"这些论调,还有困难,一是他工作太忙,抽不出时间认真地研究问题,而要有理有据地批驳这些不利于抗战的论调,是要下一番功夫的。二是他此时的理论准备还不足,特别是对于现代军事理论,他要认真地钻研一番才能把道理讲透。三是仅仅批判"亡国论"和"速胜论"缺乏说服力,还必须正面地系统地阐述正确的道理,而对此,他还没有做好充分的准备。毛泽东决定成立一个延安抗日战争研究会,吸收中央一些领导人和一些重要理论干部及军事干部参加,以便集思广益,最后形成系统的正确的理论。在毛泽东提议下,延安抗日战争研究会很快成立了。参加学习、讨论都十分认真。有时对某种认识一直讨论到深夜,大家肚子饿了,就在毛泽东的住处弄点吃的,吃完了继续讨论。一段时间的学习讨论后,毛泽东感到共产党的军事干部实战经验很丰富,但在军事理论方面比较薄弱,特别是对外国的军事理论,知道的人很少。为了尽快补足军事理论知识,毛泽东又发起组织了一个对外国最系统的军事理论著作——克劳塞维茨的《战争论》进行研究的小组。

毛泽东挤时间发愤读书。他在抗日战争开始后的 10 个月时间内,读了大量马克思主义哲学著作和国内研究、介绍马克思主义哲学的著作。艾思奇的《哲学与生活》,毛泽东读了不止一遍;李达的《社会学大纲》,他用两个月的时间读完了。毛泽东还特别关注新闻时事,认真的读报纸、杂志。经过组织小组共同学习研究,和自己的刻苦学习,毛泽东还有了充分的理论准备。在此基础上,他决心动笔写作《论持久战》。

写作过程十分辛苦。毛泽东白天工作十分紧张,只有到了深夜,才能坐下来点着油灯写作。毛泽东写作《论持久战》的地方,是一间很小的屋子,光线很暗,屋里放着一个旧式木桌,一把旧椅子,桌子上有一盏小油灯和一支毛笔。据当年毛泽东的卫士回忆,毛泽东写作《论持久战》时十分投入,一坐就是几个小时不动。有时实在太累了,就站起来在屋里走动几步,然后很快又坐下来写作。夜深了,毛泽东饿了,就叫卫士送来一块烤红薯,吃完了继续写作。有一次,毛泽东写作入了神,他的脚挨上了炭火盆却浑然不知,直到炭火盆把鞋子烤焦了,满屋子弥漫着焦糊的气味,才被卫士们发现。卫士们进来给毛泽东换了一双鞋之后,他又继续写下去。

1938 年 5 月 26 日至 6 月 3 日,毛泽东在延安抗日战争研究会用了近十天的时间,讲演了《论持久战》的基本内容。《论持久战》是抗日战争期间毛泽东重要的军事论著,它回答了困扰人们思想的种种问题,在国内外产生了重大影响。

在《论持久战》中,毛泽东指出:"中日战争不是任何别的战争,乃是半殖民地半封建的中国和帝国主义的日本之间在 20 世纪 30 年代进行的一个决死的战争。"日本是一个强大的帝国主义国家,但它的侵略战争是退步的、野蛮的;中国的国力虽然比较弱,但它的反侵略战争是进步的、正义的,又有了中国共产党及其领导下的军队这种进步因素。日本战争力量虽强,但它是一个小国,军力、财力都感缺乏,经不起长期的战争;而中国是一个大国,地大人多,能够支持长期的战争。日本的侵略战争损害并威胁其他国家的利益,因此得不到国际上的同情与援助;而中国的反侵略战争能获得世界上广泛的关注与同情。毛泽东总结道:这些特点"规定了和规定着战争的持久性和最后胜利属于中国而不属于日本"。他得出结论:"中国会亡吗? 答复:不会亡,最后胜利是中国的。中国能够速胜吗? 答复:不能速胜,必须是持久战。"毛泽东认为这场持久战将经过三个阶段:"第一阶段,是敌之战略进攻、我之战略防御的时期。第二个阶段,是敌之战略保守、我之准备反攻的时期。第三个阶段,是我之战略反攻、敌之战略退却的时期。"毛泽东着重指出,第二阶段是整个战争的过渡阶段,是敌强我弱形势"转变的枢纽"。为了实现持久战的战略总方针,毛泽东还提出一套具体的战略方针。他特别强调游击战争在中国抗日战争中的重大意义和"兵民是胜利之本"的道理。毛泽东这些清晰而符合实际的判断,回答了人们最关心而一时又看不清楚的问题,使人们对战争的发展过程和前途有了一个清楚的了解,大大提高了坚持的信念。

《论持久战》这部著作,不仅对八路军和新四军在抗日战争中有着重要的指导意义,而且对国民党将领也产生不小的影响。程思远回忆道:"毛泽东《论持久战》刚发表,周恩来就把它的基本精神向白崇禧作了介绍。白崇禧深为赞赏,认为这是克敌制胜的最高战略方针。后来白崇禧又把它向蒋介石转述,蒋也十分赞成。在蒋介石的支持下,白崇禧把

《论持久战》的精神归纳成两句：'积小胜为大胜，以空间换时间。'并取得了周公的同意，由军事委员会通令全国，作为抗日战争的战略思想。"

《论持久战》还被翻译成英文向海外发行。这是由周恩来从武汉寄到香港，委托宋庆龄找人翻译的。毛泽东很重视这件事，为英文本写了序言。在海外，这本小册子同样得到高度评价。

【讨论理解】

1. 毛泽东是在什么样的大背景下写作《论持久战》的？
2. 为什么说中日之间的战争是一场持久战，但最终的胜利属于中国？
3. 怎么理解《论持久战》中提出的共产党领导的游击战争的地位？

【案例点评】

本案例介绍了毛泽东的《论持久战》一文问世的经过。在这部著作里，毛泽东科学分析了中日战争所处的时代特点、战争的性质、中日双方的力量对比，科学地预见了抗日战争发展的进程，得出结论：中国不会亡，最后胜利是中国的；中国也不能速胜，抗日战争是持久战。抗日战争的发展进程，充分证明了《论持久战》中毛泽东的分析判断和采取的战略策略是正确的。

【教学建议】

本案例的教学的目的是使学生了解毛泽东阐明的持久战的战略思想，认识《论持久战》对全国抗战的战略指导意义，加深对中国共产党在抗日战争中的中流砥柱作用的理解。本案例可用于第六章第四节中"中国共产党成为抗日战争的中流砥柱"部分的辅助教学，或用于该部分课程内容的考核。

精选案例 2

四大国如何看中国抗战

1. 二战三巨头评价中国抗战

在人类历史上，有一些日子是永远不能忘怀的。5月9日的欧洲反法西斯战争胜利日就是这样一个日子。8月15日也是这样一个日子。这一天，日本法西斯宣布无条件投降，中国人民赢得了抗日战争的伟大胜利。中国人民为世界反法西斯战争胜利作出了巨大的民族牺牲和重要的历史贡献，并因此成为五大战胜国之一。当年，其他战胜国领导人和民众都对中国抗战的贡献给予了高度评价，这些大国是如何看待中国抗战的历史作用呢？随着西方对中国了解加深，中国抗战的作用越来越受重视。

罗斯福：假如没有中国，假如中国被打垮了，你想有多少个师团的日本兵，可以调到其他方面来作战，他们可以马上打下澳洲，打下印度……

丘吉尔：如果日本进军西印度洋，必然会导致我方在中东的全部阵地崩溃。能防止上述局势出现的只有中国。

斯大林：只有当日本侵略者的手脚被捆住的时候，我们才能在德国侵略者一旦进攻我国的时候避免两线作战。

2. 美国：飞虎队成为对中国抗战的珍贵记忆

美国人对二战的记忆不如中国人深刻，毕竟二战没有在美国本土进行，不像中国本土曾经是二战的战场。美国媒体对中国抗战的报道虽然没有对欧洲战场那样多，但是对于中国抗战的重要作用，无论是在历史上还是现在，都有不少清醒的声音。

在历史上，当年的美国总统富兰克林·罗斯福曾经给予了高度评价。罗斯福曾说过："假如没有中国，假如中国被打垮了，你想有多少个师团的日本兵，可以调到其他方面来作战，他们可以马上打下澳洲，打下印度……"1942 年 1 月 6 日，罗斯福在致国会的国情咨文中再次表示："千百万中国人民在漫长时间里顶住了轰炸和饥荒，在日本武装和装备占优势的情况下仍然一次又一次地打击了侵略者。"一个多月后，他在一次"炉边谈话"中又说："我们必须帮助中国进行现在的卓越抵抗和以后必然来到的反攻——因为这是打败日本的一个重要因素。"

不久前，美国三大报之一的《洛杉矶时报》发表文章称："二战中，中美两国在打击日本军国主义方面付出了巨大牺牲，但二战一结束，冷战开始，美国便不顾中国人在日本侵略战争中受到的创伤，掉转枪口，与日本交好，企图扼杀选择了共产主义的中国。现在冷战已经结束，到了美国听取中国正当诉求的时候了。"

不论在美国还是中国，飞虎队都是能够引起双方政界和民众共鸣的部分。美国一位中国问题专家在接受本报记者采访时表示，飞虎队已经成为美国对中国抗战的珍贵记忆。当年这支美国志愿航空队赴华参战时屡立战功，为打破日本法西斯对中国的封锁和最终打败日本立下了殊功。不少飞虎队成员成为美国政坛上的重要人物。

已步入耄耋之年的美国参议院临时议长泰德·史蒂文斯就曾是一名飞虎队成员。作为资格最老的参议员，史蒂文斯被美国媒体称为当今美国政坛上位于布什总统和切尼副总统之后最重要的政治家。在中国驻美国大使馆举行的纪念抗日战争胜利 60 周年的招待会上，他满怀深情地回忆起自己当年与中国人民并肩作战的难忘岁月。他表示，自己来出席招待会不仅代表美国参议院，更代表当年在中国战场上与法西斯浴血奋战的所有人士。

3. 英国：西方忽视中国抗战是"流行的狭隘主义"

对于世界反法西斯战争胜利 60 周年，英国媒体报道的重点都集中在欧洲战场上。媒体对亚洲战场的报道最多的是日本广岛和长崎遭原子弹轰炸。

不过，一些清醒的英国媒体也发出了"二战究竟是如何胜利的？"这样的疑问。英国主流媒体《卫报》在一篇题为《我们不能忘记我们在二战中是如何获胜》的文章中指出，是苏联和中国的巨大牺牲使二战胜利成为可能。文章说，苏联和中国为二战胜利作出的贡献被西方忽略了。如果不是中国付出 2 000 多万人牺牲的代价，在亚洲战场拖住了日本军队，日本军队就会在中国战场迅速取得胜利后进攻苏联后方，并控制太平洋地区。没有亚洲盟国的抵抗,西方盟国将会付出更大的牺牲。在英国权威历史杂志《今日历史》最新一期上,牛津大学中国研究专家米特博士发表了一篇题为《铭记被忘却的战争》的文章。文中指出:"在战争结束 60 年后,我们应该为对这场战争(指中国抗战)知之甚少而深感惭愧。"他还表示,随着东西方交流的不断加深,让所有的人铭记那些在战争中作出重大牺牲的国家和个人将指日可待。

剑桥大学历史学家菲利浦·托尔博士在接受本报记者采访时说,英国研究历史的人知道一些中国战场抗击日军的情况,但他们的兴趣侧重于中国在二战中遭受的灾难上。托尔博士把西方社会对中国抗战作用的忽视称为"流行的狭隘主义",即只关心有自己国家士兵参战的战场,他称这是整个西方社会的通病。另外一个重要原因是战后东西两大阵营的冷战。冷战期间,两大阵营在经济和文化上的交流降到了历史低点,东西方国家民众间几乎无法实现信息沟通。

4. 俄罗斯:不能忘记两国共同抗日的历史

二战时,苏联军队既是西部战场反击德国法西斯的主力军,也参与了东部战场击溃日军的行动。俄罗斯军事科学院院长加列耶夫当年曾经随苏军到过中国东北地区,如今他专门从事军事史研究。加列耶夫在接受本报记者采访时表示,当代俄罗斯人对二战东线战场的历史情况缺乏了解,对中国人民在抗日战争中所付出的沉重代价和中国对整个反法西斯战争作出的巨大贡献认识不足,就是对苏军出兵中国东北和朝鲜这段与俄罗斯有直接关系的历史也知之甚少。加列耶夫称,这与社会舆论的宣传有很大关系。描写与德国法西斯作战的电影、书籍很多,俄每年都要庆祝卫国战争纪念日,但俄官方和民间都很少提到抗日战争,给人感觉抗日战争就好像是亚洲国家自己的事。

加列耶夫还提到,俄罗斯最近竟然出现一股妄图篡改二战历史的歪风。尽管干这种事的人并不多,但对公众历史认识的影响却很坏。加列耶夫说,日本人非常善于雇"朋友"来粉饰当年不体面的行为,一个名叫阿尔汉格尔斯基的俄罗斯学者就是日本人的一个"朋友"。此人成立了一个名叫"悔过"的基金会,鼓吹"日本险些解救了俄罗斯,日本在整个战争期间都信守互不侵犯条约"等歪理邪说。阿尔汉格尔斯基还胡编说,苏联军队在中国东北没遇到日军的任何抵抗,因此也就没有什么胜利可言。加列耶夫称,俄史学界坚决反对这种肆意篡改历史的做法。加列耶夫认为,中国隆重庆祝抗日战争胜利 60 周年是非常正确的决定。尽管这场战争已经过去半个多世纪,但我们不应因此忘记这段历史,不能忘记日本军国主义的罪行,也不能忘记苏中人民团结抗击日本侵略者的历史。

5. 法国:史学界要给中国抗战"正名"

与看重历史文化的法国人谈起二战,他们都会津津乐道。然而,谈到亚洲和中国战场的情况时,法国人却说不出什么。对于绝大多数法国人来说,二战似乎只局限在欧洲战场。亚洲太平洋战场所发生的战事,除了珍珠港事件和广岛原子弹爆炸之外,普通法国百姓所知甚少。

法国外交部新闻司的一位官员向本报记者讲出了其中的缘由:第一,对多数法国人来说,发生在家门口的战争给他们造成了难以愈合的伤口,他们不可避免地把注意力集中在欧洲战场,而远离他们的中国战场则不受人关注。这当然可以理解。第二,尽管法国各大媒体在中国都有常驻记者,但这些媒体显然没有将全面和公正作为纪念二战报道的方针。媒体过于迎合读者,普通百姓不太关注中国抗战,媒体对这方面进行报道时也就缺乏动力,法国民众因此丧失了了解中国抗战的途径。媒体对此负有相当的责任。

尽管普通法国百姓对中国抗战了解不多,法国史学界对中国抗战的研究近年来却逐渐形成一股热潮。法国一名二战史专家告诉记者,一些历史学者正在为中国抗战史开展"正名运动"。二战后由于冷战的原因,法国史学界在很长一段时间内不愿承认中国抗战对于二战胜利所发挥的重要作用,将中国抗战隔离于世界反法西斯战争之外。随着中国抗战史研究的逐渐兴起,许多历史学者呼吁,应当客观评价中国抗日战争在二战中所起的作用。他们认为,法国国内的"抵抗运动"对德国法西斯军队起到了很大的牵制作用。中国抗击日本法西斯的战争对于二战胜利所发挥的作用,与法国"抵抗运动"相比有过之而无不及。法国军事学院专家肖布拉德认为,中国抗战对于二战所作出的巨大贡献不容否认。正是由于中国战场的牵制,日本难以将全部兵力投入到与美国的太平洋战争中,更不敢按照德国的要求在东线进攻苏联,这使得美军可以放心在太平洋战场和欧洲战场同时作战,也为苏联全力反击德军解除了后顾之忧。

【讨论理解】

1. 如何理解中国人民抗日战争在世界反法西斯战争中的地位?
2. 二战时期"四大战场",中国战场为什么不算主要战场?
3. 抗日战争胜利的意义和原因有哪些?

【案例点评】

本案例主要是介绍中国的抗日战争在第二次世界大战中地位和作用。二战中,中国战场在反法西斯战争胜利中发挥的伟大作用,毫不逊色于欧洲战场与太平洋战场,世界人民应该用客观的眼光看待。同时,更不要忘记,中国战场是世界上牺牲最大的反法西斯战场,按照中国政府的正式说法,中国军民的伤亡达到 3 500 万人,这其实是最保守的数字。但即使是这样,任何其他国家付出的人员代价也无法和中国军民的牺牲相比拟。如果没有中国战场的存在,日本很可能配合德国夹击苏联;也可能以更大的兵力对美国、澳大利亚等地出击。中国战场对于第二次反法西斯战争的伟大胜利,做出了卓越的贡献。

【教学建议】

本案例的教学目的是让学生深刻理解中国为世界反法西斯战争的胜利做出了巨大贡献,使学生知道让更多国家正确认识中国在二战中的贡献,完全有理有据。通过介绍史实和中国抗战的意义来增进亚太国家对中国的理解,这对树立中国国家形象、防止亚太国家对中国发展的猜忌、维护区域和平都十分重要。本案例可用于第六章第五节中"抗日战争的胜利及其意义"部分的辅助教学,或用于该部分课程内容的考核。

三、课内实践,注重提升

实践项目:模拟时事报道——国共两党第二次合作

【活动目标】

通过这一实践活动,深刻理解以国共合作为基础的抗日民族统一战线正式形成的原因和意义。让学生掌握在抗日民族统一战线的旗帜下,中国共产党成为反抗日本帝国主义侵略的中流砥柱,党所领导的人民革命力量在抗日战争中得到了空前壮大,成为决定中国政治前途的根本力量。

【活动方案】

1. 活动时间:课前 30 分钟
2. 活动地点:教室
3. 采用小组合作的方式完成,6 人为一组,搜集资料,制作学习课件,并由小组选定一至两名成员进行现场模拟报道。
4. 教学要求:立场明确,观点鲜明,重点阐释两党在促成合作过程中的立场和行动,以及美、苏等国对促成国共两党合作的动机和行动。

【活动评价】

序号	评价项目	满分	得分
1	小组合作及分工情况	10	
2	资料搜集情况	10	
3	课堂表现情况	60	
4	课件制作情况	20	

【背景资料链接】

1937 年 2 月 1Q 日,中共中央致电国民党五届三中全会,提出了五项要求:停止内战,一致对外;保障言论、集会、结社的自由,释放一切政治犯;召开各党各派各界各军的代表会议,集中全国人才,共同救国;迅速完成对日作战的一切准备工作;改善人民生活。电文指出,如果国民党将上述五项要求定为国策,中国共产党愿意实行如下四项保证:停止武力推翻国民党政府的方针;工农政府改名为中华民国特区政府,红军改名为国民革命军;特区实行彻底民主制度;停止没收地主土地的政策,坚决执行抗日统一战线的共同纲领。从西安事变后到七七事变前,国共双方主要进行了三次会谈,即 2 至 3 月间的西安谈判,3 月下旬至 4 月初的杭州谈判和 6 月的第一次庐山谈判。谈判主要围绕军队问题、国共合作形式和政权问题等进行。

从西安事变到七七事变半年多的谈判中,国民党在表面上虽未拒绝联共抗日,但设置了种种障碍,从而使谈判未取得实质性结果。蒋介石之所以在联共问题上忧虑徘徊,其根本原因是对日本还有幻想。他不仅认为中日关系还没有到"最后关头",而且还"渐信日本已有较具理性的人物当政,其结果或能使狂热分子稍具戒心"。由于蒋介石联共主要是为中日关系的恶化作准备,所以只要日本不放弃侵略,他就感到有联共的必要;但只要中日关系还有一线缓和的希望,他就下不了联共的决心。所以直到七七事变前,蒋介石仍不断地劝告日本当局:"错误的道路,走的还不算远。"如能停止进攻,两国关系"当会好转"。然而日本并不为所动,正在密谋发动更大规模的侵华行动,这也就必然推动蒋介石加快联共抗日的步伐。

经过多次谈判,蒋介石在原则上承认了国共合作抗日,并同意红军改编为三个师四万五千余人。同年7月13日,中国共产党代表周恩来、秦邦宪、林伯渠到庐山,随即将《中共中央为公布国共合作宣言》交给了蒋介石。这个宣言强调:只有我们民族内部的团结,才能战胜日本帝国主义的侵略。同时,中共中央郑重声明:愿为彻底实现孙中山先生的三民主义而奋斗;取消苏维埃政府,改称特区政府;取消红军番号,改编为国民革命军;在特区内实行彻底的民主制度和停止以暴力没收地主土地的政策。同年9月22日,国民党中央通讯社发表了延搁两个多月的《中共中央为公布国共合作宣言》。9月23日,蒋介石发表谈话,实际上承认了中国共产党的合法地位。《中共中央为公布国共合作宣言》和蒋介石谈话的发表,宣告国共两党第二次合作的实现,标志着以国共合作为主体的抗日民族统一战线的正式形成。

四、社会实践,学以致用

实践项目:"追寻红色记忆,回首抗战岁月"调查

【目标要求】

通过引导学生围绕抗日战争展开相关调查,让学生了解抗日战争是中华民族团结一致抵御外敌的战争,使学生深刻领会抗日战争的胜利不仅是战场上前线将士不顾生死、浴血奋战的结果,也是广大民众积极参与、同仇敌忾的结果。

【活动方案】

1. 活动时间:实践周
2. 活动地点:根据选择主题自定
3. 本课题的调研涵盖以下视角:当代大学生对抗战精神的认知现状调查;抗战遗址保护与利用现状调查;抗战时期日本罪行调查;抗战时期中国人口伤亡和财产损失调查——以×××地区为例;抗战影视作品创作现状与存在问题反思;当代大学生对抗战历史人物、历史事件认知现状调查——以×××为例。
4. 学生以小组为单位,通过实地调研、问卷调查等形式选择其中的一个视角开展调

研,制定调查方案。

5. 教师对学生的调查方案进行评阅,并提出修改意见及时反馈给学生。

6. 学生调查小组严格按照选题和调查方案开展社会调查并形成社会调查报告。

【实践成果】

以调查报告的形式呈现实践成果。

1. 字数不少于 3 000 字,符合论文写作规范要求。

2. 必须附相关图片,图文并茂,图片中必须出现小组调查的过程图片。

3. 必须附原始调查资料(如调查问卷、访谈记录等)及分析结果。

4. 必须附小组成员的调查心得体会。

5. 杜绝抄袭,建议及提出的解决方案等要有新视角和建设性意见。

【活动评价】

序号	评价项目	满分	得分
1	是否符合字数要求及论文写作规范	20	
2	是否完整、如实反映出调查对象的现状和存在问题	30	
3	是否有照片等图片材料和调查问卷、访谈记录等过程材料	30	
4	是否有小组成员心得体会	20	

【优秀成果选编一】

民众眼中的抗日战争
——走访南京民间抗战博物馆

摘要:爱国主义教育一直是我们热切讨论的话题,尤其是在刚刚过去的抗战胜利 70 周年。主要通过调查现阶段民众对抗战史实的了解程度,以及走访南京民间抗战博物馆对政府及民间对于抗战史实保护的程度和对老兵的关爱程度调查,结合当今爱国主义教育的方式,做比较详细、全面的概述,指出研究中存在的问题,以及进一步研究的建议。

关键词:抗日战争、关爱老兵、南京民间抗战博物馆

一、调查背景

抗日战争是 1937 年 7 月至 1945 年 8 月,中国人民进行的 8 年反抗日本帝国主义侵略的伟大的民族革命战争,也是一百多年来中国人民反对外敌入侵第一次取得完全胜利的民族解放战争。这场战争是以国共两党合作为基础,有社会各界、各族人民、各民主党派、抗日团体、社会各阶层爱国人士和海外侨胞广泛参加的全民族抗战。中国的抗日战争是第二次世界大战的重要组成部分。

中国人民抗日战争和世界反法西斯战争,是正义和邪恶、光明和黑暗、进步和反动的

大决战。在那场惨烈的战争中,中国人民抗日战争开始时间最早、持续时间最长。面对侵略者,中华儿女不屈不挠、浴血奋战,彻底打败了日本军国主义侵略者,捍卫了中华民族5 000多年发展的文明成果,捍卫了人类和平事业,铸就了战争史上的奇迹、中华民族的壮举。

然而,70多年过去了,民众们对抗日战争这段惨烈而又悲壮的历史可能早已模糊,残留的印象可能只是一段久远的历史事件,并不能深刻地去了解和探究这段反侵略战争从而进行反思。人们是否还记得当年的历史,当年的老兵们现在过得怎么样,民众们眼中的抗日战争又是什么样的? 带着这样的问题,我们进行了这次的社会实践。

二、实践介绍

（一）实践准备

我们小组本次的实践活动,主要采用问卷调查和访谈相结合的形式。调查共发放了150份问卷,其中108份网上问卷,42份纸质问卷,目的是为了调查如今大众对抗日战争的了解程度以及对宣扬抗战精神的认同程度。

我们翻阅了很多历史资料,讨论并筛选决定走访南京民间抗战博物馆,针对南京民间对抗战文化的支持情况进行了解。前一天我们先向南京民间抗战博物馆致电说明我们的来意,对方表示很乐意,于是我们约定了具体的时间。在去之前,我们在网上和该博物馆的官网上了解到了很多相关的资料,打印了50份纸质问卷准备发放给参观的游客,并且拟定了一些采访问题以及准备好录音和拍照的设备。

（二）实践过程

5月4日下午我们乘坐地铁1号线前往了南京民间抗战博物馆。因为是民间出资,从外面看几乎与周围的建筑融为一体,很难想象内部是一个藏有3 700多件文物的博物馆。但一进入馆中,历史的沉重气息便一下向我们袭来,随着楼梯两边的无名战士的照片,我们进入了那段抗战的历史……

我们成功地采访到了馆里的负责人,主要问了建立博物馆的初衷和现状、获得的主要赞助和文物来源,以及博物馆走访的老兵情况。经过一个多小时的参观和采访,我们的心情既欣慰又沉重,馆内一共收藏的480徽章,5 000多件文物,抗战的生活用品不计其数,填补了国藏文物的空白。建馆10年走访了500多位老兵。但十位主要负责人都很不容易,资金大多从民间征集的不说,文物的收集和购买都是需要很多精力和财力的,对于很多高价文物,最后只能放弃。说到政府是否给予帮助,负责人向我们表示,政府对于民间这块给予的帮助很少,因为很多文物他们没有申请证书,以及博物馆的藏品大多是抗战期间民间的,有很多国家并不认可。同时,我们也了解到来这里参观的有很多是日本旅游团,很多游客都是特地来此了解这段历史的,日本热爱和平的普通民众为揭示这段历史真相也付出了很大的代价[1]。并且如今对抗战老兵的采访也越来越急迫,负责人告诉我们他们已经采访的老兵中,有一半以上的已经过世,很多老兵现在的生活十分艰苦。

南京民间抗战博物馆的建立非常具有意义,将那段历史遗漏的地方填补完整,全面地向我们展示了那段岁月。但我们也看到民间的力量有时也是不够的,这需要更多的人去参与、去宣传。正是因为历史已经过去,但不能忘记,保留并发展这样的博物馆对我们了解历史和记住历史有很大的价值。

三、调查结果

表格 1　调查数据

选项 题号	A	B	C	D	E	F	G	H
1	45	105						
	30%	70%						
2	7	143						
	4.7%	95.3%						
3	19	124	7					
	13%	83%	4%					
4	146	114	77	65	89	83	6	
	97%	76%	51%	43%	59%	55%	4%	
5	4	127	19					
	2%	85%	13%					
6	23	20	107					
	16%	13%	71%					
7	6	61	45	38				
	4%	41%	30%	25%				
8	128	134	55	87	37			
	85%	89%	37%	58%	25%			
9	57	73	15	5				
	38%	49%	10%	3%	0%			
10	146	115	114	145	127	89	130	39
	97%	77%	76%	97%	85%	59%	87%	26%
11	54	83	13					
	36%	55%	9%					
12	114	115	98	82	31			
	76%	77%	65%	55%	21%			
13	129	17	4					
	86%	11%	3%					

（续表）

选项 题号	A	B	C	D	E	F	G	H
14	115	20	11	4				
	77%	13%	7%	3%				
15	125	23	2					
	83.3%	15.3%	1.4%					
16	141	133	61	30				
	94%	89%	41%	20%				
17	118	107	103	103	26			
	79%	71%	69%	69%	17%			
18	14	63	61	12				
	9%	42%	41%	8%				
19	134	11	5					
	89.3%	7.3%	3.4%					
20	124	117	112	34				
	83%	78%	75%	23%				

表注：第 4、8、10、12、16、17、20 题由于是多项选择题选项存在重复，选择，统计的是每一个选项占总人数的比例。

（一）民众对历史史实了解情况

主要通过问卷的方式进行调查，通过对问卷第 4、5、6、10、11、12、16 题的分析，我们发现几乎所有的民众都知道南京大屠杀，但只有不到一成的人了解得较为详细，对于抗战期间的其他史实问题，正确率也只在五成左右。由此可见，民众对于这段历史，往往只停留在了最浅层次，大部分都是模糊不清的，甚至曾今历史书上的内容也已经忘却了，更不用说更加深入地了解了。

（二）民众对抗战文化的关心情况

① 民众对抗战文化缺乏关心，但不乏热情。

首先由问卷的第 7 题，只有 45% 经常或偶尔参观抗战纪念博物馆，55% 很少甚至没有参观过。问卷第 13、14、15、16、19、20 题，我们主要调查了民众对于当今爱国主义教育的看法以及建议。九成及以上的人认为了解抗日战争历史对于增强国人的爱国主义情感有作用，在当今时代背景下谈论"弘扬和发展抗战精神"有意义，肯定了反法西斯战争精神和抗战精神在当代社会的作用，并且能够理性并加以反思地对待这段历史，赞同应加强抗战宣传教育。同时，对于如何加强对抗战的教育，我们也调查了相关建议，83% 赞同英雄人物的宣传，78% 选择战争遗址的开发，75% 赞成抗日战争历史的宣传，还有 23% 的人选择了其他。通过分析发现，民众基本都对抗战文化持有热情和积极性，这是一个非常好的趋势，在此基础上，通过了民众的认识盲区和接受的宣传方式，并采取合理的宣传措施，以提高民众普遍对抗日历史的了解。

② 由个人带动的民间团体是主要力量。

结合这次访谈得知的内容,博物馆的馆主和工作人员这几年一直在做着文物收集和老兵抚恤的工作,由一开始的1 500多件文物发展到3 700多件,这还是展出的一部分;走访372位老兵,获得的史实录像不计其数,并且对他们如今的生活条件都给予了很大程度上的帮助。且民间发起的志愿团体,如:"关爱抗战老兵志愿者协会",一直以来积极地参与抗战宣传和募捐活动,获得各大基金会的赞助以及淘宝卖家的支持。负责人也告诉我们博物馆的参观者主要是团体,这也从另一个方面表明团体的活动有利于增强国民的爱国意识。而且负责人提到的去年抗战胜利70周年的热潮,各种团体、组织都前来接受学习。

四、对调查结果的分析

(一)民众对抗战史实的了解受时间影响日益模糊

民众普遍知道的抗战史实局限于表面层面,一方面,抗战历史过去大半个世纪,被大众渐渐遗忘是一个不可避免的事实;另一方面,每个人或多或少都接受过史实的教育,但因为之后很少回顾和铭记,造成了对史实模糊不清,细节遗漏的现象。在抗战胜利70周年的热潮过去,很少有人继续关注这段血雨腥风的历史了。

(二)民间的力量受到资金和地域的限制

民间的力量凝聚起来是很强大的一股力量,民间的工作现在已经受到了更多的关注,但民间的力量也是有局限的,比如在访谈中有问到,对于高价的文物怎么办,对方告诉我那只能放弃,毕竟民间的出资是十分有限的,可见经费不足是民间文物收集不力的根本原因[2]。民众建立起来的渠道也较少,宣传的宽度和广度都受到了很大的限制,获取一件文物的信息可能要考察大半年的时间,耽误文物收集的工作进度。同时,文物散布在全国甚至全球各地,对于一件遥远又高价的文物,往往要花费很长的时间、很高的资金和大量的精力。

(三)政府对民间缺乏持续关注和扶持

虽然近几年的民间卓越的工作已经引起了国家的关注和报道,但那是10年来唯一的一次的央视报道,且由于没有申请国家保护的文物和遗址,政府给予的帮助非常非常有限,可见,政府在这方面并没有投入重大关注。没有国家的保护和政策,就少了很多推广和壮大的机会,民间的工作开展必然困难重重。

五、思考与建议

(一)个人要有警醒意识

要主动去了解去认识这段历史,并且深深地印刻在我们每一个中华儿女的心中。而不是流于形式,只在嘴上喊口号。要知道,一个没有危机意识的民族是无望而无救的。而随着时代的进步和科技的飞速发展,我们虽然处在和平的年代,但是危机四伏,来自各个国家的挑战仍然等待着中国。我们是中国未来的脊梁,唯有不忘历史不忘伤痛,才能够更好的迎接新的挑战。唯有强大才不会挨打!

（二）开发的同时注重对遗址的保护

让已有的文物维持它的价值，流传更多的时间，让更多的人通过它们看到那段历史。古都南京的抗战文化遗址，对中国人民来说是一笔无价的物质和精神财富[3]，政府和人民需要合理开发和利用这些资源，从而达到城市规划和遗址开发的双赢局面[4]。

（三）完善文物收集的政策和措施

文物收集是现在很多民间博物馆的最大难题，让文物能够集中在一起，更能体现和维护它们的价值，个人和团体都应该有保护文物的意识，国家对于文物持有者和文物捐赠者都应该给予更好的待遇。同时，为民间文物的收集减少推进的阻力，让民间的力量和国家的政策相结合，不仅可以让工作效率更高，还为国家文物保护政策推广提供表率。大力营造全社会齐抓共管文物保护工程的氛围和意识[5]。

（四）政府应加强对历史承载人和物的保护

对于老兵的关怀，国家应深化相关制度改革，推动关怀政策在全国落实[6]。随着时间的推移，这些见证那段历史的人越来越少，他们为之付出的血汗将随他们的离开而渐渐被忘记，所以在保证他们体验和平年代的安宁的同时，对他们的进行历史的还原也迫在眉睫。经过半个多世纪的洗礼，很多文物已经受到了很大程度的创伤，对于现有的文物应该一视同仁，无论是国家认可的文物还是民间的文物，它们同是历史的产物，对于我们对历史保护具有同样的价值。

六、结语

通过这次社会实践活动，我们了解到了如今民众对抗战历史的了解和关注的程度，也了解到了民间对文物收集和保护的情况。感受到意义非凡的同时，我们也意识到民众认识不足、民间力量有限和政府缺乏支持等问题。在这段历史面前，我们民众、民间组织和国家政府还有很长一段路要走，希望我们有一天能够抛弃成见，共同营造历史文化宣传保护的良好氛围。[7]

参考文献

［1］张群:吴先斌和他的南京民间抗战博物馆[J].华人时刊旬刊,2015(9):12-15.
［2］宋林子:论我国民族文物的保护[D].中央民族大学,2013.
［3］冯斐:高校大学生暑期"三下乡"社会实践的一点思考[J].魅力中国,2011(20):218-218.
［4］孙贝贝,潘萍,是希望,等:试论南京抗战文化旅游资源保护与开发[J].市场周刊:理论研究,2015(11):36-37.
［5］高乔子:城市化进程中文物保护政策执行的优化探讨[D].广州大学,2012.
［6］何光强,池步云:优抚抗战老兵刻不容缓[J].探索与争鸣,2015(7):120-124.
［7］杨敬芝:宜宾名人故居的保护与利用[J].宜宾学院学报,2014(3):89-94.

附件一　调查问卷样卷

关于民众对南京抗日战争的了解与揭露法西斯罪行的调查

亲爱的朋友你好,打扰您几分钟时间,我们正在进行关于对南京抗日战争的了解与揭露法西斯罪行的问卷调查,麻烦您填写一下,我们会对您的信息保密,感谢您的合作!

1. 您的性别
   A. 男　　　　　　　　B. 女

2. 您是否是南京本地人
   A. 是　　　　　　　　B. 不是

3. 您是否了解南京抗战历史
   A. 十分了解　　　　B. 了解不多　　　　C. 不了解

4. 您知道哪些南京抗战历史(多选)
   A. 南京大屠杀
   B. 民国初年孙中山总理定都南京
   C. "雨花台烈士"事件
   D. 南京保卫战
   E. 汪精卫伪政权"中华民国国民政府"在南京的成立
   F. 1949 年,解放军攻破南京"总统府"旧中国灭亡
   G. 其他

5. 您对于南京大屠杀的了解程度
   A. 完全不了解
   B. 仅知道大屠杀的大概情况,如:时间、伤亡人数、日军的残暴行为等
   C. 十分了解

6. 南京大屠杀死难公祭日是
   A. 每年 12 月 11 日　　B. 每年 12 月 12 日　C. 每年 12 月 13 日

7. 您是否参观过侵华日军南京大屠杀遇难同胞纪念馆、南京民间抗战博物馆等抗战纪念馆?
   A. 经常参观　　　B. 偶尔参观　　　C. 很少参观　　　D. 没参观过

8. 您对于南京抗战的了解来自于(多选)
   A. 影视、文学、艺术作品　　　　　　B. 教科书
   C. 长辈讲述　　　　　　　　　　　　D. 课外阅读
   E. 其他途径

9. 对于南京这座城市,您有没有觉得抗战历史的影响依旧存在呢?
   A. 存在,且深刻　　B. 存在,已淡却　　C. 一般　　　　D. 不存在

10. 您了解的抗战事件有(多选)
    A. 卢沟桥事变　　B. 淞沪会战　　　C. 平型关大捷　　D. 南京大屠杀
    E. 台儿庄大捷　　F. 长沙会战　　　G. 百团大战　　　H. 其他

11. 抗战全面爆发的标志是?

　　A. 九一八事变　　　B. 卢沟桥事变　　　C. 西安事变　　　D. 八一三事变

12. 以下哪些是您了解的抗战史实?(多选)

　　A. 中国人民反抗日本帝国主义对华侵略的战争从 1931 年开始到 1945 年结束

　　B. 抗日战争包括局部抗战和全国抗战两个时期

　　C. 1924 年至 1927 年大革命时期中国共产党同中国国民党第一次结成革命统一
　　　战线

　　D. 9 月 3 日被定为中国人民抗日战争胜利纪念日

　　E. 其他

13. 您认为了解抗日战争历史对于增强国人的爱国主义情感有作用吗?

　　A. 有一定的作用　　B. 作用不大　　　C. 没有作用

14. 当您了解抗战历史后,您的情感反应是什么?

　　A. 理性对待并加以反思　　　　　　B. 对祖国取得全面抗战胜利的欣慰

　　C. 对侵略者的极端痛恨　　　　　　D. 没有什么感觉

15. 您认为在当今时代背景下谈论"弘扬和发展抗战精神"有意义吗?

　　A. 有意义　　　　　B. 意义不大　　　C. 没有意义

16. 您了解哪些法西斯的罪行?(多选)

　　A. 德国纳粹大肆屠杀犹太人

　　B. 日本对于东南亚尤其是中国的暴行

　　C. 意大利侵略埃塞俄比亚的法西斯战争

　　D. 其他

17. 您认为反法西斯战争精神和抗战精神在当代社会有什么作用?(多选)

　　A. 警示作用　　　　　　　　　　　B. 促进人民团结

　　C. 促进和平　　　　　　　　　　　D. 成为民族精神的重要组成成分

　　E. 增强国人的爱国情怀　　　　　　F. 其他

18. 您是否关注过抗战老兵?

　　A. 非常关注,并且亲身探望过　　　　B. 关注,但没有过亲自接触

　　C. 了解甚少　　　　　　　　　　　D. 不关注

19. 您认为是否应加强抗战宣传教育?

　　A. 应该,要牢记战争的教训　　　　　B. 不应该,已经过时

　　C. 无所谓

20. 针对抗战宣传教育,您认为应该主要从哪方面入手?(多选)

　　A. 英雄人物的宣传　　　　　　　　B. 抗日战争遗址的开发

　　C. 抗日战争历程的宣传　　　　　　D. 其他

谢谢您的参与!

附件二　访谈记录

成员 1:现在大部分资金都是从民间获得,你们有没有考虑把这个博物馆交给国家,

像南京大屠杀遇难同胞纪念馆那样让它得以保存得更好或者让更多人知道?

负责人莫先生:这个是不可能的,所有文物都是我们自己来投资,来寻找的,文物这个东西,它不像国家馆,它有经费拨款,我们是自己投入的。

成员1:那这样你们不是得花很多精力和财力吗?

负责人莫先生:对,我们馆主要特殊在民间这两个字,因为如果是国家馆比如说南京大屠杀遇难同胞纪念馆,它是一个专点的博物馆,它只记录南京大屠杀这一段历史,像我们不一样,我们是抗日战争博物馆,大屠杀只是我们展览的一小部分,我们的面比较广,我们虽然地方比大屠杀纪念馆小,但是我们的文物比它多的多,我们只是跟民间打交道,虽然我们出身在民间,但是我们也只跟民众打交道,它不像国家馆每次出访都是要报费的,但我们民间馆就不是,而且抗战老兵,也习惯与我们民间(博物馆)打交道,他有什么都可以说。

成员1:这样也比较好,获得的更全面更完整。

负责人莫先生:我们是从2006年开馆的,从2011年到2015年,我们自己采访了372个老兵,后面的手印墙都是现在的老兵,就这几年我们采访的。

成员2:那您采访那么多抗战老兵有什么感想? 大部分抗战老兵现在过得如何?

负责人莫先生:你要看是什么党,如果是国民党,普遍过的很差,如果是共产党,一般现在都在养老院或者干休所休养,而且都拿退休金,正常是在八千到一万一个月,国民党就不一样了,因为党派的原因,国民党老兵的这个身份,经过"文革"普遍受到打击、批斗,所以包括他们的儿女好多都感受到社会对这个家的不公,我们这里要承认抗日战争八年,正面战场上主要还是国民党军队,第八路军只是国民革命军其中一方面的军,包括新四军,从第一,第二一直到第九十七军,大部分都是正面战场。

成员1:你们采访抗战老兵都是直接自己去走访的吗?

负责人莫先生:我们在全国来讲都有一个团体叫做"关爱抗战老兵志愿者",我本身也是志愿者之一,全国现在健在的老兵大概是7 000人,当然这个数字在不断变化,我们有不同的人找到,也不断有人去世,每天都有人去世,抗战老兵普遍九十几岁了,抗战老兵这方面普遍待遇不太好,有的退休了都没有退休金,就是让我们这些志愿者从各地包括各大基金会募捐,如果全靠我们志愿者出钱也几乎是不可能的,像去年我们博物馆向淘宝网卖家募捐了60万。

成员2:现在的程度肯定还是不够的,那还需要更多的努力对吗?

负责人莫先生:我们做博物馆的目的不仅仅是为了老兵,是为了国人留住这段历史,这是博物馆的目的所在,增进国人的爱国主义教育和相关知识。

成员1:你们对外的宣传除了微信公众号还有志愿者协会,还有什么其他的平台?

　　负责人莫先生：我们现在跟《扬子晚报》都有合作的，如果有什么重大团体或有重大意义的文物都通过现在的媒体对外公布。

　　成员1：政府有没有在这方面为你们提供帮助？
　　负责人莫先生：很少，去年补贴了5万元，补贴的这个钱叫免门票补助，但我们一年投入起码要30多万，5万也只是杯水车薪，那我们也不指望政府对我们有补助，现在南京市政府对民间的博物馆还是大力支持的。

　　成员1：平时参观的人多吗？
　　负责人莫先生：每年大概有2到3万的观众，我们接待的散客比较少，主要是团体，尤其是日本团体还有国外的团体，因为他们到南京游玩的时候，旅行团会向他们推荐，日本人一般来这边比较多，南京本地的要来的基本上都来了，如果对历史这方面感兴趣的基本都来了，如果不来那对这段历史一点兴趣都没有，我们开博物馆的目的也就在此。

　　成员2：开馆十年也挺不容易的，是什么信念让你们一直坚持下去，毕竟国家也没有太多的支持？很多都要你们自费的。
　　负责人莫先生：民间馆存在有它的意义，就抗战主题来讲，全国最大的抗战博物馆我们是排第二的，第一个是在四川的剑川博物馆，我们跟它有区别，它占地面积较大，它是收门票的，而我们是免票的，也有很多主题博物馆，是专门纪念某位将军的，纪念某个事件的，像沈阳的九一八博物馆，上海的淞沪会战抗战纪念馆。

　　成员2：有没有想过扩大规模？
　　负责人莫先生：今年我们第十周年是有扩大的打算，在二楼再开一个，这么多年收集的文物比较多，现在你们所看到文物只有四分之一，还有很多在抽屉里没有拿出来展示，我们在这里展示的文物已经很密集，但是国家馆不会这么做，它会在一个很大柜子放一两个徽章用灯光来打，我们没有这个条件，因为我们文物不参加评级如果参加评级的话，对文物的陈列有一定的要求，必须安保到位，而且硬件条件，包括适度温度，都是要恒温的，这个对民间馆是一个大的投入，所以我们所有文物都不参加评比。我们的抗战徽章是全国之最，大概是480枚以上，民国时期包括军队和民间所发的徽章也不过1800多种，我们总共收集了四百多钟，将近三分之一。

　　成员1：你们每年光是保护这些文物是不是也要花费很多？
　　负责人莫先生：我们每年最大的投入是要收集文物并不是保护文物。
　　龚倩倩：主要从哪些渠道，是都买来的吗？
　　负责人莫先生：从全国各个藏家手中，因为只有对这方面有兴趣的才会去收集这些。都是买来的，10%左右是人捐赠的，有的父辈是当兵的，家里老人去世了，老人生前所用的东西那也算文物了，饭盒啊纪念章啊，给我们，名义上我们是给开捐赠证书，并且给一定的补助,所以好多都愿意捐给民间馆,如果捐给国家馆就一点补助也没有,只给开个证书,你要是要价高了卖给它它不要。

成员2:有很多日本代表团来参观,但日本政府不承认侵略的这段历史,那些来参观的日本人都持有什么样的态度?

负责人莫先生:首先日本民间团体比我们国内想象的要多得多,日本的博物馆80%以上都是民间博物馆,所以他们各大团体之间都有一定的交流,日本的反战人士占国内的95%,剩下的5%就是右翼分子,就是说他们也希望和平,像这个千纸鹤都是日本人叠的然后送来的。

成员1:这个馆现在的状态有没有达到你们当初的期望?

负责人莫先生:比我们当初设想的要好,因为这几年的影响力打得非常好,说一个现象,有一次我们组织三位老兵的聚会上了《人民日报》的头版,《人民日报》是习近平每天都看的,是党报,在我的印象中是近十年来南京民间类的信息第一次上《人民日报》,也就是民间馆现在越来越受到政府的重视。

成员1:你马上要扩建而且影响力越来越大,有没有想过要收费?

负责人莫先生:我们定下来是不收费的,如果我们经费不够的话,不是靠政府,而是通过向公众募捐的形式,民间馆虽然是一个组织,但是它的组建者是个人。

成员3:您从事这个工作的初衷是什么?

负责人莫先生:初衷就是对历史有兴趣吧,博物馆建成前我们是走访抗战幸存者,为开馆做准备工作。

成员3:你对于博物馆未来的发展有什么期待?

负责人莫先生:基本上没有什么期待,因为去年是抗日战争70周年,是个大事件,是全民关注,小学中学大学都组织人来参观受这段教育,但是像一阵风一样一过就过了,像今年你让他们再来基本就不来,我们的想法是每年都有人来,接受这段教育,是最好的,不要忘记这段历史,这不是口号。

成员1:你们会不会主动拉的那个身边的人来关注这段历史?

负责人莫先生:这主要是通过微信公众号,基本每个月四条重要消息,向关注我们的人发送,然后我们还成立了一个"抗战大讲坛",每月一期,就是请国内著名的学者教授来讲抗战这段历史,我们后面也有可能走进学校宣传。

附件三 走访照片

采访到的 372 位老兵的手印墙

日本友人制作

【优秀成果选编二】

前事不忘，后事之师
——关于南京大屠杀历史认知的调查报告

调查目的：对日本帝国主义在南京大屠杀罪行的调查，警示每一个中国人了解历史、不忘国耻，发展才是硬道理，落后就要挨打。特别在当今钓鱼岛局势十分紧张的情况下，更需要国人团结一致，维护中华民族的利益，保护国家主权及领土完整，发扬新时期爱国主义精神，振兴中华！

调查方法：调查采用普遍调查法和抽样调查法相结合的方式，采用匿名记票，进行了纵向和横向的比较，对调查内容进行了分类分析。

调查时间：2012 年 4 月 28 日

调查地点：南京大屠杀遇难同胞纪念馆

调查对象：在纪念馆内参观的群众

一、问题的提出

自古以来，战争的阴影一直困扰着人类。"化干戈为玉帛"是中国乃至全世界追求和平的人民梦寐以求的理想。然而，中日关系一直磕磕绊绊，其问题的实质是中日两国对日本侵华战争的历史认识截然相反：中国认为日本对华战争是侵略战争，日本政府理应对侵华战争历史进行深刻反省和正式道歉，并承担妥善解决战争遗留问题的责任；日本则拒绝承认对中战争是侵略战争，拒绝对侵华战争历史进行深刻反省和正式道歉，并拒绝承担妥善解决战争遗留问题的责任。南京大屠杀是日军侵华战争中最为残忍的屠杀之一。近期，日本名古屋市长竟然否认南京大屠杀的史实！面对中日关系、面对南京和名古屋的关系，我们应该如何对待、如何选择呢？为了调查清楚群众对南京大屠杀历史的认识及对中日关系的看法，我们决定去南京大屠杀遇难同胞纪念馆进行一次调查活动。

二、问卷情况

本问卷共发放 120 份，收回有效问卷 120 份。调查的对象是前来南京大屠杀遇难同胞纪念馆参观的群众。

三、数据统计和分析

1. 群众对历史的认知度有待提高

在本次调查中，我们有针对性地选取了几个关于南京大屠杀历史的史实作为调查问卷的问题，原本以为正确率会很高，但结果却有些出乎意料。在调查问卷中，我们提问"在这场大屠杀中，日军杀害了多少南京同胞？A．3 万　B．30 万　C．300 万　D．3 000万"统计结果显示：A．0 人，0%　B．105 人，87%　C．9 人，8%　D．6 人，5%。

可以说从一进南京大屠杀遇难同胞纪念馆开始，我们就能看到很多处赫然地写着：遇难者 300 000。然而在调查问卷中，却有一小部分人选择 300 万或 3 000 万，这个结果实

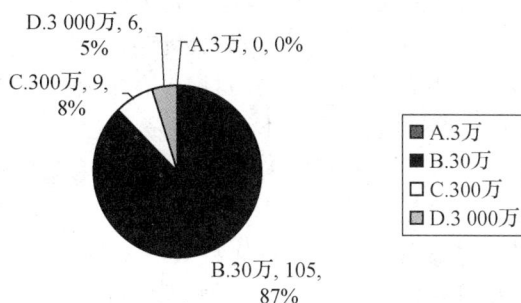

在这场大屠杀中，日军杀害了多少南京同胞？

在令人震惊！对于这样的结果，我们也进行了客观的分析，可能得原因如下：（1）绝大多数人都知道是 30 万，而那少部分人可能是从外地来南京大屠杀遇难同胞纪念馆的参观者，所以对南京大屠杀的历史所知甚少。（2）少部分不了解史实的人，可能看外面墙上的数字 3 后面的 0 太多了，一时没能数得清遇难者究竟是多少万人。（3）少部分人可能是来随便看看，对南京大屠杀根本毫不关心。

此项调查体现了少部分人对历史的漠视与不尊重。不管你是不是南京人，作为中国人，你对这样重大的历史史实应该具备最起码的认识。30 万同胞惨遭血腥屠杀，是中华民族的奇耻大辱！这样的数字怎么能不被记得？由此可见，我们还应该加强提高全民的基本能力和综合素质，提高群众的民族意识。

2. 日军侵华与"日本制造"

当你购买商品时，会不会注意是"日本制造"的？A. 日本货好，当然购买"日本制造"的　B. 买东西而已，哪样好就买哪样　C. 会留意"日本制造"，尽量不买　D. 抵制日货，是"日本制造"的，坚决不买。调查结果显示：A. 3 人，3％　B. 45 人，37％　C. 42 人，35％　D. 30 人，25％。

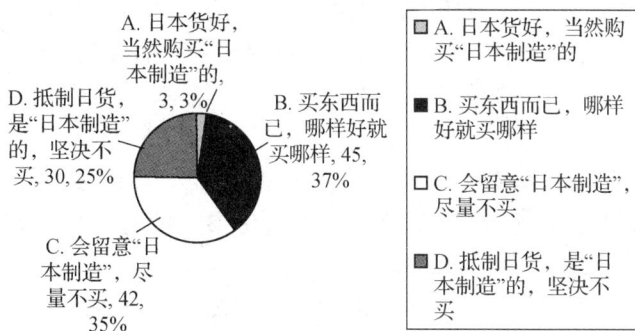

当你购买商品时，是否会注重是"日本制造"的？

对于这个问题，调查问卷的结果显示大家都是挺注意"日本制造"的。绝大多数人都是持"尽量不买"或"坚决不买"的态度。当然也有一部分人觉得买东西不必和中日关系挂钩，东西好就行，只有极少数人坚持购买日货。

究竟该不该抵制日货，这个一直都是国人争论不休的话题。在我看来，这样的调查结果并不意外。客观的讲,日货的质量确实不错,这也是为什么日货在中国一直都能占领一定的市场,甚至一些中国人还特别青睐日货。我觉得作为中国人,我们必须时刻保持清醒的头脑,对日货也应该保持清醒的认识。是的,我们没有必要抱着狭隘的民族偏见,对日货封杀到底,这样既不现实也不可能。我们不排斥日货,但也不能过分青睐日货。我们应该给国货更多生存与发展的空间,在尽可能的情况下减少对日货的购买。

3. 对日本首相参拜靖国神社的看法

调查题目:您对日本首相参拜靖国神社有何看法? A. 坚决反对 B. 这是人家的自由,与我无关系 C. 不知道有这件事 D. 其他(请注明)。调查结果显示:A. 72人,59% B. 15人,13% C. 21人,18% D. 12人,10%。

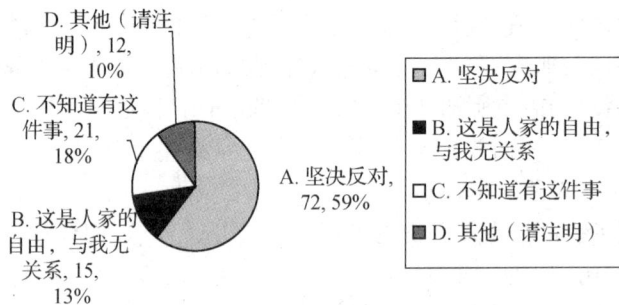

您对日本首相参拜靖国神社有何看法?

在此项调查中,绝大多数人是持反对意见,这样的结果令我们欣慰。然而,与此同时,一些人认为此事与自己无关,甚至都不知道有这件事,这点确实不应该。

靖国神社始建于明治维新后期,明治天皇为纪念在倒幕运动中战死的维新志士而建立,但其既然是神社,所以最初主要供奉的是伊势大神。(伊势大神在日本神道教中主管农业,人们祈祷五谷丰登、风调雨顺、大丰收等)二战后日本制定《日本国宪法》确立了和平、民主及政教分离原则,靖国神社也就自然而然成为了民间组织管理的宗教场所。其中供奉有在历次日本国内外战争中阵亡的"普通"将领和士兵的牌位。在1975年之前日本每年逢春祭与秋祭(相当于中国的清明节)日本天皇及皇室、首相及政府官员等都是要到靖国神社参拜的。

1975年日本民间宗教团体将13名甲级战犯排位移入其中,引起广泛争议。天皇与皇室成员自此后从未参拜过,以内阁总理大臣身份参拜的有3位首相,中曾根康宏(1次)、桥本龙太郎(1次)、小泉纯一郎(6次)。

在我看来,靖国神社中供奉有双手沾满中国和亚洲人民鲜血的甲级战犯亡灵。日本首相无视深受侵略之害的中国和亚洲人民的感情,无视国际共识与良知,一而再、再而三地参拜供奉有甲级战犯的靖国神社,不仅违背了其本人反省侵略战争的承诺,也进一步损害了中日友好关系的政治基础。对这种背弃信义的行为,中国人民绝不能接受。

4. 有关日本名古屋事件

前段时间日本名古屋事件轰动了全国,日本名古屋市市长河村隆之公开说明南京大屠杀是子虚乌有的事,这引起国人的极度愤慨。我们就此事调查了广大市民对此事的态度;30％的人表示极度愤慨,认为南京应断绝和名古屋市的一切往来;37％的人虽然不满日本的这种谎言,但认为不妨碍两市的各方面往来;20％认为大屠杀已成历史,不必再讨论相关事情,还有13％的认为这是政治事件,与老百姓无关。

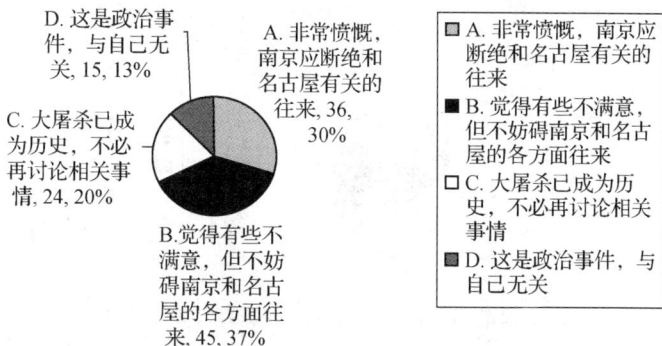

日本名古屋市长否定南京大屠杀事件,你对此有何看法?

我国外交部发言人表示:南京大屠杀是日本军国主义在侵华战争中犯下的残暴罪行,铁证如山,国际社会对此也早有定论。日方某些人士应该正确认识和对待那段历史,切实汲取历史教训。南京市政府第二天也做出了回应,表示因为河村隆之否认南京大屠杀,"严重伤害了南京人民的感情",南京市政府将暂停与日本名古屋市的官方往来。这是对此事件最有力的回击!

我很高兴地看到绝大多数市民都对这种否认表示不满,这体现他们的民族自尊心和对历史的铭记。但就具体怎么做还是有分歧的,认为要继续两市往来的人数略多于呼吁断绝往来的人数。我认为南京政府暂时停止往来的举措是明智的,一方面要予以警告,起到震慑效果。另一方面两国经济往来频繁,不能长期的切断往来,否则势必会影响我过的经济状况。

此外,这个事件的确给我们敲响了警钟,带来了深刻的教训与反思。当今,"大外交"已经十分盛行,不能将"外交"只局限于外交部和中央政府的官员。地方政府官员、企业领导和人员、普通公民在进行涉外活动的时候,一定要有国家外交的大局意识,了解国家和对外关系的重要政策,在必要的场合下,不仅要以自己的身份做对方的工作,而且,该表明自身立场的时候一定不可含糊,该抗议的时候,一定要坚决抗议。既要把握住大方向,又能够有理、有力、有节。不能为了营造友好的气氛而无原则地迁就。要想做到上述这些,其实并不容易。这需要相当的外交素质和大局意识。外交素质和大局意识的养成并不是一朝一夕的事情,需要重视学习,需要关注时事,了解国家的大政方针与外交政策,需要了解中国与对方国家的关系历史和关系现状。进一步而言,最好能够深入地学习中国历史,熟悉自己的国家,特别是了解近代以来中国遭受外来侵略历史,了解他们在中国暴行的真实情况。以事实说话,才能够让人心服口服。还有部分的市民认为历史已过去,不必再讨论过去的事,我认为遗忘历史的民族就失去了灵魂和前进的动力,所以可以宽恕但不可以抹去历史! 少数人了认为这只是政治事件,不予关心,国家只有通过所有百姓的支持关注才能得以强盛,政治经济紧紧相连,不能如此片面对待外交上的问题。

5. 有关日本大地震事件

2011 年 3 月 11 号，日本发生了 9 级大地震，伤亡惨重。在我们调查的 100 名市民中，54％对此深表同情，20％表示不关心，18％的市民拍手称快，还有 8％人主张积极捐款。

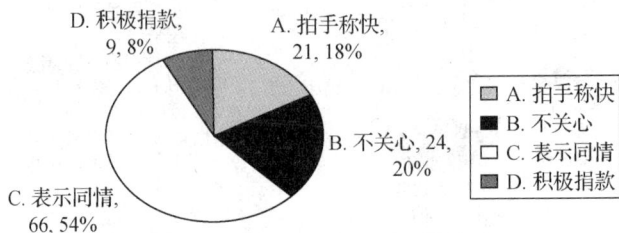

你对前不久日本发生的大地震有何看法？

由此可见，绝大多数的南京人都对日本人民遭遇的灾难表示关心和担忧，有的还会捐款救助，这充分体现了人道主义情怀和友爱之心、宽容之诚。但同时也有不少市民怀着历史遗留下的怨恨，认为这个天灾是对日本最好的惩罚。

作为中国人尤其是南京人，我们永远忘不了抗战时所付出的惨重代价，我们永远不会忽视日本对我们领土的觊觎……我们讨厌日本人，甚至仇视日本人。但是，今天当日本发生重大灾难时，当普通日本人被夺去生命时我们可以适当把民族情绪与这件事分开来，我们应该表现的理智些、人道些、风度些，因为多数的日本民众是爱好和平、善良友好的，我们不能将他们和那些险恶的政客等同。适当的关心慰问能使日本人和全世界都能感觉到我们中国人也有着的高尚的人文修养和素质，这是大国的形象，可以赢得国际社会认可和广泛的敬畏。除此之外，我们不妨摆正对日本大地震的态度：首先，汶川地震时，日本在第一时间派出了救援队，并且在国内进行了募捐。而且中国人都应该记着那张日本救援队员向我们遇难同胞遗体默哀时的照片，因为这个，我们也应该表现出同情心。其次，现在日本有很多华人华侨和留学生。他们部分人也不幸成为了受灾群体。我们是不是也应该考虑到，我们这时候的消极回应也会影响同胞们在日本的境况。所以我们也应为他们着想。

四、思考与反思

综合以上数据我们可以看出，群众对南京大屠杀历史及对日本的认识趋于理性和客观，但是其中也有一定的不足，其不足主要体现在以下几点：

1. 对南京大屠杀史实的认识不深刻

从南京大屠杀遇难同胞数量的调查上，我们可以看出有一小部分人竟然毫不知情！竟然会有人选择 300 万，甚至 3 000 万！作为中国人，我们应该牢记史实，对南京大屠杀的历史应该具备最基本的了解。前事不忘后事之师，只有铭记历史带给我们的教训，我们才能在以后的发展道路上走得更稳、更好！

2. 对有关中日最近的时政及中日关系关心太少

对于日本首相参拜靖国神社事件、靖国神社里供奉的是谁以及日本名古屋市长否认南京大屠杀历史等事件,都有一小部分人表示完全不知道。我们应该多加强关注时政,尤其是有关中日之间的时政,作为中国人,这是我们的职责和义务。关注国家大事、关注中日关系,都是一种爱国的表现。

五、总结

通过参观南京大屠杀遇难同胞纪念馆和这次的调查实践,我们深深感受到了一个国家只有强大了,有钢铁般意志及团结一心的凝聚力才能屹立于民族之林,才能不受别国的侵扰,老百姓才能安居乐业。同样的,民族精神是一种伟大精神力量,推动着进步的列车滚滚向前。作为中华儿女和南京的大学生,我们要好好学习科学知识,用科学技术武装头脑,为家乡南京,为祖国贡献微薄之力,不让她再受外族的蹂躏。"前事不忘,后事之师",大屠杀已经过去,那被血染红的河流也被雨水冲淡沉积,那对成丘陵的尸体和森森白骨也早就化成灰烬或掩埋在泥土的深处,伤痕依旧刻在心里,不能忘,这是南京人的殇。但时间还在前进,社会在发展,我们终究不能固步于悲伤,颓丧于耻辱。我们要化悲痛为力量,更好地发展,向世界展现坚强的南京!对于日本右翼分子和日本人民要区别对待,右翼分子是反动的居心叵测的阴谋家,但人民是善良的,也曾是战争的受害者,中日是一衣带水的邻邦,友好往来才能促进双赢,日本领导人应考虑这个形势的严峻性,勇于承担历史责任,这样两国才能真正意义上的开诚布公,进行积极全面的合作。

最后,我们希望全国各中小学加强爱国主义教育,学习南京大屠杀的历史,让他们了解南京曾遭受的苦难,激发爱国热情,并引导他们用正确地态度对待历史问题,不忘历史,开拓美好未来。也期待日本能诚实地对待曾经的罪行,让日本青少年了解历史真相,让两国的青少年建立真诚的友谊。

附件一 关于南京大屠杀历史的调查问卷

1. 你知道"南京大屠杀"发生在哪年吗?
   A. 1927　　　　B. 1928　　　　C. 1937　　　　D. 不知道
2. 在这场战争中日本杀害我们多少同胞?
   A. 3 万　　　　B. 30 万　　　　C. 300 万　　　　D. 3 000 万
   E. 不知道
3. 你知道"侵华日军南京大屠杀遇难同胞纪念馆"扩建过多少次?
   A. 1 次　　　　B. 2 次　　　　C. 3 次　　　　D. 完全不了解
4. 当你购买商品时是否会注意是"日本制造"的?
   A. 日本货好,当然购买"日本制造"的
   B. 买东西而已,哪样好就买哪样
   C. 会留意"日本制造",尽量不买
   D. 抵制日货,是"日本制造"的,坚决不买
5. 您对日本首相参拜靖国神社有何看法?
   A. 坚决反对　　　　　　　　B. 这是人家的自由,与我无关系
   C. 不知道有这件事　　　　　D. 其他(请注明)

6. 你知道日本靖国神社里供奉的是什么人吗?

　　A. 神　　　　　　　B. 战犯　　　　　　C. 不知道　　　　　　D. 其他(请注明)

7. 对于日本教科书篡改南京大屠杀历史,您有何看法?

　　A. 不关我的事　　　　　　　　　　　B. 尚不认同,但又不能怎么样

　　C. 擅改历史,坚决反对　　　　　　　D. 其他(请注明)

8. 你认为学校方面应该加强有关南京大屠杀的教育吗?

　　A. 应该　　　　　　B. 不应该　　　　　C. 没所谓

9. 你对近期发生的日本大地震有什么看法?

　　A. 拍手称快　　　　B. 不关心　　　　　C. 表示同情　　　　　D. 积极捐款

10. 您对于南京大屠杀有何看法?

　　A. 知道了就行了,没必要再深究

　　B. 这是中华民族的耻辱,我们要永远铭记!

　　C. 日本军阀绝对不可以原谅,要让他们血债血还

　　D. 其他(请注明)

11. 你来南京大屠杀遇难同胞纪念馆出于什么目的?

　　A. 随便参观一下,没什么目的　　　　B. 缅怀悼念遇难同胞

　　C. 前事不忘后事之师　　　　　　　　D. 助于自己学习相关历史

12. 知道有关日本名古屋和南京大屠杀的有关事件么?

　　A. 知道大概,但不很清楚　　　　　　B. 非常了解,并有自己看法

　　C. 听说过,没有探究　　　　　　　　D. 完全不知道

13. 名古屋市长否认南京大屠杀事件,您对此有何看法?

　　A. 非常愤慨,南京应断绝和名古屋有关的往来

　　B. 觉得有些不满意,但不妨碍南京和名古屋的各方面往来

　　C. 大屠杀已成为历史,不必再讨论相关事情

　　D. 这是政治事件,与自己无关

14. 您对日本人民有何看法?

　　A. 历史已经过去,大家还是好兄弟

　　B. 不能忘记过去,和他们相处要小心谨慎

　　C. 名义上经济贸易往来,政治上不往来

　　D. 憎恨日本民族,认为日本民族不诚实

第七章　为新中国而奋斗

一、内容梳理,同步练习

内容梳理

【教学目标】通过学习,了解中国共产党领导人民最终推翻反动统治的斗争及其基本经验;认识资产阶级共和国方案的破产和中国共产党领导的多党合作、政治协商格局的形成;理解中华人民共和国的创建和中国共产党执政地位的确立是历史和人民的选择。

【教学重点】中国共产党最终领导人民推翻发动统治的斗争及其基本经验。

【教学难点】理解中华人民共和国的创建和中国共产党执政地位的确立是历史和人民的选择。

【教学时间】2学时

【授课形式】理论教学

【主要内容】

1　从争取和平民主到进行自卫战争
　　1.1　中国共产党争取和平民主的斗争
　　1.2　国民党发动内战和解放区军民的自卫战争

2　国民党政府处在全民的包围中
　　2.1　全国解放战争的胜利发展
　　2.2　土地改革与农民的广泛发动
　　2.3　第二条战线的形成

3　中国共产党与民主党派的合作
　　3.1　各民主党派的历史发展
　　3.2　中国共产党与民主党派的团结合作
　　3.3　第三条道路的幻灭
　　3.4　中国共产党领导的多党合作、政治协商格局的形成

4　创建人民民主专政的新中国
　　4.1　南京国民党政权的覆灭
　　4.2　人民政协与《共同纲领》
　　4.3　中国革命胜利的原因和基本经验

同步练习

（一）单项选择题

1. 抗日战争胜利后,中国社会的主要矛盾是(　　)
   A. 中美民族矛盾
   B. 中日民族矛盾
   C. 无产阶级同资产阶级的矛盾
   D. 中国人民同国民党反动派之间的矛盾

2.《双十协定》的签订,中共取得的战略优势是(　　)
   A. 获得了自卫战争的准备时间　　　　B. 解放区获得了合法地位
   C. 赢得了民主党派的支持　　　　　　D. 取得了政治上的主动地位

3. 重庆谈判的焦点问题是(　　)
   A. 人民军队和解放区的合法地位问题　B. 要不要和平建国的问题
   C. 实行宪政、结束训政的问题　　　　D. 人民的民主、自由权利的问题

4. 解放战争时期,最早与蒋介石集团决裂的民主党派是(　　)
   A. 中国民主同盟　　　　　　　　　　B. 民主建国会
   C. 中国民主促进会　　　　　　　　　D. 中国国民党革命委员会

5. 1947年刘邓大军挺进中原的重大意义在于(　　)
   A. 影响战略决战主攻方向　　　　　　B. 粉碎蒋介石的重点进攻
   C. 改变敌我双方的力量对比　　　　　D. 改变解放战争的战略态势

6. 对第三次国内革命战争时期反蒋斗争第二条战线的准确表述是(　　)
   A. 国统区的学生运动　　　　　　　　B. 国统区的工农运动
   C. 国统区的地下斗争　　　　　　　　D. 国统区的民主运动

7. 蒋介石被迫下台后,代总统李宗仁的实际政治态度是(　　)
   A. 希望结束内战,实现和平　　　　　B. 接受中共八项条件,进行和谈
   C. 与中共和谈,划江而治　　　　　　D. 顽固不化,准备卷土重来

8. 中共七届二中全会需要解决的重要问题是(　　)
   A. 如何夺取全国革命胜利
   B. 如何解决民主革命遗留的任务的问题
   C. 党的工作重心转移问题
   D. 民主革命向社会主义革命转变的问题

9. 七届二中全会召开的地点是(　　)
   A. 北平　　　　　B. 延安　　　　　C. 西柏坡　　　　　D. 上海

10. 全面内战爆发的标志是国民党(　　)
    A. 撕毁《双十协定》　　　　　　　　B. 进攻中原解放区
    C. 进攻上党地区　　　　　　　　　　D. 撕毁《停战协定》

参考答案：

1. D　2. D　3. A　4. A　5. D　6. D　7. D　8. A　9. C　10. D

（二）多项选择题

1. 反法西斯战争后,人民民主力量明显增长的主要表现是（　　）

   A. 社会主义苏联得以较快地恢复和巩固

   B. 人民民主和社会主义制度在多国建立

   C. 民族解放运动在亚洲、非洲、拉丁美洲蓬勃兴起

   D. 在资本主义国家,共产党的影响显著增长,工人运动有了新的发展

2. 国民党统治区的政治经济危机日益加深的主要原因是（　　）

   A. 抗战胜利后,国民党把接收变成"劫收",从而使更多的民众期望破灭

   B. 国民党统治集团违背全国人民的意愿,实行反人民的内战政策

   C. 严重的自然灾害

   D. 将全国各阶层人民置于饥饿和死亡线上

3. 通过重庆谈判和签订的"双十协定",中共取得的成果有（　　）

   A. 在全国人民面前表现了和平诚意

   B. 迫使国民党承认和平建国的基本方略

   C. 实现了中共在国家政治生活中的合法地位

   D. 团结了民主力量

4. 对1946年政协会议协议的有关表述,正确的是（　　）

   A. 有利于实现民主政治与和平建国

   B. 在许多方面反映了人们的愿望

   C. 体现了民主协商的精神

   D. 很快被国民政府撕毁

5. 下列各项中,不属于《双十协定》的内容有（　　）

   A. 国民党迅速结束训政,实施宪政

   B. 整编全国军队、制定宪法

   C. 保证人民享有民主、自由等权利

   D. 实施《和平建国纲领》

6. 1948年4月,毛泽东系统阐明的中国共产党的土地改革总路线是（　　）

   A. 依靠贫农

   B. 团结中农

   C. 有步骤地、有分别地消灭封建剥削制度

   D. 发展农业生产

7. 抗日战争胜利后,某些民主党派鼓吹在国共对立纲领外的第三条道路。第三条道路为何不可能实现?

   A. 第三条道路,实行的方法是和平的改良道路,提倡的是资产阶级共和国的方案,主张的实际上是旧民主主义的道路

　　B. 中国战后面临的是两种命运、两个前途的尖锐斗争,客观形势决定了人们没有走中间路线的余地

　　C. 国民党当局对民主党派的迫害

　　D. 第三条道路没有广泛的群众基础

8. 抗战胜利后,美国政府支持国民党反共方针的目的是(　　)

　　A. 避免中国内战　　　　　　　　　　B. 遏制苏联

　　C. 扶持亲美政府,以实现其亚洲战略　　D. 维护其在华殖民利益

9. 1926年蒋介石制造的旨在打击共产党和工农革命力量的事件是(　　)

　　A. 商团叛乱　　　B. 暗杀廖仲恺　　　C. "中山舰"事件　　D. 整理党务案

10. 解放战争的第二条战线(　　)

　　A. 是国民党统治区,以学生运动为先导的人民民主运动

　　B. 配合了人民解放战争的胜利进军

　　C. 使得国民党的反动统治处于全民包围之中

　　D. 是人民民主统一战线的重要组成部分

参考答案:

1. ABCD　2. ABD　3. ABD　4. ABD　5. BD　6. ABCD　7. ABD　8. BCD
9. CD　10. ABCD

(三)简述题

1. 中国革命胜利的主要原因有哪些?

答案要点:

(1) 党的领导:首先是由于有了中国共产党的领导。中国共产党作为工人阶级的政党,不仅代表着中国工人阶级的利益,而且代表着整个中华民族和全中国人民的利益。中国共产党是用马克思主义的科学理论武装起来的,以中国化的马克思主义即毛泽东思想作为一切工作的指针。能够制定出适合中国情况的、符合中国人民利益的纲领、路线、方针和政策,为中国人民的斗争指明正确方向。"没有共产党,就没有新中国。"这是中国人民基于自己的切身体验所确认的客观真理。

(2) 人民的广泛参加:工人、农民、城市小资产阶级是民主革命的主要力量,民族资产阶级也逐步向共产党靠拢。没有广大人民和各界人士的广泛参加和大力支持,中国革命的胜利是不可能的。

(3) 国际的帮助:中国革命之所以能够赢得胜利,同国际无产阶级和人民群众的支持也是分不开的。

2. 解放战争时期民主党派是怎样与中国共产党团结合作的?

答案要点:

(1) 重庆国共谈判和政协会议期间,各民主党派作为"第三方面",主要同共产党一起反对国民党反动派的内战、独裁政策,为和平民主而共同努力。

(2) 在国民党当局撕毁协议、发动全面内战时,民主党派中的大多数同共产党保持一

致,拒绝参加国民党一手包办的"国民大会"、反对国民党炮制的"宪法"。

(3) 民主党派的许多成员积极参加和支持中国共产党领导的爱国民主运动。(民盟李公朴、闻一多、杜斌丞等为此被国民党暗杀。)

(4) 在人民解放战争转入战略反攻并且取得节节胜利的形势下,1948年初,各民主党派都公开宣言,站在人民革命一边,同共产党一道为推翻国民党的反动统治,建立新中国而共同奋斗。

3. 解放战争爆发后,为什么喊出"必须打败蒋介石,能够打败蒋介石"的口号?

答案要点:

(1) 必须打败蒋介石:因为蒋介石发动的战争,是反对中国民族独立和中国人民解放的反革命的战争。只有用革命战争反对反革命战争,中国才能解放,中华民族才能真正独立。

(2) 能够打败蒋介石:因为蒋介石军事力量的优势和美国的援助,只是暂时的现象和临时起作用的因素;而蒋介石发动的战争的反人民性质,人心的向背,则是经常起作用的因素。人民解放战争所具有的爱国的正义的革命的性质,必然获得全国人民的拥护,这就是战胜蒋介石的政治基础。

4. 中国走社会主义道路是历史的选择。

答案要点:

近代以来,随着帝国主义的侵略和半殖民地半封建社会的逐渐深化,中国人民不断进行反封建、反侵略的斗争,探索救国之路。

(1) 从鸦片战争到辛亥革命,农民阶级和资产阶级的各种救国斗争和方案都失败了。说明农民阶级和资产阶级不能完成领导中国民主革命取得胜利这一任务。

(2) 南京国民政府代表大地主大资产阶级利益,实行反共反人民政策,使中国陷于半殖民地半封建社会深渊,被人民所抛弃。

(3) 部分中间阶层幻想使中国走独立发展资本主义的道路,在国民党的一党专制下,也根本无法实现。

(4) 中国共产党坚持反帝反封建的彻底革命立场,经过三年的解放战争,推翻国民党反动统治,走经过新民主主义向社会主义发展的道路,这是中国近代历史发展的必然,是中国人民的历史选择。

二、精选案例,巩固深化

精选案例 1

毛泽东在重庆谈判中

抗日战争刚一结束,中国上空就已笼罩着一片阴云:蒋介石迫不及待地动手争夺抗战胜利的果实,把刀锋指向中国共产党。但他要放手发动全面内战还有许多困难。1945年8月14日、20日、23日,蒋介石三次致电毛泽东,邀请他速到重庆"共定大计"。蒋介石的如意算盘是想利用这一招来达到两个目的:一个是,如果毛泽东拒绝到重庆来,就给共产党安上拒绝谈判、蓄意内战的罪名,把内战的责任推到共产党身上,使自己在政治上处于有利地位;如果毛泽东来了,就给共产党几个内阁职位,迫使其交出解放区和军队,最终消灭已变成赤手空拳的共产党。另一个是,可以用谈判来取得准备全面内战、特别是调兵遣将所必需的时间。

在接到蒋介石的前两封电报后,毛泽东主持召开中共中央政治局扩大会议。他建议"恩来同志马上去重庆谈判,谈两天就回来,我和赫尔利接着就去。这回不能拖,应该去,而且估计也不会有什么大的危险"。就在举行政治局扩大会议的同一天,蒋介石的第三封邀请电到了。1945年8月26日,毛泽东在中央政治局会议上明确表示:"去,这样我们可以取得全部主动权。"

8月28日下午3时37分,在国民政府军事委员会政治部部长张治中,美国驻华大使赫尔利陪同下,毛泽东和周恩来、王若飞从延安飞抵重庆。蒋介石的代表周至柔等到机场迎接。《大公报》记者子冈作了这样报道:"第一个出现在飞机门口的是周恩来,他的在渝朋友们鼓起掌来。他还是穿那一套浅蓝的布制服,到毛泽东、郝尔利、张治中一起出现的时候,掌声欢笑声齐作,延安来了九个人。毛泽东先生,五十二岁,灰色通草帽,灰蓝色的中山服,蓄发,似乎与惯常见过的肖像相似,身材中上,衣服宽大的很。这个在九年前经过四川境的人,今天踏到了抗战首都的土地了。"毛泽东在机场向记者发表书面谈话:"现在抗日战争已经胜利结束,在中国即将进入和平建设时期,当前时机极为重要。目前最迫切者,为保证国内和平,实施民主政治,巩固国内团结。"

这天晚上,毛泽东出席蒋介石举行的欢迎会,第二天,同蒋介石进行第一次商谈。毛泽东来到重庆,在社会上激起了巨大的反响。《新华日报》发表读者来信说:"毛泽东先生应蒋主席的邀请,毅然来渝,使我们过去所听到的对中国共产党的一切诬词和误解,完全粉碎了。毛先生来渝,证明了中共为和平、团结与民主而奋斗的诚意和决心,这的确反映和代表了我们老百姓的要求。"

毛泽东在重庆的43天,除刚到和临行时有3天住在林园外,其他时间都住在红岩村八路军办事处的二楼。张治中把自己的寓所上清寺桂园让出来,给毛泽东作为在城里会客、工作、休息的地方。毛泽东每天上午从红岩来,下午在桂园会客和工作,晚上仍回红岩。

重庆谈判是一场复杂而艰苦的斗争。由于国民党对谈判并没有诚意,也没有估计到毛泽东真的会这样快地应邀来重庆,所以他们根本没有准备好谈判的方案,只能由共产党方面先提出意见。9月3日,周恩来、王若飞将中共方面拟定的两党谈判方案交给国民党代表转送蒋介石。王若飞在谈判结束后向政治局汇报时说:"前六天,看他们毫无准备。左舜生刻薄他们,说只见中共意见,不见政府意见。"

9月2日晚、4日、12日、17日和10月9日、10日,毛泽东或单独,或在周恩来、王若飞陪同下,或在郝尔利参加下,同蒋介石进行了多次会谈。在近一个月的谈判中,国共双方在一些问题上达成了共识,但在军队缩编、解放区、国民大会等问题上却搁了浅。9月

21日晚,郝尔利向毛泽东提出,中共应该交出军队,交出解放区,否则谈判就要破裂。毛泽东从容不迫地用八个字来回答:"问题复杂,还要讨论。"他说:军队国家化,国家要统一,我们是完全赞成的,但前提是国家民主化,军队和解放区不能交给一党控制的政府。如何民主化,还要讨论。虽然目前有很多困难,但总会想出克服办法的。谈判在艰难曲折的道路上继续缓慢前进。10月10日下午,周恩来、王若飞和王世杰、张群、张治中、邵力子在桂园客厅里正式签署《国民政府与中共代表会谈纪要》。

毛泽东在重庆这43天中,除主持谈判外,还同各界朋友进行了广泛的接触,会见了中外记者,还会见过美国驻华第十四航空队总部的3名士兵,并且同他们一起合影。8月30日下午,毛泽东来到被称为"民主之家"的特园,拜访中国民主同盟会主席张澜。毛泽东向张澜介绍了解放区的开创和建设情况,解释了中共中央8月25日《对目前时局的宣言》中提出的六项紧急措施。张澜说:"很公道,很公道!蒋介石要是良心未泯,就应当采纳施行。"张澜郑重的对毛泽东说:"蒋介石在演鸿门宴,他哪里会顾得上一点信义!前几年我告诉他:'只有实行民主,中国才有希望。'他竟威胁我说:'只有共产党,才讲实行民主'。现在国内形势一变,他也喊起'民主'、'民主'来了!"毛泽东风趣地说:"民主也成了蒋介石的时髦货!他要演民主的假戏,我们就来他一个假戏真演,让全国人民当观众,看出真假,分出是非,这场戏也就大有价值了!"张澜领悟道:"蒋介石要是真的心回意转,弄假成真,化干戈为玉帛,那就是全国人民之福呀!"9月6日,毛泽东和周恩来、王若飞一起到柳亚子寓所去拜访他。毛泽东把手书的旧作《沁园春·雪》赠给柳亚子,柳亚子也即席赋诗作答。

毛泽东广泛接触国民党内的各派人物。9月20日,他在秘书王炳南陪同下去看陈立夫。见面后,他以回忆往事的口气,谈起大革命初期国共合作的情景,随后在谈笑自若中批评国民党后来实行的"剿共"政策。他说:"我们上山打游击,是国民党剿共逼出来的,是逼上梁山。就像孙悟空大闹天宫,玉皇大帝封他为弼马温,孙悟空不服气,自己鉴定是齐天大圣。可是你们却连弼马温也不给我们做,我们只好扛枪上山了。"陈立夫表示,要对这次国共和谈"尽心效力"。另一次,毛泽东由王炳南陪同去看戴季陶,出来时正好在小路上同蒋介石相遇。蒋介石问他去哪里,他说去见了戴季陶。蒋先是一怔,然后说:"好,见见好,见见好。"有的人指责:共产党"不要另起炉灶"。毛泽东针锋相对的回答:"不要另起炉灶"的话我很赞成,但是蒋介石得要管饭,他不管我们的饭,我不另起炉灶怎么办?"

10月11日上午9时许,毛泽东在张治中和周恩来、王若飞陪同下从桂园前往机场。临行前,他同桂园的工作人员和担任守卫的宪兵都热情地一一握手告别,向他们表示谢意。到机场后,他又同前来送行的蒋介石的代表陈诚以及其他友好人士握手道别,然后偕同张治中、王若飞登上一架草绿色的双引擎C47型运输机。经过近4个小时的飞行,在下午1时30分回到延安。

【讨论理解】

1. 重庆谈判启动的历史背景和条件有哪些?
2. 重庆谈判的内容和意义是什么?
3. 重庆谈判对解放战争有哪些重要影响?

【案例点评】

抗战胜利后,中国向何处去? 举世关注。毛泽东以民族利益为重,亲赴重庆同国民党政府进行和平谈判。尽管重庆谈判最终未能阻止全面内战的爆发,但中共提出的和平、民主、团结的方针为广大人民所认同,这就为解放战争的胜利奠定了重要的政治基础。

【教学建议】

通过本案例的教学,使学生进一步理解抗战胜利后中国共产党为争取和平民主建国所做出的重大努力,认清国民党蒋介石假和平、真内战的阴谋。本案例可用于第七章第一节"从争取和平民主到进行自卫战争"部分的辅助教学,或用于该部分课程内容的考核。

精选案例 2

车轮滚滚的支前大军

淮海战役双堆集战斗结束后,黄维、杨伯涛等国民党军第十二兵团的将领们被解放军俘虏,从战场押送到后方的临涣集。原国民党军第十八军军长杨伯涛回忆:"经过几十里的行程,举目回顾,不禁有江山依旧、面目全非,换了一世界之感。但见四面八方,熙熙攘攘,车水马龙,行人如织,呈现出千千万万的人民群众支援解放军作战的伟大场面。路上我们经过,茅屋土舍,依稀可辨,只是那时门户紧闭,死寂无人,而这时不仅家家有人,户户炊烟,而且铺面上有卖馒头、花生、烟酒的,身上有钱的俘虏都争着去买来吃。押送的解放军亦不禁阻,他们对馒头、花生是久别重逢,过屠门而大嚼。还看见一辆辆车从面前经过,有的车上装载着宰好刮净的肥猪,想是犒劳解放军的。我以前带着部队经过这些地方时,连一撮猪毛都没看见,现在怎么有了,真是怪事。通过村庄看见解放军和老百姓住在一起,像一家人那样亲切,有的在一堆聊天欢笑,有的围着一个锅台烧饭,有的同槽喂牲口,除了所穿的衣服,便衣与军装制式不同外,简直分不出军与民的界限。我们这些国民党将领,只有当了俘虏,才有机会看到这样的场面。"

杨伯涛所见的场面,只是淮海战役中广大人民群众支援解放军作战的一个缩影。人民解放军在三年解放战争中取得的一系列胜利,都是和解放区人民群众的全力支援分不开的。解放战争时期,解放军作战行动越来越频繁,战役规模越来越大,对后勤保障的需要也越来越多。一个战役打起来,前方对民工、担架需求很大,弹药、粮食、菜蔬、伤员、鞋袜等都要运输。陈毅高度评价山东解放区群众对华野作战的支持:用落后的农村工具来供应现代化大兵团作战,这是自卫战争中最伟大的一面。

中央军委和华东野战军负责人在酝酿淮海战役计划时,充分考虑到后勤保障工作的重要性。淮海战役的规模有多大,事先谁也没有准确的估计。11 月 16 日战役开始后,毛泽东给中野、华野负责人的电报说:"中原华东两军必将达八十万人左右。"根据华东局和华野的部署,淮海战役的后勤和支前工作的分工是:前方由华东后勤部负责,后勤部部长刘瑞龙随华野指挥部行动,负责掌握部队的情况和需求,对送到前方的粮食弹药和各种物资进行接收、调度和分配。后方由华东局支前委员会负责,傅秋涛为主任,负责筹划、征集和调运物资,组织民工和车辆、船只运送到前方兵站。为转运伤员,华东支前委员会组织了4条转运干线。每隔30里设一小站,60里设一大站。每个纵队配备随军担架500副,每副配民工5人。还设有机动担架7 500副以供急需。各县都在交通要道上设立民站,供运输粮食物资的民工编组往来休息。民工根据任务不同分为三种:一线随军常备民工每期3个月;二线转运民工每期1到3个月;后方临时民工每期1个月。民工以县、区、乡为单位,按军队编制为团、营、连,由各级干部带队。淮海战役发起后,随着华野主力的南下,后方7条运输干线上车轮滚滚,人流如织,像7条大血管向前方输送物资。

淮海战役支前工作最动人的场面,是几百万推着小车运送粮食的民工大军。从后方到前方,从乡村到城镇,男女老少齐上阵,家家户户都为支前做贡献。浩浩荡荡的支前大军日夜活跃在战场上。支前民工(包括随军民工、二线转运民工和后方临时民工)共543万人,担架20.6万副,大小车辆88.1万辆,挑子30.5万副,牲畜76.7万头,船8 539只,汽车257辆,向前线运送弹药1 460万斤,筹运粮食9.6亿斤,向后方转运伤员11余万名,有力地保障了大规模作战的需要。

随着战线不断南移,民工也随着部队越走越远。华东支前英雄唐和恩的小车队是模范的典型。他用的一根竹棍上面刻着他们支前5个月内经过的路线:从家乡山东胶东区的莱东县陶障区(今莱阳万第镇)出发,经水沟头、平度、临淄、蒙阴、临沂、徐州、萧县、宿县,直到淮溪口。跨越三省88个城镇和村庄。他们跋山涉水,日夜奔走,自己吃的是高粱米、萝卜干,车上的白面、小米一点不动,留给前线战士们吃。这支小竹棍,拉车时挂着它走路,过河时用它探路,它不仅为支前做出了贡献,还作为历史的见证被收藏在博物馆里。苏北地区小车队支前,正是寒冬腊月。白天有国民党飞机轰炸,民工都是夜里运输。每天太阳落山,一队队的小车就行进在条条公路上。小车的油灯在漆黑的原野上星星点点,一望无际,非常壮观。"华东第五专区的民工,经过700里的长途运送一批大米到前方,他们的任务是将大米运送到宿迁,当这批大米运送到时部队西开了,要他们再运到睢宁。他们运到睢宁时,部队又西开了,他们就尾随部队到了符离集,最后运到淮溪口,长途行程700里才完成任务回去。"民工支前极大地鼓舞了部队的士气,三纵炮兵团与渤海民工一团并肩战斗,相互关照。"有时,部队和民工住在一个村子里,部队主动让房子给民工住,自己却在露天搭棚子睡;前方做饭缺锅,部队就让民工先做;天冷了,有些民工没有棉衣穿,部队就将缴获的棉衣发给民工。部队还派人教民工防空防炮,指导他们挖防空壕,一到住地又主动检查民工防空设施。"

人民的支援是战争胜利的根本保证。中野司令部在《淮海战役中双堆集歼灭战初步总结》中指出:"这次作战中的物资供应,是达到较完满之要求的,无论在粮食弹药的接济与医术救济诸方面,都未感受到意外的特殊困难,这是此次作战胜利的有力保障。没有这种保障,要想取得这次的完满胜利,是不能设想的。"1951年2月陈毅在南京会见苏联驻华大使尤金,谈起淮海战役的胜利时说:"支前民工达500万,遍地是运粮食、运弹药、抬伤员的群众,这是我们真正的优势。人民群众用小车、扁担保证了部队作战。"正如毛泽东所说:"战争的伟力之最深厚的根源,存在于民众之中。"淮海战役证实了这个真理。

【讨论理解】

1. 人民群众为什么踊跃支援前线?
2. 人民群众的支持对解放战争的胜利有哪些作用?
3. 人民解放战争迅速取得胜利的原因有哪些?

【案例点评】

淮海战役以其以少胜多而被载入世界经典战例史册。在淮海战役过程中,人民群众支援前方作战的规模之巨大,动用人力物力财力之众多,是古今中外战争史上罕见的。广大民兵群众在"一切为了前线"、"一切为了胜利"的口号鼓舞下,广泛开展了支援前线的活动,为夺取解放战争的最后胜利作出了重要贡献。

【教学建议】

本案例通过梳理淮海战役中人民群众积极支持人民解放军前线作战的感人事迹,帮助同学理解中国革命胜利及国民党政权失败的原因,引导学生认识战略决战的胜利是人民战争的伟大胜利,人民共和国的成立是人民的选择、历史的选择。本案例可用于第七章第四节中"人民共和国:中国人民的历史性选择"部分的辅助教学,或用于该部分课程内容的考核。

三、课内实践,注重提升

实践项目:课堂演讲——我·家·共和国

【活动目标】

通过演讲,了解当代大学生对新中国六十几年历史的记忆与印象,力图探知在改革开放后成长起来的"80"后、"90"后大学生的历史感、爱国心,以及大学生群体对共和国历史理性的认知与表达方式。让大学生认识到只有正确地处理好"我"、"家"、"共和国"的关系,才能让个体更加幸福,社会更加和谐,民族更加繁荣,国家更加强大。

【活动方案】

1. 活动时间:课前30分钟
2. 活动地点:教室
3. 采用小组合作的方式完成,6人为一组,搜集资料,撰写演讲稿,并由小组选定一名成员进行现场演讲。
4. 教学要求:立场明确,观点鲜明,将自身对"我"、"家"、"共和国"关系的认知清楚阐释,明确个体的命运永远与家庭相连,家庭的存在和延续永远离不开共和国的荣辱兴衰。

【活动评价】

序号	评价项目	满分	得分
1	小组合作及协调情况	10	
2	相关资料搜集情况	10	
3	课堂演讲实际效果	60	
4	稿件撰写情况	20	

【背景资料链接】

　　新中国成立以后,以毛泽东为核心的党的第一代中央领导集体领导人民确立了社会主义基本制度,建立和巩固人民民主专政的国家政权;确立了马克思主义在意识形态领域的指导地位;初步建立起独立的比较完整的工业体系和国民经济体系,为当代中国的发展进步奠定了根本政治前提和制度基础。

　　新中国成立后面对的是饱经战争创伤、经济文化特别是社会生产力极为落后的现实。当时中国的经济不仅远远落后于欧美发达国家,就是与许多亚洲国家相比也有一定的差距。1949 年的人均国民收入只有约 27 美元,相当于亚洲国家平均值的 2/3,而当时中国人均寿命只有 40 岁左右。同时,以美国为首的西方资本主义阵营企图通过实行强硬的对华政策,即政治上孤立、经济上封锁、军事上威胁,从根本上搞垮新中国。

　　新中国国家发展道路的探索就是在外部封锁、内部工业基础几乎为空白的废墟上开始的。毛泽东在 1954 年对全党说:“现在我们能造什么? 能造桌子椅子,能造茶碗茶壶,能种粮食,还能磨成面粉,还能造纸,但是,一辆汽车、一架飞机、一辆坦克、一部拖拉机都不能造。”在这样一穷二白的基础上,中国共产党承接历史选择,回应时代要求,反映人民愿望,探索、开创和拓展中国特色社会主义道路,使社会主义这一人类社会的美好理想在古老的中国大地上变成了具有强大生命力的成功道路和制度体系。

　　走中国特色社会主义道路,使我国获得了前所未有的长期快速稳定发展并取得了举世瞩目的辉煌成就,实现了从一穷二白到现代工业体系和国民经济体系的跨越;实现了从一个物资极度匮乏、产业百废待兴到发展成为世界经济发展引擎、全球制造基地的跨越;实现了从贫穷落后到阔步走向繁荣富强的跨越。根据国家统计局公布的数据,2014 年,国民经济总产值已超过 60 万亿元人民币,经济总量跃居世界第二;医疗、就业、社会保障事业稳步推进;居民收入、生活水平和质量稳步提高,农村贫困人口比例持续下降;科教文卫事业取得长足发展,如成功举办了北京奥运会、上海世博会、南京青奥会等。

　　中国特色社会主义道路创造了中国奇迹,彰显了中国特色社会主义道路的优越性,同时也验证了邓小平“如果不搞社会主义,而走资本主义道路,中国的混乱状态就不能结束,贫困落后的状态就不能改变”的论断。在这条道路上,我们用几十年的时间走完了发达国家几百年走过的发展历程,实现了从贫困到温饱再到总体小康的历史性跨越。正如习近平总书记所强调的:“我们已经在这条道路上走了三十多年,历史证明,这是一条符合中国国情、富民强国的正确道路,我们将坚定不移地沿着这条道路走下去。”

四、社会实践，学以致用

实践项目：爱国主义教育基地教育资源和旅游资源的开发与整合

【目标要求】

通过引导学生对爱国主义教育基地的调查，深入了解新时期爱国主义教育基地开展爱国主义教育过程中面临着教育资源和旅游资源无法整合的困境，并积极寻求解决路径，探讨爱国主义教育基地功能发挥的可行性路径，激发学生的爱国情感。

【活动方案】

1. 活动时间：实践周
2. 活动地点：爱国主义教育基地
3. 学生以小组为单位，制定调查方案。
4. 教师对学生的调查方案进行评阅，并提出修改意见及时反馈给学生。
5. 学生调查小组严格按照选题和调查方案，在了解爱国主义教育基地功能的基础上，通过走访和问卷调查等形式深入爱国主义教育基地调查。
6. 了解新时期爱国主义教育基地功能尤其是教育功能发挥的现状，并积极探讨解决路径，重点探索教育资源与旅游资源的开发与整合，以此为基础形成社会调查报告。

【实践成果】

以调查报告的形式呈现实践成果。
1. 字数不少 3 000 字，符合论文写作规范要求。
2. 必须附相关图片，图文并茂，图片中必须出现小组调查的过程图片。
3. 必须附原始调查资料（如调查问卷、访谈记录等）及分析结果。
4. 必须附小组成员的调查心得体会。
5. 杜绝抄袭，建议及提出的解决方案等要有新视角和建设性意见。

【活动评价】

序号	评价项目	满分	得分
1	是否符合字数要求和论文写作规范	10	
2	是否在调查的基础上总结出新时期爱国主义教育基地功能发挥尤其是教育功能发挥的现状	20	
3	是否提出教育资源与旅游资源整合的可行性路径	20	
4	是否有照片等图片材料和调查问卷、访谈记录等过程材料	30	
5	是否有小组成员心得体会	20	

【优秀成果选编一】

以史为镜，方知兴替
——爱国主义教育基地教育资源与旅游资源的开发与整合

爱国主义是中华民族继往开来的精神支柱，是维护祖国统一和民族团结的纽带，是实现中华民族伟大复兴的动力，是个人实现人生价值的力量源泉。我们小组此次实践就是围绕爱国主义展开的，因为我们觉得爱国主义体现了人民群众对自己祖国的深厚感情，反映了个人对祖国的依存关系，是人们对自己故土家园、民族和文化的归属感、认同感、尊严感与荣誉感的统一。它是调节个人与祖国之间关系的道德要求、政治原则和法律规范，也是民族精神的核心。

一、准备阶段

我们组的选题是——爱国主义教育基地教育资源与旅游资源的开发与整合。选择这个题目的原因是我们组觉得应当在大学生群体中以及社会各群体中宣扬爱国主义的思想。就从南京来看，爱国主义教育基地有很多，例如侵华日军南京大屠杀遇难同胞纪念馆、总统府、雨花台烈士陵园、中共代表团梅园新村纪念馆、南京国防园、桂子山烈士陵园，等等。现在去这些地方的人有很多，那么人们是抱着怎样的心态去这些地方的呢？是想去接受爱国主义教育呢？还是只是纯粹的想去游玩？还是两者都包括？所以我们组选择了这个题目，来调查爱国主义教育基地教育资源与旅游资源开发与整合的情况是怎样的。

既然题目已经选定，接下来的就是围绕这个题目来分析设计问卷。我们组首先提出了几个问卷的问题，然后再经过小组的整体讨论，问卷的初始稿就完成了。不过老师批改后，我们发现初始稿还是存在些许问题的，比如有的问题与调查的选题关系不密切，经过老师的指导与我们组的修改后，最终问卷就出炉了。

二、开展实地考察

出校实践的时间我们定在 5 月 7 号，星期三。那天我们班就上午一节大课，所以，上完课我们收拾了一下东西，10 点半在学校西门集合乘车出发。我们此次行程的第一站是——侵华日军南京大屠杀遇难同胞纪念馆。

经过一个多小时的车程，我们到了地铁的云锦路站。从地铁站出来，走几步，就能看见纪念馆了。纪念馆采用灰白色大理石垒砌而成，气势恢宏，庄严肃穆。在纪念馆外围还有许多遇难同胞遇难的雕塑。雕塑中的人或站着仰天叹惜、或趴着埋头痛哭，从这能看出抗日战争时期侵华的日军的残暴。

我们怀着沉重的心情进入这庄重的地方。刚进入纪念馆，就是简单而肃穆的一片石子场地。用石子铺地是因为在走路时发出沙沙声仿佛是对死难者的哭诉，光滑的石头又像死难者的尸骨，石头铺地庄严肃穆，是对大屠杀死难者的缅怀及对历史的铭记。接着走下去，我们到了遇难者名单墙，一个个鲜活的名字跃入我们的眼帘，凝视着这些名字，我就觉得就像他们还活着一样。我们在名单墙前发放了一份问卷，发放的对象是一对年轻的情侣，我们觉得年轻人对爱国主义教育基地的重视是非常重要的，因为祖国将来的建设是靠年轻的一代去完成的。随后我们在里面看到了当年日军犯下的种种罪行，上到老人下到小孩，没有一个年龄段可以幸免。看着那些森森白骨，不禁后背发凉，我真的难以想象当年日军是怎么下的去手？怀着沉痛的心情，不知不觉我们已经走到了一片宽敞的地方，放眼望去前面竖立着写着"和平"两个大字的大理石碑。这是在显示我们需要和平，而不是战争。在这里我们组又发放了几份问卷，填写问卷的人们都很认真的写出了自己的看法。是的，到这里来参观的人们，谁不是怀着满腔的情感呢？谁不想对这些看在眼里的事物说出自己的看法呢？

　　结束了在侵华日军南京大屠杀遇难同胞纪念馆的调查，已经快下午 1 点了。于是我们决定先乘地铁到大行宫，出了地铁，先解决了吃饭问题，然后去总统府。步行了 3、4 分钟的样子，就到达了总统府。买完票，我们想在进去前，先在总统府门口发放调查问卷。或许是因为那天天气热，太阳晒的原因，我们刚开始在总统府大门前发放问卷进行的不顺利，问了好几个人，他们都摇摇手。看着这情况，我们小组中有些成员就有点失望了。我看着这情况，就决定先进去，先到里面发放问卷调查，也还可以顺便进行参观。既然来了，就当作一次游玩吧。往里走了一段路，"天下为公"四个大字就展现在我们眼前，下面还有太平天国、孙中山、李鸿章等人的油画。在孙中山临时政府那边，我们看着有人坐在那边休息，我们前去让他们填了份问卷。后来，到将近 3 点 45 分左右，我们组出来。走到大门口，我们决定还是再发放问卷试试。这一次，有人填写了问卷。就这样，总统府这一站行程就结束了。

　　随后，我们来到此次实践的最后一个地方——南京图书馆。南京图书馆，相对于我们去的前两个地方，就不是爱国主义教育基地了。不过，我们来这里的原因是，在图书馆这样一个学习氛围浓厚的地方，大家肯定也都是有一定的知识水平的，对我们问卷肯定有独到的见解。所以看看大家的看法是很有意义的。刚进入图书馆，就觉得里面很敞亮很干净。人们或认真地看着书，或坐着休息。我们在这里发放了较多的问卷，而且大家在填写的时候也把自己的看法都写在了上面，可以说调查得很成功。

　　结束了南京图书馆的调查，我们这一天的行程也就结束了，最终画上了圆满的句号。

　三、问卷分析阶段

　　完成了实地的调查，接下来就是开始对问卷结果进行分析了。我们小组把问卷结果进行了统计，并以图表的形式展现出来。

表一

1. 如果您去过爱国主义教育基地，是什么原因促使您去的呢？			
A. 感受爱国主义精神的熏陶　B. 旅游　C. 两者都有			
选项	A	B	C
数量	15	31	34
所占比例	18.75%	38.75%	42.5%

1. 如果您去过爱国主义教育基地,是什么原因促使您的呢?

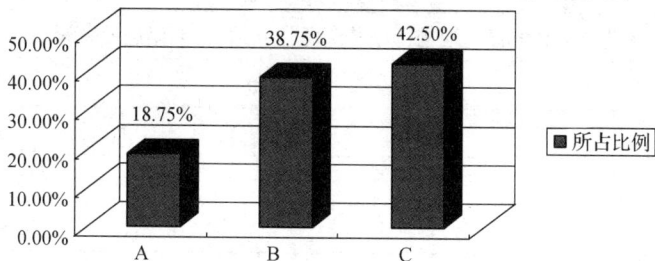

图一

　　从表一和图一中可以看出,人们去爱国主义教育基地的原因是感受爱国主义精神的熏陶与旅游并存。现在都市生活,人们的工作压力是很大的。周末的时候,他们可以去爱国主义教育基地参观,一方面可以感受爱国主义教育精神,另一方面也可以放松自己工作的压力。这样一来,教育、休闲就两不误了。不过,从表中也反映出来人们去爱国主义教育基地的首要原因还是为了去旅游,放松自己。那么,如何才能使得人们去爱国主义教育基地能够更多的接受爱国主义教育的熏陶呢? 我们可以在旅游中穿插爱国主义精神教育。比如:在爱国主义教育基地不定时的开展爱国话剧演出、播放爱国历史电影以及歌曲、限量赠送具有爱国主义标志的小物品等。

　　可能有人会担心,把爱国主义教育基地开发出来旅游会影响其本身的教育意义,对人们的爱国主义教育不会有那么大的影响了,我认为这是一种多余的担忧。从下面的表二、表三、图二以及图三我们也可以看出,大多数人觉得爱国主义教育基地发展旅游是不会影响其原本的教育意义,反而会进一步促进教育资源的发展。发展了旅游资源,来爱国主义教育基地参观的人就会增多,不管人们是出于何种目的,是为了来游玩还是为了感受爱国主义教育? 既然来到了爱国主义教育基地就或多或少的会接受到爱国主义的熏陶。

表二

8. 您觉得爱国主义教育基地发展旅游,会影响其原本的教育意义吗?		
A. 会　B. 不会　C. 不清楚		
选项	A	B	C
数量	23	48	9
所占比例	28.75%	60%	11.25%

8. 您觉得爱国主义教育基地发展旅游,会影响其原本的教育意义吗?

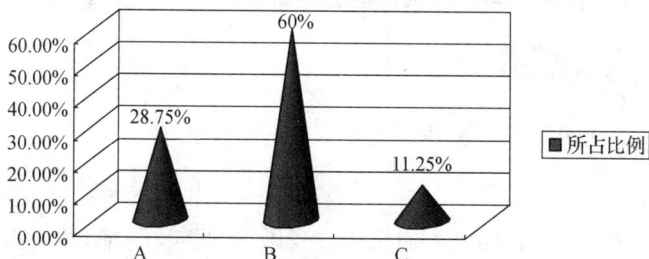

图二

表三

10. 您觉得爱国主义教育基地进行旅游资源的开发后，会促进教育资源的发展吗？		
A. 会　B. 不会		
选项	A	B
数量	62	18
所占比例	77.5%	22.5%

您觉得爱国主义教育基地进行旅游资源的开发后，会促进教育资源的发展吗？

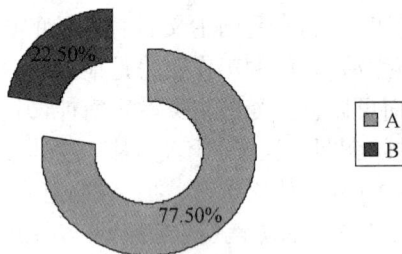

图三

上面我们说的都是去过爱国主义教育基地的原因。那么下面，我们就说说没去过爱国主义教育基地的人们是怎样的一种看法。

表四

2. 如果您没去过爱国主义教育基地，那么，是什么原因导致您没去呢？		
A. 要门票　B. 没时间　C. 太无聊，不想去		
选项	A	B	C
数量	13	44	23
所占比例	16.25%	55%	28.75%

2. 如果您没去过爱国主义教育基地，那么，是什么原因导致您没去呢？

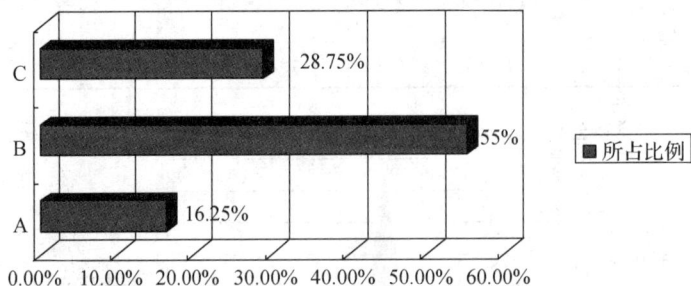

图四

从表四和图四可以看出，如果人们没去过爱国主义教育基地，其最主要的原因是没有时间。不过这只是其表面的原因，如果在我们心中有很强烈的爱国主义情怀，那么就算再怎么没时间,人们还是会抽出一点时间,去参观爱国主义教育基地的。从下面的表五以及图五也可以看出,多数人觉得现在的学生是缺乏爱国主义精神的,而且从下面的表六也可以看出绝大多数人觉得弘扬爱国主义精神,以及参观爱国主义教育基地是非常有必要的。因此加强爱国主义教育是一件很重要的事情。我们可以这么做:加强对社会各类型企业公司爱国主义教育的宣传。让相关组织节假日的时候组织员工一起去爱国主义教育基地参观,或者让公司在节假日的时候给员工发放各类型爱国主义教育基地的门票以及发放午餐补贴。让这成为公司企业的一项福利。不仅使得人们的爱国主义情怀得到了升华,也让相关行业组织对爱国主义精神有了更深层次的了解。

表五

3. 您认为现在的学生是否缺乏爱国主义精神?		
A. 缺乏　B. 不缺乏,学生很重视　C. 不清楚		
选项	A	B	C
数量	36	20	24
所占比例	45%	25%	30%

您认为现在的学生是否缺乏爱国主义精神?

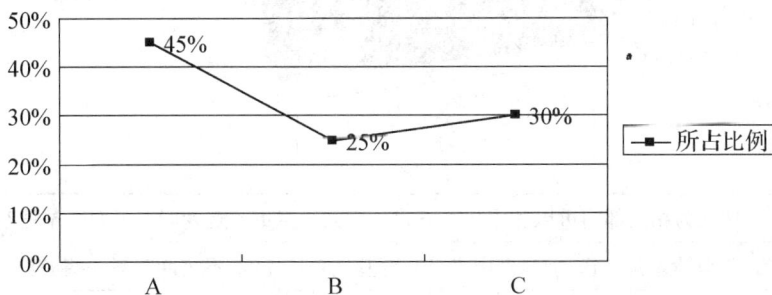

图五

表六

4. 您认为需不需要弘扬爱国主义精神,以及参观爱国主义教育基地?		
A. 需要　B. 不需要　C. 无所谓		
选项	A	B	C
数量	67	6	7
所占比例	83.75%	7.5%	8.75%

那么究竟怎样才能加强爱国主义教育呢? 往实际点来说,怎样才能让广大学生更了解爱国主义教育基地? 学生应该怎么做? 政府应该怎么做呢? 从下面的表七以及图六可以看出,因为学生(特别是中学生)学习任务较重,可能不会想到去参观爱国主义教育基地,那么学校是可以不定期的组织学生去爱国主义教育基地进行参观,这样一来即可以让学生加强爱国主义精神,也可以让学生在紧张的学习中得到适当的放松。进而能够更好

地提高学习的效率。除了学校组织学生参加外,政府相关部门也可以加强爱国主义教育基地的宣传以及不定期举行一些展览。这些举措都可以让广大学生以及广大市民更了解爱国主义教育基地。

您认为爱国主义教育基地是否起到了它该起的作用?

1. 起到了　　　　　B. 没起到　　　　C. 不清楚

您认为爱国主义教育基地是否起到了它该起的作用?		
A. 起到了　B. 没起到　C. 不清楚		
选项	A	B	C
数量	39	16	25
所占比例	48.75%	20%	31.25%

5. 您认为爱国主义教育基地是否起到了它该起的作用?

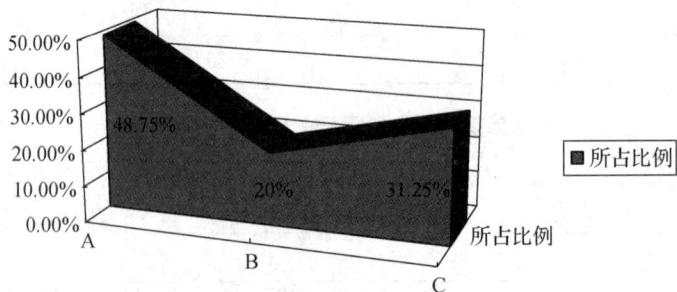

表七

6. 您认为相关部门可以利用什么方式让广大学生更了解爱国主义教育基地?			
A. 让学校组织学生参加　B. 加强爱国主义教育基地宣传　C. 不定期开展一些展览　D. 其他			
选项	A	B	C	D
数量	34	22	22	2
所占比例	42.5%	27.5%	27.5%	2.5%

6. 您认为相关部门可以利用什么方式让广大学生更了解爱国主义教育基地?

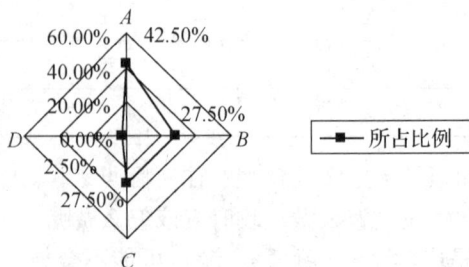

图六

结合上面的分析,我们小组认为爱国主义教育基地开发旅游资源是利大于弊的。开发了旅游资源就要让其与教育资源相互整合,最终达到一个理想的平衡点。旅游深化教育,教育促进旅游,两者相辅相成,共同发展。

四、我们的意见和建议

爱国主义教育基地不仅仅是一种旅游资源,更是教育资源,更好地完成对这两方面的整合,能更大地发挥爱国主义教育基地的作用,我们组建议:

1. 政府加大对爱国主义教育基地的重视,做好宣传和景点保护,尤其是对历史文物的保存。

2. 学校对学生加大宣传,鼓励学生参观爱国主义教育基地,适时组织学生集体参观考察。学生群体要加强自己的爱国主义思想,抵制不良思想的影响,多阅读一点关于爱国主义方面的书籍,讨论、传播具有正能量的思想和观点。

3. 公众媒体要担负宣传责任,在新闻、电视剧乃至广告中不能出现违背爱国主义教育宗旨的信息,对爱国主义教育基地的报道倾向于正面。社会大众尤其是学生家长要支持对爱国主义教育基地的建设与开发,自觉接受爱国主义教育基地的熏陶,更全面的培养爱国主义情怀。

4. 加强爱国主义教育基地面向国外的宣传和发展,让国外朋友更清楚的了解这些基地的历史,正视历史,也增加了他们对中国人的爱国精神的了解。同时,也可以吸引他们来参观,从而带动旅游业的发展。

五、总结

这次《中国近现代史纲要》的实践,我们小组选了——爱国主义教育基地教育资源与旅游资源的开发与整合这个主题,并且为此付出了努力与汗水。我们遇到过许多问题也经历了挫折,但我们最终还是把它们都克服了。我们知道要想成为对社会有用的人,必须要经过挫折、困难的洗礼。

不从大的社会环境,就从我们学生个人发展的小环境来说,我们学生也会遇到许多"艰苦"的考验,这些考验有来自学习上的,有来自工作上的(实习阶段),也有来自生活和家庭的,它们都会影响到人们的职业生活。每一种职业活动都包含着明确的责任和要求,任何从业者都必须受到约束和规范,这也会使人们产生"艰苦"的心理体验。因而,"在艰苦中锻炼"的本质,是对社会责任的自觉担当,也是对人生历程的自觉准备。"千淘万漉虽辛苦,吹尽狂沙始到金。""不经历风雨怎能见彩虹?"这些格言警句都说明,在艰苦的环境中磨练,是成长、成人、成才的必要条件。

社会实践是锻造人才的熔炉。所以我们应该通过社会实践更好地锻炼自己,提高自己实践能力,增加自己的工作经验。要成为人才,只有通过实践。实践出真知,实践也是铸造人才的大熔炉。实践是人才成长的动力,也是衡量人才的标准。

最后感谢本次社会实践,使我们增长了实践的能力,也使我们从实践中学到了许多知识与技能。

附件一　问卷样卷

1. 如果您去过爱国主义教育基地,是什么原因促使您去的呢?
　　A. 感受爱国主义精神的熏陶　　　　　B. 旅游
　　C. 两者都有

2. 如果您没去过爱国主义教育基地,那么,是什么原因导致您没去呢?
　　A. 要门票　　　　　B. 没时间　　　　　C. 太无聊,不想去

3. 您认为现在的学生是否缺乏爱国主义精神?
　　A. 缺乏　　　　　B. 不缺乏,学生很重视　　　　C. 不清楚

4. 您认为需不需要弘扬爱国主义精神,以及参观爱国主义教育基地?
　　A. 需要　　　　　B. 不需要　　　　　C. 无所谓

5. 您认为爱国主义教育基地是否起到了它该起的作用?
　　A. 起到了　　　　　B. 没起到　　　　　C. 不清楚

6. 您认为相关部门可以利用什么方式让广大学生更了解爱国主义教育基地?
　　A. 让学校组织学生参加　　　　　B. 加强爱国主义教育基地宣传
　　C. 不定期开展一些展览　　　　　D. 其他

7. 您对国家将爱国主义教育基地建设纳入旅游发展规划,有什么看法?
　　A. 很好,应该纳入　　B. 不好,不应该纳入　　　C. 不清楚

8. 您觉得爱国主义教育基地发展旅游,会影响其原本的教育意义吗?
　　A. 会　　　　　B. 不会　　　　　C. 不清楚

9. 爱国主义教育基地发展了旅游,有的游客随手扔垃圾,您对此怎么看?
　　A. 应严厉制止　　　B. 对此已经习惯　　　C. 无所谓

10. 您觉得爱国主义教育基地进行旅游资源的开发后,会促进教育资源的发展吗?
　　A. 会　　　　　B. 不会

11. 您对爱国主义教育基地教育资源与旅游资源相结合有什么看法?

【优秀成果选编二】

关于爱国主义教育基地教育资源与旅游资源的整合的调查报告

一、社会实践目的

　　近年来,随着社会的发展和科技水平的不断提高,人们的生活水平和质量也愈来愈高,于是旅游成为人们在节假空闲时间的不二选择。但是也正是生活水平的不断提高,人们对于时尚潮流和西方文化的关注度也远远超过爱国主义资源。他们可以随口说出众多娱乐明星的名字,却不知道我国现在的党和国家领导人;他们可以如数家珍各种情人节、圣诞节等西方节日,却不能准确说出我国的七月一日到底是什么日子……针对这种现状,我们小组决定对雨花台进行实地考察,充分挖掘爱国主义教育基地的旅游资源,并将其与

教育资源相结合,更好的对当代人进行爱国主义教育。

二、雨花台旅游资源开发现状

南京中华门外的雨花台是一个美丽的山岗,在公元 1927 年以后的一段岁月里,这里却成为新民主主义革命时期中国共产党人和爱国志士最集中的殉难地,有不计其数的烈士倒在血泊之中,其中留下姓名的仅 2 401 位。在争取民族独立、人民解放,实现中华民族复兴的历史进程中,以中国共产党人为代表的中华民族优秀儿女不懈探索、前仆后继、英勇奋斗,作出了艰辛努力和极大牺牲,雨花台就是这段厚重历史的不朽见证。

小组一行走进雨花台的大门,玩闹的三人瞬间被眼前那座烈士就义雕像所感染。建于雨花台 60 米的制高点上高达 42.3 米的雕像,在还是雾气蒙蒙的早晨显得格外肃穆宁静,仿佛在诉说着那些年保家卫国的革命史。历史课本上的故事如今展现在眼前,也让那些英勇事迹和高尚的爱国主义精神更深入人心。

沿着一旁的小道向里走去,雨花阁就出现在我们眼前了。雨花台地区建筑物,大都毁于大火。至晚清,在遗址上又建云光寺,后毁于兵燹。如今复建的雨花阁,阁叠三层,檐卷四重。内厅有巨幅神光法师说法瓷砖画,追寻到雨花台历史源头。内存一尊讲经石座,四周散缀 99 粒雨花石,营造出神光法师讲经的场景,讲经石座后墙上,悬挂 30 米长《法显和尚西天取经画卷》,详细的描述了比唐僧西天取经早 300 年的法显和尚到西天取经,在雨花台译经的全过程。雨花阁外阁环以南郊名胜图,陈列文物古玩仿古器物,其中由著名书法家陈大羽、尉天池领衔的 22 位书法家书写的 44 条楹联条幅装点着楼台。这些历史文物无不凸显了雨花台千年历史的丰厚底蕴和文化内涵。

我们一路上遇到了很多早起锻炼的老人,带着孩子散步的父母,还有的两个国外友人和军官们。他们脸上的不同表情也呈现了他们对雨花台这个教育基地的不一样的认识和态度。

走过香鼎、石雕花圈、石棺,踏上铺满花岗石的广场,巨碑就在眼前。纪念碑为花岗岩贴面,高 42.3 米——纪念南京 1949 年 4 月 23 日解放。碑额似红旗如火炬,碑身镌刻邓小平手书的"雨花台烈士纪念碑"镏金大字碑座前这尊青铜圆雕,高 5.5 米、重约 5 吨多。叮铛作响的钢铸铁链,锁不住他的大义凛然。象征着共产党人、爱国志士"宁死不屈"的主题。纪念碑前的广场上飞起的象征和平的白鸽将整个纪念碑映衬的更加肃穆庄严,这些白鸽也为前来参观游览的游客增加了一丝乐趣。站在广场上看去,正对纪念碑的是一大块绿色植物拼起来的大钟,象征着整个中华民族紧紧团结在一起共同跨入美好和平的新时代。最让我们一行人印象深刻的便是景区内的教育馆,里面陈列的烈士遗物和对当时战争重现的图片让我们的爱国情怀打破字面的拘束,仿佛是身临其境回到了那个艰难的时期。

三、雨花台教育资源发展

在烈士纪念馆,我们了解了革命烈士的先进事迹,并观看了馆内陈列的烈士遗物、珍贵图片和文献资料,深受震撼。历史告诉我们,同样是 20 多岁,风华正茂,在国难当头的时候却能够义无反顾、英勇前行,奉献自己的生命,他们在就义时根本就没有考虑到自己的安危,而是恪守共产党人的气节,一心为国家和民族的前途鞠躬尽瘁、死而后已。而现在的我们却在前人用鲜血换来的和平年代,享受着安逸的生活。这些图片带给我们的震撼远远超过上一天的历史课,那些文字无法表现出的义愤填膺,被这些实物展现的淋漓尽致。

不论从哪个角度回顾中国的近代史,总能激发我们无限的感慨:历史是不能忘却的!把以前的事搬出来一遍遍阐述就是为了让我们从中有所思考,有所启发,"以史为镜,可以知荣辱",从古老的坟墓中散发的不全是腐朽也有值得我们警醒的前车之鉴,认真思考已告慰死者的亡灵。正如巴金在散文《日》中写道:为了追求光和热,人宁愿舍弃自己的生命。生命是可爱的,但寒冷寂寞的生,却不如轰轰烈烈的死。这些伟大的革命先烈,正是怀着这样一种信念,为了新中国的解放,抛头颅,洒热血,用血肉筑成了我们新的长城!作为和平年代的新一代,我们应当了解新中国的来之不易,并继承革命前辈遗志,努力把我们的祖国建设的更美好。

也许,岁月能改变山河,但历史将不断证明,有一种精神永远不会失落。历史对于我们来说永远是最好的教材,正如古话说的,"以史为镜,可以知兴替"。崇高、忠诚和无私,将超越时空,成为人类永恒的追求。也许,时间会冲淡记忆,但人们决不会忘记,为祖国牺牲的人们,他们的理想,他们的信念,使千万人的心灵为之震撼。也许战争的硝烟已离我们远去,但爱党、爱祖国的信念却始终没有改变。

每天有大量的参观者、游客纷至沓来,重温历史,找寻着中国共产党领导中国人民从胜利走向胜利的答案。"有的人活着,他已经死了;有的人死了,他还活着。"我们在参观的过程中更是遇到了一位革命先烈的家属,老奶奶长久的站在那里看着自己那些同是为了革命牺牲的烈士们的照片和雕像,也让我们中国共产党人坚定的理想信念,在烈士陵园参观者的心中默默传递。我们从烈士的足迹中找到了中国共产党领导中国人民从胜利走向胜利的真正原因。时代没有选择让我像烈士们那样轰轰烈烈的为祖国就义,但我有一颗同他们一样爱党、爱祖国、爱人民的心。忘记历史是最大的背叛,我们每一个共产党员都应该了解我党带领中国人民走过的艰苦的历程,理解我党在重大问题上的决策,从而更加相信共产党,拥护共产党,坚持并加强中国共产党的领导。在过去艰苦的环境中,烈士们能为革命献出宝贵的生命而不计较个人得失。在新时期,我们一定要更加珍惜今天所拥有的一切;一定要以先辈们为榜样,勇挑重担,攻坚克难。

四、数据分析

数据处理	数据分析
1. 性别	选择红色景点出游的人群中明显女性多于男性。一般说来,女性在家庭中的时间相对宽松,对孩子的教育有着很大影响,所以母亲更加倾向于带着孩子参观一些红色景点,以此来增强孩子的爱国情怀。

（续表）

数据处理	数据分析
调查者年龄 人数：25　20　15　10　5　0 12以下：0　12~18：6　19~24：23　25~35：1　35~50：0　50以上：0 年龄	随着社会的进一步发展，旅游群体逐渐呈现低龄化趋势，19～24岁的青壮年群体逐渐占据主导地位。但是红色旅游基地老年参观者也占据了一部分。
职业状态 10%　3%　87% □ 学生 ■ 老师、医生等固定职业工作者 □ 自由职业	这一数据说明当代学生有一定的爱国主义教育意识，也是由于有着较强的民族自豪感和主动了解国家史实的求知欲。
去过几处爱国主义教育基地 15　10　5　0 2处以下：14　3~5处：13　6处以上：3	此组数据反映出，爱国主义教育景点对于旅游出行来说还没有成为大多数人的主要选择。
是否去过教育基地参观 37%　63% □ 去过 ■ 没去过	这一数据充分反映出当代人还是可以接受红色教育基地作为旅游的选择的。

（续表）

数据处理	数据分析
未去过原因 （横向条形图） 其他 5 不想去 5 没时间 17 要收门票 3 （横轴：0 2 4 6 8 10 12 14 16 18）	该组数据反映出由于忙碌的学习和工作，没时间成为了红色旅游基地发展缓慢的主要原因，同时要收门票和个人的情感问题也占据一部分因素
是否有必要弘扬爱国主义精神 （纵向条形图） 有必要 23　没必要 0　无所谓 7 （纵轴：0 5 10 15 20 25）	该组数据充分说明弘扬爱国主义教育是民意所趋，其重要性不言而喻。
大学生是否缺乏爱国主义精神 （饼图） 缺乏 60%　不缺乏 17%　不清楚 23%	这一数据反映出当今社会对大学生的爱国主义教育并不满意，60%的人包括大学生本身都认为对于爱国主义教育他们还有很大的提升空间。
有机会是否愿意参观基地 （饼图） 会 80%　不会 7%　看情况 13%	该组数据说明当今社会人们爱国主义思想觉悟还是有的，大部分人员还是乐意参观爱国主义教育基地。
教育基地是否起到作用 （横向条形图） 不清楚 6 没有 10 是 14 （横轴：0 2 4 6 8 10 12 14 16）	此组数据充分证明爱国主义教育基地的重大现实作用，给人们敲响历史的警钟。

（续表）

数据处理	数据分析
是否有必要保护传扬爱国主义教育 应该 24　没必要 4　无所谓 2	此组数据充分证明保护传扬爱国主义教育的重要性和必要性，只有极少数的人对此事不关心或是觉得没必要。
教育基地纳入旅游发展规划是否合理 14%　23%　63% ■ 很好　■ 无所谓　□ 不好	这组数据反映出人们对于目前的旅游发展规划还较为满意，也有少数的人认为还有改进的空间。
对参观者不文明行为的看法 无所谓 1　还好，习惯了 8　太差了 21 0　5　10　15　20　25	此组数据反映出当今社会人们在对待不文明行为的看法上还是站在同一阵线，间接反映出当今社会上还是存在少数人的旅游不文明现象的。

五、教育资源与旅游资源整合措施

（一）加大工作的领导和指导力度

相关部门和领导要加大对爱国主义红色教育基地旅游的宣传力度，文明办、教育、共青团、基地等主管部门各司其职、各尽其责，在爱国主义教育方面，应加大舆论宣传，充分实现政府的领导力，从大处着手，小处落实实际，真正做到资源的有效整合，基地的不断发展。

（二）整合资源，提升水平

（1）注重环境的治理，有效保护文物。

（2）挖掘革命史料的内涵，提取精华。注重将雨花台自然风光与革命先烈事迹相融合，充分整合旅游资源与教育资源使观众耳目一新。

（3）开展对外宣传，扩大基地影响。政府在爱国主义基地加大投入，进一步修缮教育基地硬件设施，加大对外宣传力度，让更多的人走进历史，了解历史。

（4）强化队伍，提高素质。在抓好硬件的同时，不断加强队伍建设。一方面增编配人，选调优秀干部到基地工作。另一方面通过选聘讲解员、举办培训班、讲解比赛、外出进修等多种形式，提高讲解人员的素质。可以制定讲解员学习制度、工作纪律、岗位要求、培训计划，切实提高了讲解水平。

（三）综合基地特色开展丰富多彩的教育活动

注重发挥基地教育功能，把爱国主义教育寓于各种生动活泼的活动之中，有效提升人们的兴趣和积极性。

1. 精心组织，与重大节日、纪念日开展主题教育活动相结合。政府以及相关部门可以结合重要节日、纪念日和重大庆典活动，开展教育活动。在纪念红军长征胜利、1997 年迎香港回归、纪念改革开放、纪念"五四"运动、庆祝新中国成立、迎澳门回归等一系列大型活动中，都注重深化爱国主义教育。

2. 服务经济与开展红色旅游结合起来。一方面认真做好参观接待工作，举办各类活动广泛进行爱国主义教育。另一方面以科学的发展观指导红色旅游，进行体制创新、资源整合，精心打造南京红色旅游品牌。全面整合"红色旅游"资源，大力构建"红色旅游"体系，不断推出"红色旅游"精品和线路，促进"红色旅游"的发展。

3. 突出重点，与未成年思想道德建设相结合，加强未成年人爱国主义教育。在利用基地开展爱国主义教育活动中，始终突出青少年这个重点，充分利用红色资源，可以将每年中的某个月定为全市"青少年思想道德教育宣传月"。

（四）进行市场运作，发挥红色资源的更大社会效益

1. 搞巡展。探索运用市场机制，扩大基地教育范围的有效途径。通过市场运作，举办一系列爱国主义教育全国巡回展，达到了弘扬爱国主义和民族精神、宣传南京的双重目的。

2. 讲故事。今年以来，紧密结合开展保持共产党员先进性教育活动，可以在各地巡回演讲，用讲故事的形式介绍烈士的事迹和爱国主义精神，不仅要形式新颖、独特，而且内容要丰富、精彩，既可以对党员进行先进性教育，也可以对青少年进行爱国主义教育，让他们在听故事的过程当中，不知不觉对革命精神又有了更深的认识。

附件

关于爱国主义教育基地教育资源和旅游资源的开发与整合的问卷调查

1. 您的性别（　　　）
   A. 男　　　　　　　　　　B. 女
2. 您的年龄是（　　　）
   A. 12 岁以下　　　　B. 12～18 岁　　　　C. 19～24 岁
   D. 25～35 岁　　　　E. 35～50　　　　　　F. 50 岁以上
3. 您目前的职业状态是（　　　）
   A. 学生　　　　　　　　　　　　B. 老师、医生等固定职业工作者
   C. 自由职业　　　　　　　　　　D. 退休人员

4. 您去过几处爱国主义教育基地?（　　）

　　A. 2 处以下　　　　B. 3~5 处　　　　C. 6 处以上

5. 您去过雨花台或其他一些爱国主义教育基地参观游览吗?（　　）

　　A. 去过　　　　B. 没去过

6. 导致您没去过一些教育基地的原因是什么呢?（　　）

　　A. 要收门票　　　　　　　　　B. 没时间

　　C. 那些地方太无聊,不想去　　　D. 其他

7. 您认为有必要弘扬爱国主义精神并去参观考察爱国主义教育基地吗?（　　）

　　A. 有必要　　　　B. 没必要　　　　C. 无所谓

8. 您认为我们当代大学生是否缺乏爱国主义教育精神?（　　）

　　A. 是的,缺乏

　　B. 不,很多大学生很重视

　　C. 不清楚

9. 如果现在学校或单位组织去爱国主义教育基地参观,您会去吗?（　　）

　　A. 会　　　　B. 不会　　　　C. 看情况

10. 您觉得现在的爱国主义教育基地是否起到它该起的作用?（　　）

　　A. 是　　　　B. 没有　　　　C. 不清楚

11. 您认为我们应该更好地保护和传扬爱国主义教育吗?（　　）

　　A. 应该　　　　B. 没必要　　　　C. 无所谓

12. 您认为相关部门可以利用什么方式让群众特别是大学生更了解爱国主义教育基地?（　　）

　　A. 跟学校联合组织学生参加

　　B. 加强历史文化传播

　　C. 把爱国主义教育基地建设成为集艺术博览、风景园艺为一体的展馆

　　D. 不定期组织一些特色展览

13. 您对国家将爱国主义教育基地建设纳入旅游发展规划有什么看法?（　　）

　　A. 很好,值得加强发展　　　　B. 无所谓

　　C. 不好,不应该建设

14. 爱国主义教育基地的旅游资源开发,您对参观者大声喧哗,随意扔垃圾的行为怎么看?（　　）

　　A. 太差了　　　　B. 还好,习惯了　　　　C. 无所谓

15. 您对于我们要将爱国主义教育与旅游资源开发整合有什么建议吗? 请您简单说一下。

下编综述　辉煌的历史进程

一、内容梳理,同步练习

内容梳理

【教学目标】使学生从总体上把握新中国成立后至今这一段历史时期,认识中华人民共和国成立的伟大意义及面临的严重困难;明晰新中国成立以后的历史进程及取得的巨大历史成就,从而对本编要学习的内容有一个总体的把握。

【教学重点】中国特色社会主义的开创和发展。

【教学难点】为什么说改革开放前和改革开放后两个历史时期既不能割裂开来,更不能对立起来?

【教学时间】2学时

【授课形式】理论教学

【主要内容】

1　中华人民共和国的成立和中国进入社会主义初级阶段

　　1.1　新民主主义社会的建立

　　1.2　中国进入社会主义初级阶段

2　新中国发展的两个历史时期及其相互关系

3　开创和发展中国特色社会主义

同步练习

简述题

1. 为什么说中华人民共和国的成立开创了中国历史的新纪元?

答案要点:

中华人民共和国的成立,宣告中国人民当家做主的时代已经到来,中国历史由此开辟了一个新纪元。

(1)帝国主义列强压迫中国、奴役中国人民的历史从此结束,中华民族一洗近百年来蒙受的屈辱,开始以崭新的姿态自立于世界民族之林。占人类总数四分之一的中国人从此站立起来了。

（2）本国封建主义、官僚资本主义统治的历史从此结束，长期以来受尽压迫和欺凌的广大中国人民在政治上翻了身，第一次成为新社会、新国家的主人。一个真正属于人民的共和国建立起来了。

（3）军阀割据、战乱频仍、匪患不断的历史从此结束，国家基本统一，民族团结，社会政治局面趋向稳定，各族人民开始过上安居乐业的生活。人民可以集中力量从事经济文化等方面建设的时期到来了。

（4）为实现由新民主主义向社会主义的过渡，并在社会主义道路上实现中华民族的伟大复兴，创造了政治前提。

（5）中国共产党成为全国范围内的执政党。它可以运用国家政权凝聚和调集全国力量，巩固民族独立和人民解放的成果，解放并发展社会生产力，以造福于各族人民，造福于整个中华民族。

2. 中国特色社会主义是怎样接续奋斗得来的？

答案要点：

以毛泽东同志为核心的党的第一代中央领导集体带领全党全国各族人民完成了新民主主义革命，进行了社会主义改造，确立了社会主义基本制度，成功实现了中国历史上最深刻最伟大的社会变革，为当代中国一切发展进步奠定了根本政治前提和制度基础。在探索过程中，虽然经历了严重曲折，但党在社会主义建设中取得的独创性理论成果和巨大成就，为新的历史时期开创中国特色社会主义提供了宝贵经验、理论准备和物质基础。

以邓小平同志为核心的党的第二代中央领导集体带领全党全国各族人民深刻总结我国社会主义建设正反两方面经验，借鉴世界社会主义历史经验，作出把党和国家工作中心转移到经济建设上来、实行改革开放的历史性决策，深刻揭示社会主义本质，确立社会主义初级阶段基本路线，明确提出走自己的路、建设中国特色社会主义，科学回答了建设中国特色社会主义的一系列基本问题，成功开创了中国特色社会主义。

以江泽民同志为核心的党的第三代中央领导集体带领全党全国各族人民坚持党的基本理论、基本路线，在国内外形势十分复杂、世界社会主义出现严重曲折的严峻考验面前捍卫了中国特色社会主义，依据新的实践确立了党的基本纲领、基本经验，确立了社会主义市场经济体制的改革目标和基本框架，确立了社会主义初级阶段的基本经济制度和分配制度，开创了全面改革开放新局面，推进党的建设新的伟大工程，成功把中国特色社会主义推向 21 世纪。

新世纪新阶段，以胡锦涛为总书记的中国共产党人抓住重要战略机遇期，在全面建设小康社会进程中推进实践创新、理论创新、制度创新，强调坚持以人为本、全面协调可持续发展，提出构建社会主义和谐社会、加快生态文明建设，形成中国特色社会主义事业总体布局，着力保障和改善民生，促进社会公平正义，推动建设和谐世界，推进党的执政能力建设和先进性建设，成功在新的历史起点上坚持和发展了中国特色社会主义。

党的十八大以来以习近平同志为核心的新一代中央领导集体从时代和全局高度，围绕改革发展稳定、内政外交国防、治党治国治军，鲜明提出新形势下党治国理政的一系列重要方略，特别是形成"四个全面"战略布局，开拓了马克思主义发展的新境界，是中国特色社会主义理论体系的最新成果。

3. 为什么说改革开放前和改革开放后两个历史时期既不能割裂开来,更不能对立起来?

答案要点:

我们党领导人民进行社会主义建设,有改革开放前和改革开放后两个历史时期,这是两个相互联系又有重大区别的时期,但本质上都是我们党领导人民进行社会主义建设的实践探索。中国特色社会主义是在改革开放历史新时期开创的,但也是在新中国已经建立起社会主义基本制度、并进行了20多年建设的基础上开创的。虽然这两个历史时期在进行社会主义建设的思想指导、方针政策、实际工作上有很大差别,但两者决不是彼此割裂的,更不是根本对立的。不能用改革开放后的历史时期否定改革开放前的历史时期,也不能用改革开放前的历史时期否定改革开放后的历史时期。要坚持实事求是的思想路线,分清主流和支流,坚持真理,修正错误,发扬经验,吸取教训,在这个基础上把党和人民事业继续推向前进。

二、精选案例,巩固深化

精选案例

第一面国旗顺利升起,但其背后曾有艰辛与波折

为了迎接开国大典这一伟大历史时刻,1949年10月1日前夕,国庆筹备小组加紧了整修天安门,尤其是修建国旗杆的工作。建筑工人以高度的责任感和使命感,刻苦攻关,全身心投入国旗杆的修建工作。早在1949年8月9日至14日,在第一届北平市各界代表会议上,就作出了迎接开国庆典、整修天安门广场的决议。市人民政府责成建设局拿出修整天安门工程计划,建设局局长赵鹏飞任总指挥,整修工程具体任务之一是在位于天安门广场北端,天安门城楼与正阳门之间的中轴线上修建国旗旗杆。赵鹏飞深感肩负的责任重大,不敢有丝毫怠慢。经过周密计划思考,他对整个工程进行了具体的分工。将旗杆底座汉白玉栏板等建筑设计交由建筑局建筑师钟汉雄负责,旗杆的结构设计则由建设局技术负责人、天安门广场整修工程设计、施工负责人林治远来完成。

按照要求,旗杆的高度与天安门城楼应该达到同等高度。经过一番实地的测量,林治远得出的数据为35米高。按理说35米并不是很高,制作起来也没有什么困难。但是,在当时确实条件极其有限,刚刚解放的北京,一切都处于百废待兴之时,要找出适合用于做旗杆的材料绝不是一件容易的事情。于是林治远想方设法到处奔波打听,最后了解得知市自来水公司有一些水管可以代用的情况。为此,他立刻亲自奔赴市自来水公司,精心选用了4根直径不同的自来水管,一节一节地套起来焊接。可是,焊接完之后,一量长度却才够22.5米,达不到35米高的要求。情急之下,林治远只好将焊接后测量的结果如实报告给天安门国庆工程指挥部。指挥部听了汇报,当场进行研究,还征求了有关方面的意

见,最后因地制宜灵活对待。最终安装在天安门广场上的旗杆是由建设局车辆厂金工车间用无缝钢管套接后焊接而成的。天安门国庆工程指挥部对旗杆制作进行了具体分工,大家分头开始制作。

开国大典的升旗问题到底怎样解决为好,不能让毛主席走下天安门,也不能别人替他代升。怎么办? 最后想出用电钮升旗的点子。旗杆制作开工后不久,国庆筹备小组领导同志来到现场检查工作并且明确提出"升旗要自动的,请毛主席在天安门城楼上亲自升旗就更好了,更有政治意义"。这个意见立即付诸实施。

自动升旗方案还是由林治远来具体落实,这又是一项艰巨的任务。林治远接到任务之后,与有关技术人员一起研究自动升降的开关设施。他们首先设计出这样一个方案,国旗自动升降,升降速度与国歌演奏时间一致,国歌奏完以后,国旗升到顶端并自动停止。根据这个方案,技术人员设计出了一个简单的机械设施来控制升降速度,又在升降旗用的钢丝绳两端各焊了一个钢球来控制升降开关,只要升降速度设施碰到两端的钢球,便会自动停止升降并且自动断电。为了防止升旗出现差错,工作人员一丝不苟地检查了升旗的各个部位。他们在旗杆下和天安门城楼上反反复复不知试验了多少次。当认定自动升降设施运行情况正常而没有任何问题的时候,才于9月下旬拆除了旗杆周围的脚手架。至此,新中国第一根国旗杆高高地竖立于天安门广场上。

1949年9月30日,电钮安好后,为了确保第二天升旗仪式真正做到万无一失,工作人员又在晚间认真地做了最后一次试验。然而,万万没有想到,一直运行正常的升降开关,在进行预演的关键时刻却出了故障。开始时,他们以一块红布代旗,安装好以后,按动升降开关按钮,这块红布徐徐地向上升起,但当红布升到旗杆顶部以后,马达却没有停止运行,把这块大红布绞到旗杆顶的滑轮里,马达不能转动,旗子也退不下来。此时,安装旗杆的脚手架已经全部拆除,人上不去,无法修理。这一突发事故搞得大家抓耳挠腮,一时没了主意,忧心如焚。此时,天安门南边的人民英雄纪念碑已经奠了基,有人说这面旗子有灵气,它以半旗向为国捐躯的英灵致了哀。

有关负责人闻讯后马上赶到现场。看完现场,弄清故障原因之后,就迅速与消防队联系,请消防队火速增援。消防队运来了云梯,升起后仍然差几米够到旗杆顶。见此情景,赵鹏飞又找来能够熟练搭棚彩的兄弟两人。兄弟俩来到旗杆下,毫不犹豫地穿上铁鞋,冒着生命危险从云梯顶爬到旗杆顶,把那块大红布取了下来。此时,总指挥聂荣臻和有关单位的负责人也到了现场,对故障进行了分析,并责成有关人员检查时一定要细致,每个环节都不能有疏漏。故障排除以后,工作人员从头到尾对每一部位、每一个环节又进行了详细的检查和修理。经过反复试验,直到10月1日凌晨,才确认国旗升降设施没有什么问题了。但是,为了防止意外,工程指挥部还是特意安排专人守候在旗杆下面,准备万一毛泽东按动电钮时国旗升到顶端还不停下来,便立即采取应急措施切断电源。

与此同时,为保证不耽误升旗仪式,国旗的缝制必须加紧。直接负责承办缝制国旗任务的是宋树信。北平解放后,党派他到国营永茂实业公司工作。9月29日上午,经理交给他一项紧急任务——缝制一面开国大典上用的长5米、宽3米多的特大五星红旗。宋树信先在公司里找到做旗面用的红布和做旗杆套用的白布,但就是怎么也找不到做五星的黄缎子。他跑遍了全市所有的布店,都没有找到。第二天一早,他又赶到位于前门外的全市最大的绸布店——瑞蚨祥,向几位老职工说明来意,请他们帮忙翻翻库存。他们一听事关重大,便一起去找,两个小时后交给宋树信一卷黄缎子。宋树信抱上黄缎子直奔西单的一家缝纫社。当他把布交给缝纫社时,才发现黄缎子只有一市尺多宽,做最大的五角星根本不够。后来经上级同意,缝纫社的同志在大五角星的一个角接了一个尖,拼接后不细看就看不出来。

　　根据国旗杆的高度,国旗的尺寸定为长 5 米、宽 3.3 米,缝制新中国第一面五星红旗的重任落到了缝纫社女工赵文瑞身上。9 月 30 日下午,赵文瑞缝制成的第一面五星红旗送到了怀仁堂中国人民政治协商会议第一届全体会议会场,送到了毛主席面前。1949 年 10 月 1 日,天安门成了全世界瞩目的焦点,一个人民当家做主的新中国诞生了。

　　开国大典升国旗时,林治远奉命站在毛主席身旁协助升旗。升旗电钮设置在一个三脚架上,林治远经工作人员指点,把三脚架放在毛主席将要站立的地方。10 月 1 日下午 2 点 55 分,毛泽东主席同党和国家其他领导人陆续登上了天安门城楼。3 点整,历史性的时刻到来了。毛泽东听到"请毛主席升国旗"后,便从容不迫地大步走到升旗按钮前,用那双指挥百万雄师的巨手有力地按动了电钮。只见那面巨大的国旗缓缓地升到天安门上空,被蓝天搂在怀里,定格在白色铁杆上,在新中国首都上空鲜红耀眼地迎风高高飘扬着。

　　　　　　　　　　　——摘自:李虹:《开国大典若干"第一"逸事》,《党史天地》2009 - 10 - 15.

【讨论理解】

　　1. 为什么说开国大典是中华民族历史上的一大盛事,是 20 世纪世界历史上的一大壮举?

　　2. 你还知道开国大典中发生的哪些"第一"逸事?

【案例点评】

　　开国大典是指 1949 年 10 月 1 日在北京为中华人民共和国中央人民政府成立而举行的仪式,标志着中华人民共和国的建立。此后,中华人民共和国政府定 10 月 1 日为国庆节。主持仪式的为毛泽东、朱德、刘少奇、周恩来、宋庆龄、李济深、张澜、高岗等人。当时世界上绝大多数国家尚与中华民国政府维持外交关系,这些国家并没有派代表出席这次仪式,而苏联等社会主义国家派代表出席了这次仪式。参加仪式的还有中国人民政治协商会议第一届全体会议全体代表,工人、农民、市民、学校师生、机关工作人员、城防部队等约三十万人。

　　毛泽东在北京天安门城楼上宣告中华人民共和国、中央人民政府成立了。中华人民共和国的成立,是中国有史以来最伟大的事件,也是 20 世纪世界最伟大的事件之一,它结束了少数剥削者统治广大劳动人民和帝国主义奴役中国各族人民的历史,中国人民从此当家做主成为国家的主人,中华民族的发展从此开启了新的历史纪元。这是马克思主义在中国的伟大胜利,是马克思主义的基本原理同中国革命具体实践相结合的毛泽东思想的伟大胜利。

【教学建议】

本案例可用于下篇综述"辉煌的历史进程",在介绍"中华人民共和国的成立和中国进入社会主义初级阶段"时结合中华人民共和国成立的历史意义予以介绍,让同学理解为什么说中华人民共和国的成立开创了中国历史的新纪元,坚定在中国共产党领导下走中国特色社会主义道路的信心。

三、课内实践,注重提升

实践项目一:新旧中国面貌图片展

【目标要求】

通过搜集新旧中国面貌图片,使学生深刻认识到新中国成立后人民生活发生的翻天覆地的变化,认识到这种新变化、新生活的来之不易。

【活动方案】

1. 活动时间:课前 10 分钟
2. 活动地点:教室
3. 组织方式:
(1) 首先把对这项活动的目标要求、时间、资料等问题向学生交代清楚。
(2) 学生以小组为单位,自行搜集图片。
(3) 小组推选一名代表,以 PPT 的方式向全班同学展出,并做适当分析和点评。

【实践成果】

PPT 及其展示

【活动评价】

序号	评价项目	满分	得分
1	小组合作及分工情况	10	
2	搜集图片情况	30	
3	图片整理及对比分析情况	40	
4	个人感想陈述情况	20	

实践项目二：模拟时事报道——中国特色社会主义的开创与发展

【目标要求】

通过模拟时事报道活动,加深对中国特色社会主义开创和发展进程的理解,增强学生的爱国主义情感,坚定走中国特色社会主义道路的信念。

【活动方案】

1. 活动时间:课前 10 分钟
2. 活动地点:教室
3. 组织方式:以"中国特色社会主义的开创与发展"为主题,以评论员的身份模拟进行时事新闻报道,采用小组合作的方式完成,并由小组选定一名成员在课前以"新闻发布"的方式进行报道。
4. 报道范围:向世界报道发生在中国特色社会主义发展进程中的任一个事件或人物等。
5. 报道要求:标题醒目,时间、地点明确,内容具体,过程清楚,文字简洁,要有自己的看法和评价。

【实践成果】

小组合作完成时事报道撰写,不少于 1 000 字,格式如下:

时事报道			
标　题			
作　者		撰稿时间	
内　容			
评　价			

【活动评价】

序号	评价项目	满分	得分
1	小组合作及分工情况	10	
2	搜集资料情况	30	
3	新闻撰写情况(有无相应时事评价)	30	
4	课堂报道情况	30	

第八章　社会主义基本制度的全面确立

一、内容梳理，同步练习

内容梳理

【教学目标】通过本章教学，使学生认识在新中国建立初期的特定历史阶段，制定了正确的路线和指导方针，提出了过渡时期的总路线，顺利完成了生产资料所有制的社会主义改造，实现了从新民主主义到社会主义的转变，深刻理解历史和人民对社会主义道路的选择。

【教学重点】社会主义改造的历程、改造的必要性。

【教学难点】走社会主义道路是历史和人民的选择。

【教学时间】2 学时

【授课形式】理论教学

【主要内容】

1　从新民主主义向社会主义过渡的开始

　　1.1　完成民主革命遗留任务和恢复国民经济

　　1.2　开始向社会主义过渡

2　社会主义道路:历史和人民的选择

　　2.1　工业化的任务和发展道路

　　2.2　过渡时期总路线反映了历史的必然性

3　有中国特点的向社会主义过渡的道路

　　3.1　社会主义工业化与社会主义改造同时并举

　　3.2　农业合作化运动的发展

　　3.3　对资本主义工商业赎买政策的实施

　　3.4　社会主义基本制度在中国的全面确立

同步练习

（一）单项选择题

1. 新中国建立社会主义国营经济的最主要途径和手段是(　　　)

A. 没收地主土地 　　　　　　 B. 没收官僚资本
C. 赎买民族资产阶级的财产 　 D. 没收帝国主义在华企业

2. 提出争取国家财政经济状况基本好转任务的会议是中共（　　）
A. 七届三中全会　　 B. 七届四中全会　　 C. 七届五中全会　　 D. 八大

3. 新中国的第一个五年计划中,集中主要力量发展的是（　　）
A. 农业　　　　　 B. 轻工业　　　　 C. 交通运输业　　　 D. 重工业

4. 新民主主义社会的起止时间是（　　）
A. 1949—1952 年　　　　　　 B. 1952—1956 年
C. 1949—1957 年　　　　　　 D. 1949—1956 年

5. 中国共产党在过渡时期总路线的主体是（　　）
A. 对个体农业的社会主义改造　 B. 对资本主义工商业的社会主义改造
C. 对个体手工业的社会主义改造 D. 实现国家的社会主义工业化

6. 在农业社会主义改造中建立的初级农业生产合作社属于（　　）
A. 新民主主义性质　　　　　　 B. 社会主义萌芽性质
C. 半社会主义性质　　　　　　 D. 社会主义性质

7. 毛泽东系统阐明农业合作化理论的重要文献是（　　）
A.《介绍一个合作社》　　　　 B.《关于农业合作化问题》
C.《组织起来》　　　　　　　 D.《中国农村的社会主义高潮》

8. 我国对资本主义工商业的社会主义改造所采取的基本政策是（　　）
A. 加工订货　　 B. 和平赎买　　 C. 统购包销　　 D. 公私合营

9. 在对资本主义工商业进行社会主义改造过程中,当个别企业公私合营后,企业的利润实行（　　）
A. 归国家所有　　 B. 归企业所有　　 C. 用于工人的工资　 D. 四马分肥

10. 社会主义制度在中国确立的主要标志是（　　）
A. 中华人民共和国的成立　　　 B. 社会主义改造的基本完成
C. 全国大陆的统一　　　　　　 D. 国民经济的恢复

参考答案:
1. B　2. A　3. D　4. D　5. D　6. C　7. B　8. B　9. D　10. B

(二) 多项选择题

1. 20 世纪中国人民在前进道路上经历的第二次历史性巨大变化是（　　）
A. 新中国的成立　　　　　　　 B. 社会主义制度的建立
C. 辛亥革命　　　　　　　　　 D. 改革开放

2. 中华人民共和国的成立标志着（　　）
A. 新民主主义革命基本胜利　　 B. 半殖民地半封建社会结束
C. 中国进入社会主义社会　　　 D. 中国进入新民主主义社会

3. 党的七届三中全会提出获得国家财政经济状况根本好转的条件是（　　）
A. 土地改革的完成　　　　　　 B. 现有工商业的调整

C. 国家机构所需经费的大量节减　　D. 整顿党的作风

4. 新中国成立初期,新民主主义社会的经济成分除了社会主义性质的国营经济外,还有(　　)

A. 合作社经济　　　　　　　　B. 个体经济

C. 私人资本主义经济　　　　　D. 国家资本主义经济

5. 全国胜利并解决了土地问题后,新民主主义社会的基本矛盾是(　　)

A. 新中国同帝国主义的矛盾　　B. 工人阶级和资产阶级的矛盾

C. 封建主义和人民大众的矛盾　D. 中国人民同国民党残余势力的矛盾

6. 党在过渡时期总路线的主要内容是逐步实现(　　)

A. 国家的社会主义工业化

B. 国家对农业的社会主义改造

C. 国家对手工业的社会主义改造

D. 国家对资本主义工商业的社会主义改造

7. 我国对个体农业实行社会主义改造必须遵循的原则和采取的方法有(　　)

A. 自愿互利　　B. 典型示范　　C. 逐步推广　　D. 稳步前进

8. 我国对资本主义工商业进行社会主义改造采取的初级形式国家资本主义有(　　)

A. 加工订货　　B. 统购包销　　C. 经销代销　　D. 公私合营

9. 在资本主义工商业改造中,企业的利润分配实行"四马分肥"的办法,除了国家所得税外,还包括(　　)

A. 个人所得税　　B. 企业公积金　　C. 工人福利费　　D. 股金红利

10. 由新民主主义向社会主义转变的必要条件是(　　)

A. 中国共产党的政治领导

B. 社会主义国营经济的领导地位

C. 马克思主义在思想文化领域中的指导地位

D. 社会主义工业化的实现

参考答案:

1. AB　2. ABD　3. ABC　4. ABCD　5. AB　6. ABCD　7. ABD　8. ABC　9. BCD　10. ABC

(三)简述题

1. 新民主主义社会的特点和性质是怎样的?

答案要点:

特点:

(1)经济上五种经济成分共存:社会主义性质的国营经济,农民和手工业者的个体经济,私人资本主义经济(以上是三种主要形式),半社会主义性质的合作社经济、国家资本主义经济。

(2)政治文化上无产阶级的政治领导地位和马克思主义指导地位已经确立。

（3）有三种基本的阶级力量：工人阶级、农民及其他小资产阶级、资产阶级。还存在着两种基本的矛盾：国际上是新中国同帝国主义的矛盾，国内是工人阶级和资产阶级的矛盾。

性质：新民主主义社会既有社会主义因素，又有资本主义因素，总体上社会主义因素在增长的过渡性社会。

2. 怎样理解新民主主义的胜利和社会主义基本制度的建立是当代中国发展进步的根本政治前提和基础？

答案要点：

（1）近代中国两大历史任务的第一个任务，求得民族独立和人民解放，主要是新民主主义革命来完成的。社会主义制度的建立，表明充分完成了前一个任务。

（2）为实现国家的繁荣富强和人民的共同富裕而奋斗是第二大历史任务。社会主义革命的目的是为了解放生产力。中国是在没有实现工业化的情况下进入社会主义的。在社会主义改造基本完成后，中国人民面临的主要任务就是进一步推进工业化、现代化建设。而社会主义制度的全面确立，正是为了推进中国的工业化、现代化事业。

总之，新民主主义革命的胜利，社会主义基本制度的建立，为当代中国一切发展进步奠定了根本政治前提和制度基础。

3. 试述过渡时期总路线所反映出的历史必然性？

答案要点：

（1）中共中央 1953 年正式提出党在过渡时期的总路线。即："要在一个相当长的时期内，逐步实现国家的社会主义工业化，并逐步实现国家对农业、手工业和资本主义工商业的社会主义改造。"

（2）过渡时期总路线反映出了历史必然性：

已经建立起来的社会主义性质的国营经济是实现国家工业化的主要基础。国家的社会主义工业化，是国家独立和富强的必要条件。

资本主义经济力量弱小，发展困难，不可能成为中国工业起飞的基础。1950 年以后，对资本主义工商业采取了引向社会主义的多种方式，为对资本主义工商业进行社会主义改造积累了初步的经验。

对个体农业进行社会主义改造，是保证工业发展、实现国家工业化的一个必要条件。只有实行农业合作化来规模性增产农产品，才能满足工业发展的各方面需要。

国际环境也促使中国选择社会主义。美国等西方资本主义国家严密封锁和遏制中国，只有社会主义的苏联能够援助中国。

总之，中国在 20 世纪 50 年代的最重要事件就是选择了社会主义，成功地进行了社会主义改造，实现了中国历史上最伟大、最深刻的社会变革。这是十分必要的、完全正确的。

二、精选案例,巩固深化

精选案例1

没收官僚资本　建立国营经济

反对官僚资本的斗争包含着两重性:"一方面,反对官僚资本就是反买办资本,是民主革命的性质;另一方面,反官僚资本就是反对大资产阶级,又带有社会主义革命的性质。"在中华人民共和国成立初期,没收官僚资本、建立国营经济,是彻底摧毁半殖民地半封建制度,建立新民主主义制度,迅速恢复国民经济和巩固人民民主专政的重要条件和根本保证。国民党蒋介石在统治中国的 22 年间,凭借国家政权,用超经济手段,通过卖国内战、发行公债、苛捐杂税、专卖垄断、商业投机、通货膨胀以及其他巧取豪夺的手段,积累了大量财富,垄断了中国经济。官僚资本是帝国主义侵略中国的产物,是半殖民地半封建社会最腐朽最反动的生产关系之一。到 1949 年解放前夕,官僚资本拥有全国工矿和交通运输业固定资产的 80%,垄断了钢产量的 90%,电力的 67%,煤炭的 33%,有色金属和石油的 100%,水泥的 45%,硫酸的 80%,织布机的 60%,纱锭的 38%,糖的 90%,还控制了全国的金融机构和铁路、公路、邮电、航空运输、对外贸易以及文化事业。

在解放战争时期,中国共产党根据官僚资本在蒋介石当权 20 多年中的急剧发展,把没收官僚资本归新民主主义国家所有,没收封建地主阶级的土地归农民所有,保护民族工商业列为新民主主义的三大经济纲领,把无产阶级领导的、人民大众的、反对帝国主义、封建主义和官僚资本主义的革命规定为新民主主义革命总路线。1947 年 10 月发布的《中国人民解放军宣言》,明确地郑重地向全国人民提出"没收官僚资本"的口号。1949 年 4月发布的《中国人民解放军布告》宣布:"凡属国民党反动政府和大官僚分子所经营的工厂、商店、银行、仓库、船舶、码头、铁路、邮政、电报、电灯、电话、自来水和农场牧场等,均由人民政府接管。"据上述规定,人民解放军所到之处,立即将官僚资本收归人民所有。

没收官僚资本的进程是和人民解放军的军事推进同步进行的。在解放战争初期,首先在吉林、辽宁、内蒙古的解放军占领区没收官僚资本和敌伪财产,接着在华北、华中解放的城市中进行。1948 年至 1949 年初,三大战役胜利后,人民解放军基本上接管了长江以北的官僚资本企业。随着全国解放的来临,中共中央于 1949 年上半年先后发出《关于接收官僚资本企业的指示》、《关于接收江南城市给华东局的指示》、《关于接收平津企业经验介绍》等,详尽规定了接收官僚资本企业的方针和政策。人民解放军所到之处,立即接收国民政府的国家企业,没收官僚资本归人民所有。至 1949 年底,没收官僚垄断企业 2 858个,拥有职工 129 万人,其中包括控制全国资源和重工业生产的"国民政府资源委员会",垄断全国纺织业的"中国纺织建设公司",兵工系统和军事后勤系统所办企业,陈立夫、陈果夫"CC"系统的党营企业,以及各省市地方官僚系统的企业等。接收了国民党政府的经济核心"四行二局一库"(即中央银行、中国银行、交通银行、中国农民银行、中央信托局、邮政汇业局、合作金库)系统,国民党统治区的省市地方银行系统 2 400 多家。接收了国民党政府交通部、招商局所属全部运输企业,计有铁路 2.18 万公里,机车 4 000 多台,客车约 4 000 辆,货车 4.6 万辆,铁路车辆和船舶修造厂约 30 个。还没收了复兴、富华、中国茶叶、中国石油、中国盐业、中国植物油、孚中、中国进出口、金山贸易、利泰、扬子建业、长江中美实业等 10 多家垄断性的贸易公司。

为了保证对官僚资本的顺利接收,避免可能发生的破坏,人民政府在认真总结经验的基础上,制定了一系列有关接收官僚资本的方针和政策。

首先,规定了明确的政策界限,把国民党反动统治的政治机构和它所拥有的企业的管理机构、生产机构加以严格的区分。中共中央规定,只有查明确实是国民党各级政府经营的企业即完全官办的,以及宋子文、孔祥熙等大官僚直接兴办的企业才没收;保护民族工商业和私营工商业;在官僚资本企业中,如果有民族资本家的股份,承认其所有权,不得没收;对一般国民党人经营的企业也不作为官僚资本没收;小官僚和地主经营的工商业也不在没收之列。

其次,采取适当的接管方式,使物资财产顺利回到人民手中。没收官僚资本是在解放战争尚未完全结束的情况下进行的。不仅要恢复生产,而且要严防敌人破坏。中国共产党发动广大工人开展护厂、护矿、护路、护航的斗争,反对国民党溃败时拆迁、疏散、破坏工厂,使设备、技术资料完整地回到人民手中。采取“原封不动”的接管方式,暂时不打破企业原来的结构,不破坏生产秩序。由军管会统一领导,“各按系统,自下而上,原封不动,先接后分”。只开除原企业中少数反革命分子、劣迹昭著者和与生产无关的寄生官僚,其余人员一律留用;不忙乱地改订原工资制度,实行“保持原职、原薪、原制度”的“三原”政策。不打乱企业组织的原来机构。对接收过来的工厂、矿山、铁路、邮电及银行等,如果原来的厂长、矿长、局长及工程师和其他职员没有跑,并愿意继续服务者,只要不是破坏分子,仍令其担负原来的职务,继续工作,军管会只派代表去监督其工作,而不应派人去替他们当厂长、局长、监工等。如果某个企业的主要负责人逃跑,则经工人选出代表,由人民政府委任经理厂长和工人一起管理企业。对企业中的各种组织及制度,也照旧保持,不任意改革及宣布废除。企业中旧的实际工资标准和等级以及实行多年的奖励制度、劳动保险制度等也应照顾,不得任意改订或取消。

没收官僚资本中所采取的“原封不动”,只是在接管初期采取的一种过渡办法。从根本上说,官僚资本企业、敌伪企业一经接收,就转化为人民国家的财产,企业性质已发生了变化。在外部形式上原封不动,旨在把企业完整地接管过来,不打乱企业管理秩序,以利迅速恢复生产;对旧有人员实行“原职、原薪”,表明人民政府给旧企业的人员以生活出路,避免社会秩序的混乱;不改变“原制度”,是指不改变那些维持生产秩序的制度。实质上是把反动政权同生产经营管理制度严格地区分开来,对于国民党统治的政治机构,如国民党的军队、警察、法庭、监狱及各级政府机构,必须彻底破坏而不能加以利用。必须建立新的政治机构来进行统治,在旧的政治机关服务的人员应经过改造后分别地加以任用。但是对于旧的统治阶级所组织的企业机构、生产机构,则不应加以破坏,而应在打倒旧主人、换成新主人之后,加以保持,然后依据需要,科学地逐步地加以改组。

再次,在接收官僚资本企业过程中,人民政府紧密依靠企业中的工人群众,贯彻自上而下按系统接收和自下而上工人职员的审查和检举相结合的方法。人民政府一面责成原有企业负责人办理移交清点手续,一面广泛发动工人群众予以配合。在接收工作开始时,接收小组一般都召开企业职工大会和各种形式的职工座谈会,或深入工人各家各户宣传政策,发动工人协助和支持人民政府对该企业的接收。接收清点委员会都吸收一定数量的工人代表参加,由他们和接管人员共同审查和清点企业财物,检举揭发隐瞒和破坏行为。人民政府对工人的依靠和信任,极大地激发了工人当家做主的积极性。

中央人民政府政务院针对某些私营企业中还隐藏着一些官僚资本股产的情况,于1951年1月5日发布了《企业中公股公产清理办法》,2月4日又发布了关于没收私营企业中战犯、汉奸、官僚资本及反革命分子股份及财产的指示。将原国民政府及其国家经济机关、金融机关、前敌国政府及其侨民在企业中的股份及财产和依法没收归公的战犯、汉奸、官僚资本家等在企业中股份及财产,均收归人民政府所有,彻底清查处理隐藏在民族资本企业中的官僚资本。至此,没收官僚资本的任务彻底完成。

人民政府通过没收官僚资本,连同原革命根据地生长起来的公有经济,建立起社会主义性质的国营经济。社会主义国营经济的建立,使国家掌握了经济命脉,为人民民主专政的国家政权奠定了经济基础,也决定了我国经济发展的社会主义方向;同时为克服经济困难、恢复国民经济、进而实行大规模的经济建设和对整个国民经济进行社会主义改造,创造了物质前提。

【讨论理解】

1. 没收官僚资本对新中国国民经济发展有什么作用?
2. 如何理解没收官僚资本具有双重革命的性质?

【案例点评】

新中国成立后最初三年,着重完成民主革命的遗留任务,主要表现之一就是对官僚资本的没收和改造。没收官僚资本,削弱了资本主义经济的力量,消灭了中国资本主义的主要部分,也壮大了社会主义国营经济,人民共和国掌握了国家经济命脉,确立了社会主义性质的国营经济的领导地位。没收官僚资本,不仅具有新民主主义革命的性质,同时也具有社会主义革命的性质,这是由近代中国资本主义发生发展的特殊性所决定的。官僚资本是买办的封建的国家垄断资本主义,是反动政权的经济基础。没收官僚资本,是新民主主义革命的三大经济纲领之一,自然具有新民主主义革命的性质。同时,没收官僚资本使这部分控制国家经济命脉的巨大经济力量集中到了人民民主专政的国家手中,成为对国民经济进行社会主义改造的具有决定意义的开端,因此又具有社会主义革命的性质。

【教学建议】

通过本案例的教学,使学生认识到对官僚资本的没收和改造具有双重性质:既是民主革命的任务,也是社会主义革命的要求。本案例可用于第八章第一节中"从新民主主义向社会主义过渡"部分的辅助教学,或用于该部分课程内容的考核。

精选案例 2

刘鸿生企业集团的社会主义改造

刘鸿生，1888 年 5 月生于上海，是民国时期上海著名的民族资本家，曾有"火柴大王"、"煤炭大王"、"水泥大王"之称。刘鸿生年轻时曾在英商开平矿物总局任买办，20 世纪 20 年代初期开始投身于民族工业，由买办逐步转变为民族资本家。他相继投资创办了水泥、火柴、毛纺、码头以及银行等企业，合重工业、轻工业、商业、运输业和金融业于一体。上海是刘鸿生企业集团的主要基地，全国其他一些城市，包括台湾及香港等地也有他投资的企业。

20 世纪 30 年代初期，世界经济危机波及中国，上海各行各业弥漫着一片倒闭声，刘鸿生企业集团的情况越来越困难，市场传出刘氏企业要倒闭的风声，债主纷纷上门讨债。困难之中刘鸿生去找宋子文求援，长期主理南京国民政府金融财务的宋子文不仅不同意，反而嘲笑说："O·S（即刘的英文名字缩写）的股票不如草纸了！"抗日战争后刘鸿生于 1945 年 10 月回到上海，任国民党政府行政院善后救济总署执行长兼上海分署署长。1946 年春他在沦陷区企业全部收回。但除了火柴和码头业有暂时的发展外，其他企业都很困难。

1946 年 6 月，国民党政府发动全面内战，物价暴涨，通货膨胀。1948 年 8 月，国民党政府在全面崩溃之前又抛出金圆券，实行"限价政策"，强制收兑金银，搜刮民间资财。刘鸿生企业集团在这场灾难中，被迫交出黄金 800 条，美钞 230 万。然而兑换来的金圆券天天贬值，到头来变成一堆废纸。刘氏企业遂全部陷于瘫痪。面对企业在经济上遭受的沉重打击，刘鸿生逐步看清了国民党的腐败，上海解放前夕，国民党逼他去台湾，他不去，但也未留在上海，曾一度跑到香港，对上海的局势抱着观望的态度。

上海解放后，刘鸿生的二儿子刘念义两次赴香港报告上海情况，周恩来也派人到香港做上海工商界人士的思想工作，使刘鸿生回大陆之心逐步坚定。1949 年 10 月，刘鸿生由香港回到北京，受到周恩来总理的接见。随后他返往上海，受到陈毅市长的热烈欢迎。此后，他历任上海市人民政府委员、华东军政委员会委员、全国政协委员、全国人民代表大会代表、全国工商联常务委员、上海市工商联副主任委员等职。

新中国成立后，刘鸿生企业集团作为民族资本获得党和人民政府的保护。在此之前，1949 年 6 月，以美国为首的敌对势力对上海口岸实行封锁禁运，次年 2 月又派飞机滥肆轰炸，刘鸿生企业集团受到很大损失。中华码头公司由于上海口岸禁运，业务暂停。上海水泥厂和大中华火柴公司因国内水泥、火柴一时过剩，生产无法维持。上海市人民政府本着保护民族资本的政策，大力扶持刘鸿生企业集团克服困难，使生产逐步恢复。政府有关部门还为刘氏企业修复电力和提供原材料，使水泥厂恢复了正常生产。同时，又给章华毛纺厂贷款，并安排了制服呢绒和毛毯的生产任务，职工们也帮助资本家克服困难，主动提出工资打折，每天义务劳动一小时，降低伙食标准。大中华火柴公司所属厂的部分职工还响应政府号召疏散回乡，使企业减轻了负担，依靠商业银行的抵押贷款，度过了难关。

国民经济恢复时期，上海市政府有关部门对刘鸿生企业集团采取了以收购、加工、订货、统购、报销等形式的国家资本主义初级形式。火柴工业由于此前的盲目发展，新中国成立后生产严重过剩。但国营商业对刘氏火柴工业收购、订货、报销的数量却逐年上升。随着上海国民经济逐步恢复，国家对上海水泥厂实行加工订货，统购包销，上海水泥厂产量逐年提高，在未增加新设备的情况下，产量超过了抗战前最高记录的30％。章华毛织厂还在政府的计划下接受了生产外销呢绒产品的任务。

1953年10月，刘鸿生参加了中华全国工商联合会第一届会员代表大会，当选为执行委员和常委，大会期间听了中央统战部部长李维汉关于党在过渡时期总路线的报告，刘鸿生很受启发和教育。回到上海，他即召开家庭会议，表示："下决心要争取刘氏企业第一批申请公私合营，以实际行动拥护共产党。"1954年1月，上海刘鸿生企业集团各企业先后提出公私合营的申请，至1956年1月，刘鸿生企业集团全部接受社会主义改造，实现了公私合营。在此过程中，刘氏各企业公、私、劳三方成员代表组成清产核资委员会，按照"公平合理，实事求是"的原则，对企业资产进行清理估价，核定公私股份。公私合营后，政府对刘鸿生企业集团中的资本家和资方代理人本着"量才使用，适当照顾"的政策，给予妥善安排。刘鸿生仍担任章华毛织厂等企业董事长职务，其子也分别在原有的企业担当厂长与经理等重要职务。刘鸿生与二子刘念义、六子刘公诚、二媳夏天锦分别被选为全国和市人大代表。

上海刘鸿生企业集团各企业公私合营后，生产关系发生了变化，根据社会主义经营原则进行了组织改革，调整机构。公私合营后，企业生产不断发展，产品质量稳步提高，出现了一片新气象。水泥产量超过了抗战前最高水平的50％，毛纺厂产量比新中国成立前最高纪录增加了70％。

1956年10月，刘鸿生在上海因心脏病复发不幸病故。在去世前半个月，他曾向媒体发表了一篇《为什么我拥护共产党？》的谈话。其中说道："你问我为什么拥护共产党？我是一个企业家，无论水泥、毛纺、码头、火柴、煤炭、银行业目前都在发展着，规模较过去大得多，共产党能推动企业的发展，能使中国变成工业化的国家，这是我过去五十年的梦想，我为什不拥护他？""在过去几十年中，从杨树浦到南码头，沿着黄浦江一带是各国的码头，一长串的外国兵舰插着各式各样的国旗。人民走过这里，会不知道这究竟是哪国的土地？我自己是搞码头企业的，往往站在码头上摇头。如今呢，这一带地方每个码头上都是五星红旗迎风飘扬，你想想看，一个看过上海五十年变迁的人，他心中会不高兴吗？"在临终前，刘鸿生还嘱咐子女：定息可以分取，但不要拿多，每人至多几万元，多了对你们没有好处。其余的全部捐给国家，这是我对中国共产党一点微小的表示，也是我最后的嘱咐。

【讨论理解】

1. 如何理解对资本主义工商业进行改造的可能性和必要性？
2. 简述对资本主义工商业改造的方针和方法。
3. 如何理解资本主义工商业改造为后来国家集中剩余和资源配置奠定了制度基础？

【案例点评】

刘鸿生企业集团在新中国建立前后经历了两种不同的社会制度，境遇迥然不同，社会主义改造促进了刘鸿生企业集团不断发展。对资本主义工商业社会主义改造的顺利完成,既是对生产关系的变革,又促进了生产力的发展,为其后的社会主义工业化奠定了基础。对资本主义工商业的社会主义改造,遵循利用、限制、改造的方针,采取和平赎买的方法,将资本主义的生产关系改变为社会主义的生产关系,将资本主义企业引向国家资本主义的轨道,将资产阶级分子改造为自食其力的劳动者。

【教学建议】

本案例通过剖析以刘鸿生为代表的民族资本主义企业经历社会主义改造的历史过程,使学生进一步认识我国资本主义工商业社会主义改造的胜利完成,是我国和世界社会主义历史上最光辉的胜利之一。本案例可用于第八章第三节中"有中国特点的向社会主义过渡的道路"部分的辅助教学,或用于该部分课程内容的考核。

三、课内实践,注重提升

实践项目:主题讨论——为什么说社会主义三大改造的完成是 20 世纪中国的一次历史性巨变?

【活动目标】

通过课堂上的小组讨论,让学生认识到三大改造的基本完成,使我国实现了从新民主主义到社会主义的转变,确立了社会主义制度。在过渡时期我党创造性地开辟了一条适合中国特点的社会主义改造的道路。提高学生的比较分析及学以致用的能力。

【活动方案】

1. 活动时间:课前 30 分钟
2. 活动地点:教室
3. 采用小组合作的方式完成,6 人为一组,课余时间搜集资料,事前充分讨论,撰写发言稿,并由小组选定一至两名成员进行课堂发言和讨论。
4. 教学要求:立场明确,观点鲜明,以辩证唯物主义理论为指导,既要看到三大改造的积极作用,又要看到它的不足之处,这样才能全面客观地认识历史事件。重点讨论思考三大改造的社会影响,探求它的历史意义。

【活动评价】

序号	评价项目	满分	得分
1	小组合作及分工情况	20	
3	讨论稿撰写情况	20	
4	课堂讨论表现情况	60	

【背景资料链接】

"三大改造"即对农业、手工业和资本主义工商业的社会主义改造,是我国由新民主主义向社会主义过渡的重要时期。1953 年 8 月毛泽东同志在一个批示中指出:"从中华人民共和国成立,到社会主义改造基本完成,这是一个过渡时期。党在这个过渡时期的总路线和总任务,是要在一个相当长的时间内,基本上实现国家工业化和对农业、手工业和资本主义工商业的社会主义改造。这条总路线应该是照耀我们各项工作的灯塔,各项工作离开它就要犯右倾或'左'倾的错误。"也就是说在整个过渡时期要实现"一化三改造"。"一化"即社会主义工业化,就是要发展生产力。"三改造"就是要改变生产关系,即对农业、手工业实行合作化,对资本主义工商业实行公私合营。

党中央颁发了一系列的决议,规定了我国的农业社会主义改造的路线、方针和政策,到 1956 年底,农业社会主义改造在经历了互助组、初级社、高级社三阶段后基本完成。手工业的社会主义改造从 1953 年 11 月开始至 1956 年底结束,全国 90% 以上的手工业者加入了合作社。资本主义工商业的社会主义改造,从 1954 年至 1956 年底全面进行。党对之采取了"和平赎买"的政策,通过国家资本主义形式,逐步将其改造成社会主义公有制企业,而且将所有制改造与人的改造相结合,努力使剥削者成为自食其力的劳动者。

"三大改造"奠定了我国社会主义制度的基础,促进了经济的发展。以农业社会主义改造为例,在土地改革后,农村面临的中心任务是发展农村经济,提高农业生产力,改善广大农民的生活状况。广大农民翻了身,拥有了土地,生产积极性大增,在中国共产党领导下,通过各种互助合作的形式,把以生产资料私有制为基础的个体农业经济,改造为以生产资料公有制为基础的农业合作经济的过程,亦称农业集体化,这是社会主义经济的重要标志。同时,这种生产方式满足了农民对生产资料的需求,有利于农业生产技术的交流与提高,对于粮食的增产增收,工业原料来源的极大丰富,社会经济的整体进步和人民生活水平的提高都有重要的积极作用。

"三大改造"在丰富党的指导思想方面的功劳不容忽视。这在资本主义工商业的社会主义改造过程中体现得尤为明显。把马克思列宁主义同我国的实际情况联系在一起,本着实事求是的原则,我国采取了赎买政策,将主要的大型私营工业企业通过公私合营的方式转变为公私合营企业。不难看出,我国在对资本主义工商业进行社会主义改造的过程中,对民族工商业者的选举权、工作和生活作了充分保障,使民族工商业者在不太勉强的情况下接受社会主义,而不是一味强制性地将私营企业统统收归国有,从而保证了改造的顺利进行,在理论上和实践上丰富发展了马克思列宁主义的科学社会主义理论。

另外,也是"三大改造"最重要的功绩,就是它的历史意义。新中国成立初期,我党从国民党手中接下了一个千疮百孔的烂摊子,带领饱受战争之苦的广大穷苦人民恢复和发展经济是我党的首要任务。此时,提出一项正确的经济发展路线迫在眉睫。"三大改造"应运而生,在这一过渡时期,我国从新民主主义社会顺利向社会主义社会过渡,为社会主义经济的发展奠定了理论和实践基础,扫清了障碍,功绩之大,有目共睹。

四、社会实践,学以致用

实践项目一:关于爱国主义教育基地收费现状和问题的调查报告

【目标要求】

通过引导学生对爱国主义教育基地的调查,了解新时期有关爱国主义教育基地收费的相关规定及爱国主义教育基地在此方面面临的问题,并积极寻求解决路径,充分发挥爱国主义教育基地的功能,激发学生的爱国情感。

【活动方案】

1. 活动时间:实践周

2. 活动地点:爱国主义教育基地

3. 学生以小组为单位,制定调查方案。

4. 教师对学生的调查方案进行评阅,并提出修改意见及时反馈给学生。

5. 学生调查小组严格按照选题和调查方案,预先查阅相关资料,在了解新时期爱国主义教育基地收费相关要求的基础上,通过走访和问卷调查等形式深入爱国主义教育基地调查。

6. 了解新时期爱国主义教育基地收费的现状及存在的问题,并提出解决问题的可行性建议,在此基础上形成社会调查报告。

【实践成果】

以调查报告的形式呈现实践成果。

1. 字数不少 3 000 字,符合论文写作规范要求。

2. 必须附相关图片,图文并茂,图片中必须出现小组调查的过程图片。

3. 必须附原始调查资料(如调查问卷、访谈记录等)及分析结果。

4. 必须附小组成员的调查心得体会。

5. 杜绝抄袭,建议及提出的解决方案等要有新视角和建设性意见。

【活动评价】

序号	评价项目	满分	得分
1	是否符合字数要求和论文写作规范	10	
2	是否了解目前关于爱国主义教育基地收费的相关规定及存在的问题	20	
3	是否提出创新的解决路径	20	
4	是否有照片等图片材料和调查问卷、访谈记录等过程材料	30	
5	是否有小组成员心得体会	20	

【优秀成果选编一】

关于爱国主义教育基地收费现状和问题的调查报告
——以太平天国历史博物馆为例

一、前言

调查时间：2013 年 4 月 26 日—5 月 26 日.
调查地点：南京市太平天国运动历史博物馆
调查对象：博物馆的工作人员及参观游客
调查方法：问卷法、访谈法、资料法、上网查阅查找报纸杂志

二、调查目的

太平天国历史博物馆是南京地区著名的爱国主义教育基地，有着悠久的历史和典型代表性。通过对爱国主义教育基地的初步了解，能增强我们的爱国意识、了解目前基地的收费现状，并且能够据此分析其存在的问题，进而对基地未来的发展提出些许建议。

三、太平天国历史博物馆概况

太平天国历史博物馆位于南京夫子庙西侧，是全国唯一的太平天国专史博物馆。馆址瞻园是南京地区仅存一组保存完好的明代古典园林建筑群。由太平天国史学家罗尔纲等在 1950 年 12 月主持筹建。1956 年 10 月 1 日，在堂子街太平天国王府遗址，成立太平天国纪念馆。1958 年 5 月，迁至瞻园路。1961 年 1 月，改名太平天国历史博物馆。太平天国历史博物馆，馆藏文物 1 657 件。"太平天国历史陈列"是该馆基本陈列，有 4 个展厅，分序幕、历史背景、金田起义、建都天京、制度政策、坚持斗争、抗击侵略、保卫天京和前仆后继 9 个部分，介绍太平天国历史的全过程。该馆建筑具有中国民族风格，展厅西部的瞻园是南京城里独有的古典园林。太平天国历史博物馆经历过两次建设与整治。1987年 12 月 22 日，东瞻园扩建竣工，南京市秦淮区政府正式交于太平天国博物馆使用；1999年 6 月，老树斋景点重新恢复，正式开放。太平天国博物馆作为一个爱国主义教育基地，对我们有很重要的教育意义。对其进行走访与调查，积极对博物馆的建设与发展提出建议，不仅能让更多的人参观博物馆，享受爱国主义文化熏陶，更能够传承爱国主义的精神。

四、收费现状描述及游客的观点

太平天国历史博物馆作为爱国主义教育基地，是青少年培育爱国之情、激发报国之志的首选之地，也是纪念英雄志士的地方。但是当前一些爱国主义教育基地对游客收取数额不等的门票费用，用以维持其运营的做法，引起了社会各界的质疑和争议。太平天国历史博物馆的收费情况是每人 30 元，没有半价的政策。

（一）关于收费现状的问卷分析

我们小组成员前往太平天国历史博物馆，对其参观的游客进行了问卷调查，以下是我

们对回收的问卷进行的分析得出的结果：

　　我们调查的群体中 14％为 60 岁以上的老人，太平天国历史博物馆规定 60～69 岁的老人可以凭有效证件购买普票半价优惠，70 岁以上的老人凭有效证件免票，他们对这些爱国主义教育基地有一些了解，但是他们都对收费制度还是表示出了不满，他们觉得既然是爱国主义教育基地就不应该收取费用，否则就变为商业化的活动，丧失了教育应有的意义；29％为 41～60 岁的中年人，这些人大部分通过电视网络、朋友介绍了解了一些爱国主义教育基地，他们大部分是在念书阶段去参观教育基地，他们中有 80％～90％的人认为爱国主义教育基地收费不合理，即使收费也应当采取选择性收费，例如对学生、儿童、老人、军人、烈士子女及残疾人都应该免费；42％为 21～40 岁的青年人，他们中有 65％的人不赞同爱国主义教育基地收取费用，认为爱国主义教育基地是否发挥作用与其收取的费用相关。他们认为教育基地收费现状还应当从政府加大收费控制力度、民众加强监督、立法部门出台相关政策、执法部门要实行奖惩制度等途径来完善；最后，有 15％为 20 岁以下的青少年，他们中有 60％的人都对爱国主义教育基地并不是很了解，也只是在上学阶段通过学校组织参观过少数的几个爱国主义教育基地，其中 69％的人都能接受这样的收费设定，认为收费理所应当。

人群分类

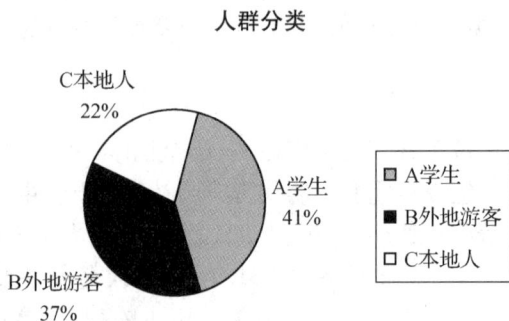

图表一　调查人群年龄段分布

（二）游客的观点

● 我认为不应该收费，因为收费使许多家长不愿意带孩子去参观，使许多小孩无法受到教育。这些教育基地应该向少年儿童免费开放，并且要敞开大门热烈欢迎少年儿童前来参观学习。少年儿童是祖国的未来，应该了解历史和传统，继承先烈的遗志，建设好我们伟大的祖国。爱国主义教育基地向青少年免费开放，可以让更多的孩子了解中国历史，激发他们的爱国主义热情，这是无法用金钱来计算和衡量的！如果真的缺少资金维持日常所需，可以在门前放个捐款箱，让参观者自愿捐款。

● 去爱国主义教育基地参观是件好事，能让我们了解中华民族的灿烂文化，激发我们的民族自豪感，这是多少钱也换不来的呀！我们还是孩子，没有经济基础，教育基地是不能够向我们收费的。教育基地本是向青少年进行革命传统教育和爱国主义教育的场所。列宁说得好：忘记了过去就意味着背叛。如果我们教育基地只顾经济效益，使青少年接受传统教育、爱国主义教育受到阻碍，接班人如何培养？

● 我认为爱国主义教育基地应该收费：1. 教育基地的文物十分贵重，它们的维护谁来负责？2. 教育基地工作人员的工资问题怎么办？所以我认为要收费。

五、收费现状存在的问题及其分析

（一）存在的问题

爱国主义教育基地是否该收费？爱国主义基地收费是否会让很多爱国者失去接受历史教育的机会？很多民众质疑是不是不花钱参观爱国主义教育基地就意味着不爱国呢？对于这个问题不同游客提出不同观点。

1. 关于收门票费提出的几个问题

（1）门票钱的"去处"问题。很多民众对于门票钱的去处产生了疑惑,收到的门票钱都用在了什么地方？这些收入真的用在了该的用的地方吗？当今国家的机关工作人员,拿着国家的钱挥霍的大有人在,人们不禁有自己付出的钱被用到了不正当的地方等这样的顾虑,也有很多人担心自己所付出的钱被工作人员或者是官员偷偷隐入自己的口袋。

（2）票价高低设定问题。纵观全国各地众多爱国主义教育基地,每一处的门票票价都不相同。有什么标准来规定票价？是什么原因导致了票价有高有低？通过查阅相关资料,目前我国旅游景点门票价格,是由具体景区管理部门申报,价格部门在经过听证程序之后审批。怎样从景点的内涵价值、顾客价值和市场竞争价值等多价值角度进行科学定价,是一个值得探讨的问题。

（3）太平天国历史博物馆是否该实行全年制收费问题。太平天历史博物馆常年收费,尤其在节假日收取大量的票价。很多民众提出在节假日的时候可以实行免费开放制或者是选择性免费开放制。这样不仅体现了博物馆的人性化,也可以增加游客参观次数,提高博物馆的知名度,让人们对博物馆有更加深入的了解,起到教育与经济的双丰收。

2. 游客对于不收取门票费提出的问题

规划保护、修缮和恢复历史面貌是瞻园这一南京重要历史文化遗产得以历久弥新的重要保障。很多民众提出如果不收费,太平天国历史博物馆自身的维护建设工作该怎样进行？因为并不是每年申请到的款项能及时到位,况且申请到的资金不一定足够支付博物馆修缮费用。

（二）问题分析

1. 对于是否收费,我们采访了一些工作人员及游客,部分游客认为爱国主义教育基地不应该收费,但又有游客对收费表示理解,因为如果不收费博物馆自身的维护建设则成了问题。根据调查,我们对赞成收费存在的几个问题,进行了以下的简要分析。

（1）关于门票钱的去处问题,一直是一个关注度相当高的问题,民众自然是希望政府的"阳光工程"可以得到真正的落实。我们采访了相关工作人员,工作人员赵阿姨说:"博物馆的收入来源有两部分,一是上级的拨款,二就是门票收入。门票收入主要用在了三个地方:一是博物馆日常办公支出,二是博物馆里的文物保养,三是博物馆自身设施维护,比如博物馆里的那些树木要定期请工人除虫,等等,并不存在民众所担心的问题,并且一般情况下每年的收入到年底不会有剩余。"由此可以看出,博物馆的大部分开销用在了馆内自身的维护建设,如果仅仅靠上级的拨款或单靠收取门票钱,都无法确保博物馆的正常开支。

(2) 关于票价设定问题,这也是绝大部分人很关注的一个问题,票价设定的高低水平在一定程度上影响着游客的选择。票价过高必定会影响博物馆的人流量,如此一来博物馆面对群众所应该发挥的教育意义可能难以实现。

(3) 关于博物馆实行全年制收费问题,相关工作人员给了我们这样的解释。收取的门票费可以用来更好的维护爱国主义教育基地的建设,而一些游客则表示博物馆的全年制收费,也是导致博物馆受冷落的原因之一。很多游客也表示可以对博物馆进行选择性收费或实行免费开放日。

2. 游客对于不收取门票费也提出了问题,一些赞成收费的游客发出疑问,如果不收费,博物馆自身该如何建设? 始建于明嘉靖年间的瞻园有着"金陵第一园"的美誉,但由于种种原因,瞻园的规模不断缩小。为恢复瞻园历史风貌,整合历史文化资源,南京市政府于 2007 年 7 月初正式立项"部分恢复瞻园历史风貌"扩建工程,经过为期两年的筹备建设,工程于 2009 年 5 月顺利竣工。可是类似这种每年博物馆自身高额的修缮费用对于国家来说是一笔不小的开支。

六、对策提出

1. 政府拨款

在一些旅游大国,国家级公园和公共博物馆的门票价格政策,均由文化部及其下属的公共机构统一制定,并有立法保证,不可随意调高票价。数据显示,这些旅游大国景点门票收入在其运营费用中占比不大,景点运营主要依靠政府补贴。作为爱国主义教育基地,其日常维护和进一步发展应由国家拨款取得,国家应该是负担爱国主义教育基地建设的主要力量。政府每年要加大投入,对基地的维修、改造和举行大型宣传教育活动,要划拨专项经费。如意大利政府要求所有景点的门票收入上缴国家财政,然后再根据需要统一支取。政府每年还从财政中拨出一定比例资金用于公园管理和艺术古迹文物的修缮,同时在税收政策上对投资修缮文物的企业或个人给予优惠。目前,意大利用于保护、修缮旅游景点和文物古迹的资金中,约有 65% 来自政府财政。

2. 广泛争取社会支持

我们要动员、组织社会各方面来帮助、参与基地建设,把教育活动和建设活动联系起来。开展公益活动,吸纳社会资金,来建设教育基地。对捐赠单位,组织和个人,要按照《国务院关于支持文化事业发展若干经济政策的通知》文件精神规定,享受优惠政策。如侵华日军大屠杀遇难同胞纪念馆的二期工程和雨花台烈士陵园的忠魂亭建设,在广大市民和党员中开展募捐活动,既具有深刻的教育意义,同时也借此解决了工程建设的大部分资金。

3. 各单位要注意自身的积累,要在本单位的预算中留下部分资金,作为事业发展基金

爱国主义教育基地的资金使用应该由政府、社会以及单位自身进行监督,同时在使用过程中遵循节约原则,以确保资金获得充分累积。我们可以把这些资用于教育基地的维修、改造、创办活动等方面,从而使基地在未来获得更好的发展。

4. 确定收费标准

现在全国各地的爱国主义教育基地收费是各行其是,标准不一,给旅游参观者带来了

不少疑惑。比如北京几处爱国主义教育教育基地对军人免费；延安的爱国主义教育基地对军人、中小学校学生收半价；还有的地方不论什么人去一律买全票。经过调查研究后认为，爱国主义教育基地收费，应该由国家有关部门根据各地经济发展情况而定。同一地区，同一类型的教育基地应统一标准。对不同地区的同一类教育基地可视经济发展情况允许有一定差额，但也不能太大。全国各地的爱国主义教育基地对所有军人、中小学生、英雄、烈士的直系亲属应免票。对那些个人建的爱国主义教育基地，确实有纪念、教育意义的可视情保留，但要强制其执行国家爱国主义教育基地的收费标准和对军人、学生等特殊群体的免费或半价规则。

5. 扩大免费参观的范围同时，增加免费开放日

对于那些属于公共资源，为广大人民群众提供欣赏、教育、休闲的景点，定价时要多考虑其"公益性"，为充分发挥爱国主义教育基地的价值，现如今很多地方已经实施对基地的免费开放政策，以彰显展馆公益性。同时依托国家自然、文化资源投资兴建的爱国主义教育基地应当建立免费开放日制度在某些地方也已经实施，《黑龙江省游览参观点门票价格管理办法》中第十二条第四款规定，游览参观点"每个月确定一天为免费开放日，免费向所有游客开放，并提前向社会公布"。我们认为每月提供给广大普通群众一次免费参观的机会的做法，可以降低人们切身参观基地的门槛，真正的做到传播爱国主义精神的教育意义。

七、总结

随着文博事业的发展，不断有新的文化设施建成；随着现代化建设步伐的加快，不断有新景观、新事物、新典型涌现。但我们依旧不能淡忘历史，忘记爱国，太平天国运动历史博物馆是南京地区著名的爱国主义教育基地，有着悠久的历史和典型代表性。通过对爱国主义教育基地的了解能增强我们的爱国意识，不可忽视的是，这些非公有性质的爱国主义教育基地也从各自特色出发，以不同的形式为广大观众特别是青少年提供了长知识、受教育的机会，但是基地的收费问题仍存在争议，为进一步发挥全国爱国主义教育示范基地的功能和作用，加强对人民群众特别是未成年人思想道德教育，我们提出了几点建议，希望能够不断完善爱国主义教育基地的建设、管理收费问题，更好地为弘扬和培育民族精神服务，为未成年人思想道德建设服务，为实现全面建设小康社会的奋斗目标服务。

附件一

爱国主义教育基地收费情况调查问卷

1. 您的年龄_____
   A. 20 以下　　　　B. 21～40　　　　C. 41～60　　　　D. 60 以上
2. 您的性别
   A. 男（　　　）　　B. 女（　　　）
3. 你的职业
   A. 学生（　　　）　B. 教师（　　　）　C. 其他（　　　）

4. 您是否了解家庭或学校所在地有哪些爱国主义教育基地(　　)
　　A. 完全了解　　　　B. 不了解　　　　C. 了解一些
5. 您了解爱国主义教育基地的渠道(　　)
　　A. 朋友介绍　　　B. 电视、网络　　　C. 老师家长　　　D. 其他
6. 你所参观过的爱国主义教育基地的数量(　　)
　　A. 五个以下　　　B. 五到十个　　　C. 十个以上　　　D. 从没去过
7. 您参观爱国主义教育基地最频繁的时期(　　)
　　A. 念书阶段　　　B. 工作阶段　　　C. 其他阶段
8. 您对太平天国历史博物馆这一爱国主义教育基地实行收费制是否满意(　　)
　　A. 满意　　　　B. 不满意　　　　C. 极度不满　　　D. 无所谓
9. 您认为爱国主义教育基地从收费制变为免费制是否合理(　　)
　　A. 合理　　　　B. 不合理
10. 如果避免不了收费问题,你认为是否应该采取选择性收费(　　)
　　A. 是　　　　B. 否　　　　C. 无所谓
11. 如果实行选择性收费,您认为什么样的人应该被免费(　　)【多选】
　　A. 学生　　　B. 儿童　　　C. 老人
　　D. 军人　　　E. 烈士子女　　　F. 残疾人
12. 你认为太平天国历史博物馆这一爱国主义教育基地有没有发挥出应有的作(　　)
　　A. 有　　　B. 没有　　　C. 一般
13. 如果没有发挥作用,原因是什么(　　)【多选】
　　A. 收费　　　B. 交通不便　　　C. 基地没有吸引力
　　D. 利用率不高(一般指学校)　　　E. 其他
14. 您参观过太平天国历史博物馆吗? 原因是(　　)
　　A. 没有,因为收费过高,花这么多钱参观不值得
　　B. 没有,对太平天国运动不了解,进去看了也没多大意义
　　C. 参观过,太平天国运动的教育意义挺有价值,值得我们花钱去参观
15. 您认为在参观太平天国历史博物馆中最好的环节是(　　)
　　A. 生动的讲解　　　　　　B. 各种展览品
　　C. 现代化辅助工具　　　　D. 其他
16. 您认为当前太平天国历史博物馆所实现的最大的功能是(　　)
　　A. 文化传承价值　　　　　B. 民众监督
　　C. 历史教育价值　　　　　D. 思想教育价值
17. 对于大家认为如今教育基地商业化的看法,您认为应该从哪几个方面着手改善(　　)【多选】
　　A. 政府加大收费控制力度
　　B. 民众监督
　　C. 出台相关政策,实行惩罚制度

18. 您觉得如今太平天国历史博物馆教育基地有哪些问题需要改善(　　)【多选】

    A. 收费问题   B. 基础设施

    C. 教育形式单一   D. 导游讲解不深入

    E. 服务意识不强   F. 多借助现代技术

附件二　访谈记录

对工作人员的访谈

问:请问作为一名工作人员,你对收费问题怎么看?

答:相对来说还是蛮合理的。

问:那么相对其他地方来说,这样的收费合理吗?

答:还是蛮合理的啊。

问:你觉得人们为什么喜欢这里?

答:因为这是唯一一个太平天国的纪念馆,太平天国这段历史也是很为人所知的。

问:这里的收费情况有没有调整过呢?

答:没有,很多年都是 30 元了,因为这里的整个场地范围蛮大的,整个加起来才 30 元。

对一名教师(60 岁左右)的访谈

问:请问你觉得爱国主义教育基地应该收费吗?

答:不应该,当然不应该,一旦收费就会变成了一种商业行为,如果收费是不是就是说,我没有钱就不可以爱国? 不应该把商业行为和政治行为联系在一起。

问:那除了太平天国历史博物馆你还知道其他的爱国主义基地吗?

答:有啊,中山陵、总统府还有其他的一些。

问:那么哪些地方收费吗?

答:不收啊,中山陵不收费,但是里面有些地方还是会收费的,我觉得就不应该收费,这些教育基地是为了教育人的,他们总是打着爱国主义的旗子来敛财!

问:那么你觉得解决措施有哪些?

答:我觉得我们可以借鉴西方国家,企业捐资、政府捐资、民间捐资,不一定要那些来接受爱国主义教育的人来出资。我们是来接受教育的,就不应该收费。

对一名中年男子(30－40 岁)的访谈

问:请问你觉得像这样的爱国主义教育基地对学生是不是应该免费呢?

答:当然了,当然要免费了,学生是来学习的,不应该收费。

问:那你觉得这样的基地是不是发挥了一定的作用呢?

答:一般般吧,我觉得这样的效果一般般,都是抱着参观的思想来的。

问:那你会带着自己的小孩来这里参观吗?

答:会的啊,肯定会的,这也是一种教育的方式,还是比较有意义的。

问：那么，你还了解其他的一些爱国主义教育基地吗？

答：中山陵，不过我还没有去过。

问：那你知道有关于太平天国的这段历史吗？

答：知道一些，大概知道。

问：你在参观的时候有没有觉得有什么问题吗？

答：收费问题是一个值得关注的问题。

问：那现在有一些爱国主义教育基地受到了冷落，你觉得这是为什么呢？

答：收费是一个主要问题，还有就是历史被淡忘了，人们已经不记得这段历史了，想不起来来参观。

问：那你觉得这边收费 30 元可以接受吗？

答：还是有点高的，10 块钱差不多，免费的话就更好了。而且针对不同的人，比如学生就是不应该收费的。

对一名学生的访谈

问：你所知道的爱国主义教育基地有哪些？

答：中山陵、雨花台这些，南京这些地方还是比较多的。

问：你参观过几个爱国主义教育基地？你身边的朋友是否会经常去呢？

答：朋友都会一起去的吧，但是很少。

问：那你的家乡有哪些爱国主义教育基地呢？

答：红楼的那个吧，还有就是关于武昌起义的那个。

问：现在有很多爱国主义教育基地受到冷落，你觉得是什么原因？

答：因为了解得比较少吧，要是讲解全面些了解会更多。而且课本上介绍少或者没有的就想不到去参观纪念馆。

问：那你们对太平天国这段历史了解吗？

答：大概就知道洪秀全吧，他是发起人，还有就是高中历史书上讲的一些内容。

问：你们学校有没有组织你们去过这类地方？

答：小学的时候有过，后来就没了。

问：你觉得像太平天国纪念馆现在的收费还能接受么？

答：还行吧，没有很贵。不过学生半价就更好了。

问：所以你们很支持选择性收费是吧？

答：是的，老人、军人之类的都可以免费的吧。

问：那你们现在参观这个太平天国历史博物馆有什么感受呢？

答：就是以前书上学到的现在都可以亲眼看到，挺好的。积极的地方多一点。

问：那这个博物馆对你们有什么教育意义吗？

答：就是了解历史吧。

【优秀成果选编二】

关于南京红色景区收费现状调查报告
——以南京大屠杀纪念馆和南京总统府为例

一、问题的提出

旅游如今已日益深入普通百姓的生活中,并逐步成为一种老少皆宜的时尚消费形式,其市场前景非常好。但遗憾的是,旅游业的立法还比较滞后,目前只有部分法规未成体系,不具有综合性与统一性,甚至对旅游观光者的权利义务以及相关职能部门和关联产业服务的规范、标准都没有详细的规定,特别是在收费方面存在很大的问题。近些年来,有些旅游景区已经开始实行了无门票制,但是部分旅游景区的门票却变得越来越高,这其中也包含了许多的红色旅游景区。

如今,许多红色旅游景区呈现出了非公共性,而政府官员、开发商和大多的人民群众也普遍认为红色旅游景区进行门票收费的盈利行为是理所当然的。所以有些人会有这样的一种思想,只有收费的红色景区才有其观赏或者纪念的价值,所以他们认为为了更好的回顾历史,了解历史,铭记历史,他们是很愿意花钱的。他们认为免费的红色旅游景区肯定没有什么纪念的价值,因此很多人会选择不去免费的红色景区。但是随着时间的推移,收费景区的问题也随之暴露,比如说环境差、人员杂、收费高、设施不够完善,等等。所以随着免费红色景点数量的增加和收费景点问题的增多,许多人的旅游思想发生了转变,因此有越来越多的人开始愿意到免费红色景区参观。

正是因为我们现在生活在和平时代,所以很多的人选择去红色旅游景区参观。但是一般的人民群众在选择参观红色景区时,就会有许多顾虑和问题,首要的问题就是在收费上面。我们到底该选择收费的景区还是不收费的景区就是其中的一个困扰。因为有的人怕去了收费的景点没有得到该得到的收获,浪费了钱。又有人怕去了不收费的景点发现没什么好纪念的,浪费了精力。为了更好地了解收费景点和不收费景点的好与坏,我们认为很有必要做一个关于红色景区收费状况的调查,了解一下游客们的想法。又因为我们是南京的大学生,所以我们就以南京的红色景区为例做了调查。

二、问卷的统计和分析

性别	男	女
总统府	10	15
南京大屠杀纪念馆	12	13
总和	22	28

根据问卷结果统计,在总统府的男性被调查者有 10 人,女性被调查者有 15 人,在南京大屠杀纪念馆的男性被调查者有 12 人,女性被调查者有 13 人,所以,在 50 个被调查者

中,男性被调查者所占比重为 44％,女性被调查者所占比重为 56％,男女比例为 22：28。

年龄	20 岁以下	20～35 岁	36～50 岁	50 岁以上
总统府	3	17	4	1
南京大屠杀遇难同胞纪念馆	2	19	3	1
总和	5	36	7	2

关于被调查者的年龄大小,在总统府的被调查者中,20 岁以下占 12％,20 至 35 岁占 68％,36 至 50 岁占 16％,50 岁以上的占 4％。而在南京大屠杀遇难同胞纪念馆的被调查者中,20 岁以下的占 8％,20 至 35 岁的占 76％,36 至 50 岁的占 12％,50 岁以下的占 4％。所以在所有的被调查者中,20 岁以下的被调查者占 10％,20 至 35 岁的占 72％,36 至 50 岁的占 14％,50 岁以下的占 4％。

第几次来	第一次	第二次	第三次	三次以上
总统府	18	4	0	3
南京大屠杀遇难同胞纪念馆	17	2		6
总和	35	6	0	9

关于被调查者是第几次来,我们发现,在总统府的被调查者中,第一次来的占 72％,第二次来的占 16％,第三次来的没有,来三次以上的占 12％。在南京大屠杀遇难同胞纪念馆的被调查者中,第一次来的占 68％,第二次来的占 8％,第三次来的没有,来三次以上的占 24％。所有被调查者中,第一次来的占 70％,第二次来的占 12％,第三次来的为 0,来三次以上的占 18％。在这三组数据上,我们可以或多或少的发现,无论是在总统府,还是在南京大屠杀遇难同胞纪念馆,没有被调查者是第三次来,而且第一次来的被调查者所占的比重都是最多的。

来的意愿	自己愿意	集体组织	其他
总统府	17	7	1
南京大屠杀遇难同胞纪念馆	17	8	0
总和	34	15	1

关于被调查者们来景点的意愿,在总统府的被调查者中,自己愿意来的占 68％,集体组织来的占 28％,由于其他原因来的占 4％。而在南京大屠杀遇难同胞纪念馆的被调查者中,自己愿意来的占 68％,集体组织来的占 32％,没有由于其他原因来的。在所有的被调查者中,自己愿意来的占 68％,集体组织来的占 30％,由于其他原因来的仅占 2％。从这组数据我们可以发现,去总统府和南京大屠杀遇难同胞纪念馆的被调查者多是自愿来的。

和谁来	自己一人	家人、亲戚朋友	单位组织	旅行社	学校组织	其他
总统府	0	17	1	1	4	2
南京大屠杀遇难同胞纪念馆	0	15	3	1	3	3
总和	0	32	4	2	7	5

关于被调查者和谁来的,在总统府的被调查者中,自己一个人来的没有,和家人、亲戚朋友来的占68%,单位组织来的占4%,旅行社来的占4%,学校组织来的占16%,同宿舍来的占8%。在南京大屠杀遇难同胞纪念馆的被调查者中,自己一个人来的没有,和家人、亲戚朋友来的占60%,单位组织来的占12%,旅行社来的占4%,学校组织来的占12%,由于其他原因来的占12%。在所有的被调查者中,无论是总统府还是南京遇难同胞大屠杀纪念馆,没有被调查者是自己一个人来的,和家人、亲戚朋友来的占64%,单位组织来的占8%,旅行社来的占4%,学校组织来的占14%,由于其他原因来的占10%。

门票是否合理	合理	不合理	其他
总统府	20	2	3(还行2、能接受、共票)
南京大屠杀遇难同胞纪念馆	14	10	1
总和	34	12	4

关于被调查者觉得门票是否合理,在总统府的被调查者中,认为合理的占80%,不合理的占8%,认为还行的占8%,能接受的、共票的分别占4%。在南京大屠杀纪念馆的被调查者中,认为合理的占56%,不合理的占40%,其他的占4%。在所有被调查者中,认为合理的占68%,不合理的占24%,其他的占8%。

愿意去免费景点	愿意	不愿意	其他
总统府	25	0	0
南京大屠杀遇难同胞纪念馆	24	0	1
总和	49	0	1

关于是否愿意去免费的景点,在总统府的被调查者中,愿意的占100%,不愿意和其他的没有。而在南京大屠杀遇难同胞纪念馆的被调查者中,愿意的占96%,不愿意的没有,其他的占4%。在所有的被调查者中,愿意去免费的景点的占98%,没有不愿意去的,有其他想法的占2%。

收门票的好处(多选)	保护景区环境	维持景区的秩序	带动经济的增长	其他
总统府	12	6	5	2
南京大屠杀遇难同胞纪念馆	17	4	4	0
总和	29	10	9	2

关于收门票有哪些好处，在总统府的被调查者中，认为费用可以用于聘请环保人员，以保护景区环境的占48%，认为收门票可以维持景区的秩序，尤其是进、出口等容易发生事故的地方的占24%，认为带动当地经济增长的占20%，选择其他选项的占8%。在南京大屠杀遇难同胞纪念馆的被调查者中，认为费用可以用于聘请环保人员，以保护景区环境的占68%，认为收门票可以维持景区的秩序，尤其是进、出口等容易发生事故的地方的占16%，认为带动当地经济增长的占16%。在所有的被调查者中，认为费用可以用于聘请环保人员，以保护景区环境的占58%，认为收门票可以维持景区的秩序，尤其是进、出口等容易发生事故的地方的占20%，认为带动当地经济增长的占18%，其他选项的占4%。

门票免费好处	省钱	方便市民参观	吸引游客	宣传景点提高知名度	其他
总统府	13	4	4	4	0
南京大屠杀遇难同胞纪念馆	16	4	2	3	0
总和	29	8	6	7	0

关于门票免费的好处，在总统府的被调查者中，认为省钱的占52%，认为方便市民的参观的占16%，认为吸引各地游客、拉动所在地部分经济的增长的占16%，认为宣传景点、提升城市的知名度的占16%。在南京大屠杀遇难同胞纪念馆的被调查者中，认为省钱的占64%，认为方便市民的参观的占16%，认为吸引各地游客、拉动所在地部分经济的增长的占8%，认为宣传景点、提升城市的知名度的占12%。在所有的被调查者中，认为省钱的占58%，认为方便市民的参观的占16%，认为吸引各地游客、拉动所在地部分经济的增长的占12%，认为宣传景点、提升城市的知名度的占14%。

来的目的	满足好奇心	参观古迹	警醒自己	悼念逝者	加深认识	跟团看	其他
总统府	8	3	5	5	3	1	0
南京大屠杀遇难同胞纪念馆	1	7	4	7	5	1	0
总和	9	10	9	12	8	2	0

关于来这儿的目的，在总统府的被调查者中，满足好奇心，了解一下当时的具体情况的占32%，参观历史古迹的占12%，警醒自己，提高自己的思想认识的占20%，悼念已逝者的占20%，加深对历史的认识的占12%，旅行社安排的，跟团来看看的占4%。在南京大屠杀遇难同胞纪念馆的被调查者中，满足好奇心，了解一下当时的具体情况的占4%，参观历史古迹的占28%，警醒自己，提高自己的思想认识的占16%，悼念已逝者的占28%，加深对历史的认识的占20%，旅行社安排的，跟团来看看的占4%。在所有的被调查者中，满足好奇心，了解一下当时的具体情况的占18%，参观历史古迹的占20%，警醒自己，提高自己的思想认识的占18%，悼念已逝者的占24%，加深对历史的认识的占16%，旅行社安排的，跟团来看看的占4%。

景点的意义	记住历史,勿忘国耻	了解历史	参观名胜古迹	其他
总统府	11	6	8	0
南京大屠杀遇难同胞纪念馆	12	6	7	0
总和	23	12	15	0

关于被调查者觉得来该景点的重要意义,在总统府的被调查者中,记住历史,勿忘国耻的占44%,理解历史的占24%,参观名胜古迹的占32%。在南京大屠杀遇难同胞纪念馆的被调查者中,记住历史,勿忘国耻的占48%,理解历史的占24%,参观名胜古迹的占28%。在所有的被调查者中,记住历史,勿忘国耻的占46%,理解历史的占24%,参观名胜古迹的占30%。

景点存在的问题	乱收费现象严重	门票太贵	环境不好	历史文化程度浅	游客素质不高	某些设备不完善	其他
总统府	3	7	1	1	3	10	0
南京大屠杀遇难同胞纪念馆	6	9	1	2	1	2	4
总和	9	16	2	3	4	12	4

关于被调查者觉得目前的旅游景点存在哪些问题,在总统府的被调查者中,认为乱收费现象严重的占12%,门票太贵的占28%,认为环境不好的占4%,认为景区内的历史文化程度不够的占4%,认为游客素质不高的占12%,认为景区内的某些设施不够完备的占40%。在南京大屠杀纪念馆,认为乱收费现象严重的占24%,门票太贵的占36%,认为环境不好的占4%,认为景区内的历史文化程度不够的占8%,认为游客素质不高的占4%,认为景区内的某些设施不够完备的占8%,认为还有其他问题的占16%。在所有的被调查者中,认为乱收费现象严重的占18%,门票太贵的占32%,认为环境不好的占4%,认为景区内的历史文化程度不够的占6%,认为游客素质不高的占8%,认为景区内的某些设施不够完备的占24%,认为还有其他问题的占8%。

对景点满意否	很满意,达到预期	一般般	失望,未达到预期	其他
总统府	13	12	0	0
南京大屠杀遇难同胞纪念馆	12	11	2	0
总和	25	23	2	0

关于被调查者对该景点是否满意,在总统府的被调查者中,很满意,达到我的预期想法的占52%,一般般的占48%,失望、没有想象的好的没有。在南京大屠杀遇难同胞纪念馆,很满意,达到我的预期想法的占48%,一般般的占44%,失望、没有想象的好的占8%。在所有的被调查者中,很满意,达到我的预期想法的占50%,一般般的占46%,失望、没有想象的好的占4%。

关于被调查者去过哪些让你印象深刻的免费或收费景点,在总统府的被调查者去过的免费景点有玄武湖、西湖、南京大屠杀遇难同胞纪念馆、王稼祥纪念馆、狼山、中山陵、三国城、夫子庙、常州东坡公园、红梅公园、山塘街等。去过的收费景点有北京故宫、长城、常州恐龙园、嬉戏谷(刺激项目,年轻人较喜欢)、黄山、梅花山、青岛极地海洋公园(环境好,风景好,设施多,节目精彩)、黄鹤楼、珍珠泉、灵山胜景(风景好,人文意境好)、鸡鸣寺、天一阁、苏州狮子林、苏州定园等。在南京大屠杀遇难同胞纪念馆的被调查者去过的免费景点有大屠杀遇难同胞纪念馆、珍珠泉、苏州园林、故宫、欢乐谷、瘦西湖、采石矶、红山动物园、三国城、水浒城、金山寺、琅琊山、宋城、黄鹤楼、西塘、乌镇。去过的收费景点有总统府、红山公园、狼山、中山陵、玄武湖、上海外滩、方特、南山、喀什大清真寺、夫子庙、雨花台、滨江公园、天门山、天安门、长江大桥。

三、提出的对策和建议

1. 对于有些游客认为景区内门票价格过高的问题,景区可以控制门票价格,实行最低门票制度或者设置价格上限,允许门票价格在合理的范围内波动;此外对学生、军人、退休人员等特殊人群应该实行优惠政策;政府增加对景区的财政投入,以此降低市民的个人负担。同时完善景区门票价格体系的建立,杜绝乱收费尤其是节假日时期乱收费现象的出现。

2. 增加特色旅游景点,增加文化氛围,创造优美环境,以此吸引游客。

3. 有些游客的素质不高,会出现随地扔垃圾等现象,可以在景区内多设立些警示标志或增加协管人员,完善景区公共设施,同时在景区里采取措施防止游客对景区内某些文物的破坏。加强景区秩序维持,在景区内的各个景点应安排工作人员,以免人多拥挤而造成踩踏事件。

4. 加强来自社会各方面的监督,加强公众对景区管理、规章制度的监督,增加公众的参与感。

5. 保护文物古迹,旅游景区要坚持"培修复原,整旧如故"的总原则,保持现状及其历史环境,游客不要随便乱碰文物,随便乱拍照,随意涂画。

参考文献

[1] 李洪波:旅游景区管理[M],北京:机械工业出版,2008.

[2] 马耀峰:旅游资源开发及管理[M],北京:高等教育出版社,2009.

[3] 陈来生:中国旅游文化[M],天津:南开大学出版社,2008.

[4] 卢丽刚:赣南红色旅游资源研究[M],四川:西南交通大学出版社,2008.

[5] 彭德成:中国旅游景区治理模式[M],北京:中国旅游出版社,2003.

[6] 何力:大力推进旅游标准化工作,加快与国际接轨步伐[J].旅游学刊,2001.

[7] 明庆忠,李庆雷:旅游循环经济发展研究[M],北京:人民出版社,2008.

附件一 问卷样卷

您好,我们是南京晓庄学院的学生,耽误您几分钟的时间,能帮我们做一份调查问卷吗,请放心,这份问卷不会涉及您的隐私,请您根据实际情况,完成问卷。

1. 您的性别：
   A. 男　　　　　　　　B. 女
2. 您的年龄：
   A. 20 岁以下　　　B. 20~35 岁　　　C. 36~50 岁　　　D. 50 岁以上
3. 您是第几次来这儿：
   A. 第一次　　　　　B. 第二次　　　　C. 第三次　　　　D. 三次以上
4. 您来这儿的意愿是：
   A. 自己愿意　　　　B. 集体组织　　　C. 其他
5. 您是和谁来这儿的：
   A. 自己一个人　　　B. 家人、亲戚朋友　　C. 单位组织
   D. 旅行社　　　　　E. 学校组织　　　　　F. 其他
6. 您觉得门票收费是否合理？
   A. 合理　　　　　　B. 不合理　　　　C. 其他
7. 您愿意去免费的景点吗？
   A. 愿意　　　　　　B. 不愿意　　　　C. 其他
8. 收门票有哪些好处（可多选）
   A. 费用可以用于聘请环保人员，以保护景区环境
   B. 收门票可以维持景区的秩序，尤其是进、出口等容易发生事故的地方
   C. 带动当地的经济增长
   D. 其他
9. 门票免费有哪些好处（可多选）
   A. 省钱
   B. 方便市民的参观
   C. 吸引各地游客，拉动所在地部分经济的增长
   D. 宣传景点，提升城市的知名度
   E. 其他
10. 您来这儿的目的是（可多选）
    A. 满足好奇心，了解一下当时的具体情况
    B. 参观历史古迹
    C. 警醒自己，提高自己的思想认识
    D. 悼念已逝者
    E. 加深对历史的认识
    F. 旅行社安排的，就跟团来看看
    G. 其他
11. 您觉得来该景点的重要意义是（可多选）
    A. 记住历史，勿忘国耻　　　　　B. 了解历史
    C. 参观名胜古迹　　　　　　　　D. 其他

12. 您觉得目前的旅游景点存在哪些问题
    A. 乱收费现象严重   B. 门票太贵
    C. 环境不好   D. 景区内的历史文化程度不够
    E. 游客素质不高   F. 景区的某些设施不够完备
    G. 其他

13. 您对该景点满意吗
    A. 很满意,达到我的预期想法   B. 一般般
    C. 失望,没有想象中好   D. 其他

14. 您去过哪些让你印象深刻的免费或者收费景点(理由)请尽量填写。

_____

谢谢您的配合!!!

第九章　社会主义建设在探索中曲折发展

一、内容梳理，同步练习

内容梳理

【教学目标】了解社会主义建设取得的重大成就和积累的经验教训；熟悉探索中形成的建设社会主义的若干重要原则和探索中的严重曲折。

【教学重点】社会主义建设的重大成就、经验教训。

【教学难点】理解探索形成的重要原则的重要性和探索的严重曲折造成的危害性；正确认识和评价毛泽东的历史地位。

【教学时间】2学时

【授课形式】理论教学

【主要内容】

1　良好的开局
    1.1　全面建设社会主义的开端
    1.2　早期探索的积极进展

2　探索中的严重曲折
    2.1　"大跃进"及其纠正
    2.2　"文化大革命"及其结束
    2.3　严重的曲折，深刻的教训

3　建设的成就　探索的成果
    3.1　独立的、比较完整的工业体系和国民经济体系的基本建立
    3.2　人民生活水平的提高与文化、医疗、科技事业的发展
    3.3　国际地位的提高与国际环境的改善
    3.4　探索中形成的建设社会主义的若干重要原则

同步练习

（一）单项选择题

1. 毛泽东在《论十大关系》中提出的中国社会主义建设的基本方针是（　　　）

A. 不要四面出击

B. 调整、巩固、充实、提高

C. 积极引导,稳步前进

D. 调动一切积极因素为社会主义事业服务

2. 毛泽东指出,在社会主义改造完成后,我国政治生活的主题是(　　)

A. 依法治国　　　　　　　　　B. 正确处理人民内部矛盾

C. 坚持四项基本原则　　　　　D. 进行政治体制改革

3. 中共八大坚持的我国经济建设的方针是(　　)

A. 鼓足干劲,力争上游,多快好省地建设社会主义

B. 既反保守,又反冒进,在综合平衡中稳步前进

C. 调整、巩固、充实、提高

D. 既反保守,又反冒进,多快好省地建设社会主义

4. 1956 年中共八大提出,社会主义改造完成后,我国国内的主要矛盾是(　　)

A. 无产阶级同资产阶级的矛盾

B. 社会主义道路与资本主义道路的矛盾

C. 先进的生产关系与落后的生产力之间的矛盾

D. 人民对于经济文化迅速发展的需要同当前经济文化不能满足人民需要状况之间的矛盾

5. 1957 年春夏开展的整风运动的主题是(　　)

A. 反对官僚主义　　　　　　　B. 反击资产阶级右派的进攻

C. 正确处理人民内部矛盾　　　D. 团结—批评—团结

6. 中共中央正式通对国民经济实行"调整、巩固、充实、提高"方针的会议(　　)

A. 七届三中全会　　　　　　　B. 中共八大

C. 八届九中全会　　　　　　　D. 七千人大会

7. 毛泽东提出要正确处理人民内部矛盾,主要是为了(　　)

A. 开展整风运动克服官僚主义　B. 维护社会的团结稳定

C. 团结一切力量建设社会主义新国家　D. 巩固发展三大改造的成果

8. 发动和领导"文化大革命"的主要论点,被概括为(　　)

A. 整党内走资本主义道路的当权派　B. 无产阶级专政下继续革命的理论

C. 以阶级斗争为纲　　　　　　D. 多快好省地建设社会主义

9. 发动"文化大革命"的导火线是(　　)

A. 《评新编历史剧〈海瑞罢官〉》的发表

B. 《炮打司令部——我的一张大字报》的发表

C. "一月革命"夺权斗争

D. 围困中南海事件

10. 1975 年着手对各方面工作进行整顿的是(　　)

A. 周恩来　　　　B. 叶剑英　　　　C. 邓小平　　　　D. 华国锋

11. 毛泽东指出,在社会主义建设中发展国民经济的顺序为(　　)

　　A. 重、轻、农　　　B. 农、轻、重　　　C. 轻、农、重　　　D. 轻、重、农

参考答案：

1. D　2. B　3. B　4. D　5. B　6. C　7. C　8. B　9. A　10. C　11. B

（二）多项选择题

1. 社会主义改造基本完成后,我国国内的主要矛盾是(　　)

　　A. 人民对于建立先进的工业国的要求同落后的农业国的现实之间的矛盾

　　B. 无产阶级与资产阶级的矛盾

　　C. 社会主义道路和资本主义道路的矛盾

　　D. 人民对于经济文化迅速发展的需要同当前经济文化不能满足人民需要的状况之间的矛盾

2. 中共八大提出的政治建设方针有(　　)

　　A. 继续加强我的人民民主专政　　　B. 加强国内各民族的团结

　　C. 继续巩固人民民主统一战线　　　D. 建立健全法制

3. 毛泽东在《关于正确处理人民内部矛盾的问题》讲话中提出,解决人民内部矛盾的方法有(　　)

　　A. 民主的方法　　　　　　　　　　B. 说服教育的方法

　　C. "团结—批评—团结"的方法　　D. 专政的方法

4. 1957年的整风运动反对的主要是(　　)

　　A. 教条主义　　　B. 主观主义　　　C. 宗派主义　　　D. 官僚主义

5. 1964年12月,周恩来在第三届全国人民代表大会第一次会议上,正式宣布把我国建设成为社会主义强国的现代化目标是(　　)

　　A. 现代工业　　　B. 现代农业　　　C. 现代国防　　　D. 现代科学技术

6. 毛泽东探索中国社会主义建设道路出现严重失误的原因主要是(　　)

　　A. 缺乏社会主义建设的经验

　　B. 把本不属于阶级斗争的问题看做是阶级斗争

　　C. 民主集中制和集体领导原则遭到破坏

　　D. 没有坚定不移地坚持以经济建设为中心

7. 1959年到1961年中国国民经济发生严重困难的主要原因是(　　)

　　A. 自然灾害的影响　　　　　　　　B. "大跃进"和"反右倾"斗争的错误

　　C. "文化大革命"动乱局面的影响　　D. 苏联政府撕毁合同、撤走专家

8. 集中体现毛泽东探索中国社会主义建设道路所取得的理论成果的著作有(　　)

　　A.《论人民民主专政》

　　B.《把我国建设成为社会主义的现代化强国》

　　C.《论十大关系》

　　D.《关于正确处理人民内部矛盾的问题》

9. "大跃进"运动中所犯的"左"倾错误的主要标志是(　　)

　　A. 高指标　　　B. 瞎指挥　　　C. 浮夸风　　　D. "共产风"

10. 20 世纪六七十年代,我国在核技术、人造卫星和运载火箭等尖端科学技术领域取得的重要成就有(　　)

A. 爆炸了第一颗原子弹　　　　　B. 中近程地地导弹发射成功

C. 爆炸了第一颗氢弹　　　　　　D. 第一颗人造地球卫星发射成功

参考答案:

1. AD　2. ABCD　3. ABC　4. BCD　5. ABCD　6. ABCD　7. ABD　8. CD
9. ABCD　10. ABCD

(三)简述题

1. 中共"八大"制定的路线及其意义是什么?

答案要点:

(1) 路线:大会正确地分析了社会主义制度建立后国内的主要矛盾和主要任务,指出:我们国内的主要矛盾,已经是人民对于建立先进的工业国的要求同落后的农业国的现实之间的矛盾,已经是人民对于经济文化迅速发展的需要同当前经济文化不能满足人民需要的状况之间的矛盾。党和全国人民当前的主要任务是集中力量来解决这个矛盾,把我国尽快地从落后的农业国变为先进的工业国。

(2) 意义:中共"八大"为全面进行社会主义建设制定的路线是正确的,提出的许多新的方针和思想是富于创造精神的。大会集中全党智慧总结提出的探索中国建设社会主义道路的重要成果,对于社会主义建设事业和党的事业的发展有着长远的指导意义。

2. 毛泽东《关于正确处理人民内部矛盾的问题》中是怎样分析社会主义社会基本矛盾的?

答案要点:

1957 年 2 月,毛泽东发表《关于正确处理人民内部矛盾的问题》。毛泽东在文章中科学分析了社会主义社会的基本矛盾,指出:社会主义社会的基本矛盾仍然是生产力和生产关系、经济基础和上层建筑之间的矛盾。这些矛盾可以经过社会主义制度本身的自我调整和完善,不断地得到解决。这实际上为积极促进社会主义制度的自我完善和发展奠定了理论基石。

3. 毛泽东等老一代革命家探索中国社会主义建设道路中有哪些理论贡献? 其意义是什么?

答案要点:

(1) 在基本的指导思想方面,论述了必须实行马克思主义与中国实际"第二次结合"的基本思想,提出了社会主义社会矛盾的学说,阐明了建设社会主义的基本方针。

(2) 在社会主义发展阶段问题上,提出社会主义发展阶段分为不发达的社会主义和比较发达的社会主义两个阶段。

(3) 在社会主义现代化建设的战略目标和步骤问题上,强调社会主义现代化建设采取"两步走"的发展战略,第一步,建成一个独立的比较完整的工业体系和国民经济体系;

第二步,全面实现农业、工业、国防和科学技术的现代化战略目标,使中国的经济走在世界前列。

（4）在社会主义经济建设方面,毛泽东提出了一系列正确的观点。如以农、轻、重为序发展国民经济;在优先发展重工业的条件下,坚持工业和农业并举、重工业和轻工业并举、中央工业和地方工业并举、大中小企业并举等"两条腿"走路的方针;正确解决好综合平衡的问题,处理好积累和消费、生产和生活的问题,处理好国家、集体和个人的关系,统筹兼顾,适当安排。

（5）在社会主义民主政治建设方面,毛泽东提出了许多正确的观点。如要把正确处理人民内部矛盾作为国家政治生活的主题;处理好中国共产党同各民主党派的关系,坚持长期共存、互相监督的方针,巩固和扩大爱国统一战线;要切实保障人民当家做主的各项权利,尤其是人民参与国家和社会事务管理的权利;社会主义法制要保护劳动人民利益,保护社会主义经济基础,保护社会生产力。

（6）在社会主义文化建设方面,毛泽东提出,要坚持马克思主义的指导地位,实行"百花齐放、百家争鸣"的方针。

（7）在国防建设和军队建设方面,毛泽东提出必须加强国防、建设现代化正规化国防军和发展现代化国防技术的重要指导思想。

（8）关于加强共产党自身建设,提出共产党员务必继续地保持谦虚、谨慎、不骄、不躁的作风,继续地保持艰苦奋斗的作风。

意义:以毛泽东为主要代表的中国共产党人所阐明的这些重要思想,把对社会主义社会建设和发展规律的认识大大地向前推进,为继续进行探索并在中共十一届三中全会后系统形成中国特色社会主义理论提供了重要的基础。

4. 怎样科学分析中国共产党在探索中所犯的错误?

答案要点:

1956年到1976年中国共产党所犯的错误,需要做具体的、历史的分析。

（1）中国共产党在犯严重错误的时候,其性质和宗旨都没有改变。在"大跃进"造成国民经济严重困难的时期,党和政府对人民群众依然具有巨大凝聚力。在"文化大革命"的特殊年代里,中国共产党保持着统一,社会主义制度的根基仍然保存,经济建设仍在进行,国家仍然保持统一。

（2）党内外广大干部群众在"文化大革命"期间对"左"倾错误的抵制和抗争,对林彪、江青两个反革命集团的斗争,从未停止过。使得"文化大革命"的破坏性作用受到一定的限制。

（3）中国共产党虽然在一定时期坚持"文化大革命"的错误,但也制止和纠正过一些具体错误。保护过一些党政军领导干部和党外著名人士,使一些负责干部重新回到重要的领导岗位。对"四人帮"坚持批评和揭露,使其夺取党和国家最高领导权的图谋未能得逞。始终警觉地维护国家的安全,并开创了外交工作的新局面。

二、精选案例，巩固深化

精选案例 1

《论十大关系》与中国社会主义建设

　　《论十大关系》是 1956 年 4 月毛泽东在中央政治局扩大会议上的讲话，是探索中国社会主义建设道路的开篇之作。这篇著作，在社会主义建设全面开始之际，借鉴苏联社会主义建设的经验教训，研究中国社会主义建设的基本问题，提出了一整套符合中国实际的方针政策。

　　《论十大关系》发表的背景

　　1956 年党领导全国人民基本完成了对农业、手工业和资本主义工商业的社会主义改造，进入了开始全面建设社会主义的历史时期。此时，国际形势总的特点和趋势是以美苏为首的两大阵营逐步走向缓和。中国由于奉行独立自主的和平外交政策，不但同苏联东欧社会主义国家和人民民主国家保持着比较密切的联系，也同一些民族主义国家以至西方国家建立了良好的关系。这种情况为中国进行社会主义建设提供了一个良好的国际环境。与此同时，世界范围内兴起的新技术革命的浪潮，也为中国的发展提供了难得的机遇。作为一个发展中的大国，如何抓住发展的机遇，尽快把国民经济搞上去，便成了党的领导人不能不考虑的重要问题。

　　这一时期社会主义阵营发生的大事，则为中国共产党人领导社会主义建设提供了有益的借鉴。1956 年 2 月，苏共二十大尖锐地揭露了斯大林的错误和苏联社会主义建设的问题，打破了长期以来人们对于苏联模式的迷信。这就促使党的领导人警醒，促使他们借鉴苏联和东欧国家的经验教训，独立探索适合中国国情的社会主义建设道路。

　　对社会主义建设道路的探索，是从准备党的"八大"文件，进行大规模的系统的调查研究开始的。1955 年 12 月，刘少奇为主持起草中央向"八大"的政治报告，约请中央有关部门负责人座谈，了解各方面的实际情况，研究工作中存在的问题。毛泽东得知后，也要求听取一些部门的工作汇报。于是，从 1956 年 2 月 14 日至 4 月 24 日，在 43 天时间内，毛泽东和其他中央领导人一起连续听取了国务院 34 个部门的汇报。从 4 月下旬起，毛泽东又听取了各省、市、自治区党委的汇报。另外，还看了许多大工厂的书面汇报。

　　十大关系是在听取汇报的过程中逐渐归纳概括出来的。第一阶段的汇报结束后，毛泽东归纳出沿海与内地、轻工业与重工业、个人与集体三大关系。第二阶段汇报结束时，又归纳出三大关系，即国防、行政与经济文化，地方与中央，少数民族与汉族。不久，又提出了其他四个方面的关系。1956 年 4 月 25 日，毛泽东在中央政治局扩大会议上作了《论十大关系》的讲话。之后，中央政治局连续讨论了 3 天。根据讨论中提出的意见，毛泽东进行修改补充，于 5 月 2 日向最高国务会议作了报告。

《论十大关系》在很长时间内没有公开发表,只在党内高中级干部中作过传达。1965年12月15日,刘少奇写信给毛泽东,建议将《论十大关系》印发给县、团级以上各级党委学习。这次整理稿,以5月2日的讲话记录稿为基础,吸收了4月25日讲话记录稿中的部分内容。毛泽东看了整理稿后批复:"此件看了,不大满意,发下去征求意见,以为将来修改之助。"

1975年,邓小平在主持中央日常工作期间,由胡乔木具体主持,将毛泽东两次讲话记录稿重新整理,形成了一个新的整理稿,恢复了以前删去的重要内容。7月13日,邓小平在给毛泽东的信中说:"这篇东西太重要了,对当前和以后,都有很大的针对性和理论指导意义,对国际(特别是第三世界)的作用也大,所以我们有这样的想法:希望早日定稿,定稿后即予公开发表,并作为全国学理论的重要文献。"当天,毛泽东批示:"同意。可以印发政治局同志阅。暂时不要公开,可以印发全党讨论,不登报,将来出选集再公开。"1976年12月26日,经毛泽东生前亲自审定的《论十大关系》在《人民日报》公开发表,随后收入《毛泽东选集》第五卷。1999年6月,收入中央文献研究室编辑的《毛泽东文集》第七卷。

《论十大关系》的主要内容

毛泽东在《论十大关系》中提出,对于马列主义理论,"我们要学的是属于普遍真理的东西,并且学习一定要与中国实际相结合,如果每句话,包括马克思的话,都要照搬,那就不得了"。对于外国的经验,也不能不加分析地一概排斥,或者一概照搬。"特别值得注意的是,最近苏联方面暴露了他们在建设社会主义过程中的一些缺点和错误,他们走过的弯路,你还想走? 过去我们就是鉴于他们的经验教训,少走了一些弯路,现在当然更要引以为戒。"

毛泽东所分析的十大关系,或者说十个问题,都是在借鉴苏联教训、总结中国经验的基础上提出来的。前五大关系主要讲经济问题,从经济工作的各个方面来调动各种积极因素。后五大关系主要讲政治等问题,从政治生活和思想文化生活各方面调动各种积极因素。

关于重工业和轻工业、农业的关系,毛泽东指出:"重工业是我国建设的重点。必须优先发展生产资料的生产,这是已经定了的。但是决不可以因此忽视生活资料尤其是粮食的生产。""我们现在的问题,就是还要适当地调整重工业和农业、轻工业的投资比例,更多地发展农业、轻工业。"

关于沿海工业和内地工业的关系,毛泽东认为,"沿海的工业基地必须充分利用,但是,为了平衡工业发展的布局,内地工业必须大力发展","好好地利用和发展沿海的工业老底子,可以使我们更有力量来发展和支持内地工业。如果采取消极态度,就会妨碍内地工业的迅速发展"。

关于经济建设和国防建设的关系,毛泽东说:"可靠的办法就是把军政费用降到一个适当的比例,增加经济建设费用。只有经济建设发展得更快了,国防建设才能够有更大的进步。"

关于中央和地方的关系,毛泽东提出:"应当在巩固中央统一领导的前提下,扩大一点地方的权力,给地方更多的独立性,让地方办更多的事情。"还提出,"中央要注意发挥省市的积极性,省市也要注意发挥地、县、区、乡的积极性,都不能够框得太死"。

关于汉族和少数民族的关系,毛泽东指出:"我们着重反对大汉族主义。地方民族主义也要反对,但是那一般地不是重点。""我们要诚心诚意地积极帮助少数民族发展经济建设和文化建设。"

关于党和非党的关系,毛泽东说:"究竟是一个党好,还是几个党好?现在看来,恐怕是几个党好。不但过去如此,而且将来也可以如此,就是长期共存,互相监督。"

关于是非关系,毛泽东说,党内党外都要分清是非。"对于革命来说,总是多一点人好。"对于犯错误的同志,要帮助他们改正错误,"允许他们继续革命","'惩前毖后,治病救人'的方针,是团结全党的方针,我们必须坚持这个方针"。

关于中国和外国的关系,毛泽东明确提出了"向外国学习"的口号。他指出:"我们的方针是,一切民族、一切国家的长处都要学,政治、经济、科学、技术、文学、艺术的一切真正好的东西都要学。但是,必须有分析有批判地学,不能盲目地学,不能一切照抄,机械搬用。他们的短处、缺点,当然不要学。"

毛泽东指出:"提出这十个问题,都是围绕着一个基本方针,就是要把国内外一切积极因素调动起来,为社会主义事业服务。""我们一定要努力把党内党外、国内国外的一切积极的因素,直接的、间接的积极因素,全部调动起来,把我国建设成为一个强大的社会主义国家。"上述论述,表明毛泽东对中国的社会主义建设已经有了初步的系统思考。正如他自己所说:"前八年照抄外国的经验。但从1956年提出十大关系起,开始找到自己的一条适合中国的路线。"

《论十大关系》的贯彻和发展

《论十大关系》中提出基本思想和方针政策,在党的"八大"及其稍后的决策中,得到了较多的体现和进一步发挥,产生了积极影响。

1956年8月30日,毛泽东在"八大"预备会议第一次全体会议上指出,大会的目的和宗旨是,总结"七大"以来的经验,团结全党,团结国内外一切可以团结的力量,为建设伟大的社会主义中国而奋斗。9月10日,他又在预备会议第二次全体会议上讲话,希望在建设社会主义时期不要像民主革命时期那么多和那么长时间的错误,避免栽那么多跟斗。

9月16日,周恩来《关于发展国民经济的第二个五年计划的建议的报告》也体现了《论十大关系》的相关精神。他结合"二五"计划建议,具体阐述了重工业和轻工业的关系问题,沿海和内地间的工业布局问题,改善人民群众生活的问题,民族工作问题以及正确划分中央和地方的行政管理职权、调动地方积极性的问题。11月10日至15日,党的八届二中全会在北京举行。刘少奇在题为《目前时局问题》的报告中,总结了波兰、匈牙利事件的教训,提出应当遵照毛主席关于"又要重工业,又要人民"的指示,不能把同人民的关系搞得太紧张。周恩来在会上作了《关于1957年度国民经济发展计划和财政预算控制数字的报告》,指出:如果不关心人民的当前利益,要求人民过分地束紧裤带,他们的生活不能改善甚至还要降低水平,他们要购买的物品不能供应,那么,人民群众的积极性就不能很好地发挥,资金也不能积累,即使重工业发展起来也还得缩下来。遗憾的是,以《论十大关系》为开端探索中国社会主义建设道路的良好势头没有能够保持下去,"八大"前后取得的很多积极成果在 1957 年后遭到了背弃。

十一届三中全会以来,党中央总结过去犯错误的教训,又总结改革开放以来的成功经验,丰富和发展了《论十大关系》中提出的某些思想和方针。1999 年 9 月,江泽民在党的十五届四中全会闭幕会上发表《正确处理社会主义现代化建设中的若干重大关系》的讲话,提出要正确处理改革、发展、稳定的关系,速度和效益的关系,经济建设和人口、资源、环境的关系,第一、第二、第三产业的关系,东部地区和中西部地区的关系,市场机制和宏观调控的关系,公有制经济和其他经济成分的关系,收入分配中国家、企业和个人的关系,扩大对外开放和坚持自力更生的关系,中央和地方的关系,国防建设和经济建设的关系,物质文明建设和精神文明建设的关系。由此可以看出,尽管我们今天面临的情况同 20 世纪 50 年代相比已有很大不同,但社会主义建设需要处理的基本问题依然没有多少改变,这就要求我们必须努力学会毛泽东的方法,从战略上、全局上观察研究社会主义建设的重大问题。

【讨论理解】

1. 中国共产党人在 1956 年至 1957 年对社会主义建设的早期探索中有哪些理论建树?

2. 怎样认识独立的和比较完整的工业体系和国民经济体系的重大意义?

【案例点评】

在一个贫穷落后、人口众多的东方大国如何建设社会主义? 1956 年初,毛泽东等中央领导人进行了广泛深入的调查研究,形成了《论十大关系》,标志着以毛泽东为代表的中国共产党人对中国社会主义建设道路的探索开始。深入阅读毛泽东同志 1956 年发表的《论十大关系》,仍然可以感受到其中发出的科学发展、统筹兼顾的思想光芒。这篇重要的理论文献是党的领导集体对中国特色社会主义有益探索的开端,对中国特色社会主义理论的建构和全面推进中国特色社会主义建设进程,具有开创性的意义。

【教学建议】

本案例旨在使学生了解苏共"二十大"后,毛泽东、刘少奇等中央领导人进行了大规模的调查研究工作,形成了《论十大关系》。让学生认识到《论十大关系》中关于从中国国情出发走自己的路的思想,关于调动一切积极因素、建设社会主义的基本方针,关于中国工业化道路和经济体制改革的若干设想,等等。是以毛泽东为代表的中国共产党人使马克思列宁主义与中国社会主义建设的实际相结合的产物,对于推动中国经济社会的全面、协调和可持续发展,具有重要的现实意义。本案例可用于第九章第一节中"全面建设社会主义的开端"部分的辅助教学,或用于该部分课程内容的考核。

精选案例 2

一个超越阶段的梦想

1957年11月,在莫斯科举行世界12个社会主义国家党的代表会议期间,赫鲁晓夫公开宣称:"在以后的15年中,苏联不仅能够赶上,并且能够超过美国目前的重要产品的产出量。"受苏联的影响,中国提出:15年钢产量赶上或超过英国。按照这个目标,中央调整了八大所确定的经济发展指标,钢产量到1962年要达到1 200万吨,其他重要的工业指标如煤、发电量、化肥、水泥等也相应地作了提高。1949年中国产钢15万吨,1957年535万吨,据设想,1972年可以达到4 000~4 500万吨。英国1870年产钢22万吨,1957年产钢2 099万吨,预计到1972年可能达到3 600万吨。这样中国只用23年,便可以走完英国102年走过的路。这对于经济十分落后的中国的确是一个巨大的诱惑和鼓舞。然而,事情并没有就此止步。

1958年1月,毛泽东提出了"生产计划两个两本帐"的计划工作方法。中央两本帐,一本是必成的计划,这一本公布;第二本是期成的计划,这一本不公布。地方也有两本帐。地方的第一本就是中央的第二本,这在地方是必成的;第二本在地方是期成的。评比以中央的第二本帐为标准。具体指标的制定,采用"五年看三年,三年看头年,每年看前冬,年年争取超过"的方针。1月南宁会议上,1958年计划指标为:钢620万吨、生铁720万吨、煤炭1.5亿吨、发电量220亿度、粮食3 920亿斤,分别比1957年增长17%、22%、16%、15%、5.9%。3月成都会议上,1958年计划指标又大幅度提高。将南宁会议指标定为第一本帐,新的第二本帐为:钢700万吨、生铁800万吨、煤炭1.673 7亿吨、发电量246亿度、粮食4 316亿斤,分别比1957年增长35.5%、35.5%、30.1%、29.3%、16.6%。

中央认为,第二本帐确是一个多快好省的帐,它反映了我国国民经济大发展、"大跃进"的新形势,同时认为只要我们继续发扬革命干劲,我国社会主义工业化的速度就可能比苏联更快一些。我们就可以掌握时机,在比15年更短的时间内超过英国。此后,各地区、各部门纷纷制定自己的第二本帐,层层加码,1958年计划指标越来越高。1958年5月,党在八大二次会议上概括提出了:"鼓足干劲,力争上游,多快好省地建设社会主义"的总路线。同时,计划指标进一步大幅度提高,即建设速度不是一般地超过过去的中国,一般地超过资本主义国家。建设速度要成倍地、几倍地以至几十倍地超过过去的中国和一切资本主义国家。在这个思想基础上,通过的指标,工业方面普遍提高一倍,农业方面普遍提高20%~50%。会议提出的各项指标,分别提前二年、三年,或者四年实现"二五"计划建设的年限。很显然,这是一个古今中外从来都没有过的高速度。

会议期间,毛泽东使用了"我国7年赶上英国,再加8年或者10年赶上美国"的提法。会议之后,人们的热度继续升高。6月中旬,冶金工业部提出了1962年产钢6 000万吨的新指标,这比八大二次会议提出的3 000万吨又翻了一翻。毛泽东批示说,只要1962年达到6 000万吨,超过美国就不难了。必须力争钢的产量在1959年达到2 500万吨,首先超过英国。

8月中下旬,中共中央政治局在北戴河举行扩大会议,正式决定:1958年钢产量由原

计划的 620 万吨提到 1 070 万吨,即比 1957 年的 535 万吨翻一番;粮食预计可达到
6 000～7 000 亿斤。1959 年速度要比 1958 年更快,钢产量要达到 2 700～3 000 万吨,生
铁要达到 4 000 万吨;粮食为 8 000～10 000 亿斤。会议把第二个五年计划的指标提高到
了空想的程度。

　　不断加码的高指标带来高估产和浮夸风,这就是所谓的上有所好,下面乱报,下面乱
报,上面又乱信。严重虚报产量的浮夸风吹遍全国,各地竞相放"高产卫星",产量越报越
高,很快达到荒诞的地步。出现了令人瞠目结舌的数字。

　　某些地区粮种亩产量(斤)

　　1958 年 1 月 3 日广东汕头早稻 3 000 斤

　　　　6 月 11 日河北魏县小麦 2 394 斤

　　　　6 月 16 日湖北谷城小麦 4 353 斤

　　　　6 月 18 日河南商丘小麦 4 412 斤

　　　　6 月 30 日河北安国小麦 5 103 斤

　　　　7 月 12 日河南西平小麦 7 320 斤

　　　　7 月 22 日福建闽侯早稻 7 275 斤

　　　　8 月 1 日湖北孝感早稻 15 000 斤

　　　　8 月 13 日湖北麻城早稻 36 900 斤

　　　　9 月 18 日四川郫县早稻 84 525 斤

　　　　9 月 18 日广西环江早稻 130 434 斤

　　在这种极度浮夸的气氛下,一些省及国家部门、媒体也陷入盲目乐观状态。7 月 23
日,农业部发表夏收粮食公报,宣布夏粮总产量达 1 010 亿斤,比上年增产 413 亿斤,增长
了 69%。同日,《人民日报》发表为《今年夏季大丰收说明了什么》的社论,认为"只要我们
需要,要生产多少就可以生产多少粮食出来",一切以为农业产量只能按百分之几的速度
而不能按百分之几十的速度增长的所谓悲观论调已经全部破产。8 月 27 日,《人民日报》
竟然用通栏大标题发表署名文章《人有多大胆,地有多大产》,文章宣称:山东寿张县"提
5 000 斤指标的已经很少。至于亩产 1 000～2 000 斤,根本没人提了"。他们一亩地要产 5
万斤、10 万斤以至几十万斤红薯,一亩地要产 1～2 万斤玉米、谷子。他们的措施是在足
水、足肥、深翻的基础上放手密植。一亩谷子过去只留苗 3 万多株,现在放手密植到 10
万、20 万,甚至 40～50 万株。他们"在搞全县范围的亩产万斤粮的高额丰产运动"。那
时,墙壁上到处贴满了宣传画:玉米长到月亮上,惊扰了寂寞的嫦娥;水稻亩产万斤的卫星
腾空而起,连太阳也黯然失色;棉花堆成的高山耸入云端,山顶的娃娃笑哈哈地遥指珠穆
朗玛峰……

　　3 年"大跃进"造成的损失合计约 1 200 亿元,后来又用 5 年时间调整国民经济,才恢
复到 1957 年的产量总水平,国家的建设走了大歪路,在一些重要方面丢失了 8 年。而恰
在此时,一些国家如日本在经济与科技方面得到迅速发展,我们与之差距拉大,这是一个
长时间弥补不了的重要损失。

　　　　　　　　　　——摘编自《中华人民共和国历史纪实》,吕廷煜著,北京:红旗出版社 1994 年.

【讨论理解】

1. "大跃进"是如何形成的?
2. "大跃进"的失败对建设中国特色社会主义有何启示?

【案例点评】

1958 年 5 月,中共"八大"二次会议通过了"鼓足干劲、力争上游、多快好省地建设社会主义"的社会主义建设总路线。以后,全国大跃进进入高潮。这一方面反映了广大人民群众迫切要求改变我国经济文化落后状况的普遍愿望;另一方面,由于忽视了客观的经济规律,又产生了严重的失误。大跃进的失败,告诉我们用大搞群众运动的办法,去抓经济建设是不可取的。在发展经济的过程中,要从实际出发,做到实事求是。

【教学建议】

通过本案例的教学,使学生认识到,中国共产党领导人民探索社会主义的道路是充满艰难与曲折的,在探索的过程中一定不能脱离了实事求是的思想路线,特别要把马克思列宁主义同中国实际全面地、正确地结合起来,找到适合中国情况的社会主义建设道路。本案例可用于第九章第二节中"探索中的严重曲折"部分的辅助教学,或用于该部分课程内容的考核。

三、课内实践,注重提升

实践项目:制作历史小报——中国共产党第八次全国代表大会

【活动目标】

探索中国式的社会主义建设道路,是一个长期的、曲折的过程,尽管在探索中出现了严重失误。但是,由于党和人民的艰苦努力,我国的社会主义建设仍然取得了巨大成就。这些成就,成为之后中国特色社会主义建设的坚实基础,而中共八大是这探索过程中异常重要的一个环节。学生通过制作小报,将对中共"八大"相关历史人物、事件、方针政策有更加深入、理性的理解,进而坚定与国家分享发展的喜悦,胸怀坚定自信的国家观。

【活动方案】

1. 活动时间:课前 20 分钟
2. 活动地点:教室
3. 小报以集体合作的形式完成,每个班级至少完成 4 份小报,每个设计小组应选出 1 名负责人,负责小报的统一设计与分工,每个板块最后注明该板块的作者或编辑。
4. 小报设计内容应结合中共八大相关历史人物和事件进行编写设计,体现出历史性、多样性和一定的艺术性。选用 4K 纸,根据内容需要,单面或双面设计。小报应写明办报班级、负责人、日期、版数等,具体格式可参考一般报纸的格式。

　　5. 教师批阅后,根据课时情况提前一周在各班选出若干小报进行展示,选中的小组推选一名学生在课堂上阐释小报的制作和内容,教师和其他学生可以随时针对报告内容进行咨询或提问。

【活动评价】

序号	评价项目	满分	得分
1	小组合作及分工情况	10	
2	资料搜集情况	10	
3	课堂展示情况	30	
4	小报内容、版式等情况	50	

【背景资料链接】

　　中国共产党第七次代表大会以后,中国社会发生了一系列深刻的变化。全国人民在党的领导下,建立了中华人民共和国;到1956年上半年,全国绝大部分地区基本上完成了对生产资料私有制的社会主义改造,一个崭新的社会主义制度从此在中国建立起来。与此同时,第一个五年计划的许多重要指标已有确实把握提前完成。在这种形势下,为了加强执政党的建设,探索中国社会主义建设的道路,制定党在新形势下的路线、方针、政策,中共中央决定召开第八次全国代表大会。

　　大会完全肯定了党中央从"七大"以来的路线是正确的,同时正确地分析了社会主义改造基本完成以后,中国阶级关系和国内主要矛盾的变化,确定把党的工作重点转向社会主义建设。大会提出,生产资料私有制的社会主义改造基本完成以后,国内的主要矛盾不再是工人阶级和资产阶级之间的矛盾,而是人民对于建立先进的工业国的要求同落后的农业国的现实之间的矛盾,是人民对于经济文化迅速发展的需要同当前经济文化不能满足人民需要的状况之间的矛盾。这一矛盾的实质,在中国社会主义制度已经建立的情况下,也就是先进的社会主义制度同落后的社会生产之间的矛盾。解决这个矛盾的办法是发展社会生产力,实行大规模的经济建设。为此,大会作出了党和国家的工作重点必须转移到社会主义建设上来的重大战略决策。大会在总结中国第一个五年计划实施经验的基础上,继续坚持既反保守又反冒进,即在综合平衡中稳步前进的经济建设方针。

　　大会讨论通过了《关于政治报告的决议》、《中国共产党章程》和《关于发展国民经济第二个五年计划(1958年至1962年)的建议》。大会选举产生了第八届中央委员会,中央委员97人,候补中央委员73人。同时,根据党的事业发展的需要,八大决定中央委员会增设副主席和常委,中央书记处增设总书记和候补书记,并加强中央监察委员会的机构,设书记、副书记。

　　八大制定的党的路线是正确的,提出的许多新的方针和设想是富于创造精神的。当然,由于实践的时间还很短,理论上和思想上还不可能很成熟,许多新的观念和方针还不可能牢固地确立并取得深刻的共识。许多新的设想还没有付诸实施,或者没有充分付诸实施,很快又发生反复。但是,"八大"对中国自己的建设社会主义道路的探索,毕竟取得了初步成果,历史证明这些成果对于党的事业的发展有长远的重要意义。

"八大"1956 年 9 月 15 日至 27 日在北京举行。大会通过了第二个五年计划的建议和新党章。规定了党和全国人民当前的主要任务是:集中力量发展社会生产力,实现国家工业化,逐步满足人民日益增长的物质和文化需要。强调要坚持民主集中制和集体领导制度,加强党和群众的联系。这次大会为新时期的社会主义事业的发展和党的建设指明了方向。

四、社会实践,学以致用

实践项目:我身边的历史调查

【目标要求】

通过引导学生发现、记录、认知"身边的历史",在历史调查中交流自身所获得的感悟和智慧,提升发现问题和思考问题的能力,考察、诊断历史教育在世界观、价值观、人生观等方面对学生成长、进步、发展的具体影响,从而培育其正确的历史观和良好的公民素养。

【活动方案】

1. 活动时间:实践周

2. 活动地点:根据主题自定

3. 本课题的调研涵盖多个视角:反映我身边的历史变迁,可以以一个家庭、一个村庄、一个小镇、一个企业发展等为例。

4. 学生以小组为单位,通过走访相关历史人物、历史事件的当事人或见证人、知情人,对一定调查范围内的群体进行问卷调查等形选择其中一个视角开展调研,制定调查方案。

5. 教师对学生的调查方案进行评阅,并提出修改意见及时反馈给学生。

6. 学生调查小组严格按照选题和调查方案开展社会调查并形成社会调查报告。

【实践成果】

以调查报告的形式呈现实践成果。

1. 字数不少 3 000 字,符合论文写作规范要求。

2. 必须附相关图片,图文并茂,图片中必须出现小组调查的过程图片。

3. 必须附原始调查资料(如调查问卷、访谈记录等)及分析结果。

4. 必须附小组成员的调查心得体会。

5. 杜绝抄袭,建议及提出的解决方案等要有新视角和建设性意见。

【活动评价】

序号	评价项目	满分	得分
1	是否符合字数要求和论文写作规范	20	
2	是否完整反映出相关历史变迁过程	30	
3	是否有照片等图片材料和调查问卷、访谈记录等过程材料	30	
4	是否有小组成员心得体会	20	

【优秀成果选编一】

寻找身边的历史
——南京老门东的历史变迁

一、团队介绍

为了解老门东历史变迁,我们组员六人进行了一系列活动,且进行了一次实地考察,俗话说的好"绝知此事要躬行"。这短暂而又充实社会实践是人生的一段重要的经历,也是一个重要步骤。实践是学生接触社会,了解社会,服务社会,运用所学知识实践自我的最好途径。亲身实践,而不是闭门造车,实现了从理论到实践再到理论的飞跃。

成员	分工	职能
成员1	摄影	负责捕捉精彩镜头,提供图片素材
成员2	资料搜集员	负责出调查问卷和搜集资料
成员3	采访员	负责发问卷、采访和记录
成员4	组长	负责统筹事物,保证活动开展顺利
成员5	书写员	负责整理材料,写报告

二、实践前期准备

(一)实践时间、地点、对象

时间:2015/11/21

地点:老门东

对象:老门东的历史变迁

(二)活动方式

1. 参观

2. 调查问卷

3. 访谈

（三）活动范围

访中华门城堡附近这一带新建的老门东。

（四）实践目的和意义

1. 了解老门东的历史变迁过程。

2. 解决部分人对老门东发展是否会步入夫子庙"后尘"的顾虑：问负责人老门东的定位和发展等。

3. 老门东调查过后便于展示宣传老门东的文化给同学们，以及让更多人了解它的文化。

4. 由于知道老门东如今正在建设中，想通过这次调查发现问题，提供一些老门东未来发展的针对性建议。

（五）实践流程

时间	地点	任务
11 月 2、3	学校	分工，出调查问卷
11 月 7、9、10	学校	搜集资料
11 月 21	老门东	实地调查
11 月 22	学校	整理材料写报告

三、实践活动

（一）调查对象的各方面概括

1. 地理位置

老门东北起长乐路，南抵明城墙，西沿内秦淮河，东接江宁路，占地面积 70 万平方米，目前正在实施的老城保护改造范围占地面积约 15 万平方米。

2. 老门东的过去、现在、未来

（1）在建筑上的变化

历史上，这里不仅有富可敌国的沈万山、"九十九间半"的蒋百万、汇聚英才的上江考棚、提调公馆，也是老南京自古聚居的地方。几经更迭，早已物是人非：老街拓宽成了大马路，厂房、多层楼房、平房等混迹于历史建筑中，加之不少古建筑也已破败不堪，成为南京城内最为破旧的街区之一。

（2）文化上的变迁

明末清初，夫子庙秦淮河畔一气呵成开了问渠、问津、问柳三家茶馆，俗称"三问"茶馆，生意红火，是文人墨客聚会、商家巨贾谈生意的常往之地。该茶馆前后有两个茶厅，前厅是各行业工人谋职和老板找雇工之地，成了经营交易所；后厅为读书人饮茶叙文、赏月吟诗的场所。但随着历史变迁，"三问"茶馆也成为历史陈迹。此次在门东重修的问渠茶馆仿照当年格局，开放期间举行了评弹、古琴、相声、白局等传统艺术表演。

而这只是门东文化的一个缩影，除此之外，门东还修缮了沈万三故居、蒋寿山故居、上江考棚等历史文化点,复建了骏惠书屋、极具特色的古民居聚落群,同时恢复了青石板、青砖路等,通过这些再现了门东过去独特的文化。

(二) 老门东全景介绍——找到适合自己的角度去欣赏

(1) 怀旧型的人

这是一处让人怀旧的地方,虽然这街里的每一间房子每一块青砖是现代再建或是修缮的,可它确实透露出浓浓的旧时光,对于一个怀旧的人来说,更是暗含了内心某种情愫,你或许并没有在过去生活中经历过这些,可你就是莫名的爱上了这种古街古巷以及它所演绎的市井风貌。

你可以去看黄包车夫、糖芋筐、老邮筒、学生上私塾等雕塑,去感受老门东明清时期居民生活。

你可以去中营,在那里,一栋栋民居扑面而来的浓浓城南味儿,会让你很惊喜,那里的房梁柱子全都是原来的面貌,没有动过,年代至少是 120 年,斑驳沧桑的墙体地面还原着原始样貌。

你可以去留意细节,你会发现每户一井、在边营还特意保留了三根电线杆,其实这是不通电的,特意留下来,只是为了作为一个怀旧的风景。

你可以看木建筑、马头墙、亭台楼阁、小桥流水,感受那曲径通幽;看那木制的大门想象着这门后曾今发生的故事,是否会有少爷叩响门环喊着:我回来了,快开门? 又是否会有一家子在晚饭后,坐在院子里纳凉? 又是否会有老人坐在门前晒太阳或是和来往邻居扯家常?

你也可以坐在亭子里,一个人静静品味着旧时光,浮着旧巷苍绿的光阴里有多少让人细细咀嚼的滋味哦,它能让人津津有味的度过旧时光,或是在傍晚,行走在幽暗的小巷子里,身停昏暗灯光,脚蘸潮湿苔藓,手抚徽派青砖,放纵自己感觉,任其一丝丝进入心底——这里曾经的历史喧嚣亦或是寂寞风尘,知多少?

(2) 畅游文化的人

你可以去南京书画院、金陵美术馆(它占 6 000 平方米,共 5 个专业展厅,配有多媒体报告厅、会议室、资料室、书店、艺术商品、画廊、咖啡厅、艺术培训等多个专用空间以满足不同展览和活动需要,到春节前夕,这里每个周末都有不一样的艺术课堂,有动手拓印的体验,有拼建古建筑的成就,有现场寻宝的神秘,有感受文物复制的乐趣,还有历史真实地再现等,作为南京市第一座真正意义上的市级公益性美术馆,金陵美术馆将给大家带来更多免费的精神享受。)

老城南记忆馆(使用声光电等多媒体手段打破国画、油画、雕塑的界限,以各种富有趣味性的主题展示承载南京的众多社会生活符号寄托南京人的美好记忆,成为南京精神目录:秦淮河上的船坞、老城南特有的屋檐、会听到熟悉的吆喝、会看到老城南夏天的街道、会听到迎亲队伍的唢呐声、会有南都繁会图的热闹场景再现)、沈万三故居。

你也可以去别墅院落群(看明清徽派风格:马头墙、青砖、黛瓦,它同时将土族文化发挥到致致)你也可以在特定节日去看不同的主题馆,从而了解文化;你也可以去德云社听相声;去问渠茶馆,这里每日上演南京白局、白话、古琴、相声、皮演戏吊吊戏,你也可以去看它举行的一些活动:邀请民间艺人剪纸、灯彩、绳结、烙画、脸谱、木偶戏、皮演戏、捏泥人、虎头鞋、木雕。

（3）心之旅的人

这类人可以随心而为，没有太多计划，可以是去吃去看去享受美好。你可以看看每个地方的风景，不在意她具有怎样的故事，只在意此刻的满足；你可以去品尝蒋有记、蓝老大糖粥藕店、黄勤记凉粉、小郑酥烧饼、徐家鸭子、鸡鸣汤包等南京的味道。

（三）活动总结

1. 调查中发现的问题

（1）朋友在里面吃的糖芋苗觉得不是很正宗

（2）一些游客说希望不要让人带宠物进去

（3）有人觉得与很多地方的历史文化街有点相似，担心同质化

（4）商业化过浓

（5）很多人不知道老门东的文化，不是很清楚它的活动有哪些

（6）城市发展和建筑名片该如何兼顾需要城市规划者的思考

（7）历史文化的保护和继承发扬提升值得我们去思考和努力

2. 问题的分析

以上问题都是通过实地调查时发现的以及在整理问卷时发现的，还有的是在搜集资料过程中发现的。

针对以上问题，我们想提出自己浅薄的思路以供有办法有能力的人思考，帮助很好的解决这些问题。

首先，里面的食品，一定要是南京味道，草根饮食平民化饮食占主导，里面的店必须是这个行业里食品做的最正宗的，在引进他们来老门东之前，必须公开化、透明化。

第二，老门东的管理和服务团队要有自己严格的条例，要有足够的热情去做这样的工作，可以虚心接受游客建议，利用多种途径加强对景点的宣传。

第三，我觉得只要老门东坚定的走自己的定位，不去违背初衷，保护好自己的文化，传播自己的文化，不要去模仿，就不会有大问题，毕竟这次去，我们是有发现，老门东的历史故事和历史人物建筑还是很多的，而这些是其他外地不曾有的，这点就是个很大优势，看自己怎么去宣传怎么去保护发展了，其次老门东很多的活动和民间各种非物质文化遗产

活动的展示着也是其他地方不曾突出表现的,所以,只要老门东发现自己的优势发挥自己的优势坚定自己的定位,就有很好的未来。

第四,商业模式上,需要考虑到将高档消费与中低档消费结合起来,引入传统小吃及手艺文化的消费类型。传统文化街区并非高档消费场所,游客更多的是在追溯历史的步伐中不由自主地的进行一些中小规模消费,因此绝不能将高档消费摆在过于突出的位置上。考虑到各年龄段的消费需求,采取适当的空间布局例如传统小吃的群集,可以很大幅度提升游客的平均消费水平。

第五,摒弃大拆大建的做法。一座城市就是一部活的历史,建筑越久远,历史沉淀越厚实,其传统历史街区的价值也就越高。突出街巷格局、空间尺度和城市肌理的保护,在保护、修缮部分有保留价值的历史建筑同时,对其余搭建棚屋及不协调的建筑进行整治出新。

四、后记

为了了解老门东的历史变迁,我们先是分了工,接下来就是大量的搜集资料,而在这过程中却发现了一些疑惑和问题,这就让我们之后的调查问卷和访谈更加的具有针对性。

我们选择一天,大家一起去老门东,刚开始,每个人都有点害羞不敢让游客和负责人填问卷,也不敢和他们交流了解老门东的一些故事文化及发展建议等,幸运的是后来大家互相鼓劲勇敢跨出了自己这一步,每个人都努力的把自己的事做好,我、成乐娜和张莉负责给游客填写问卷,宋婷婷负责给我们拍照,刘忱忱和孙蒙恩负责和老门东负责人进行访谈,在这过程中,我们并不是一直很顺利,除了勇敢跨出自己这一步外,我们没想到还会遇到其他问题:游客不乐意填问卷。可是,这些我们都一一克服了,所以这次实践活动,我认为是很有意义的,我们的队友是很棒的。

回来后,以为最难的部分我们已经完成了,却发现其实最难的还在后面:整理资料,写好实践报告,这才是重头戏。大量的调查问卷数据需要整理,游客反映的问题我们需要归纳思考总结,而电脑上大量百度的零散的知识也需要我们筛选整合,这个任务是庞大的,每天弄一下都需要去思考框架怎么去排版,最主要的还是发现问题解决问题,否则这次的调查就算不上是成功的。

这项工程花费的时间是最长的,每次写不下去时总是咬咬牙继续,可是这也是最让人感到自豪的,看到我们的劳动成果通过这个报告呈现给大家看,这是很开心的事。

附件一　调查问卷样卷

关于"我身边的历史变迁——老门东"调查问卷

您好,为了搜集老门东的历史变迁资料,为了更加了解它的文化以及发展,特地进行此次调查,希望您能给予支持与理解,感谢您能在百忙之中抽出几分钟完成这份问卷。

1. 您的年龄(　　)

　　A. 儿童　　　　　　B. 青年　　　　　　C. 中年　　　　　　D. 老年

2. 您的性别（　　　）

    A. 男　　　　　　　　B. 女

3. 您的身份是（　　　）

    A. 游客　　　　　B. 附近居民　　　　C. 里面的商人　　　　D. 学生

    E. 老门东负责人或管理人员

4. 在建筑的变化上，你喜欢曾经老门东还是如今的老门东？（　　　）

    A. 曾今　　　　　B. 现在　　　　　C. 各有千秋

5. 你看好老门东今后的发展吗？（　　　）

    A. 看好　　　　　B. 不看好　　　　C. 不清楚

6. 您对老门东的文化有了解吗？（　　　）

    A. 了解　　　　　B. 不太了解　　　　C. 不了解

7. 您为什么来老门东？（　　　）

    A. 来购物逛街　　　　　　　　B. 慕名而来

    C. 为了感受文化底蕴而来　　　D. 寻访老南京的味道

8. 您觉得老门东的这次建设怎么样？（　　　）

    A. 很好　　　　　B. 一般　　　　　C. 不好　　　　　D. 其他

9. 您希望老门东今后的发展是怎样的？可以多选（　　　）

    A. 多多引进民间能人艺士

    B. 希望里面的小吃都是正宗的是通过一些推荐和比赛竞选上的

    C. 经常有各种传统文化节目

10. 您希望老门东满足您什么样的需求（　　　）

    A. 购物逛街　　　　　　　　B. 文化游

    C. 怀旧，单纯走走看看回忆　　D. 饮食

11. 老门东的发展定位是（　　　）

    A. 文化　旅游　商贸

    B. 以公益性为导向，牺牲市场利益

12. 您接受里面引进一些外来文化吗（　　　）

    A. 接受，前提是守望传统，保持南京特色，外来的产品、商铺应该尽量减少且必须在外形上符合老门东风格和功能的定位

    B. 不接受，希望全都是具有南京特色的文化店小吃店等

    C. 老门东毕竟是能代表南京历史文化的景区，一定要守望传统，保持南京特色，外来的产品、商铺应该尽量减少。

13. 您来老门东后感觉如何（　　　）

    A. 开心　　　　　B. 失望　　　　　C. 没感觉

14. 影响您对老门东评价的因素？可以多选（　　　）

    A. 历史文化　　　　　　　　B. 商业

    C. 风景　　　　　　　　　　D. 环境

    E. 其他

15. 您对老门东未来的发展态度（　　　）
　　A. 看好
　　B. 不太看好
　　C. 有点担忧它会背离"初衷"商业化严重
16. 在其中选一个你认为可以作为南京城市名片的地方（　　　）
　　A. 中山陵　　　　　B. 夫子庙　　　　　C. 老门东
17. 您对老门东的建设或发展有什么建议？

【优秀成果选编二】

关于南京江心洲历史发展变迁的社会调查

引　言

　　南京江心洲,这一以盛产葡萄闻名的全国农业旅游示范岛,在经历曾经的辉煌后,目前正朝着更加现代化,更加生态化的方向发展。把握 2014 年南京青奥会的契机,江心洲开展新加坡·南京生态科技岛建设项目,其规划远景是建成一座"生态科技城、低碳智慧岛"。在夹江大桥、地铁 10 号线以及过江隧道建成后,江心洲在交通上完成了与主城、江北的相连。也预示着江心洲在新时期的发展将越来越好。而此次的调查实践,将为大家介绍过去、现在和未来的江心洲,让大家了解江心洲。并通过本次的调查实践,及时分析,并为江心洲的发展提出合理化建议。这也是我们为江心洲的建设所能贡献一点的微薄之力,因为作为南京人,我们关心江心洲的发展。

一、江心洲的过去

江心洲的简介

　　江心洲,中国长江下游一河岛,位于南京城西南长江之中,距市中心 6.5 公里,隶属于南京市建邺区。全洲基本呈南北走向的长条形,状若青梅,故又称梅子洲,面积 15 平方公里,辖 3 个行政村,24 个村民小组。1.2 万亩耕地中盛产各类果品和蔬菜,其中葡萄 4 000亩,韭菜 3 000 亩,小品种蔬菜 2 000 亩,各类杂果 1 000 亩。被设定为全国农业旅游示范点,由南京市政府每年举办葡萄节。

　　1949 年改今名。农产丰富,著名的古白露洲就在江心洲东部,不过现在已经与陆地相连了。该镇自 1997 年打出农业旅游的品牌,以独特的地理位置、秀美的田园风光、广阔的大江风貌为依托,将农业与旅游相结合,充分发展该镇的农业旅游经济。该镇绿树成荫,风景优美,气候怡人,民风淳朴,实为都市中少有的绿洲,难得之净土。

江心洲街道历史变迁

　　江心洲是由长江中泥沙淤积而成,在宋代基本形成如今的轮廓,清代始,洲上大量开垦,按开垦先后有棋杆洲、寿代洲、永定洲、风林洲、龙门洲等 5 个岛上居民居住地,形成自然村 20 多个。清代以来,安徽省无为籍居民在江岛中生活时间较长人数较多,随着长江之中岛屿的此消彼长，在民国之后大量无为籍居民登上江心洲，直至现在岛上的许多居民还保留着许多无为口音方言、民风民俗和生活习惯。

1949年1月—4月，江心洲从第十二区划出，划入第十五区，江心洲属江胜乡，江胜乡包括双闸乡的大胜关，区公所移至江心洲的永定洲。南京解放后，江心洲上沿袭民国时期的区划设置，1949年6月，江心洲又划归十二区；1949年11月，江心洲成立东宏、棋杆、永定三个乡，在此之前设一个乡，即：江心洲乡；此时，江心洲由南京市第十二区又划到第十一区；1953年7月，又划归江宁县第八区；1946年2月又划归雨花台区，3个初级社升为3个高级社，后合并一个高级社。1958年成立人民公社中，江心洲又改为江东人民公社的一个大队。1963年又由一个大队改为3个小公社，后合并为一个大公社，"文化大革命"中，江心洲先是成立公社革命委员会，后改为公社管委会，1983年4月成立江心洲乡人民政府。2001年6月8日江心洲撤乡建镇。2002年10月21日区划调整，由雨花台区划入建邺区。2003年3月28日，撤镇改设街道办事处。

南京市建邺区江心洲街道办事处驻永定村，江心洲面积15平方千米，现辖3个社区：白鹭村、洲泰村、永定村。

二、江心洲的现在

1. 出行

江心洲人出行，由于受长江天然阻隔，显得与世隔绝。人们出行以轮渡为主，由于轮渡按班次准点发出，若步伐稍慢没赶上船，那得等上半个小时，相比城区内的地铁，公交车，轮渡显然与当今快节奏的生活方式不相适应。

如今，随着地铁10号线的开通，江心洲的交通正变得便捷。

2. 居住

由于过去江心洲的发展方式以特色农业生态旅游为主，使得江心洲没有高楼大厦，只有普通的农家二层小楼。当然，就舒适度来说，江心洲的农家小楼虽然没有市区商品房那么豪华的装修，但是提供了很大的居住空间，我在江心洲居住的一段时间里，充分体会到了空间上的自由，没有商品房楼板的隔离，没有冰冷的防盗门的陌生，更没有无处不在的监控探头。睡在自家小楼的床上，不必担心甜美的梦会被钻透楼板的噪声所打断；在江心洲，家家户户都有属于自己的小楼，由于每家每户都挨着，时常串个门，也很方便，邻里关系总是显得很融洽；正是有了邻里的和谐，大家都相互照应，相互帮扶。

3. "食"

虽然江心洲是农业生态旅游示范区，但是由于受土地面积狭小以及其发展葡萄种植为特色的原因，使得江心洲这本该农副产品自给自足的地方，也需要从岛外引进大量蔬菜，肉类以及鱼类，蛋禽。乡镇府，也就是街道，顺应人民的意愿建立了农贸市场，使江心洲人不需要每天起个大早乘坐轮渡进城买菜了，这极大地改善了保障了江心洲人民的物质生活需求质量。

每年葡萄收获的季节，该农贸市场还扮演葡萄交易集市的角色，过去每到葡萄节开幕的时候，私家车，游客会将这本就不大的市场挤得水泄不通。

由于现在江心洲的开发改造，江心洲目前就像一个大工地，失去了往日的宁静。

4. 谋生手段

（1）自给自足型

即使江心洲土地面积狭小，可还是有人愿意过一种自给自足的生活，他们在自家小楼后面开发一块地去耕种，同时他们也饲养一些家禽，他们的户籍是城镇户口，因此他们又是标标准准的城市农夫，在喧嚣的城市里，他们在寻找一份悠闲、静谧。

（2）外出工作型

由于近几年江心洲的拆迁改造，使得原本靠种植葡萄为生，以农家乐为生的江心洲人，开始外出打工，或者搬离江心洲，在交通相对较好的河西奥体附近居住生活。

三、江心洲的未来

新加坡·南京生态科技岛，即现在的南京建邺区江心洲，全岛面积约 15.21 平方公里，其规划远景是建成一座"生态科技城、低碳智慧岛"。从区位来看，江心洲是长江中唯一一座位处主城区的洲岛，距南京市中心 6.5 公里。

交通规划上，目前通往江心洲的机动车通道为夹江大桥，江心洲规划三条机动车道。轨道交通方面，地铁 10 号线今年通车。人行通道方面，规划水西门大街及奥体中心两条通道，将以人行桥的方式实现。

区别于主城区的市政道路，江心洲道路规划设有较完善的慢行系统，供市民步行或骑自行车。2014 年，江心洲首期市政景观工程也规划建成，包括首期建设的道路绿地和周边水系河道，位于纬七路两侧的地区内，总长约 8 千米。

同时，江心洲岛内道路中规划设有一条有轨电车（BRT）线路，实现低碳交通。

新加坡南京生态科技岛一期经适房项目，位于全岛中部，含 3 个居住组团，与沿江生态湿地相望。总建筑面积约为 40 万平方米。项目的规划设计借鉴新加坡政府组屋的规划建设经验，利用江心洲的生态自然环境，创造花园式社区环境，全装修交付。

二期经适房位于全岛的南部，规划总建筑面积约 46 万平方米。预计 2014 年内一组团结构封顶，二组团主体开始施工。

另外，定位为新能源服务岛的江心洲，为满足生态科技岛未来开发建设要求，拟从河西新城区引入市政水、电、燃气等综合市政管线穿越夹江到达江心洲，建立生态科技岛高标准、安全的市政供应系统。

此外，江心洲是地处长江中的洲岛，根据水利部长江水利委员会在 2011 年底批准的生态科技岛建设安全区的行政许可要求，江心洲规划进行防洪堤岸加固工程建设。全岛堤防及洲堤建设工程主要内容包括：加固梅子洲大江侧和夹江侧洲堤；对梅子洲左、右缘迎流顶冲段和已有护岸薄弱段进行新护和加固。计划在 2014 年青奥会前完成夹江侧的堤岸加固，实施长度约 9 千米。

2014 年南京青奥会举办期间，位于江心洲上的青奥森林公园也规划作为青奥会时世界各地的青年运动员来公园植树留念的基地。据了解，青奥森林公园位于江心洲的南部、青奥轴线延伸线和江心洲夹江大堤交叉的"T 字形"区域，总面积约为 980 亩。

四、促进江心洲发展的对策建议

（一）生态建设与旅游开发相结合

1. 合理产业互动，坚定农业旅游发展思路

新加坡·南京生态科技岛项目的实施，加快了江心洲地区的现代化水平的提高，加速了江心洲地区的城市化的进程。但是在发展建设的同时，也要利用好现有资源，凭借特色农业这张名片，结合生态农业、科技农业的现代化发展模式，使得江心洲的经济，生态和谐发展。

2. 完善农业园区建设，加快生产农业向观赏农业的转变

江心洲以葡萄闻名，但是由于葡萄种植以个体种植为主，造成了品种的单一化现象严重，葡萄价贱伤农的现象出现。另外，个体种植也存在抗风险能力低的隐患，前几年一连数天的暴雨，猛烈地台风，使得几近成熟的葡萄掉落变质，农户损失惨重。因此，需要加强集约型葡萄种植，以及品种多元化种植，提高农户收入，促进经济发展。

3. 农业旅游初现成效，发展前景无比广阔，希望新加坡·南京生态科技岛项目的实施不仅仅是为了房地产开发。

江心洲经过几代人的努力，发展思路随着时代发展不断调整。江心洲人认定农业旅游的发展思路，经过几年的奋斗已经初见成效保护了一方净土，项目用地进入了良性循环。由于农业旅游思路的确定，优化农业，改善生态环境成为发展的的第一要素，对于旅游项目用地合理规划，统筹兼顾，实实在在的保护了江心洲的土地和生态环境，为南京市的中心留下了一片绿洲。

近年来，保利等房地产大鳄的竞拍成功，江心洲的地产开发拉开了帷幕，但我想说农业生态观光、旅游才是其发展良策。

结语

通过本次实践活动，我们对江心洲有了一个较为全面的认识，过去的江心洲是一个以葡萄种植为特色的生态农业旅游示范区，是南京的后花园。现在，江心洲正在加速建设，随着一条条柏油马路的建成通车，随着一栋栋商品房拔地而起，随着葡萄树一棵棵的被征收。在为江心洲的发展高兴的时候，我心里也有对过去生活的怀念，怀念过去葡萄成熟的季节，吃着冰镇的葡萄，在家门口的老树下乘着凉，度过一个快乐的假期；我怀念过去和小伙伴一起打球玩耍，一起结伴上学的时光。我更怀念在小楼里居住时的点点滴滴，自由的空间，融洽的邻里关系。

历史的车轮总是向前推进的，过去的江心洲的田园式生活必定一去不复返了。曾经的自然原生态也会被设计图纸中的生态所代替，但唯一不变的，是在经历了种种发展变化后，我们心中那段美好的记忆仍然常青不衰，甚至随着时间的流逝越发的深刻。

在本次活动中，我们也发现，当今的大都市中道德水准下降的的原因，因为城市的喧闹使人变得浮躁；而城市中的钢铁水泥森林让人的心变得僵硬，失去了活力与纯真。

江心洲，都市中一个宁静的地方，因为长江的缘故与繁华的城市隔绝，它是真正的世

外桃源,古人云:大隐隐于市。而江心洲为南京人预备了自己,使得在城市中忙碌奔波的人,得以在此得到心灵的放松,精神的抚慰。

参考文献

[1] 百度百科

http://baike.baidu.com/link? url=ZwTWJUqn9esa82 - m4fg - hVWy4hXqc17R9Req LCwuBV5YlUwOHtiOrQkEDUZUMeJEs8qu37WbUaybbQym1 - rVTq

[2] 2012 年 07 月 19 日 14:02:14 来源:中国江苏网

http://news.jschina.com.cn/system/2012/07/19/013828082.shtml

[3] 2012 年 10 月 22 日 14:58 来源:365 地产家居网

http://house.hexun.com/2012 - 10 - 22/147078869.html

[4] 2013 年 07 月 31 日来源:《现代快报》B1 版

http://dz.xdkb.net/html/2013 - 07/31/content_284272.html

[5] 文章来源:中国网

http://www.china.com.cn/bbs/07fyj/content_8883069.htm

第十章　改革开放与现代化建设新时期

一、内容梳理,同步练习

内容梳理

【教学目的】通过对改革开放以来中国特色社会主义事业所取得的建设成就的学习,增强学生的民族自豪感。

【教学重点】十一届三中全会是具有历史意义的伟大转折、改革开放的全面开展和巨大成就。

【教学难点】改革开放是社会主义制度的自我完善和发展。

【教学时间】2 学时

【主要内容】

1　历史性的伟大转折和改革开放的起步
　　1.1　历史性的伟大转折
　　1.2　改革开放的起步
　　1.3　拨乱反正任务的胜利完成

2　改革开放和现代化建设新局面的展开
　　2.1　改革开放的全面展开
　　2.2　改革开放和现代化建设的深入推进
　　2.3　中国特色社会主义事业的继续推进

3　中国特色社会主义事业的跨世纪发展
　　3.1　改革开放新的历史性突破
　　3.2　进一步推进改革开放和现代化建设
　　3.3　改革开放和现代化建设的跨世纪发展

4　在新的历史起点上推进中国特色社会主义
　　4.1　全面建设小康社会战略目标的确定
　　4.2　不断推动经济社会的科学发展
　　4.3　奋力把中国特色社会主义推进到新的发展阶段

5　开拓中国特色社会主义更为广阔的发展前景
　　5.1　全面建成小康社会目标的确定和实现民族复兴中国梦的提出

5.2 协调推进"四个全面"战略布局

5.3 具有新的历史特点的重大实践

6 坚定不移沿着中国特色社会主义道路前进

6.1 改革开放以来的巨大成就

6.2 取得巨大成就的根本原因和主要经验

6.3 努力实现"两个一百年"的奋斗目标

同步练习

（一）单项选择题

1. "文化大革命"结束后，造成党和国家的工作在徘徊中前进局面的根源是（   ）
   A. "以阶级斗争为纲"的错误方针　　　B. "批林批孔"的错误方针
   C. "两个凡是"的错误方针　　　D. "反击右倾翻案风"的错误方针

2. 1978 年关于真理标准问题的讨论，是为了解决中国共产党的（   ）问题。
   A. 组织路线问题　　　B. 思想路线问题
   C. 社会主义初级阶段的基本路线问题　　　D. 政治路线问题

3. 1978 年在我国出现的一场马克思主义思想解放运动是（   ）
   A. 揭批"四人帮"运动
   B. 社会主义教育运动
   C. 关于计划经济和市场经济问题的大讨论
   D. 关于真理标准问题的大讨论

4. 1978 年邓小平在中共中央工作会议上发表的重要报告是（   ）
   A.《实践是检验真理的唯一标准》
   B.《解放思想，实事求是，团结一致向前看》
   C.《必须旗帜鲜明地坚持四项基本原则》
   D.《关于建国以来党的若干历史问题的决议》

5. 新中国成立以来党的历史上具有深远意义伟大转折的标志是（   ）
   A. 中共十一届三中全会的召开　　　B. 中共十一届六中全会的召开
   C. 中共十二届三中全会的召开　　　D. 中共十二届六中全会的召开

6. 1981 年通过《关于建国以来党的若干历史问题的决议》的是（   ）
   A. 中共十一届五中全会　　　B. 中共十二届三中全会
   C. 中共十一届六中全会　　　D. 中共十二届六中全会

7. 揭开中国社会主义改革开放和现代化建设新时期序幕的是（   ）
   A. 中共"十一大"　　　B. 中共十一届三中全会
   C. 中共"十二大"　　　D. 中共十二届三中全会

8. 中共十一届三中全会后，中国农村在经济体制改革中推行的制度是（   ）
   A. 互助合作制度　　　B. 个体经营制度
   C. 生产队为基础的集体经营制度　　　D. 家庭联产承包责任制度

9. 1979年元旦,全国人大常委会发表的推动祖国统一大业的重要文献是(　　)

   A.《实现两岸和平统一的九项方针》

   B.《告台湾同胞书》

   C.《为促进祖国统一大业的完成而继续奋斗》

   D.《一个国家,两种制度》

10. 1979年3月,邓小平在中央理论工作务虚会上首次明确提出了必须坚持(　　)

   A. 解放思想,实事求是　　　　　　　　B. 对内改革,对外开放

   C. 拨乱反正　　　　　　　　　　　　　D. 四项基本原则

11. 邓小平在中共"十二大"上首次明确提出了(　　)

   A. 建设富强民主文明的社会主义现代化国家

   B. 建设有中国特色的社会主义

   C. 党在社会主义初级阶段的基本路线

   D. 党在社会主义初级阶段的基本纲领

12. 1984年10月,中共十二届三中全会通过了(　　)

   A.《关于加快农业发展若干问题的决定》

   B.《关于经济体制改革的决定》

   C.《关于科学技术体制改革的决定》

   D.《关于教育体制改革的决定》

13. 我国经济体制改革转向以城市为重点全面展开的标志是(　　)

   A.《政治体制改革总体设想》的实施

   B.《关于经济体制改革的决定》的实施

   C.《关于科学技术体制改革的决定》的实施

   D.《关于教育体制改革的决定》的实施

14. 1987年召开的中共"十三大"比较系统地阐述了(　　)

   A. 社会主义商品经济理论　　　　　　　B. 社会主义市场经济理论

   C. 社会主义初级阶段理论　　　　　　　D. 社会主义本质理论

15. 随着对外开放的进一步扩大,中共中央和国务院在1988年决定建立的经济特区是(　　)

   A. 深圳经济特区　　　　　　　　　　　B. 珠海经济特区

   C. 海南经济特区　　　　　　　　　　　D. 厦门经济特区

16. 1986年9月通过《关于社会主义精神文明建设指导方针的决议》的是(　　)

   A. 中共十一届三中全会的召开　　　　　B. 中共十一届六中全会的召开

   C. 中共十二届三中全会的召开　　　　　D. 中共十二届六中全会的召开

17. 中共"十三大"明确将党在社会主义初级阶段的基本路线概括为(　　)

   A. "一手抓物质文明,一手抓精神文明"

   B. "一个中心,两个基本点"

   C. "四个坚持"

   D. 建设中国特色社会主义经济、政治和文化

18. 1992 年召开的中共"十四大"明确指出,我国经济体制改革的目标是(　　)
    A. 计划经济为主和市场经济为辅的体制
    B. 社会主义商品经济体制
    C. 市场经济为主和计划经济为辅的体制
    D. 社会主义市场经济

19. 1997 年召开的中共"十五大"明确提出了(　　)
    A. 党在社会主义初级阶段的基本路线
    B. 党在社会主义初级阶段的基本纲领
    C. 党在社会主义初级阶段的基本经验
    D. 建设中国特色社会主义的基本规律

20. 中国共产党将邓小平理论作为党的指导思想写入党章是在(　　)
    A. 中共"十二大"　　　　　　　　B. 中共"十三大"
    C. 中共"十四大"　　　　　　　　D. 中共"十五大"

21. 1995 年 1 月江泽民发表了发展两岸关系、推进祖国和平统一八项主张的(　　)
    A.《实现两岸和平统一的九项方针》
    B.《告台湾同胞书》
    C.《为促进祖国统一大业的完成而继续奋斗》
    D.《一个国家,两种制度》

22. 中国共产党将"三个代表"重要思想作为党的指导思想写入党章是在(　　)
    A. 中共"十六大"　　B. 中共"十七大"　　C. 中共"十四大"　　D. 中共"十五大"

23. 2002 年召开的中共"十六大"概括了(　　)
    A. 党在社会主义初级阶段的基本路线
    B. 党在社会主义初级阶段的基本纲领
    C. 建设中国特色社会主义的基本经验
    D. 建设中国特色社会主义的理论体系

24. 中国共产党正式提出了坚持以人为本、全面协调可持续的科学发展观的重要会议是(　　)
    A. 中共十六届三中全会　　　　　B. 中共十六届四中全会
    C. 中共十六届五中全会　　　　　D. 中共十六届六中全会

25. 中国共产党明确提出构建社会主义和谐社会战略任务的重要会议是(　　).
    A. 中共十六届三中全会　　　　　B. 中共十六届四中全会
    C. 中共十六届五中全会　　　　　D. 中共十六届六中全会

26. 中国共产党明确提出建设社会主义新农村战略任务的重要会议是(　　)
    A. 中共十六届三中全会　　　　　B. 中共十六届四中全会
    C. 中共十六届五中全会　　　　　D. 中共十六届六中全会

27. 2006 年 3 月,胡锦涛在看望全国政协委员会时提出了以"八荣八耻"为主要内容的(　　)
    A. 社会主义价值观　　　　　　　B. 社会主义核心价值体系

    C. 社会主义荣辱观　　　　　　　　D. 社会主义共同理想

28. 中国共产党对中国特色社会主义理论体系进行科学概括是在(　　)

    A. 中共"十六大"　　　　　　　　B. 中共十六届四中全会

    C. 中共"十七大"　　　　　　　　D. 中共"十八大"

29. 中国共产党明确提出"三个倡导"社会主义核心价值观的重要会议是(　　)

    A. 中共"十六大"　　　　　　　　B. 中共十六届四中全会

    C. 中共"十七大"　　　　　　　　D. 中共"十八大"

30. 中国共产党明确提出全面推进依法治国战略任务的重要会议是(　　)

    A. 中共十八届三中全会　　　　　　B. 中共十八届四中全会

    C. 中共十八届五中全会　　　　　　D. 中共十八届六中全会

参考答案：

1. C 2. B 3. D 4. B 5. A 6. C 7. B 8. D 9. B 10. D 11. B 12. B
13. B 14. C 15. C 16. D 17. B 18. D 19. B 20. D 21. C 22. A 23. C
24. A 25. B 26. C 27. C 28. C 29. D 30. B

（二）多项选择题

1. 1978 年开展的关于真理标准问题讨论的历史意义是(　　)

    A. 冲破了"个人崇拜"和"两个凡是"的束缚

    B. 重新确立了"解放思想、实事求是"的思想路线

    C. 思想路线的拨乱反正

    D. 为党的十一届三中全会的召开,准备了思想条件

2. 1979 年 3 月,邓小平在中央理论工作务虚会上首次明确提出必须坚持(　　)

    A. 社会主义道路　　　　　　　　B. 人民民主专政

    C. 共产党的领导　　　　　　　　D. 马克思列宁主义、毛泽东思想

3. 中共十一届三中全会后对外开放开始起步,1980 年中央决定设立(　　)

    A. 深圳经济特区　　　　　　　　B. 珠海经济特区

    C. 汕头经济特区　　　　　　　　D. 厦门经济特区

4. 1980 年 1 月,邓小平在《目前的形势和任务》中提出的中国人民长期奋斗的三件大事是(　　)

    A. 推进体制改革　　　　　　　　B. 维护世界和平

    C. 实现祖国统一　　　　　　　　D. 加紧现代化建设

5. 进入 20 世纪 80 年代,我国多层次、有重点、点面结合对外开放格局的构成包括(　　)

    A. 经济特区　　　　　　　　　　B. 沿海开放城市

    C. 沿海经济开放区　　　　　　　D. 内地

6. 党的十一届三中全会后,改革开放起步表现在(　　)

    A. 1979 年 4 月提出"调整、改革、整顿、提高"的方针

    B. 在农村实行家庭联产承包责任制

　　C. 城市逐步扩大企业自主权,实行政企分开

　　D. 1980 年 8 月中央决定在广东的深圳、珠海、汕头,福建的厦门设置经济特区

7. 1992 年邓小平同志在视察南方的谈话中阐述了一系列重要思想,其中有(　　　)

　　A. 关于改革党和国家领导制度的思想

　　B. 关于社会主义本质的思想

　　C. 关于发展才是硬道理的思想

　　D. 关于"三个有利于"思想

8. 1985 年 2 月,中共中央和国务院决定开辟的沿海经济开放区是(　　　)

　　A. 长江三角洲　　　　　　　　　　B. 珠江三角洲

　　C. 闽南厦门泉州漳州地区　　　　　D. 沿渤海湾特区

9. 中共十二届六中全会确定的我国社会主义现代化建设的总体布局是(　　　)

　　A. 以经济建设为中心

　　B. 坚定不移地进行经济体制改革

　　C. 坚定不移地进行政治体制改革

　　D. 坚定不移地加强精神文明建设

10. 邓小平同志在同江泽民谈话时提出的中国社会主义农业改革和发展的"两个飞跃"是(　　　)

　　A. 废除人民公社,实行家庭承包责任制　B. 发展乡镇企业

　　C. 实施科教兴农战略　　　　　　　　D. 发展集体经济

11. 1994 年江泽民在进一步强调正确处理改革、发展、稳定的关系时指出(　　　)

　　A. 发展是目的　　　　　　　　　　B. 改革是动力

　　C. 改革是保障　　　　　　　　　　D. 稳定是前提

12. 中共十四届六中全会《关于加强社会主义精神文明建设若干重要问题的决议》,强调要(　　　)

　　A. 以科学的理论武装人　　　　　　B. 以正确的舆论引导人

　　C. 以高尚的精神塑造人　　　　　　D. 以优秀的作品鼓舞人

13. "三个代表"具体是指中国共产党(　　　)

　　A. 代表中国先进生产力的发展要求　B. 代表中华民族的最高利益

　　C. 代表中国先进文化的前进方向　　D. 代表中国最广大人民的根本利益

14. 20 世纪 90 年代后期我国改革开放和现代化建设经受的风险考验主要有(　　　)

　　A. 1997 年爆发的亚洲金融危机

　　B. 1998 年发生的历史上罕见的洪涝灾害

　　C. 1999 年北约袭击中国驻南斯拉夫使馆

　　D. 1999 年"法轮功"邪教组织非法聚众闹事

15. 1998 年中共中央决定在县级以上党政领导班子、领导干部中深入开展教育的内容是(　　　)

　　A. 讲学习　　　　B. 讲政治　　　　C. 讲正气　　　　D. 讲文明

16. 2007 年 6 月胡锦涛在中央党校发表的重要讲话中指出,科学发展观的(　　　)

A. 第一要义是发展　　　　B. 核心是以人为本
C. 基本要求是全面协调可持续　　D. 根本方法是统筹兼顾

17. 中共十六届六中全会通过的重要文献指出,社会主义核心价值体系的基本内容是(　　)
A. 马克思主义指导思想
B. 中国特色社会主义共同理想
C. 以爱国主义为核心的民族精神和以改革创新为核心的时代精神
D. 社会主义荣辱观

18. 下列属于中共十八大以来通过的决议的是(　　)
A.《关于全面深化改革若干重大问题的决定》
B.《关于全面推进依法治国若干重大问题的决定》
C.《关于深化文化体制改革推动社会主义文化大发展大繁荣若干重大问题的决定》
D.《关于新形势下党内政治生活的若干准则》

参考答案:

1. ABCD　2. ABCD　3. ABCD　4. BCD　5. ABCD　6. ABCD　7. BCD
8. ABC　9. ABCD　10. AD　11. ABD　12. ABCD　13. ACD　14. ABCD
15. ABC　16. ABCD　17. ABCD　18. ABD

(三) 简述题

1. 简述 1978 年开始的关于真理标准问题大讨论的历史意义。

答案要点:

这场讨论是继延安整风之后又一场马克思主义思想解放运动,成为拨乱反正和改革开放的思想先导,为中国共产党重新确立实事求是的思想路线,纠正长期以来的"左"倾错误,实现历史性转折,作了思想舆论准备。

2. 为什么说中共十一届三中全会是新中国成立以来的伟大历史转折?

答案要点:

(1) 全会重新确立了解放思想、实事求是的思想路线。

(2) 作出了把党和国家工作重心转移到社会主义现代化建设上来的战略决策。

(3) 从根本上冲破了长期"左"倾错误的束缚。

(4) 成为开辟中国特色社会主义道路,开创中国社会主义事业发展新时期的伟大起点。

3. 简述《关于建国以来党的若干历史问题的决议》对毛泽东和毛泽东思想历史地位的评价。

答案要点:

(1) 毛泽东是伟大的马克思主义者,是伟大的无产阶级革命家、战略家和理论家。他虽然在"文化大革命"中犯了严重错误,但就他的一生来看,他对中国革命的功绩远远大于他的过失,他的功绩是第一位的,错误是第二位的。他为中国共产党和中国人民解放军的创立和发展,为中国各民族解放事业的顺利进行,为中华人民共和国的缔造和中国社会主义事业的发展,建立了永远不可磨灭的功勋。

(2)毛泽东思想是马克思列宁主义在中国的运用和发展,是被实践证明了的关于中国革命和建设的正确的理论原则和经验总结,是中国共产党集体智慧的结晶。

4. 简述中共十三大提出的社会主义初级阶段的基本路线是什么?

答案要点:

领导和团结全国各族人民,以经济建设为中心,坚持四项基本原则,坚持改革开放,自力更生,艰苦奋斗,为把我国建成富强、民主、文明的社会主义现代化国家而奋斗。

5. 简述中国共产党成立以来所做的三件大事及其影响。

答案要点:

(1)在新民主主义革命时期,经过28年艰苦卓绝的斗争,推翻"三座大山",建立人民当家做主的新中国。

(2)在社会主义革命和建设时期,确立了社会主义基本制度,在一穷二白的基础上建立了独立的比较完整的工业体系和国民经济体系,使古老的中国以崭新的姿态屹立在世界的东方。

(3)在改革开放和社会主义现代化建设时期,开创了中国特色社会主义道路,初步建立起社会主义市场经济体制,大幅提高了我国的综合国力和人民生活水平,为全面建设小康社会、基本实现社会主义现代化开辟了广阔前景。

(四)材料分析题

1. 阅读材料,回答下列问题:

材料1:1980年8月,邓小平会见意大利记者奥林娜·法拉奇,法拉奇问:"天安门上的毛主席像,是否要永远保留下去?"邓小平回答说:"永远要保留下去。""毛主席的像太多,到处都是,并不是一种严肃的事情,也并不能表明对毛主席的尊重。"邓小平说:"毛主席一生中大部分时间是做了非常好的事情的,他多次从危机中把党和国家挽救过来,没有毛主席,至少我们中国人民还要在黑暗中摸索更长的时间。"

——摘自《邓小平文选》第2卷

材料2:习近平强调指出,我们党领导人民进行社会主义建设,有改革开放前和改革开放后两个时期,这是两个相互联系又有重大区别的时期。虽然这两个历史时期在进行社会主义建设的指导思想、方针政策、实际工作上有很大区别,但两者绝不是彼此割裂的,更不是根本对立的,不能用改革开放后的历史时期否定改革开放前的历史时期,也不能用改革开放前的历史时期否定改革开放后的历史时期。

——摘自《人民日报》(2013-01-06)

请回答:

(1)1980年邓小平为什么强调天安门上的毛主席像"永远要保留下去"?

（2）如何理解习近平总书记提出的"两个不能否定"的深刻内涵？

答案要点：

（1）路是一步一步走过来的，跨出第一步，才有第二步。我们党领导的革命、建设、改革也是一脉相承、薪火相传、生生不息的壮丽事业。新中国取得的一切成就，都是在新民主主义革命胜利基础上接续奋斗、接力探索的结果。以党的十一届三中全会为标志，新中国历史分为改革开放前后两个历史时期。无数事实表明，这两个历史时期都是不能否定的。

（2）改革开放前的历史时期是同毛泽东同志紧密联系在一起的。不能否定改革开放前的历史时期，也并不意味着要忽视甚至掩盖毛泽东同志晚年的错误。同时，也不能人为夸大毛泽东同志晚年的错误，更不能全盘否定毛泽东同志和毛泽东思想，如果这样做，既违背历史事实和人民意愿，也势必造成十分严重的政治后果。

（3）改革开放后的历史，是党领导全国各族人民成功开创和发展中国特色社会主义的历史。今天的中国，人民意气风发，发展日新月异，社会活力迸发，国际地位显著提高。在中国这样一个人口众多、经济文化十分落后的东方大国，在如此短的时间内，以如此快的速度，呈现如此大的变化，这的确是了不起的成就。在此过程中出现一些人们普遍关注而亟待解决的问题是正常的、不奇怪的，决不能因此而否定改革开放后的历史时期。

　　2. 阅读材料，回答下列问题：

材料1：1978年我国做出改革开放的战略决策时，美国《时代》杂志曾质疑说："他们的目标几乎不可能按期实现，甚至不可能实现。"经过30多年的改革开放，我国国内生产总值、外贸进出口总额均已经达到世界第二位，经济总量占世界经济的份额提升到10%左右，对世界经济增长的贡献率年平均超20%。据世界银行统计，我国已进入中高收入国家。

材料2：在物质文化生活得到提高后，人民群众对未来期待更高，过去施工建厂，首先考虑的是经济利益，今天引进项目，担心的却是环境污染；过去期盼吃饱穿暖，今天却追求吃的健康安全；过去梦想有车有房，现在则忧虑PM2.5排放。城乡居民收入整体都有提高，但城乡区域发展差距和居民收入分配差距依然较大，近10年来中国基尼系数始终处于0.4以上，超出国际公认"警戒线"。这个经济飞速发展、财富不断积累的世界第二大经济体，在创造着"中国式奇迹"的同时，仍有一些"中国式难题"等待破解。

——摘自《人民日报》、新华网等

材料3：1992年，邓小平同志在"南方谈话"中说："不坚持社会主义，不改革开放，不发展经济，不改善人民生活，只能是死路一条。"回过头来看，我们对邓小平同志这番话就有更深的理解了。所以我们讲，只有社会主义才能救中国，只有改革开放才能发展中国、发展社会主义、发展马克思主义。

正是从历史经验和现实需要的高度，党的"十八大"以来，中央反复强调，改革开放是决定当代中国命运的关键一招，也是决定实现"两个一百年"奋斗目标、实现中华民族伟大复兴的关键一招，实践发展永无止境，解放思想永无止境，改革开放也永无止境，停顿和倒退没有退路，改革开放只有进行时，没有完成时。

——摘自习近平《关于〈中共中央关于全面深化改革若干重大问题的决定〉的说明》

请回答：

(1) 如何看待改革开放进程中的"中国式奇迹"与"中国式难题"？

(2) 为什么说"改革开放只有进行时，没有完成时"？

答案要点：

(1) 通过改革开放，我国取得了重要成就：经济平稳较快发展，综合国力大幅提升，改革开放取得重大进展；农村综合改革、国有企业改革不断深化，非公有制经济健康发展；开放型经济达到新水平，进出口总额跃居世界第二位；人民生活水平显著提高，民主法制建设迈出新步伐，文化建设迈上新台阶。但也出现一些困难和问题，主要是发展中的不平衡、不协调、不可持续问题依然突出，科技创新能力不强，产业结构不合理，农业基础依然薄弱，资源环境约束加剧，制约科学发展的体制机制障碍较多，深化改革开放和转变经济发展方式任务艰巨；城乡区域发展差距和居民收入分配差距依然较大，社会矛盾明显增多；一些领域存在道德失范、诚信缺失现象，等等，需要进一步改革认真加以解决。

(2) 我国社会主义改造完成后，社会主义社会的基本矛盾是生产力和生产关系之间的矛盾、经济基础和上层建筑之间的矛盾。社会主义基本矛盾是非对抗性的，具有"又相适应又相矛盾"的特点，可以通过社会主义制度本身即改革解决，以经济建设为中心，发挥经济体制改革牵引作用，推动生产关系同生产力、上层建筑同经济基础相适应，推动经济社会持续健康发展。

二、精选案例，巩固深化

精选案例 1

《光明日报》发表《实践是检验真理的唯一标准》

1978 年 5 月 11 日，《光明日报》刊登题为《实践是检验真理的唯一标准》的特约评论员文章。当日，新华社转发了这篇文章。12 日，《人民日报》和《解放军报》同时转载。

文章论述了马克思列宁主义的"实践第一"的观点，正确地指出任何理论都要接受实践的考验。马克思主义的理论并不是一堆僵死不变的教条，它要在实践中不断增加新的内容，当然，依然存在着"圣经上载了的才是对的"错误倾向。这是"四人帮"强加在人们身上的精神枷锁，必须坚决打碎。这篇文章引发了关于实践是检验真理的唯一标准问题的讨论。党内外绝大多数人支持和拥护文章的观点。虽然华国锋指示中央宣传部门的某些负责人，对真理标准问题的讨论"不表态"、"不卷入"；汪东兴在有的场合指责这篇文章"实际上是把矛头指向主席思想的"，责问"这是哪个中央的意见？"加以压制，但是，这一讨论受到党中央的邓小平、叶剑英、李先念、陈云、胡耀邦等多数同志的积极支持，讨论在全国逐步开展。从 6 月到 11 月，中央党政军各部门、全国绝大多数省、市、自治区和大军区的主要负责同志都发表文章或讲话，一致认为，坚持实践是检验真理的唯一标准这一马克思主义的原则，具有重大的现实意义。这一讨论为党的十一届三中全会的召开准备了思想条件。

从某种意义上讲,这是 20 年来最响亮、最具关键意义的口号。"文革"以来,一句顶一万句的"最高指示"成了检验真理的唯一标准,从来没人敢提出:用什么检验"最高指示"?这一口号的提出,并不是单纯地向毛泽东不容置疑的权威提出挑战,而是为新的探索扫平道路。

随着"实践是检验真理的唯一标准"这一观念权威性的确立,无数冤假错案得以纠正,一批批的农民分到了土地,自农村起步的改革开始了,人们不再把发家致富当作一种罪恶,越来越多的新生事物让国人眼界应接不暇,当然更重要的是中国人从此踏上了务实的道路,真是一句口号,改变了中国人的生活。

——摘自《中国共产党新闻网》.

【讨论理解】

1.《实践是检验真理的唯一标准》发表的历史背景是什么?
2. 关于真理标准问题的讨论有何现实意义?

【案例点评】

"四人帮"被粉粹后,当时主持中央工作的华国锋坚持"两个凡是"的错误方针,继续维护党在一段时间内指导思想上的错误,从而使党和国家工作出现了在徘徊中前进的局面。这种对毛泽东生前的决策和指示拒绝作任何分析的观点,说明长期以来"左"的指导思想还未从根本上改变。在这种情况下,只有冲破"两个凡是"的严重束缚,才能重新确立党的实事求是的思想路线,实现伟大的历史性转折。于是,真理标准问题的大讨论不可避免发生了。

1978 年 5 月,《光明日报》以特约评论员名义发表《实践是检验真理的唯一标准》的文章,这篇文章从根本上否定了"两个凡是"的错误方针,鲜明指出真理只能依靠实践来检验。文章经新华社转发后,在全社会引起强烈反响。这场讨论是继延安整风之后又一场马克思主义思想解放运动,成为拨乱反正和改革开放的思想先导,为中国共产党重新确立实事求是的思想路线,纠正长期以来的"左"倾错误,实现历史性转折作了思想舆论准备。

【教学建议】

此案例可以放在第十章"改革开放与现代化建设新时期",在介绍"历史性的伟大转折"时予以介绍,帮助同学正确认识真理标准问题大讨论发生的历史背景及产生的影响,理解真理标准问题大讨论及十一届三中全会所带来的历史性转折的伟大意义。

精选案例 2

改革开放 30 年的伟大成就

1978 年 12 月 18 日,也就是 30 年前的今天,党的十一届三中全会隆重召开。这次会议,实现了新中国成立以来我们党历史上具有深远意义的伟大转折,开启了我国改革开放历史新时期。从此,党领导全国各族人民在新的历史条件下开始了新的伟大革命。今天,我们在这里集会,纪念党的十一届三中全会召开 30 周年,就是要充分认识改革开放的重大意义和伟大成就,深刻总结改革开放的伟大历程和宝贵经验,坚持党的十一届三中全会精神,高举中国特色社会主义伟大旗帜,以马克思列宁主义、毛泽东思想、邓小平理论和"三个代表"重要思想为指导,深入贯彻落实科学发展观,在中国特色社会主义道路上,继续把改革开放伟大事业推向前进。

党的十一届三中全会是在党和国家面临向何处去的重大历史关头召开的。1976 年10 月粉碎"四人帮"之后,广大干部群众强烈要求纠正"文化大革命"的错误,彻底扭转十年内乱造成的严重局势,使党和国家从危难中重新奋起。但是,这一顺应时势的愿望遇到严重阻碍,党和国家工作在前进中出现徘徊局面。与此同时,世界经济快速发展,科技进步日新月异,国家建设百业待兴,真理标准讨论热潮涌起。国内外大势呼唤我们党尽快就关系党和国家前途命运的大政方针作出政治决断和战略抉择。

在邓小平同志领导下和其他老一辈革命家支持下,党的十一届三中全会开始全面认真纠正"文化大革命"中及其以前的"左"倾错误,坚决批判了"两个凡是"的错误方针,充分肯定了必须完整、准确地掌握毛泽东思想的科学体系,高度评价了关于真理标准问题的讨论,确定了解放思想、开动脑筋、实事求是、团结一致向前看的指导方针,果断停止使用"以阶级斗争为纲"的口号,作出了把党和国家工作中心转移到经济建设上来、实行改革开放的历史性决策。

党的十一届三中全会标志着我们党重新确立了马克思主义的思想路线、政治路线、组织路线,标志着中国共产党人在新的时代条件下的伟大觉醒,显示了我们党顺应时代潮流和人民愿望、勇敢开辟建设社会主义新路的坚强决心。在党的十一届三中全会春风吹拂下,神州大地万物复苏、生机勃发,拨乱反正全面展开,解决历史遗留问题有步骤进行,社会主义民主法制建设走上正轨,党和国家领导制度和领导体制得到健全,国家各项事业蓬勃发展。我们伟大的祖国迎来了思想的解放、经济的发展、政治的昌明、教育的勃兴、文艺的繁荣、科学的春天。党和国家又充满希望、充满活力地踏上了实现社会主义现代化的伟大征程。

新时期最鲜明的特点是改革开放。党带领人民进行改革开放,目的就是要解放和发展社会生产力,实现国家现代化,让中国人民富裕起来,振兴伟大的中华民族;就是要推动我国社会主义制度自我完善和发展,赋予社会主义新的生机活力,建设和发展中国特色社会主义;就是要在引领当代中国发展进步中加强和改进党的建设,保持和发展党的先进性,确保党始终走在时代前列。

30 年来,以邓小平同志为核心的党的第二代中央领导集体、以江泽民同志为核心的党的第三代中央领导集体和党的十六大以来的中央领导集体,团结带领全党全国各族人民,承前启后,继往开来,接力推进改革开放伟大事业,谱写了中华民族自强不息、顽强奋进的壮丽史诗。我们党先后召开 6 次全国代表大会、45 次中央全会,及时研究新情况、解决新问题、总结新经验,集中全党全国各族人民智慧,形成了党的基本理论、基本路线、基本纲领、基本经验,制定和作出了指导改革开放和社会主义现代化建设的一整套方针政策和工作部署,成功开辟了中国特色社会主义道路。

今天,13 亿中国人民大踏步赶上了时代潮流,稳定走上了奔向富裕安康的广阔道路,中国特色社会主义充满蓬勃生机,为人类文明进步作出重大贡献的中华民族以前所未有的雄姿巍然屹立在世界东方。30 年来,我们始终以改革开放为强大动力,在新中国成立以后取得成就的基础上,推动党和国家各项事业取得举世瞩目的新的伟大成就。

我们锐意推进各方面体制改革,使我国成功实现了从高度集中的计划经济体制到充满活力的社会主义市场经济体制的伟大历史转折。我们建立和完善社会主义市场经济体制,建立以家庭承包经营为基础、统分结合的农村双层经营体制,形成公有制为主体、多种所有制经济共同发展的基本经济制度,形成按劳分配为主体、多种分配方式并存的分配制度,形成在国家宏观调控下市场对资源配置发挥基础性作用的经济管理制度。在不断深化经济体制改革的同时,不断深化政治体制、文化体制、社会体制以及其他各方面体制改革,不断形成和发展符合当代中国国情、充满生机活力的新的体制机制,为我国经济繁荣发展、社会和谐稳定提供了有力制度保障。

我们不断扩大对外开放,使我国成功实现了从封闭半封闭到全方位开放的伟大历史转折。我们坚持对外开放的基本国策,打开国门搞建设,加快发展开放型经济。从建立经济特区到开放沿海、沿江、沿边、内陆地区再到加入世界贸易组织,从大规模"引进来"到大踏步"走出去",利用国际国内两个市场、两种资源水平显著提高,国际竞争力不断增强。从 1978 年到 2007 年,我国进出口总额从 206 亿美元提高到 21 737 亿美元、跃居世界第三,外汇储备跃居世界第一,对外投资大幅增长,实际使用外资额累计近 10 000 亿美元。广泛深入的国际合作加快了我国经济发展,也为世界经济发展作出了重大贡献。

我们坚持以经济建设为中心,我国综合国力迈上新台阶。从 1978 年到 2007 年,我国国内生产总值由 3 645 亿元增长到 24.95 万亿元,年均实际增长 9.8%,是同期世界经济年均增长率的 3 倍多,我国经济总量上升为世界第四。我们依靠自己力量稳定解决了 13 亿人口吃饭问题。我国主要农产品和工业品产量已居世界第一,具有世界先进水平的重大科技创新成果不断涌现,高新技术产业蓬勃发展,水利、能源、交通、通信等基础设施建设取得突破性进展,生态文明建设不断推进,城乡面貌焕然一新。

我们着力保障和改善民生,人民生活总体上达到小康水平。这 30 年是我国城乡居民收入增长最快、得到实惠最多的时期。从 1978 年到 2007 年,全国城镇居民人均可支配收入由 343 元增加到 13 786 元,实际增长 6.5 倍;农民人均纯收入由 134 元增加到 4 140 元,实际增长 6.3 倍;农村贫困人口从 2.5 亿减少到 1 400 多万。城市人均住宅建筑面积和农村人均住房面积成倍增加。群众家庭财产普遍增多,吃穿住行用水平明显提高。改革开放前长期困扰我们的短缺经济状况已经从根本上得到改变。

我们大力发展社会主义民主政治,人民当家做主权利得到更好保障。政治体制改革不断深化,人民代表大会制度、中国共产党领导的多党合作和政治协商制度、民族区域自治制度以及基层群众自治制度日益完善,中国特色社会主义法律体系基本形成,依法治国基本方略有效实施,社会主义法治国家建设取得重要进展,公民有序政治参与不断扩大,人权事业全面发展。爱国统一战线发展壮大,政党关系、民族关系、宗教关系、阶层关系、海内外同胞关系更加和谐。

我们大力发展社会主义先进文化,人民日益增长的精神文化需求得到更好满足。社会主义核心价值体系建设取得重大进展,马克思主义思想理论建设卓有成效,群众性精神文明创建活动、公民道德建设、青少年思想道德建设全面推进,文化事业生机盎然,文化产业空前繁荣,国家文化软实力不断增强,人们精神世界日益丰富,全民族文明素质明显提高,中华民族的凝聚力和向心力显著增强。

我们大力发展社会事业,社会和谐稳定得到巩固和发展。城乡免费九年义务教育全面实现,高等教育总规模、大中小学在校生数量位居世界第一,办学质量不断提高。就业规模持续扩大,全社会创业活力明显增强。社会保障制度建设加快推进,覆盖城乡居民的社会保障体系初步形成。公共卫生服务体系和基本医疗服务体系不断健全,新型农村合作医疗制度覆盖全国。社会管理不断改进,社会大局保持稳定。

我们坚持党对军队绝对领导,国防和军队建设取得重大成就。军队革命化、现代化、正规化建设全面加强,新时期军事战略方针扎实贯彻,中国特色军事变革加速推进,中国特色精兵之路成功开辟,裁减军队员额任务顺利完成,军队武器装备建设成效显著。军队、武警部队停止一切经商活动。军政军民团结不断巩固。人民军队履行新世纪新阶段历史使命能力全面增强,在保卫祖国、建设祖国特别是抗击各种自然灾害中发挥了重要作用。

我们成功实施"一国两制"基本方针,祖国和平统一大业迈出重大步伐。香港、澳门回归祖国,"一国两制"、"港人治港"、"澳人治澳"、高度自治的方针得到全面贯彻执行,香港特别行政区、澳门特别行政区保持繁荣稳定。祖国大陆同台湾的经济文化交流和人员往来不断加强,两岸政党交流成功开启,两岸全面直接双向"三通"迈出历史性步伐,反对"台独"分裂活动斗争取得重要成果,两岸关系和平发展呈现新的前景。

我们坚持奉行独立自主的和平外交政策,全方位外交取得重大成就。我们恪守维护世界和平、促进共同发展的外交政策宗旨,同发达国家关系全面发展,同周边国家睦邻友好不断深化,同发展中国家传统友谊更加巩固。我国积极参与多边事务,承担相应国际义务。我国国际地位和国际影响显著上升,在国际事务中发挥了重要建设性作用。

我们坚持党要管党、从严治党,党的领导水平和执政水平、拒腐防变和抵御风险能力明显提高。党的建设新的伟大工程全面推进,执政能力建设和先进性建设深入进行,思想理论建设成效显著,党内民主不断扩大,党内生活准则和制度不断健全,党的各级组织不断加强,干部队伍和人才队伍朝气蓬勃,党的作风建设全面加强,党内法规更加完善,反腐倡廉建设深入推进,党领导改革开放和社会主义现代化建设能力显著提高,党在中国特色社会主义事业中的领导核心作用不断增强。

30年来,国际局势风云变幻,改革任务艰巨繁重,党和人民经历和战胜了前所未有的严峻考验和挑战。我们从容应对一系列关系我国主权和安全的国际突发事件,战胜在政治、经济领域和自然界出现的困难和风险。无论是面对东欧剧变、苏联解体和国内严重政治风波,还是面对西化、分化图谋和所谓的"制裁",无论是面对历史罕见的洪涝、雨雪冰冻、地震等重大自然灾害和非典等重大疫病,还是面对亚洲金融危机和当前这场国际金融危机,党和人民始终同心同德、奋勇向前。特别是在决定党和国家前途命运的重大历史关头,我们党紧紧依靠全国各族人民,坚持党的十一届三中全会以来的路线不动摇,排除各种干扰,坚定不移地捍卫中国特色社会主义伟大事业,保证了改革开放和社会主义现代化建设航船始终沿着正确方向破浪前进。今年以来,抗击南方部分地区严重低温雨雪冰冻灾害和四川汶川特大地震灾害斗争取得重大胜利,北京奥运会、残奥会圆满成功,"神舟七号"载人航天飞行任务顺利完成,应对国际金融危机取得积极成效,这些都生动展现了在改革开放中不断发展壮大的中国共产党和中国社会主义国家政权的伟大力量,展现了阔步前进的 13 亿中国人民的伟大力量,展现了改革开放的伟大力量,展现了中国特色社会主义的伟大力量。

经过 30 年的不懈奋斗,我们胜利实现了我们党提出的现代化建设"三步走"战略的前两步战略目标,正在向第三步战略目标阔步前进。30 年的伟大成就,为我们党、我们国家、我们人民继续前进奠定了坚实基础。实践充分证明,党的十一届三中全会以来我们党团结带领人民开辟的中国特色社会主义道路、形成的理论和路线方针政策是完全正确的。党的十一届三中全会的伟大意义和深远影响,已经、正在并将进一步在党和国家事业蓬勃发展的进程中充分显现出来。

改革开放的伟大成就,是全党全国各族人民团结奋斗的结果。一切亲身经历了这 30 年伟大变革并贡献了自己力量的中华儿女,一切关心祖国命运的华夏子孙,都有理由为我国改革开放的历史性成就感到自豪。在这里,我代表党中央、国务院,向各条战线上为改革开放和社会主义现代化建设贡献了智慧和力量的广大工人、农民、知识分子、干部、解放军指战员、武警部队官兵、公安民警,向各民主党派、各人民团体、各界爱国人士,致以崇高的敬意! 向为祖国现代化建设和祖国和平统一大业作出积极努力的香港特别行政区同胞、澳门特别行政区同胞、台湾同胞和海外侨胞,致以诚挚的问候! 向一切关心和支持中国现代化建设的外国朋友和世界各国人民,表示衷心的感谢!

此时此刻,我们更加深切地怀念毛泽东同志、邓小平同志等老一辈革命家。没有以毛泽东同志为核心的党的第一代中央领导集体团结带领全党全国各族人民浴血奋斗,就没有新中国,就没有中国社会主义制度。没有以邓小平同志为核心的党的第二代中央领导集体团结带领全党全国各族人民改革创新,就没有改革开放历史新时期,就没有中国特色社会主义。此时此刻,我们要向以江泽民同志为核心的党的第三代中央领导集体致以崇高的敬意,他们团结带领全党全国各族人民高举邓小平理论伟大旗帜,继承和发展了改革开放伟大事业,把这一伟大事业成功推向 21 世纪。全党全国各族人民要永远铭记党的三代中央领导集体的伟大历史功绩!

——摘自胡锦涛:《在纪念党的十一届三中全会召开 30 周年大会上的讲话》,载人民网.

【讨论理解】

1. 改革开放 30 年来取得的巨大成就主要表现在哪些方面?
2. 改革开放 30 年来取得的巨大成就的根本原因和主要经验是什么?

【案例点评】

1978 年我们党召开了具有重大历史意义的十一届三中全会,开启了改革开放历史新时期的序幕。从那时起,全党和全国人民团结一致,锐意改革,开拓奋进,整个国家焕发了勃勃生机,中国人民的面貌、社会主义中国的面貌、中国共产党的面貌发生了历史性变化。

成功实现了从高度集中的计划经济体制到充满活力的社会主义市场经济体制的伟大历史转折;成功实现了从封闭半封闭到全方位开放的伟大历史转折;坚持以经济建设为中心,我国综合国力迈上新台阶;着力保障和改善民生,人民生活总体上达到小康水平;大力发展社会主义民主政治,人民当家做主权利得到更好保障;大力发展社会事业,社会和谐稳定得到巩固和发展;坚持党对军队绝对领导,国防和军队建设取得重大成就;成功实施"一国两制"基本方针,祖国和平统一大业迈出重大步伐;坚持奉行独立自主的和平外交政策,全方位外交取得重大成就;坚持党要管党、从严治党,党的领导水平和执政水平、拒腐防变和抵御风险能力明显提高。

改革开放以来,我们取得一切成绩和进步的原因,从根本上说,就是在科学理论的指导下走了一条正确的道路,这个理论就是中国特色社会主义理论体系,这条道路就是中国特色社会主义道路。

【教学建议】

此案例可以放在第十章"改革开放和现代化建设新时期",在介绍"坚定不移沿着中国特色社会主义道路前进"时予以介绍,帮助同学正确认识改革开放以来取得的重大成就,理解改革开放与中国特色社会主义道路的正确性,坚定跟党走中国特色社会主义道路的信念。

三、课内实践,注重提升

实践项目一:改革开放图片展

【目标要求】

通过搜集反映改革开放前后中国面貌的图片,使学生深刻认识到改革开放后中国人民生活发生的巨大变化、新生活的来之不易,理解改革开放是 20 世纪中国的第三次历史性巨变。

【活动方案】

1. 活动时间:课前 10 分钟
2. 活动地点:教室
3. 组织方式:
(1) 首先把对这项活动的目标要求、时间、资料等问题向学生交代明确。
(2) 学生以小组为单位,自行安排行程,搜集图片。
(3) 小组推选一名代表,以 ppt 的方式,向全班同学展出,并做适当分析和点评。
(4) 其余同学观看后,发表自己的观后感,评选"最触动心灵"的一张或若干张图片。

【实践成果】

观后感,谈谈哪张图片打动了自己并阐明原因,不少于 1 000 字。

【活动评价】

序号	评价项目	满分	得分
1	小组合作及分工情况	10	
2	搜集图片情况	30	
3	图片整理及对比分析情况	30	
4	个人感想撰写情况	30	

实践项目二：话剧表演《一群敢吃螃蟹的人》

【目标要求】

以安徽小岗村农民探索家庭联产承包责任制故事为原型,组织话剧表演,采取体验式教学方法,使学生感悟改革开放之初的艰难,体验小岗村农民在当时的复杂心境。

【活动方案】

1. 时间：1 学时
2. 地点：教室
3. 组织方式：(1) 教师班级动员,鼓励学生主动报名参加;(2) 学生举荐、自荐导演、编剧、旁白和演员;(3) 学生课下准备,教师给予指导;(4) 班级表演,其余同学进行点评。

【活动评价】

序号	评价项目	满分	得分
1	小组合作及分工	20	
2	内容及表达	50	
3	同学反响	30	

四、社会实践,学以致用

实践项目：爱国主义教育基地受众群体的分布调查及原因分析

【目标要求】

通过引导学生对爱国主义教育基地的调查,了解新时期爱国主义教育基地受众群体的基本类型,总结出制约爱国主义教育基地受众群体的基本要素,以充分发挥爱国主义教育基地的功能,激发学生的爱国情感。

【活动方案】

1. 活动时间：实践周
2. 活动地点：爱国主义教育基地
3. 学生以小组为单位，制定调查方案
4. 教师对学生的调查方案进行评阅，并提出修改意见及时反馈给学生
5. 学生调查小组严格按照选题和调查方案，通过走访和问卷调查等形式深入爱国主义教育基地调查
6. 总结出新时期爱国主义教育基地的受众群体分布和呈现出的普遍特点，找出制约爱国主义教育基地受众群体的基本要素，并提出实现受众扩大化的可行性建议，在此基础上形成社会调查报告

【实践成果】

以调查报告的形式呈现实践成果。

1. 字数不少 3 000 字，符合论文写作规范要求。
2. 必须附相关图片，图文并茂，图片中必须出现小组调查的过程图片。
3. 必须附原始调查资料（如调查问卷、访谈记录等）及分析结果。
4. 必须附小组成员的调查心得体会。
5. 杜绝抄袭，建议及提出的解决方案等要有新视角和建设性意见。

【活动评价】

序号	评价项目	满分	得分
1	是否符合字数要求和论文写作规范	10	
2	是否对爱国主义教育基地受众群体展开调查并得出基本受众类型，同时进行合理的原因分析	20	
3	是否对目前制约爱国主义教育基地受众群体的要素进行总结并积极探求受众扩大化的可行性路径	20	
4	是否有照片等图片材料和调查问卷、访谈记录等过程材料	30	
5	是否有小组成员心得体会	20	

【优秀成果选编一】

爱国主义教育基地受众群体的分布调查及原因分析调查报告
——以南京大屠杀遇难同胞纪念馆为例

一、调查背景

我国各地都建有爱国主义教育基地以便对国人进行广泛的爱国主义教育，但是实际

上，各地的爱国主义教育基地受众的分布却因为民众在地区、收入、受教育程度、职业等方面的差异而呈现出不同的特点。我们小组为此进行了调查分析，希望对爱国主义教育基地受众群体的分布有一个客观的认识。

爱国主义教育基地主要包括历史名人的故居、重要历史事件发生地、革命传统教育基地等类型，而我们此次选取了南京大屠杀遇难同胞纪念馆这一重要历史事件发生地作为我们的调查地。南京大屠杀遇难同胞纪念馆建于南京江东门的"万人坑"之上，为了纪念在1937年的南京大屠杀中遇难的30万同胞。自1985年8月15日建成至今，每年都会有来自全球各地的人参观，这些受众群体存在着明显的差异，但同时他们也存在着各自的群体特征。

具体而言，南京的中小学每年都会组织学生前往纪念馆进行爱国主义教育，除了中小学的师生这一群体外，各地游客是纪念馆另外一个重要受众群体。这些仅是我们生活观察所得，事实上，其受众群体分布的特点远远不像这样简单，为了确切地了解我国爱国主义教育基地受众群体的具体分布情况，我们做了此次社会调查。

二、调查目的

爱国主义是中华民族的优良传统，特别是红色革命以来，爱国主义得到了很好的传承，大量的爱国者和爱国主义事件留在了我们的记忆中，也在历史中留下了印记。为了纪念这些爱国主义事件和爱国者，也为了更好地继承和弘扬爱国主义精神，1995年民政部开始了第一批爱国主义教育基地建设，此后全国各地又陆陆续续建设了不少教育基地。目前南京的爱国主义教育基地有：雨花台烈士陵园、中山陵园、侵华日军南京大屠杀遇难同胞纪念馆、太平天国历史博物馆、渡江胜利纪念碑，等等。就此次的调查地——南京大屠杀遇难同胞纪念馆而言，我们的调查的目的如下：

1. 了解现在爱国主义教育基地受众群体的具体分布情况（包括性别、年龄、是否是本地人、职业、经济状况、受教育情况、参观原因等情况）。我们选择南京大屠杀遇难同胞纪念馆为调查地，也希望通过这一基地的受众情况了解全国爱国主义教育基地受众的分布情况。

2. 通过分析爱国主义教育基地受众群体分布的原因希望可以总结出相应的提高爱国主义教育基地教育意义的措施，使其真正发挥爱国主义教育的作用。

3. 通过南京大屠杀遇难同胞纪念馆的实地调查，了解现今南京大屠杀遇难同胞纪念馆受众的状况，也通过与部分受众的交谈，进而了解人们对于南京大屠杀事件的想法，以此铭记历史，缅怀过去。

1. 调查方式

情况说明：本次调查中我们小组综合了各种现实因素，决定采取问卷调查的方式。为此我们制作并印发了101份问卷，回收了101份，其中有效的问卷为100份。

其中，由于少量的被调查者文化水平较低，问卷的作答是在我们的协助下完成的，即我们直接根据问卷问题提问，然后根据调查者的回答对问卷进行填写。另外此次调查所得数据受到客观环境及各方面因素的影响可能有所偏差。

2. 调查结果以及相关分析

（1）样本的背景情况

来源：南京大屠杀遇难同胞纪念馆参观人员

性别:男(52%)女(48%)

年龄:各个年龄段皆有

(2)统计结果分析与相关结论

通过本次的问卷调查以及结果的统计,我们大体可以发现爱国主义教育基地的受众群体分布的结构特点如下:

① 男女性别分布无明显差异:男性占52%,女性占48%。

② 年龄分布差异显著。主要受众的年龄在18～35岁之间,所占比例有74%之多。这些数据具体情况如图表所示:

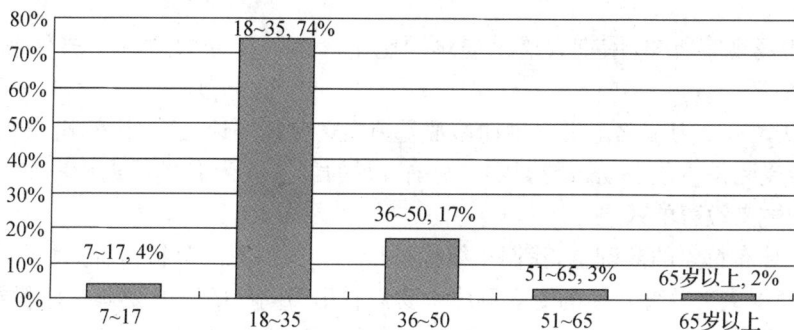

③ 城乡差异、收入差异、职业差异、受教育程度的差异、政治身份的差异对受众分布的影响并不十分显著。但是其中还是存在着一些特殊性,例如就文化程度而言,中专或大专文化的受众所占比例稍大。此处,我们将用图表的而形式反映出准确的数据,从而使得数据分析更加清晰明了。以下为由问卷统计所得数据制成的部分图表:

城乡受众群体比例图:

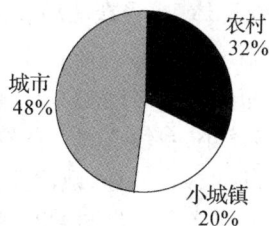

不同受教育程度的群体比例图:

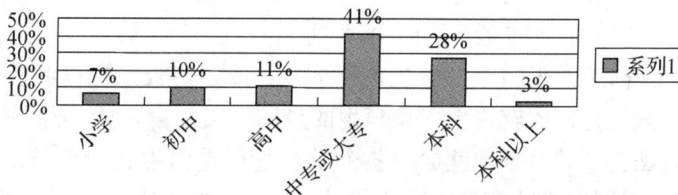

④ 学生是主要受众,占了43%。由图表可以明显地发现学生群体占有绝大部分的比重,此外,事业单位职员以及个体经营者都占有13%的比重。

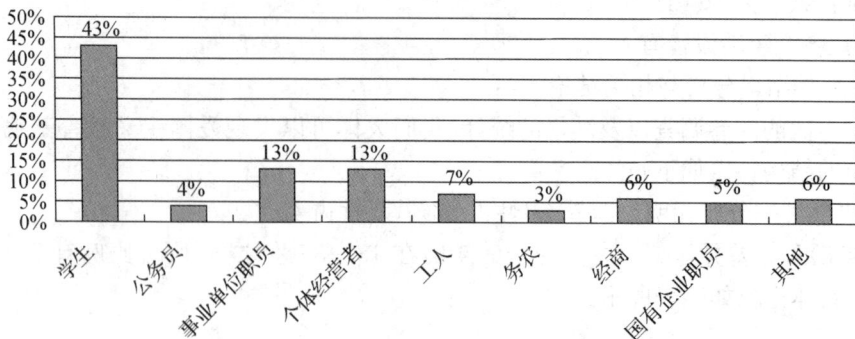

⑤ 据现场观察所知,南京大屠杀遇难同胞纪念馆的受众中还有一部分来自国外的友人。

⑥ 受众大多是为了铭记历史主动参观爱国主义教育基地,这一比例达 52%,有 68% 的群众不会受到是否收费问题的影响。只有 1% 的群众认为此类活动没有效果,没有起到进行爱国主义教育的效果。

在以上分布特点的基础上,我们小组也进行了相关的原因分析,具体如下:

1. 在爱国主义教育基地的受众群体中我们看到不同年龄段的受众有显著差异

根据数据,处在 18～35 岁这一年龄段的受众居多,多达 74%。处于这一年龄段的大众之所以成为主要的受众群体,主要因为其具备了生理和心理两方面的基本要素。他们既不会像老年人那样受限于生理的因素,身体吃不消长时间的参观活动、体力吃不消在来往路途的消耗,心理和智力相较于未成年人来说,比较成熟,可以独自参观爱国主义教育基地。同时,这一年龄段的群体还会因为种种其他原因如教育子女、陪同友人、工作需要,等等,而再次或者多次参观爱国主义教育基地。

2. 在爱国主义教育基地的受众群体中,受众的城乡差距并不明显

根据数据显示,来自城市的参观者占 48%,来自小城镇以及农村的参观者占 52%。这与我们小组先前预估的“受众分布在城乡之间会有显著的差异”的设想有所出入。由此可见这我国城乡之间的差距在逐步缩小,乡镇人民在的物质生活水平稳步提高的同时,越来越注重精神层面的追求。与此同时收入、职业、政治身份对参观人群的分布影响并不显著。我们小组一致认为,这是一个好现象。这些外部因素造成的受众群体分布的差异越小,就越能够说明我国民众对历史关注的普遍、接受爱国主义熏陶的普遍。这意味着我国爱国主义教育已初见成效,公民文化修养有所提高。

3. 在爱国主义教育基地的受众群体中,学生占多数

根据数据显示,前来参观的人中学生占了 43%,接近半数。根据我们在现场的调查了解,这是由于我国一直都比较注重青年学生的爱国主义教育,书本上的知识毕竟比较抽象与死板,参观爱国主义教育基地就成为各个学校进行爱国主义教育与历史教学辅助手段。学生在参观了爱国主义教育基地后能够对书本上的知识产生深刻的理解与极强的认同感,由此更可以激发学生的爱国情感,教育和教学也可以产生更为显著的效果。

4. 参观者大多主动参观,这里面有一定的历史文化因素的影响

众所周知,中国的近代史诗一部屈辱史,也是一部斗争史。中国的民众决不能忘记这

一段历史,必须牢记:落后就要挨打的惨痛教训。我们在问卷的问题设置上,有这样一题"如果南京大屠杀遇难同胞纪念馆收费的话,你是否还会前来?"其中有68%的被调查者依然选择会来参观。这表明这些参观者对于南京大屠杀遇难同胞纪念馆不止把这当做一个旅游地点,更作为缅怀历史的纪念地,这既是受我国历史文化的影响,也受他们自身爱国情感的指引。

五、相关建议

通过以上的调查分析,我们发现,由于大众的的年龄、收入、受教育程度等方面的差异,导致爱国主义教育基地的受众群体有了以上的分布差异,我们调查小组也已经对此进行了相关的原因分析。并根据此次的调查情况,提出了相关的建议:

1. 希望爱国主义教育基地绝不能够一成不变,仅仅拘泥于历史,必须将与本基地相关的历史事件、宣扬的爱国理念、歌颂的历史精神与不断变化发展的现实结合起来,赋予其现实意义。让受众在参观的过程中深切地感受到理解相关历史、接受相关教育的必要性。就拿南京大屠杀遇难同胞纪念馆来说,我们大屠杀纪念馆在进行自身建设时,可以着眼于中国与日本两个方面,在客观展示"南京大屠杀"这一历史事件的同时,向受众介绍当今中日关系发展、日本的民族特征、我们该有的态度等方面的内容。

2. 可以将爱国主义教育基地作为我国小学品社课、初高中爱国主义教育类课程、大学思政课等课程的课外实践教学基地。我们在前面提到过我国一直都比较注重爱国主义教育,而书本上的知识毕竟比较抽象与死板,参观爱国主义教育基地就成为各个学校进行爱国主义教育与历史教学的辅助手段。学生在参观了爱国主义教育基地后能够对书本上的知识产生深刻的理解与极强的认同感,由此更可以激发学生的爱国情感,教育和教学也可以产生更为显著的效果。虽然现在许多学校已经有了这样的意识,但仍然需要推广。

3. 受众的人数不是爱国主义教育基地教育成果是否显著的主要依据。对于受众,我们不仅要有量的要求,更要有质的追求。我们希望各个阶层、各个领域、各个收入水平的群众都能够前来爱国主义教育基地,只有这样才能够显现出爱国主义教育基地影响的广泛与普遍。

六、调查总结

此次爱国主义教育基地受众群体分布调查,我们以南京大屠杀遇难同胞纪念馆作为调查的地点,从问卷的制定到报告的撰写,都在围绕受众群体的分布以及其影响因素做调查分析。我们对被调查者的年龄、居住地、是否为南京当地人、职业、政治身份、年收入以及文化程度等多方面进行了调查。最终,我们发现南京大屠杀遇难同胞纪念馆的受众主要集中在青年人这一群体,而从职业角度而言,学生群体则占有相当大的比重。我们根据所得数据得出,文化程度、政治身份以及收入情况等因素都会对受众群体的分布产生一定的影响。在此基础之上,我们提出了相关的建议,希望从爱国主义教育基地、各类学校乃至全社会都能做出相应的改善,从而使得爱国主义得到真正的弘扬。

附件一

关于爱国主义教育基地受众群体的分布调查问卷

您好！为了真实地了解爱国主义教育基地受众群体的分布情况，我们在此进行随机的问卷调查。恳请各位如实填写问卷，在此郑重感谢您的配合！

1. 您的性别是（   ）

    A. 男   B. 女

2. 您的年龄为（   ）岁

    A. 7～17   B. 18～35   C. 36～50

    D. 51～65   E. 65 岁以上

3. 您的居住地是（   ）

    A. 城市   B. 小城镇   C. 农村

4. 您是南京当地人吗？（   ）

    A. 是   B. 否

5. 您的职业是（   ）

    A. 学生   B. 公务员   C. 事业单位职员

    D. 个体营业者   E. 工人   F. 务农

    G. 经商   H. 国有企业职员   I. 其他（请注明）

6. 请问您的政治身份是（   ）

    A. 群众   B. 共青团员   C. 中共党员   D. 民主党派人士

7. 你的年收入情况（   ）（如果您是学生请跳过此题）

    A. 1.5 万以内   B. 1.5 万～3 万   C. 3 万～5 万

    D. 5 万～10 万   E. 10 万以上

8. 您的文化程度是（   ）

    A. 无学历   B. 小学   C. 初中   D. 高中

    E. 中专或大专   F. 本科   G. 本科以上

9. 您参观南京大屠杀遇难同胞纪念馆是出于什么样的原因？（   ）

    A. 学校（单位）组织参观   B. 作为来南京旅游活动的一部分

    C. 铭记历史，主动参观   D. 其他

10. 如果南京大屠杀遇难同胞纪念馆收费的话，您是否还会选择前来参观（   ）

    A. 会   B. 不会   C. 看情况而定

11. 您觉得参观此类爱国主义教育基地的教育效果如何（   ）

    A. 效果显著，激发了参观者强烈的爱国情感，对价值观产生了影响

    B. 当场产生了一定效果，但是持续时间不长，离开之后就会忘记

    C. 没有效果，没有起到进行爱国主义教育的效果

再次谢谢您的合作，祝您不虚此行！

【优秀成果选编二】

发扬与遗失

——雨花台与菊花台受众的调查对比

一、前言

自近代以来,中国一直处于动荡之中,中国人民曾多次面临亡国的威胁。在一次次救亡图存过程中,"爱国精神"俨然成为一代又一代民族英雄的精神脊梁。新中国成立后,爱国主义教育日益受重视,它进入学校,被编入课本中,成为新青年必受的思想教育;它走向社会,各地爱国主义教育基地拔地而起,爱国精神影响了一代又一代中国人。

此次我们近代史社会实践小组从身边的爱国主义教育基地出发,通过对比爱国主义教育基地"菊花台"与"雨花台"的受众群体分布异同,旨在提出有针对性的、合理化的建议,使爱国主义教育基地更"亲民",爱国主义思想更好地被大众接受。

二、统计数据及分析

在问卷的一开始,我们提出了三个关于参观群体的基础问题(性别、年龄段、受教育程度),旨在了解这两个爱国主义教育基地的受众群体的基本信息。调查数据显示,"菊花台"参观群体多为中老年人,"0～18岁"占全部人数的0%,"19～25岁"占74.6%,"26～50岁"占18.6%,"50岁以上"占6.8%;"雨花台"的参观群体年龄分布较为均匀,"0～18岁"占全部人数的10%,"19～25岁"占51.6%,"26～50岁"占27%,"50岁以上"占11.4%。

关于"参观群体的受教育程度"调查数据显示:"菊花台"的参观群体多为"高中及以下",占总人数的28.8%,"大学"占50.8%,"本科及以上"占20.4%;"雨花台"的参观群体受教育程度分布基本均匀,相比之下,"本科及以上"占多数,为32%,其次是"大学"占50%,"高中及以下"占18%。

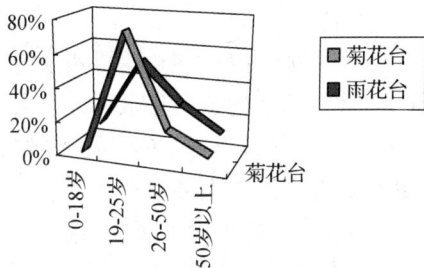

菊花台与雨花台受众群体年龄分布

通过实地考察与数据分析得出,"菊花台"的受众群体多为受教育程度在"高中及以下"的中年男性,他们的社会地位多为"民工"(实地考察发现"菊花台"周围有一大型民工市场)。其余参观者多为附近小区中来此锻炼的居民,他们年龄普遍在"50岁以上"。"雨花台"的受众群体分布均匀,上至拄着拐杖瞻仰烈士的老人,下至蹒跚学步的垂髫小儿均来此参观,接受爱国主义教育的洗礼。其中,大学及以上教育程度的青年男女尤甚。"菊花台"作为爱国主义教育基地,其特征并不突出,很多人仅将此当成休闲场所,并不了解其内在意义。而"雨花台"已具备爱国主义教育基地的必须特征——受众群群体分布广而均匀。在我们看来,"菊花台"应加强爱国主义教育场馆建设,设计出丰富多彩的活动形式以吸引越来越多的参观者。

关于游客的来源地这个问题的调查,菊花台来自本地的游客占 33.9%,而来自外地的游客占 66.1%。由此可见,外地的游客明显多于本地游客,说明游客慕名而来不仅仅是游览,更是为了陶冶爱国情操,提升自己的价值。调查问卷第五题中问道:您是否经常参观菊花台烈士墓? 答案显示第一次参观菊花台烈士墓的占 47.5%。偶尔参观的占 38.9%。而经常参观菊花台烈士墓的占 13.6%。这说明第一次参观菊花台烈士墓的人占一半,而经常参加菊花台烈士墓的人比较少。第六题中您是自己主动来菊花台烈士墓还是单位组织? 根据调查数据显示自己主动的占 69.5%,而单位组织来的占 30.5%,这说明大部分人都是有接受爱国主义教育意识的,想要身临其境来体验这种团结爱国、宁死不屈的氛围。

为了更好地对比爱国主义基地的游客情况,我们也对雨花台进行了仔细的数据分析,事实告诉我们:来自本地的游客占 36.6%,外地游客占 63.2%。雨花台作为爱国主义教育基地是爱国情怀的典型代表,吸引了大部分游客来缅怀先念,提升自我思想境界。关于是否经常来参观烈士墓中这个问题,第一次参观烈士墓的占 45%,偶尔参观的占 33%。经常参观的占 22%。最后,在雨花台调查中是自己主动来雨花台的占 94.3%,单位组织的占 5.7%。而如果将雨花台和菊花台对比的话,都是来自外地的游客会比来自本地的游客多一些,说明雨花台和菊花台在南京红色旅游这方面做的还是出色的,吸引了不少外地游客,从而促进了南京旅游经济的发展。比较明显看出雨花台中经常参观烈士墓等活动的人会比菊花台的人多一些。由此可知雨花台做的可能比菊花台好一些,菊花台在某些方面还存在不足,可能是基础设施不完善或者宣传不到位,通过此次调查,希望菊花台负责人可以逐步改善其不足以获得更好地发展。第六题,很明显,雨花台单位组织比较少,菊花台单位组织比较多,这也从侧面说明主动来雨花台瞻仰爱国烈士的有志之士比菊花台多,体现了雨花台比菊花台的吸引力大,因此应该增加菊花台的吸引力,促进它们的共同发展。

对于我们的第七个问题:烈士陵园对外开放的意义,在两个地方(菊花台、雨花台)的调查,我们得到的数据基本一致。大多数人认为烈士陵园对外开放有利于培养爱国主义精神。无论是目不识丁的人还是学富五车的人;无论是老人还是小孩,无论是健全人还是残疾人,对于爱国主义精神都似乎有着一种别样的重视和认同。爱国主义精神是中华民族的传统美德。无论是革命时期还是改革开放新时期,都消磨不了炎黄子孙对国家的热爱。一个国家无论变成什么样只要还有一批爱国人士,这个国家就不会灭亡。在苍翠的树木之下,在一块块的石碑之后,无数的烈士用他们永垂不朽的爱国精神激励着到来的每一位游客,激励着千千万万的中国人。告诉他们,在那个不太平的年代、在那个中华民族饱受摧残的年代,爱国精神如何引导他们推翻旧社会建立了这个美好的新社会。这也是我们小组最看重的意义之一。不出我们意外,游客们认为第二重要的意义便是思想价值的传承。雨花台有 19% 的人选了此选项,菊花台有 20.3% 的人选了此选项。我们小组认为,思想价值是一个抽象的名词,很多人也许会认为传承思想价值就是传承爱国主义精神。但是其实思想价值的传承包括很多方面,比如传承烈士们无惧无畏的精神,比如传承他们在艰苦环境中依然保持乐观,坚信前途光明的心态,比如传承他们大无畏的奉献精神,等等。对于 B、C 两个选项,选择的人较少,无可厚非,开放烈士陵园,吸引游客参观有利于促进当地的经济发展,或许这是政府更加在意的事情,但是对游客来说精神的意义远远大于经济的意义,所以只有少数人选择了这个选项。也有极少数人认为开放烈士陵园只是政府的一种工作形式,没有多大意义。对于此看法,我们不能说什么,但是可以肯定这个观点并不占主流,有些人也许是因为工作生活上的不顺对政府有不满才会这样的想法。世界上没有完全相同的两片叶子,所以我们不能要求每个人的看法一样,我们能做的就是尽量客观全面的反映受调查群众的意见。当然作为一个调查人,我们也有自己的看法与发现,通过对此题调查数据的整理分析,我们发现,人们对爱国主义教育基地弘扬宣传的精神认识还是相对肤浅的、片面的,所以希望政府及有关部门能够更加重视对爱国主义教育基地精神的传达和弘扬。让各个阶层,各个年龄段的游客都能正确的认识到爱国主义教育基地的重要性和意义。

　　此外,我们还对人们为什么参观教育基地的原因做了调查,尽管两个教育基地在规模,管理方面有着很大的不同,但是,人们前来参观这些地方的原因大都一样,因为这个地方在外界享有盛名,从数据显示来看,这样的群体约有 46.9%,这仅仅是对雨花台而言,菊花台更是有 57.6% 的人数,大概就是因为周杰伦的一首《菊花台》,让这个地方的知名度大大提升。除去这一个因素,还有很多的人前来教育基地缅怀在革命战斗中牺牲的英雄,来雨花台缅怀先烈的人占 29.5%,菊花台有 16.9%。还有一部分的人为了陶冶自身的爱国情怀,也自发前来爱国主义教育基地,这样的人数在雨花台中占据 13.8%,菊花台中占据 13.6%,两者所差的出入不大。剩下的人因为爱好旅游,或者跟从别人,纯粹跟风而来,这样的人数也有不少,雨花台和菊花台各占 10.3% 和 11.9%。

　　在教育基地中开展了很多的活动,供我们祭奠老一辈的革命先烈。在景区的博物馆中,摆放着很多的历史遗物及图片,来参观的人大多数都会去博物馆看这些记录当时生活的一种凭证,这种缅怀活动很受人们青睐。有 40.1% 的人都会在雨花台这样做,菊花台也是一样的,只是相比较人数少一些,占总人数的 33.9%。既然是缅怀先烈,人们总习惯去扫墓。这样的人在雨花台,菊花台各占总人数的 34.7% 和 33.9%。在雨花台中有 16.5% 的人会去看爱国影片,8.7% 的人会做其他活动。相比较之下,看爱国影片的人在菊花台中仅有 10.2%,22% 的人选择其他活动。这说明爱国主义教育基地还是缺乏对人们爱国思想的培养,教育基地的活动太过于单一化,对其的保护力度也没有加强很多,所以我们应该更大力度地宣传爱国主义的精神,为后世留下更好的精神财富。

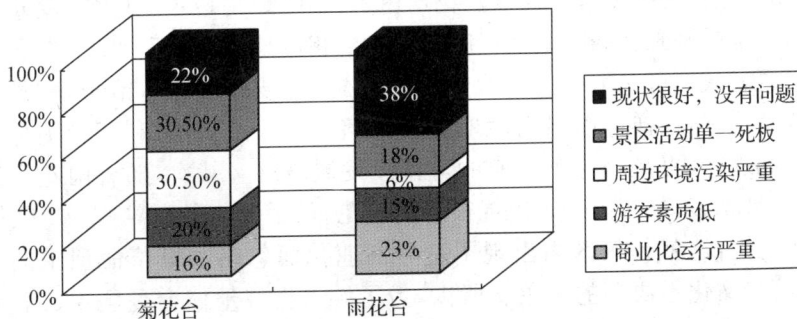

菊花台与雨花台存在问题分布(多选)

关于第 10 题,您认为雨花台(菊花台)烈士陵园存在哪些问题? 有 38％的人对雨花台现状感到满意,认为没有问题。而觉得菊花台现状很好,没有问题的仅有 22％。在 A 这个选项上商业化运行严重,参观雨花台的受访者有 23％的人提出此问题,菊花台只有 16％。从我们的实地考察中也发现了此问题,雨花台景区里的商业化程度比较高,处处都有小商店贩卖雨花石及其他个体经营,这一点或多或少对于那些一心想来缅怀先烈的人们造成一定的影响。对于 B 选项游客素质低,在雨花台景区有 15％的人对此有抱怨,而菊花台景区竟高达 20％。另外,菊花台景区受访游客有 30.5％选择了 C 选项周边环境污染严重,而雨花台仅有 6％的人选择该选项。确实,我们走的第一个调查点是菊花台,菊花台公园的游人很少,我们碰见一个当地大妈,她告诉我们菊花台公园外有一个民工市场,自这里不收门票后,民工们常常来此歇息,乱扔垃圾的也有,有的甚至随地大小便,但是在对民工群体的调查时,他们对某些游人素质低下也表示了抱怨,事实上,确实存在这些不文明现象,但只是个别现象,并不能一味指责一个群体。我们还询问了清洁阿姨,这里的清洁工只有两三个,那么诺大的一个公园既没有门票收入也没有足够的清洁人员,想要保持公园的环境,还需要有关部门加以重视,多给公园里加上提示性的标语。还有 18％的人在雨花台景区选择了景区活动单一死板,30.5％的人在菊花台景区调查里选择该选项。综上看来,雨花台受到较好的推广和保护,但经济效益的驱动下,难免造成景区不再那么纯粹了,望雨花台烈士陵园的商店可以化繁为简,化杂为精。而菊花台公园的受重视程度不如雨花台,希望有关部门加以温馨的提示标语,优化景区配套设施,发挥爱国主义教育基地的作用!

通过这次调查,让我们对雨花台与菊花台有了进一步的了解,对它们的过往、现状,以及开放意义有了深刻的见解,同时也唤起了藏在我们心中的爱国主义情怀以及对革命烈士的无限敬仰。我们从他们身上看到了一种民族集体荣誉,看到了一种大无畏的奉献精神,看到了一种誓死卫国的情怀。为了宣传爱国主义,我们应该大力发展爱国主义教育基地,因此我们对这两个地方的游客做了调查,希望他们对雨花台与菊花台的今后发展提出一些自己独到的意见。雨花台是南京比较大型的具有纪念价值的爱国主义教育基地,每到节假日游客络绎不绝,且年龄段不固定,从小孩子到蹒跚老人,无不传递着爱国精神。但正是由于游人太多也带来了一些隐患,一些游客就希望可以对雨花台的现状做进一步的改善。首先环境问题迫不及待,要加强环境的呵护与打扫,可以贴一些标语提醒游客要爱护花草树木,不随地扔垃圾与吐痰,禁止在景区的树木或墙壁上乱写乱画。同时基地后序工作也要相应地做好,环卫工人要积极履行自己的义务。再者政府可采取一系列强制性的措施,对破坏环境者给予处罚,或是对其进行教育或是罚款,这样可以强制性地提高他们的环保意识,有利于爱国主义基地的环保工作顺利进行,更是响应了政府的可持续发展战略。其次,随着雨花台知名度的提升,游客越来越多,景区内开始出现很多卖雨花石、手镯、项链等一些小工艺品,当然还有一些小吃铺,这就是景区内出现了过分商业化而忽略了对革命烈士的瞻仰与默哀,出现经济与文化不协调的现象。所以,为了游人更好地体会爱国主义教育基地的氛围,希望可以适当调整景区内销售型经济的发展,做到文化为主,经济为辅。这就需要我们适当的有一些作为,如对小商贩收取一些费用,可减少他们的数量;再就是规划出专门的销售区域,让小贩集中在此处并且制定一些销售经营的规则,让他们来遵守,这样可以形成一种有秩序的经济往来;或是对小商贩进行有关知识培训,让他们成为有学识,爱祖国的商人,争取人人都能成为文化宣传的好帮手。此外,雨花台文化还应该跟上时代的脚步,大力引入先进科技手段,如电子触摸展屏等,以便更好的将历史与现实相结合,体现出社会主义文化与时俱进的特点。在景区内可以免费添置一些宣传的小册子,讲解雨花台的历史文化,让人们加深对雨花台的认识与了解。最后,游客觉得雨花台作为一个大型的爱国主义教育基地,应该不断地增加宣传爱国主义文化的形式,不要一味的让游客观赏一些遗物,应该举行一些活动或是仪式来达到爱国主义的宣传,如观看一些爱国主义的纪录片或是电影,给游客推荐一些书籍或报刊,也可组织一些关于爱国知识的竞赛,当然是有奖竞答,我相信丰富多彩的活动会吸引更多的游客来此处记奠英雄,让他们不虚此行,获得学识,提升内在的品味。

相对于雨花台,菊花台就稍微逊色一些,不管是从知名度还是景区质量都鲜为人知。同样作为一个爱国主义教育基地,一个革命烈士纪念基地,它存在的问题是比较多的。菊花台的位置比较偏僻,交通相对于雨花台有很大的不便,基础设施很是不完善,一部分游客以及附近居民希望政府能够大力完善菊花台附近的设施,吸引更多的爱国者。当然这就需要政府采取一些措施,如可多加几路的公交车通往菊花台,这样交通便利,更方便游人来此;在菊花台逛了一圈,觉得应该适当的发展一些便利车,让游客把整个景区都观赏无遗。菊花台内的标识太少,一些景点旁边,人们都不知道是为什么建的,所以应该在景点旁边多树立一些介绍景点的标识。民工市场距离菊花台比较近,有一些民工素质比较低,经常在景区内随地大小便等,不爱护环境,因此,希望景区负责人可以加强环保工作,可适当的增收门票;同时保安工作人员要履行好自己的义务,时刻关注景区内的情况。另一方面,菊花台的治安管理不是很好,一些附近的居民尤其希望政府可以采取一些适当的措施来使附近更加的安全,可多加派一些维护安全的工作人员,同时在景区内适当的安装几个监控器,及时了解一些事情。还有就是游客对景区内革命烈士不是很了解,可以招聘一些解说员或是制作一些宣传的小册子,当然是对一些景点进行一些简略的介绍,这样一方面可以普及知识,另一方面可以宣传爱国情怀,增加游客对中国历史的了解,促进文化的发展。最后更重要的一点就是政府应该大力支持对菊花台的开发,运用物力财力使菊花台能够朝向雨花台看齐,能够提高文化素养和促进经济发展。

爱国主义作为中华民族的传统美德,作为维系中华民族的纽带,我们应该继承与发扬,使它愈久弥新,清香依旧,不断焕发魅力。为了更好地促进爱国主义的宣传,应该大力加强爱国主义基地建设,从而达到宣传的效果,同时也会提高民族凝聚力,提高民族团结力,增加历史认可度。让爱国主义精神走进生活,走进群众,走进平常人的生活。

参考文献

[1]《雨花台革命烈士史迹简介》,雨花台烈士陵园管理处编印,雨花台烈士陵园管理处出版,1977年版.

[2] 徐耀新:《南京文化志》,北京:中国书籍出版社2003年版.

［3］沙健孙等编:《中国近代史纲要》,北京:高等教育出版社出版 2013 年版.

附件一

访谈记录

调查时间: 2014 年 5 月 10 日
调查地点: 菊花台
调查对象: 菊花台游客及附近居民(随机)
调查人员: 小组全体成员
访谈内容整理:

本组成员: 请谈下您对菊花台现状的看法。

50 岁阿姨: 刚开始收费时里面环境还是很好的,但是,不收费以后,附近民工市场的民工到处破坏环境,随地大小便,这里的环境变得非常差。

70 岁老爷爷: 我是一个老党员,我也觉得现在这边跟其他地方(雨花台)比差得不要太多哦,我们一般只有晨练的时候来这里,平时谁敢来啊!

45 岁民工: 这地方就是我们中午吃完饭随便逛逛的地方,什么烈士陵园啊,听都没听过!

38 岁公园管理人员: 我们这里的工作的人员太少了! 每天干的累死累活的,多加点人啊!

本组成员: 请您对菊花台今后发展提出宝贵建议。

50 岁阿姨: 希望能通过你们跟上面反映一下,把周围民工市场搬走吧,我们这些居民住在这里很不安全,实在不舒服。

70 岁老爷爷: 就这样啊,都这么大岁数了,无所谓哦。

45 岁民工: 什么建议不建议的,有什么用! 你们这些小娃子不懂!

38 岁园管理人员: 希望公交车多点,交通便利一点,我们出行实在是不方便!

后 记

　　本书是以高等教育出版社 2015 年版《中国近现代史纲要》的逻辑架构和主要内容为蓝本而编写的学生实践辅导用书。旨在将课堂教学与实践教学有机结合起来，课内实践与课外实践有机结合起来，以实践教学为突破，提高《中国近现代史纲要》教学的实效性，引导大学生理论联系实际，培养其历史使命感和时代责任感，切实实现该课程在高校思想政治理论教育体系中所应承担起的育人功能。

　　本书对应教材，共分十三部分，分别为三个综述和十章内容。其中三个综述部分按照"内容梳理，同步练习"、"精选案例，巩固深化"、"课内实践，注重提升"三个版块，第一至十章内容按照"内容梳理，同步练习"、"精选案例，巩固深化"、"课内实践，注重提升"、"社会实践，学以致用"四个模块精心设计，帮助学生及时巩固课堂所学知识，在形象生动的历史素材感知中，感受中华民族伟大复兴的历史征程。同时通过实践教学在现实生活中感受并验证历史知识的正确性，加强对所学知识的认知感，在此基础上完成爱国主义主题教育，帮助学生树立起正确的世界观、人生观和价值观。

　　本书编写大纲及模块设计由全体编委成员共同研讨，姚群民、余守萍和甘培强负责全书统稿和校审工作。参与编写的老师有：余守萍（上篇综述、第三章、第四章、第五章、第十章）、甘培强（中篇综述、第六章、第七章、第八章、第九章）、潘小宇（第一章、第二章）、蒋超群（下篇综述）。本书是南京晓庄学院 2016 年教改重大项目和 2015 年校级精品在线开放课程的阶段性成果。

　　本书在编写中，参阅了有关专家学者的著作、教材和资料，吸收了许多新的研究成果与观点，也选编了许多学生的优秀实践调查报告。编写过程中得到了南京晓庄学院马克思主义学院、《思想政治理论课实践教程》编委员会全体成员的关心和支持，在此一并表示感谢！

　　由于时间仓促和编写者水平所限，书中难免会有不足之处，恳请广大读者不吝赐教！